李善同 刘云中 等著

2030NianDe
ZHONGGUO JINGJI

2030年的中国经济

经济科学出版社
Economic Science Press

图书在版编目（CIP）数据

2030年的中国经济／李善同，刘云中等著．—北京：经济科学出版社，2011.1
ISBN 978 - 7 - 5141 - 0184 - 3

Ⅰ.①2… Ⅱ.①李… Ⅲ.①经济预测 - 中国 - 2030 Ⅳ.①F123.2

中国版本图书馆 CIP 数据核字（2010）第 245765 号

责任编辑：王东萍
责任校对：刘　昕
版式设计：代小卫
技术编辑：李　鹏

2030年的中国经济

李善同　刘云中　等著
经济科学出版社出版、发行　新华书店经销
社址：北京市海淀区阜成路甲28号　邮编：100142
教材编辑中心电话：88191344　发行部电话：88191540
网址：www.esp.com.cn
电子邮件：espbj3@esp.com.cn
北京密兴印刷有限公司印装
787×1092　16开　24.5印张　400000字
2012年3月第1版　2012年3月第2次印刷
ISBN 978 - 7 - 5141 - 0184 - 3　定价：43.00元
（图书出现印装问题，本社负责调换）
（版权所有　翻印必究）

序言

经济总量回到世界第一时的中国

郑新立

从2011年到2030年的20年,是中国的经济总量由世界第二位向世界第一的目标冲击的时期,是人均收入水平由中等收入国家向高收入国家跨越的时期。预测2030年的各项经济指标,是一件非常有意义的事情。虽然世界上已有不少经济研究机构和专家对中国未来20年的发展做出了种种预测,但这件事情由中国的经济专家来做,其可信度才能更大。特别是由80年代初期曾在马洪同志指导下成功地预测过2000年的中国的经济学家李善同教授来做,我相信其精确度会更高。

李善同教授的这本书,就是对2030年的中国经济进行预测的结果。它源于2008年我们共同完成的关于深圳建设开放型经济体系的研究课题。在这个课题中,李教授负责对2030年中国的经济指标做预测。之后,她又把对这一问题的研究进行了扩展,形成了一个独立的研究成果。凡是关心中国未来20年发展前景的人,一定能从这本书中获得你想知道的内容。

在这本书出版之际,李教授嘱我为本书写几句话作为序言,我想该说的在书中都已说了,还要再强调些什么呢:

首先,我认为2030年在中华民族伟大复兴的历史上将是一个划时代的时刻。根据英国经济史学家麦迪逊教授的研究,在人类社会历史的大部分时间内,中国的经济总量在世界各国中都是排在第一位的,直到1840年鸦片战争前，中国的GDP总量仍占世界的30%。如果能在2030年回归世界第一的位置，那就标志着历经了190年的屈辱曲折历史的结束，标志着中华民族复兴的伟大历史任务的完成。为了这个目标的实现，我们经历了几代人的浴血奋斗，还有什么事情能比这个更让每一个炎黄子孙激动的呢？

其次，在未来20年的时间内继续保持国民经济的平稳较快发展，既是有条件的、完全可能的，也是十分艰巨的，从某种意义上说，其难度甚至超过前30年。因为未来20年，中国的工业化、城市化仍处于快速推进的时期。预计从2011年到2020年，城市化率将从47%上升到60%，到2030年将达到70%。随着城市化率的提高，将带来基础设施和公共服务需求的增加。随着大批劳动力由第一产业向第二、三产业的转移，全社会劳动生产率和居民收入将大幅度提高，居民消费对经济增长的拉动作用将不断增强。这是未来20年经济较快增长的基本条件。但是，真正要实现平稳较快增长，却是一件难度较大的事情。从世界各国来看，从低收入国家到中等收入国家相对容易做到，只要发挥劳动力成本低和资源优势，引进资金、技术，就能够进入中等收入国家行列，有许多国家做到了。而要跨入高收入国家行列，即人均GDP达到一万美元以上，却为数不多。在发展经济学上被称作中等收入陷阱。中国人均GDP于2010年将达到4 000美元，能不能在今后20年走出中等收入陷阱，跨入高收入国家行列，关键在于能不能实现产业结构的升级，即由劳动密集型、资源密集型产业为主转为技术密集型、知识密集型为主，仍然靠劳动力成本低和资源优势，靠增加投资和物质消耗来拉动经济增长，是不可能进入高收入国家行列的。

最后，在转变经济发展方式上取得突破性进展，是未来20年保持平稳较快发展的根本举措。党的十七届五中全会关于第十二个五年规划的建议，提出要把科学发展观作为主体，把转变经济发展方式作为主线，强调在需求结构调整上更多地发挥消费对经济增长的拉动作用，在供给结构上重视发展第三产业，在要素结构上更多地发挥技术进步、改善管理和提高人的素质的作用，在城乡结构上促进城乡一体化发展，在区域结构上加快中西部发展，在内外经济结构上加快走出去步伐，对未来一个时期转变经济发展方式指出了明确的方向，并提出了相应的改革举措。只要我们认真地贯彻落实，积极推进发展方式转变，我们就能在未来5年、10年甚至20年的时间内，把前30年的发展速度继续保持下去，从而实现2030年或提前几年摘取GDP总量世界金牌的宏伟目标。

在21世纪初，马洪同志曾主持过对2000年的中国经济预测数据的后评估，记得许多预测数据低于实际数据。但愿2030年后对本书的预测数据进行后评估时，将会重现当时的情况。期望未来20年我国经济会比前30年发展得更好。

目 录

导言 ··· 1

第一章 2030年中国经济增长前景展望 ································ 6

第一节 改革开放以来中国经济社会发展回顾 ······················ 6
第二节 中国经济发展面临的机遇与挑战 ··························· 21
第三节 2030年中国经济增长情景分析 ······························ 30
附录Ⅰ 研究采用的DRCCGE模型结构 ······························· 51
附录Ⅱ 中国经济中长期发展预测综述 ······························· 53
参考文献 ·· 65

第二章 全球经济发展趋势与变化特点 ································ 67

第一节 全球经济增长的主要影响因素变化趋势 ·················· 67
第二节 全球经济增长形势判断 ·· 90
第三节 全球经济格局变化趋势与特点 ······························ 97
附 录 金融危机背景下不同经济发展模式的
　　　 表现差异及未来发展趋势 ···································· 103
参考文献 ·· 122

第三章 经济发展水平与经济总体特征变化 ························ 125

第一节 各国发展水平与经济增长的一般规律 ···················· 125

  第二节 经济发展与全要素生产率的变化 ································ 139
  第三节 工业化阶段理论及其对我国的启示 ································ 160
 参考文献 ·· 172

第四章 经济发展水平与经济结构变化 ································ 176

  第一节 现代产业发展趋势与结构特征 ································ 176
  第二节 居民消费结构变化趋势与特征分析 ································ 204
  第三节 中间投入率变化趋势与特征分析 ································ 222
  第四节 城市化道路的国际比较 ································ 238
 参考文献 ·· 252

第五章 人口数量及结构变化对中国经济社会的影响 ················ 254

  第一节 人口增长与经济发展的一般规律探讨 ································ 254
  第二节 新中国成立以来中国人口特征及其对经济社会发展的影响 ····· 256
  第三节 未来中国人口数量和结构的变动趋势
      及其对经济社会发展可能的影响 ································ 261
  第四节 实现人口与经济社会持续均衡发展的对策建议 ·················· 274
 参考文献 ·· 278

第六章 中国资源供需状况及未来变化趋势 ································ 281

  第一节 资源消耗与经济发展的一般规律 ································ 281
  第二节 全球资源供需格局与未来趋势 ································ 289
  第三节 全球格局下的中国资源约束问题及未来趋势 ·················· 302
 参考文献 ·· 314

第七章 中国国民收入分配格局及展望 ································ 315

  第一节 国民收入分配格局的演变规律 ································ 316
  第二节 中国国民收入分配格局的现状 ································ 326
  第三节 中国国民收入分配格局的展望 ································ 332

参考文献……………………………………………………………… 338

第八章　外贸对中国经济发展的影响……………………………… 341
　第一节　外贸发展的一般规律与趋势……………………………… 341
　第二节　净出口对中国经济增长的影响分析……………………… 349
　第三节　外贸对中国经济增长与就业的影响分析………………… 358
　附　录　利用投入产出模型分析外贸对经济发展影响的方法…… 373
　参考文献……………………………………………………………… 379

后记……………………………………………………………………… 380

导 言

    2030年的中国经济会是什么样子，这是一个很吸引人的话题。虽然按照刘易斯的说法，经济学是一个解释过去而不是预测未来的行业，但经济学的应用研究也不得不对未来做出预测或者推断，并对可供选择的公共政策做出评价。因此，描绘2030年的中国经济首先是经济学智力的表现。当然，在目前的时点上，讨论2030年的中国经济其实际的意义则更为突出，一者，由美国次贷危机引发的全球金融危机还未完全度过，这次危机必然促使我们思考一些非常重要和基本的问题，例如应该用一个什么样的范式来理解后危机时代的经济增长以及国际经济关系，这正如亨廷顿撰写《文明冲突与世界秩序的重建》一书所言，20世纪苏联解体、东欧剧变、冷战结束之后，应该用什么样的框架来理解当时的国家政治和国际关系，文明替代了政治上的意识形态而被亨廷顿用来阐释未来国际政治和国际关系的力量对比，那么这次金融危机源于成熟市场经济国家，它和此前发生在成熟市场经济国家以及发展中国家的危机有什么不同，它会不会促使人们思考发达国家的经济发展模式是否依然有效，或者说人们心目中偶像是否会坍塌？二者，中国未来经济发展的内外部环境发生了巨大变化，中国的经济发展方式面临着重大调整，"十一五"规划即将过去，而充满期待的"十二五"即将开始，展望更为久远的2030年是不是会给我们的"十二五"寄予更多的期待？

    对于发展的问题，发展经济学家们相信其中有些问题已经被解决，而成为过去的问题了，例如什么是增长的源泉、宏观稳定是否重要以及如何才能保持宏观稳定、发展中国家是否应该实行贸易自由化？产权究竟有多重要？减贫是经济增长和资产积累的结果还是提供安全网的结果、发展中国家能够推迟或低估环境问题吗？经济学家们自信地认为找到了这些问题的答案，事实真的是这样吗？这次由美国次贷危机引发的全球金融危机似乎又模糊了这些问题的答案，例如，对于宏观稳定，经济学家一致同意宏观稳定需要将灵活的劳动市场与谨慎而协调的财政、货币和汇率政策结合起来，然而，即使在这些思想的发源地也没有能够做到这一点，这又进一步促进了对于治理与调控的思考，包括全球性、地方性和国家事务之间的冲突与协调、参与式政治、不平等问题和城市治理质量的问题。

在一个国际视角中，关于经济发展我们知道些什么呢？典型的事实有如卡尔多事实，也就是1961年，英国经济学家尼古拉斯·卡尔多所概括的六个典型"事实"（Stylized Fact），或者可以说是来源于生活而高于生活的经济现实。即：劳动生产率以稳定的速率不断提高；人均资本以稳定的速率不断增长；实际利率或资本回报率保持稳定；资本产出比率保持稳定；资本和劳动在国民收入中的份额保持稳定，在世界上快速发展的各个国家中，增长率存在显著差异，差距达到2%~2.5%。事隔近五十年后，琼斯和罗默重新回顾和总结了关于全球经济发展的过程，并提出了"新卡尔多六个事实"，也就是：市场范围的扩大，全球化和城市化促进了货物、创意、资金和人员的流动，进而扩大了所有劳动者和消费者的范围；加速增长，人口和人均GDP的增长在加速，从几乎为零增加到20世纪的快速增长；现代增长速度的差异，人均GDP增长速度的差异随着与前沿科技水平的差距增加而增大；较大收入和全要素生产率差距，投入的不同只能解释人均GDP跨国差异中的一半还不到；工人人均人力资本增加，世界各地的人均人力资本大幅度增加；相对工资的长期稳定，人力资本相对于非熟练工人而言不断增加，但这种量的增加并没有造成其相对价格的不断下降。

显然，从经济现实的意义上，琼斯和罗默的"新卡尔多事实"更加关注全球化、人力资本、知识、创意尤其是制度因素对经济发展的影响，这也是与近20年来全球化的快速发展、技术的快速进步以及各种发展模式的相互碰撞（尤其是以"金砖四国"为代表的新兴发展方式与欧美为代表自由市场经济发展模式之间的碰撞)"事实"密切相关。从经济增长的理论上，琼斯和罗默的"新卡尔多事实"是对重点关注物质资本、以总生产函数来刻画经济增长的狭义的新古典增长模型的拓展，当然这并不是说卡尔多本人没有注意到技术进步的作用以及讲技术进步内生化的意义，而只是说，在琼斯和罗默的眼里，新古典经济增长模型经过20多年的发展，已经将创意、制度、人口和人力资本作为增长理论的核心，物质资本的重要性已经边缘化了。

因此，我们在讨论2030年的中国经济时，首先要回顾的是这些过去发展的历史事实，不期望历史会简单重复，但期望历史会教给我们不去做的事情。

按照我国社会主义初级阶段经济社会发展的战略目标和战略步骤，到2020年，国民经济更加发展，各项制度更加完善，到21世纪中叶，基本实现现代化，建成富强民主文明的社会主义国家。这也就是小平同志提出的重要的"第三步"战略目标，即在21世纪用30年到50年再翻两番，达到中等发达国家的水平。那么作为中间关键时间节点的2030年，我们应该实现和可能实现的目标又是什么？这既需要科学的测算，也需要坚定的信念，那将是一个和谐、以人为本、科学发展的经济与社会盛世。

在未来10～20年间，中国经济会发生哪些变化呢？首先，是经济发展环境的变化，从内部环境看，劳动力成本和土地价格的不断上升，环保事件频发，局部地区的"民工荒"，预示着国内劳动力、资本、土地和矿产资源等要素禀赋将发生变化，资源和环境的约束愈来愈紧；从外部环境看，全球经济的平衡都使后金融危机时代的经济运行充满了不确定性，贸易保护、汇率争端和国际货币体系的再造将使国际宏观经济处于不稳定的状态，与此同时，全球的技术转移、生产成本的变化和基础设施的改善也许会改变全球的产业布局，全球经济格局的变化都将促使我们仔细思考所面对的国际环境。其次，是发展理念的变革，这可能是不确定世界中最可以确定的事情。"效率优先、兼顾公平"是过去一直坚持的原则，但在过去多年来，效率是优先了，这从改革开放30年来的快速经济增长中不难看出来，但是"公平"却未必兼顾好了，地区之间、城乡之间、各社会阶层之间的差距不断扩大，社会矛盾的激化都充分说明了经济增长的成果并没有被很好地分享。未来的经济发展将转换到以科学发展观为指导，一切将以人为本，将在提高效率、促进公平和保护环境等方面取得更好的平衡，真正让中国经济发展的成果为全体人民所分享。

最终将促成发展方式的转变。中国劳动力供给的"刘易斯拐点"和人口红利的消失将相继出现意味着我们不可能再继续依靠廉价劳动力了，人们对于美好生活环境的追求和高企的资源价格也使过去那种以环境污染、资源消耗为代价的产业难以为继，我国的经济发展方式将切切实实的转变，真正实现在需求结构上，促进经济增长由主要依靠投资、出口拉动向依靠消费、投资、出口协调拉动的转变；在产业结构上，促进经济增长由主要依靠第二产业带动向依靠第一、第二、第三产业协同带动的转变；在要素投入上，促进经济增长由主要依靠增加物质资源消耗向主要依靠科技进步、劳动者素质提高、管理创新的转变。

转变经济发展方式知易行难，我国经济发展方式的转变以及发展目标的实现需要技术、制度和政策等多方面的配合与协调，其中最根本的则在于深化改革。需要全面转变政府职能，理清政府、社会、市场的边界，尤其是要缩小政府的权力范围，完善公共财政体系，规范中央与地方政府间的财权和事权。需要改革分配制度，提高广大人民群众收入在国民总收入中的份额，缩小社会各阶层收入。需要加快要素价格形成机制的改革，使土地、矿产资源、水资源、劳动力和资金的价格真正反映各个要素和自然环境的稀缺程度。需要加快资源管理和环境保护体制的改革，抑制以资源浪费和环境破坏为代价换取经济和财政收入增长的行为。需要加快社会的全面改革，包括户籍制度的改革，促进平等就业，彻底消除各级政府设置的不合理的劳动力市场准入壁垒；逐步建立覆盖广泛、相对平等的社会保障和社会福利制度，保证社会各阶层尤其是中低收入阶层的体面生活；逐步完善社会组织的管理，提高社会的自我组织能力，形成社会、政府、家庭和个人的良性互动。在这些改革之外，最需要的也许是应该培养和蓄积改革的力量。

中国的经济和社会发展在"中国威胁论"、"中国崩溃论"、"中国政治不确定论"以及"大国责任论"等诸多论调中，走出了一条有中国特色的路子，为中华民族的伟大复兴奠定了基础。从世界经济发展的历史看，每一次经济重心或者说经济领头羊的转变，如从原来的四大文明古国，到欧洲的英国、法国、德国，到美国，都伴随了技术和制度的创新，例如欧洲的工业革命（发明新技术和新资源）、民主革命以及美国成熟的市场机制，那么在未来20年乃至更长的时间里，有没有中华民族的伟大复兴？中华民族的伟大复兴是不是一种新的发展模式？如果是，它的要素和主要特点是什么？对世界的借鉴意义又是什么？虽然，中国目前的发展途径还出于探索之中，还不是很清晰，还没有完全定型，但是通过发展与改革，这将有助于形成一个"中国模式"，走出一条"中国道路"，这一切都蕴涵在中国未来的经济社会发展之中。

有鉴于此，尽管本书为读者阅读方便，第一章就结合动态一般均衡模型的模拟结果给出了一个中国未来经济增长的全景图，并对2030年的中国经济发展作一个较为全面的描述。但是，这一全景式的展望是建立在分析中国经济发展的内外部环境，总结国际上尤其是发达国家经济发展阶段的特征、全要素生产率的变化、中间投入率、城市化、产业结构、消费结构等多个方面经验事实，以及讨论影响中国经济长期增长的重要因素，包括人口与劳动力、自然资源和环境、城市化等因素的变化趋势的基础上的。

我们的研究尽管只是一种图景，但它是建立在严谨的经济学分析基础上的，无论是出于对我们的研究结论的辩护还是出于对方法论的思考，都有必要阐明我们的态度。后金融危机时代，需要对经济运行和经济学反思，很多人认为经济学没有预见经济危机，没有关于经济危机处理的方案，以理性、均衡为基础的经济理论错了，但是如果回顾一下经济学关于银行挤兑、危机自我实现、道德风险和审慎监管的论述，也许应该说经济学没有错，错的是政策。

执笔人：李善同、刘云中

第一章

2030 年中国经济增长前景展望

第一节 改革开放以来中国经济社会发展回顾

改革开放 30 年来，中国取得了持续快速增长的巨大成就，在经济发展水平、经济社会结构方面都有显著进步，走出了具有中国特色的经济发展模式。经济社会快速发展不仅显著提高了人民的生活水平，增强了综合国力，也为我国今后进一步发展奠定了新的历史起点。

一、经济高速增长，整体实力不断提升

1978 年改革之初，我国 GDP 仅为 3 645.21 亿元，到 2009 年 GDP 达到 34.05 万亿元，1979~2009 年间我国国内生产总值年均增长速度高达 9.6%，远远超过世界大多数国家经济起飞期的增长速度。从人均 GDP 水平看，1978 年到 2009 年人均 GDP 从 381 元增长到 25 575 元，年均增速为 8.5%，按美元计算从 1978 年的人均 155 美元提高到 2009 年的 3 744 美元。

随着我国经济的发展，在 1990 年之后，我国主要指标居世界的位次迅速上升。从表 1-1 可以看出，1978 年我国 GDP 排名居世界第 10 位；2000 年排名第 6 位；2009 年排名第 3 位。1978 年人均国民收入在 188 个被统计的国家中居 175 位，2000 年在 207 个被统计的国家中居 141 位，2009 年在 213 个被统计的国家中居 124 位。进出口贸易总额在 1978 年居第 29 位，在 2000 年居第 8 位，在 2009 年居第 2 位。外汇储备在 1978 年居第 38 位，在 2000 年居第 2 位，在 2009 年居第 1 位。

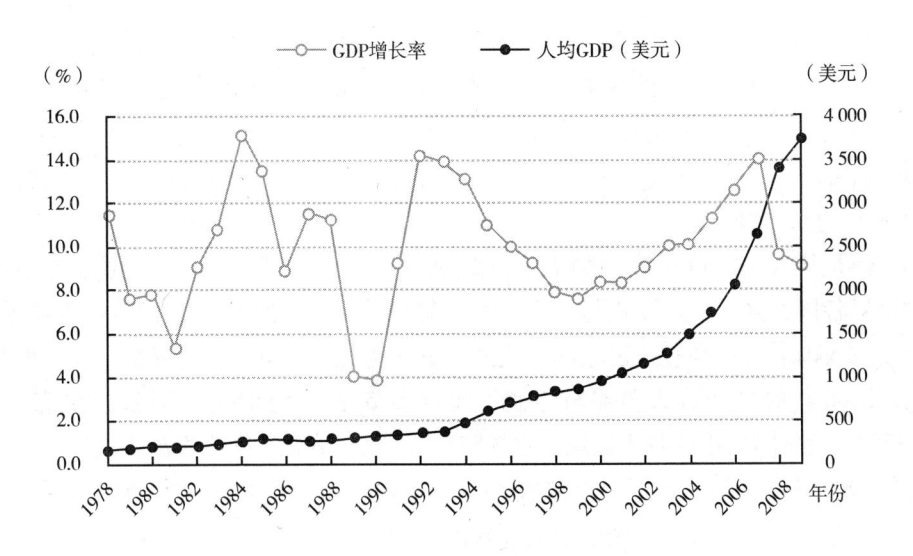

图 1-1　改革开放以来中国经济增长情况

表 1-1　　　　　　　　　　中国主要指标居世界的位次

指标＼年份	1978	1980	1990	2000	2006	2008	2009
国内生产总值	10	11	11	6	4	3	3
人均国民总收入[①]	175(188)	177(188)	178(200)	141(207)	129(209)	127(210)	124(213)
进出口贸易总额	29	26	15	8	3	3	2
出口额	30	28	14	7	3	2	
进口额	27	22	17	9	3	3	
外汇储备	38	37	7	2	1	1	1

注：①括号中所列为排序资料的国家和地区数。

资料来源：《中国统计年鉴》。

表 1-2　　　　　　　　　　中国主要指标占世界的比重　　　　　　　　　单位：%

指标＼年份	1978	1980	1990	2000	2005	2006	2007	2008
人口	22.3	22.1	21.6	20.8	20.2	20.1	20.0	19.8
国内生产总值	1.75	1.73	1.64	3.75	4.94	5.43	6.16	7.14
进出口贸易总额	0.79	0.93	1.65	3.60	6.66	7.17	7.70	7.88
出口额	0.76	0.89	1.80	3.86	7.26	8.00	8.71	8.89
进口额	0.82	0.96	1.50	3.35	6.08	6.37	6.70	6.90
外商直接投资		0.11	1.68	2.95	7.44	4.98	4.22	6.38

资料来源：国家统计局网站。

与之相对应，我国主要指标占世界的比重也迅速上升。在人口占世界比重略有下降的情况下，我国国内生产总值占世界的比重，从1978年的1.75%上升到2008年的7.14%；进出口贸易总额占世界的比重，从1978年的0.79%上升到2008年的7.88%；外商直接投资占世界的比重，从1980年的0.11%上升到2008年的6.38%。

但是从人均的角度看，我国发展水平仍然较低。世界银行按人均国民总收入对世界各国经济发展水平进行分组。通常把世界各国分成四组，即低收入国家、中低收入国家、中高收入国家和高收入国家（见表1-3）。按世界银行公布的数据，2008年的最新收入分组标准为：低于975美元为低收入国家，在976～3 855美元之间为中低收入国家，在3 856～11 905美元之间为中高收入国家，高于11 906美元为高收入国家。低收入和中等收入国家可被称为发展中国家。按照这个标准，目前我国仍属于中低收入国家。

表1-3　　　　　世界银行历年按收入分类的标准　　　　　单位：美元

年份	中国	发展中国家			高收入国家
		低收入国家	中低收入国家	中高收入国家	
1980	290	410	420～1 410	1 420～4 500	4 510～26 850
1990	370	610	611～2 465	2 466～7 619	7 620～32 680
2000	780	755	756～2 995	2 996～9 265	9 266～40 080
2002	940	735	736～2 935	2 936～9 075	>9 076
2003	1 100	765	766～3 035	3 036～9 385	>9 386
2004	1 676	825	826～3 255	3 256～10 065	>10 066
2005	1 740	875	876～3 465	3 466～10 725	>10 726
2006	2 010	905	906～3 595	3 596～11 115	>11 116
2007	2 370	935	926～3 705	3 706～11 455	>11 456
2008	2 940	975	976～3 855	3 856～11 905	>11 906

资料来源：历年世界银行《世界发展报告》。

二、产业结构不断优化升级

改革开放不仅促进了经济增长和城乡居民生活水平的提高，也促进了产业结构的调整升级。从长期的变动趋势来看，三次产业之间的比例关系有了明显的升级。

从GDP结构看，第一产业的比重不断下降而非农产业比重不断提高，产业结构显著升级。1978年,第一产业占全国GDP的比重为28.2%,到2009年,已经下降到10.3%,降幅非常明显;与此相对应,非农产业比重在此期间上升了17.9个百分点,平均每年提高0.58个百分点。三次产业的变化在不同阶段有不同特征。在1978~1990年第一阶段,第二产业比重有所下降,从1978年的47.9%逐步下降到1990年的42.8%,第三产业比重显著上升,从期初的23.9%提高到31.6%。而在1991~2000年间,第二产业比重有所上升,第三产业继续提高。而从2001年开始,第二产业比重持续提高,而第三产业比重提高较为缓慢(如图1-2所示)。

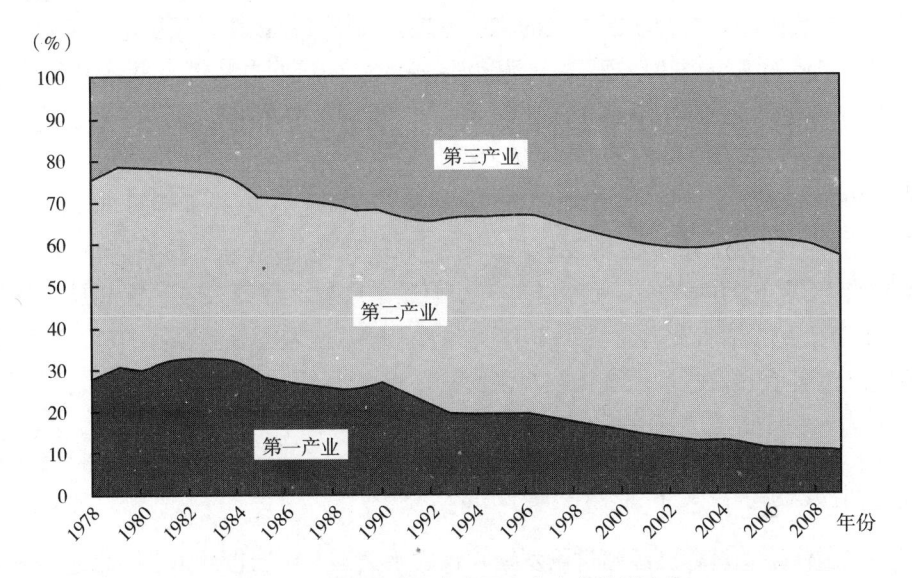

图1-2 改革开放以来中国三次产业比重变化

从就业分布看,非农就业比重显著增加,就业结构显著优化。第一产业就业人员比重从1978年的70.5%逐步降低到1990年的60.1%,2000年的50.0%和2008年的39.6%,一、二、三产就业比重从1978年的70.5∶17.3∶12.2,调整到2000年的50.0∶22.5∶27.5,变为2009年的38.1∶27.8∶34.1,从1978年到2009年第一产业就业比重下降32.4个百分点,第二产业和第三产业分别上升10.5个和21.9个百分点。

三、基础设施快速发展,基本解决了长期以来的瓶颈约束

通过30年的大规模投资建设,我国基础产业和基础设施生产能力和水平大幅提高,为国民经济发展和人民生活水平提高提供了强有力的支持。

（一）能源工业生产能力极大提高，对国民经济发展的基础保障作用显著增强

1978年我国能源生产总量仅6.28亿吨标煤，能源供应远远不能满足经济快速增长的需要，经过不断增加投入，2009年共生产27.46亿吨标煤，是1978年的4.4倍，能源供给能力显著增强。能源供应已基本满足国民经济发展的需要。

我国发电装机于2010年突破9亿千瓦，标志着我国电力工业发展实现了新跨越，是我国综合国力不断增强的集中体现。改革开放以来，我国电力工业与国家宏观经济的发展规律呈现了一个相互促进的过程，发电装机规模从1978年的5712万千瓦，增加到2009年的87410万千瓦，31年累计增长了14倍。我国发电装机容量已连续14年位居世界第二位。

2009年年底，全国水电装机容量1.96亿千瓦，占总装机容量的22.46%，我国已成为世界上水电装机规模最大的国家。核电在建施工规模居世界首位。2009年年底，全国核电装机容量908万千瓦，位列世界第九位；在建施工规模2192万千瓦，居世界首位。2009年年底，全国并网风电装机容量1760万千瓦，并网风电装机和发电量连续4年翻倍增长。

（二）交通运输建设突飞猛进，由铁路、公路、民用航空、水运和管道组成的综合交通运输网络四通八达

我国铁路总里程已经超过俄罗斯，仅次于美国，位居世界第二，已经基本建成以"四纵四横"为骨架的全国快速客运网。铁路营业里程由1978年的5.2万公里增至2009年的8.55万公里，增加了3.35万公里。在1997年到2007年，我国铁路先后进行了六次大面积提速，铁路网综合运输能力大幅度提高，客货运量连年大幅度增长。我国铁路建设技术水平有了极大提高，机车车辆装备技术达到世界先进水平。成功引进了世界上最先进的时速200公里及以上动车组和大功率内燃机车、大功率电力机车技术，在此基础上，成功搭建了具有自主知识产权和世界一流水平的时速350公里动车组技术平台；在时速350公里动车组技术平台基础上，加快新一代高速动车组和高速检测车研发工作，取得重大进展。目前，我国投入运营的动车组已达190多组。我国多条时速350公里、具有完全自主知识产权和世界一流水平高速铁路，包括京津城际、郑西、武广、沪杭等客运专线相继开通运营。

我国高速公路网骨架已基本形成。截至2009年底，全国公路网总里程达到

386万公里，其中高速公路6.51万公里，二级及以上公路42.52万公里高速公路骨架基本形成，构建了城市间的公路运输通道，提高了综合运输通道能力，优化了综合运输体系结构。2008年，经过近15年建设，总规模3.5万公里的"五纵七横"国道主干线系统提前十多年全面建成，标志着我国高速公路网骨架已基本形成。国家高速公路网中重点建设的"五射两纵七横"14条线路中，已建和在建路段达到95%以上。随着几条大通道的建成，高速公路进一步实现了大规模跨省贯通，加强了各大区域间的经济交流，分担了各省份、经济区之间的客货运输，通道效应日趋显著。

民航和水运业也取得了显著的发展。到2008年底，我国民用航班飞行机场152个，比1985年增加了70个；航线15 326条，比1990年增加了1 095条。民用航空运输线路长度为246万公里，是1949年的216倍。水运和管道运输也取得很大成绩。2007年，沿海主要港口货物吞吐量达42.96亿吨，是1980年的19.8倍；管道输油（气）里程5.3万公里，是1958年的292倍。

（三）信息通信和邮政基础网络发展迅速，信息网络规模和用户数均居全球之首

新中国成立以来，特别是"十五"之后，我国信息通信和邮政业实现了跨越式发展，成为国民经济的支柱和先导产业。1979~2008年，我国邮政和电信业累计完成投资22 535亿元，年均增长26.7%，建了"金卡"、"金税"、"金关"、"金盾"等一批国家重点信息化建设工程，建成了覆盖全国、通达世界、技术先进、业务全面的国家信息通信基础网络。网络规模和用户数均居全球第一，发展速度也位居世界前茅。邮政业务种类齐全、网点分布广泛。固定电话用户由1949年的22万户猛增到2008年的34 036万户，增长1 561倍；移动电话从无到有，2008年末已达6.4亿户。从1949~2008年，全国邮电业务总量从1.5亿元增加到23 650亿元，增长15 765倍；邮路及农村投递线路总长度由70.6万公里增加到735万公里，增长9.4倍。

（四）城市公共交通、绿化、污水处理、供水供气等设施条件明显改善

环境和公共设施管理业与人们日常生产生活息息相关，是全面建设小康社会和构建社会主义和谐社会的重要方面。国家一直高度重视环境和公共设施管理和服务体系的建设。1979~2008年，我国环境和公共设施管理业累计完成投资48 567亿元，年平均增长31.5%，是基础产业和基础设施中年平均增速最快的

行业。

公共交通发展迅速。2008年末,城市公共汽(电)运营车36.7万辆,是1949年的160倍;每万人拥有公共交通车辆11.1标台,比1990年增加8.9标台;城市道路26万公里,是1980年的8.6倍;城市道路面积达45.2亿平方米,人均12.2平方米;城市园林绿地面积174.7万公顷,是1980年的20.4倍,人均公园绿地面积达9.7平方米,是1981年的6.5倍。

供水供气、污水处理等基础设施发生了翻天覆地的变化,保障能力大幅度增强。2008年,城市供水总量500亿立方米,是1949年的160倍,用水普及率达到94.7%,比1981年提高41个百分点;城市供气管道长度25.8万公里,是1980年的46倍,用气普及率达到89.6%,而1981年仅为11.6%。

四、对外开放取得很大成绩,我国在全球贸易体系中的地位大幅提升

改革开放以来,我国对外贸易有了巨大的发展。进、出口从1978年的100亿美元左右上升到2009年的1.4万亿美元和1.1万亿美元。特别是2001年加入世贸组织以来,我国积极参与经济全球化进程,抓住国际产业转移的历史性机遇,成功应对各种挑战,对外贸易赢得了历史上最好最快的发展时期。2001年我国进出口总值为5 097亿美元,2004年首次突破1万亿美元大关,2007年再破2万亿美元大关。我国在全球贸易体系中的地位,从开放之初的第29位,上升为第2位。目前,我国已成为世界第二大经济体(2010年)、第二大贸易国和第一大外汇储备国,对外开放程度显著提高。

1978年以来我国从外贸顺差逐步扩大,从外汇非常短缺发展成为外汇储备全球第一。1978年以来,随着进出口规模迅速扩大和出口竞争力显著增强,相应的顺差大幅增加。1995年贸易顺差首次突破百亿美元大关,达到167亿美元。2005年一举突破1 000亿美元,2007年突破2 000亿美元,2008年接近3 000亿美元。货物贸易的大额顺差导致国际收支经常项目出现了长期顺差状态,外汇储备大幅增长,2009年末达到2.4万亿美元,成为全球外汇储备第一大国。

由图1-3可见,不同的发展阶段对外贸易增长也有不同特点,2000年以前我国外贸基本保持平稳较快增长趋势,但2000年以后对外贸易迅速增长,对外贸易依存度也大幅度提高,这与这一期间我国加入世界贸易组织和国内处于新一轮经济增长期有关。

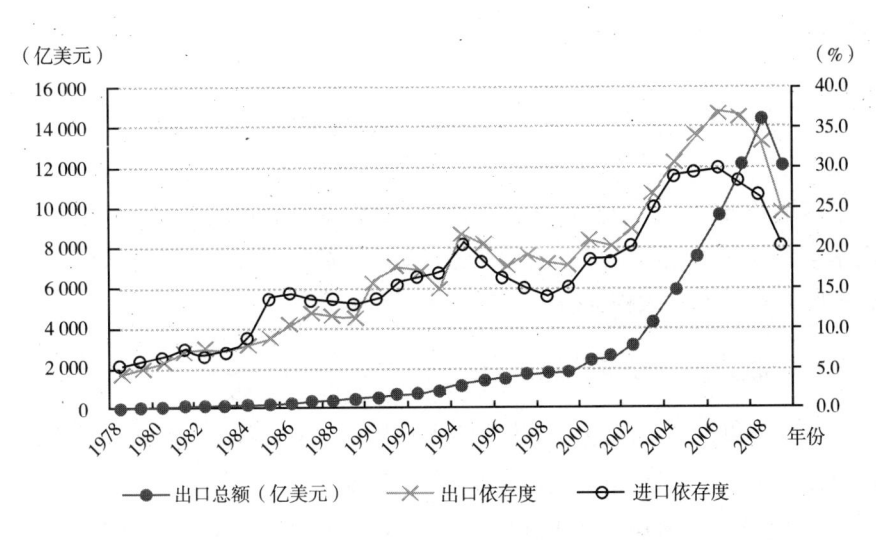

图1-3 改革开放以来我国对外贸易发展情况

资料来源：《中国统计年鉴2010》。

随着我国经济的发展，我国的外贸结构得到很大的改善。从出口商品结构看，我国工业制成品增长速度远快于初级产品，1980年，初级产品出口91亿美元，占出口总额的50.3%，而到2009年，我国初级产品出口631亿美元，占出口总额的5.3%。图1-4显示了初级产品和工业制成品的出口构成情况。

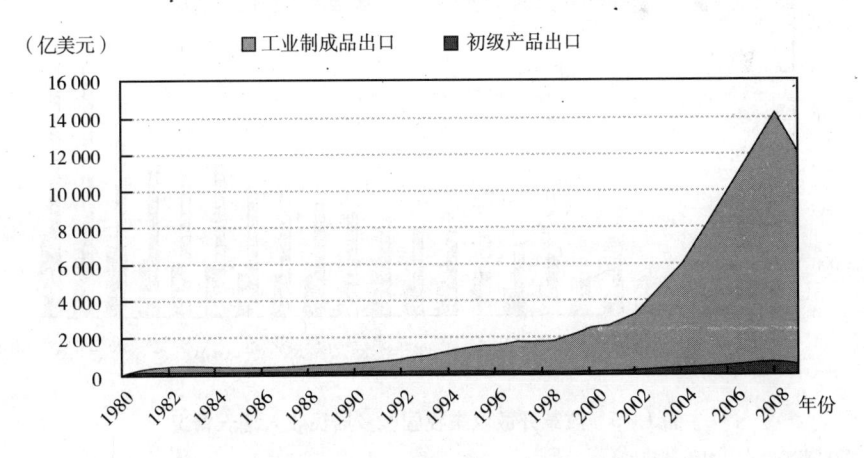

图1-4 改革开放以来我国出口产品总量及构成变化

资料来源：《中国统计年鉴2010》。

从进口角度看，我国初级产品的进口增长速度较快且在总进口中一直占有相当的比例。初级产品进口占总进口的比重，改革开放初期为34.8%，到2009年为32.0%，显著高于出口商品中初级产品的比重。

五、城乡居民生活水平大幅提高，消费结构不断升级

经济增长最直接的受益者是广大城乡人民群众。改革开放前，我国城乡居民生活基本上处在温饱不足状态，农村还有2.5亿贫困人口。改革开放以来，城乡居民的收入水平有了大幅提高，消费结构不断提升。

（一）收入水平大幅提高

改革开放以来，我国城乡居民生活水平从基本消除贫困，到解决温饱，再到实现总体小康，正在向全面建设小康社会目标迈进。

从图1-5可以看出，改革开放以来，我国居民家庭人均可支配收入增长很快，从1978~2009年，从不变价看，城镇居民收入增长了7.95倍，农村居民收入增长了7.6倍。但总体来说，城市居民家庭人均可支配收入增长速度要快于农村居民，城乡居民收入差距有所扩大。1978年城市居民收入是农村的2.57倍，到1985年最低，达到1.86倍；而2009年城乡居民收入比达到3.3。

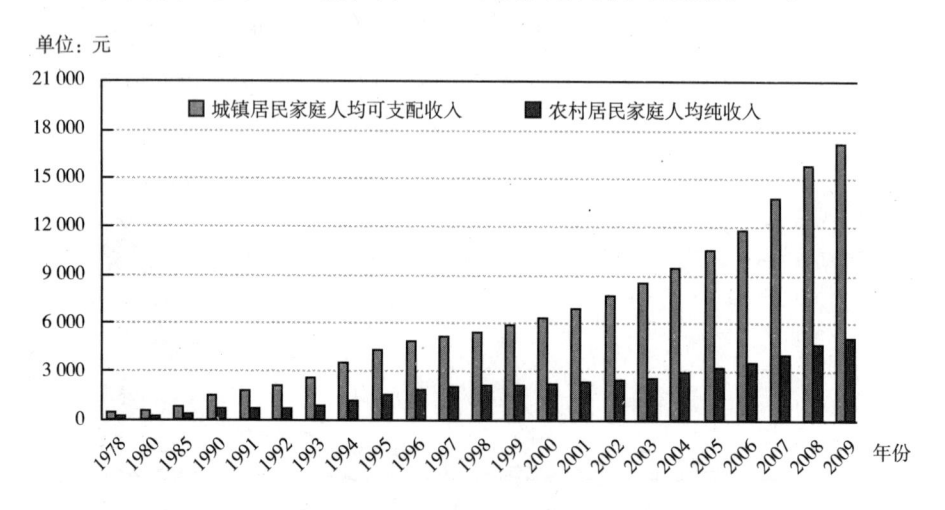

图1-5 改革开放以来我国城乡居民收入增长情况

资料来源：《中国统计年鉴》。

（二）消费结构不断升级

改革开放以来，我国城乡居民消费结构明显优化，恩格尔系数（食品支出

占消费总支出的比重）显著下降。我国农村居民家庭恩格尔系数从 1978 年的 67.7%下降到 2009 年的 41.0%，城镇居民家庭恩格尔系数从 1978 年的 57.5% 下降到 2008 年的 36.5%，人民生活水平明显提高（见图 1-6）。

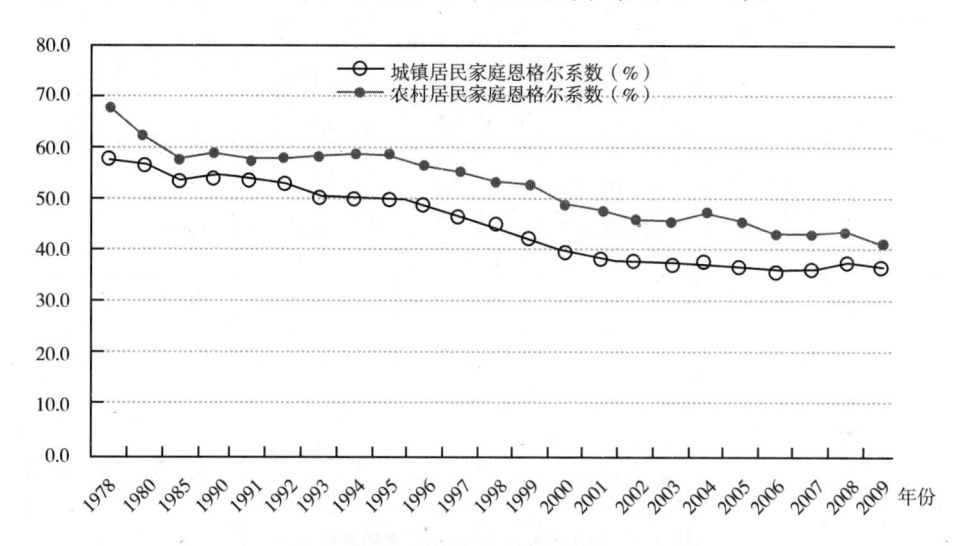

图 1-6　改革开放以来我国城乡居民恩格尔系数变化情况

资料来源：1978 年以来历年《中国统计年鉴》。

图 1-7 显示了我国城乡居民的各类消费支出结构。从图中可以看出，随着温饱问题的解决，在城乡居民生活消费支出中，用于居住、教育文化娱乐、交通通信、医疗保健等项消费的比重持续上升。农村居民家庭人均文教娱乐用品及服务支出占消费性支出比重由 1980 年的 5.1%上升到 2009 年的 9.72%，城镇居民家庭人均教育文化娱乐服务支出占消费性支出比重也由 8.4%上升到 13.7%。

改革开放以来，城乡居民生活最显著的变化体现在耐用消费品不断升级上。由 20 世纪 80 年代的自行车、缝纫机、手表，到 20 世纪 90 年代的彩电、冰箱、洗衣机，再到新世纪的移动电话、电脑和家用汽车。2009 年，全国农村居民家庭每百户拥有彩电、冰箱、洗衣机达 108.9 台、37.1 台和 53.1 台，城镇居民家庭分别为 135.7 台、95.4 台和 96.0 台，一些新型家用电器逐步进入家庭。2008 年，每百户农村居民拥有移动电话和电脑分别为 115.2 部、7.5 台，城镇居民分别为 181 部、65.8 台。

居住条件和居住环境极大改善。城镇居民人均居住面积由 1978 年的 4.2 平方米增加到 2009 年的 28.6 平方米，农村居民人均住房使用面积由 8.1 平方米增加到 33.6 平方米。

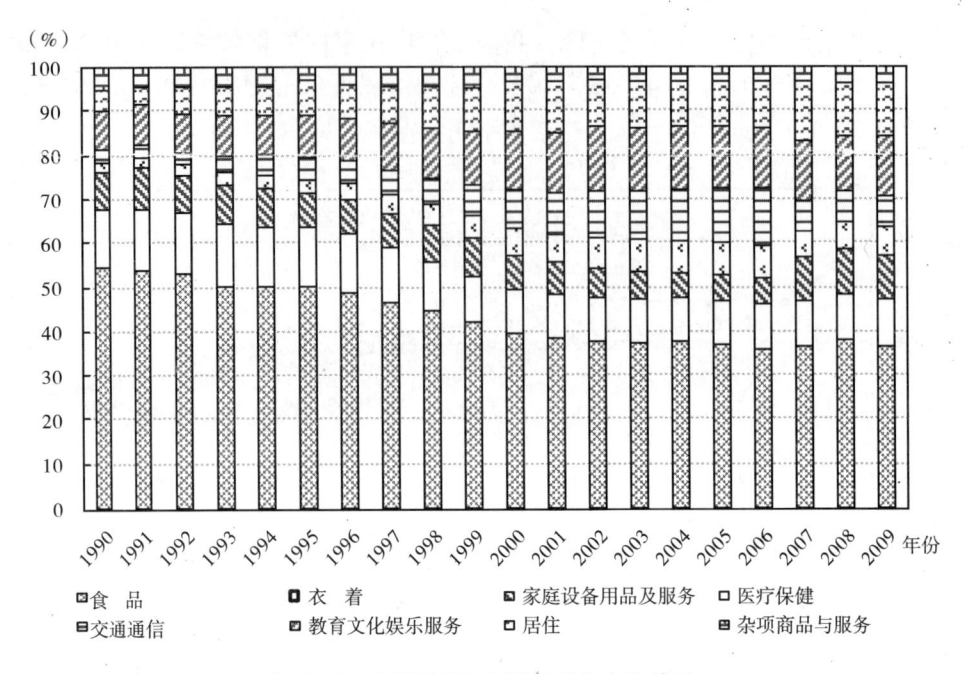

(%)
[图表：1990—2009年各年份堆积柱状图]

■食品　　　　　　□衣　着　　　　　　□家庭设备用品及服务　　□医疗保健
□交通通信　　　　■教育文化娱乐服务　　□居住　　　　　　　　□杂项商品与服务

图1-7　中国城镇居民消费结构变化情况

资料来源：历年《中国统计年鉴》。

六、工业化发展成就突出，工业化水平持续提高

改革开放以来我国实现了由工业化初级阶段到工业化中期阶段的历史大跨越，我国已经成为世界经济发展引擎、全球的制造基地，工业实力不断增强。

首先，工业生产能力迅速扩张。粗钢生产能力由1957年的648万吨增加到2009年的超过6亿吨，增长近90倍；水泥生产能力由1957年的781万吨增加到2008年的18.6亿吨，增长235倍；化肥生产能力由1957年的20万吨增加到2007年的8 230万吨，增长411倍；化学纤维由1957年的0.03万吨增加到2007年的3 042万吨；洗衣机由1980年的60.7万台增加到2007年的5 119万台。

其次，工业主要产品产量居世界前列。根据联合国工业发展组织资料，按照国际标准工业分类，如今在22个大类中，我国制造业占世界比重在7个大类中名列第一，15个大类名列前三。2007年我国制造业有172类产品产量居世界第一位，全球近一半的水泥、平板玻璃和建筑陶瓷，一半左右的手机、PC机、彩电、显示器、程控交换机、数码相机都在我国生产。我国已成为一个名副其实的工业生产大国。最后，工业产品出口竞争力增强。目前，家电、皮革、家具、自行车、五金制品、电池、羽绒等行业已成为我国在全球具有比较优势、有一定国际竞争力的行业。

最后，我国工业产品出口竞争力增强。目前，家电、皮革、家具、自行车、五金制品、电池、羽绒等行业已成为中国在全球具有比较优势、有一定国际竞争力的行业。轻工产品已出口到世界 200 多个国家和地区，在世界贸易量中占有极大的比重，为世界人民享受到物美价廉的日用消费品做出了巨大的贡献。在工业制成品出口中，机电产品占出口总额的比重已超过一半。高新技术产品占出口总额的比重 1/4 还多。机电、高新技术产品在我国出口贸易中的主导地位日益明显。

我国的高新技术产业尽管起步较晚，但我国紧紧把握当今世界经济走势和未来市场需求，出台和实施了一系列科技体制改革重大方案，加强对技术引进、技术创新和高新科技成果商品化、产业化方向的宏观引导，深化科技体制改革，促进了技术创新和高新科技成果商品化、产业化，有力地促进了高新技术产业的发展。电子信息、生物工程、航空航天、医药制造、新能源和新材料等高技术工业从无到有，蓬勃发展，成为带动我国工业实现跨越式发展的重要因素。1995～2008 年，全国高技术产业增加值占规模以上工业增加值的比重由 7.0% 上升至 9.6%。目前我国部分工业产品生产技术和质量已达到国际先进水平，一些高技术产品在国际上居领先地位。2008 年高技术制造业增加值比上年增长 14%，高技术工业增加值占全部规模以上工业增加值的 9.6%，高技术制造业规模已位居世界第二。计算机、移动通信手机、抗生素、疫苗等产品的产量位居世界第一。我国正成为世界高技术产品的重要生产基地，并开始向研发制造基地转型。

七、城市化加快发展

1978 年改革开放以来，随着我国工业的快速发展，中国的城市化速度大大加快，从城乡居住人口这个城市化指标来看，2009 年城镇人口所占比重达到 46.59%，比 1978 年 17.92% 提高了约 28.7 个百分点，每年约提高 1 个百分点；而 1949～1978 年的 29 年里，城镇人口比重仅提高了 7.3 个百分点。

1978 年改革开放以后的城市化，是在国民经济高速增长条件下迅速推进的，城乡之间的壁垒逐渐松动并被打破，特别是乡镇企业的发展，使得中国的城市化呈现出以小城镇迅速扩张、人口就地城市化为主的特点。

改革开放以来，我国的城市化进程主要可分为两个阶段：

第一阶段，1978～1991 年，城市化快速发展阶段。以农村经济体制改革为主要动力推动城市化阶段，这个阶段的城市化带有恢复性性质。第一，大约有2 000万上山下乡的知识青年和下放干部返城并就业，高考的全面恢复和迅速发展也使得一批农村学生进入城市；第二，城乡集市贸易的开放和迅速发展，使得大量农民进入城市和小城镇，出现大量城镇暂住人口；第三，乡镇企业的崛起也促进了小城镇的发展；第四，国家为了还过去城市建设的欠账，提高了城市维护和建设费，结束了城市建设多年徘徊的局面。这个阶段，到1991年末，城镇人口增加到31 203万人，比1978年增长80.9%，平均每年增长5.8%。城市化率达到26.94%，比1978年提高9个百分点。

第二阶段，1992~2009年，城市化稳定发展阶段。党的十四大明确了建立社会主义市场经济体制的总目标，确立了社会主义市场经济体制的基本框架。城市作为区域经济社会发展的中心，其地位和作用得到前所未有的认识和重视。2002年11月党的十六大明确提出"要逐步提高城市化水平，坚持大中小城市和小城镇协调发展，走中国特色的城市化道路"，从此，揭开了我国城镇建设发展的新篇章，城市化与城市发展空前活跃。到2008年底，全国城市总数达到655个，比1991年增加176个，增长36.7%，平均年增加11个。城镇人口比1991年增加90.3%，平均每年增长5.6%。城市化率提高到45.68%，比1991年提高19个百分点。1992年到2009年，城市化率由27.63%提高到46.6%，年均提高1.16个百分点。这一阶段的城市化，以城市建设、小城镇发展和普遍建立经济开发区为主要动力，城市化进程已从沿海向内地全面展开。如图1-8所示，自1980年以来，中国各个地区，包括中西部地区城市化水平都有很大提升。

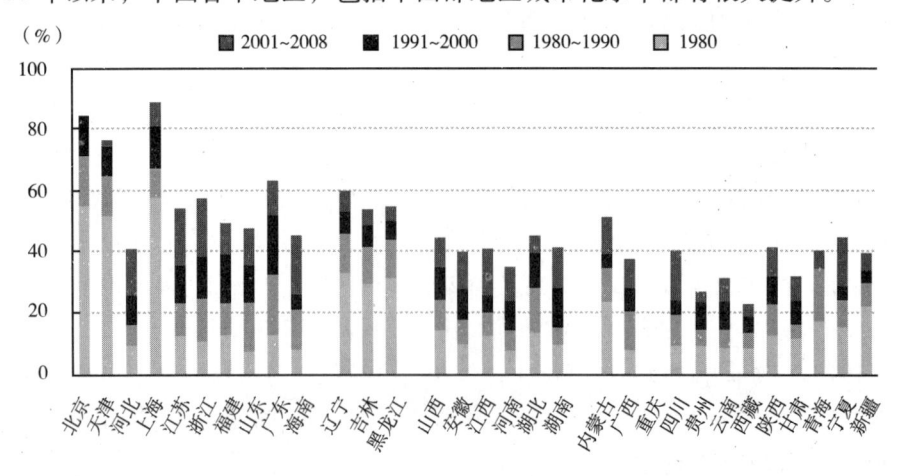

图1-8 改革开放以来中国各地区城市化发展情况

资料来源：历年《中国统计年鉴》。

城市在国民经济发展中的地位日益提高。随着我国城市化水平的逐步提高，城市经济在国民经济中的重要地位和作用日益显现。2008 年全国地级及以上城市（不包括市辖县）年末总人口 37 619.3 万人，比 1949 年增加 33 670.3 万人，增长 8.5 倍；2008 年全国地级及以上城市总面积（包括市辖县）469.4 万平方公里，占全国土地总面积的比重达 48.9%。2008 年，全国地级及以上城市（不包括市辖县）地区生产总值 186 279.5 亿元，占全国 GDP 的比重 62%，地级及以上城市（不包括市辖县）地区生产总值超过 1 000 亿元的城市 43 个，其中 20 个城市超过 2 000 亿元，依次为上海市、北京市、深圳市、广州市、天津市、佛山市、杭州市、东莞市、重庆市、南京市、武汉市、沈阳市、大连市、成都市、苏州市、青岛市、无锡市、济南市、宁波市、哈尔滨市。2008 年全国地级及以上城市（不包括市辖县）地方财政预算内收入 16 892.7 亿元，占全国地方财政收入的 59%；地方财政预算内支出 2 1296.7 亿元；占全国地方财政支出的 43.4%。年末金融机构存款余额 333 639.8 亿元，其中城乡居民储蓄年末余额 138 543.8 亿元，分别占全国的 71.6% 和 63.5%。

八、教育科技医疗卫生等社会事业取得巨大发展

改革开放 30 年来我国教育事业发展十分迅速。1978～2009 年间，全国小学学龄儿童入学率从 94% 提高到 99.5%；初中毛入学率从 20% 达到 99%；高中阶段教育毛入学率从不到 10% 提高到 79.2%；高等教育毛入学率从不到 1% 提高到 24.2%。我国 15 岁以上人口和新增劳动力的平均受教育年限分别接近 8.5 年和 10.5 年，人力资源开发处于发展中国家的较好水平。

职业教育不断加快发展。2009 年全国中等和高等职业教育的在校生分别为 2 195 万人和 778 万人，分别是 1979 年的 3.8 倍和 4.2 倍，职业院校与行业企业广泛合作，区域间职业院校开展联合招生或合作办学，职业教育适应经济社会发展能力显著增强。

高等教育跃上新的台阶，人才培养和创新服务能力明显增强。世纪之交的扩招，促使我国高等教育毛入学率 2002 年达到 15%，迈入大众化阶段。2009 年高等教育在学人数 2 680 万人，规模居世界第一，比 1978 年增加了近 11 倍。国家加强紧缺人才和高技能人才培养，对西部和人口大省高教发展倾斜支持，通过"211 工程"和"985 工程"建设了一批高水平大学和重点学科。高校积极参与国家创新体系建设，获国家自然科学奖、技术发明奖、科技进步奖累计数均占 50% 以上。

我国的科技事业蓬勃发展，取得了举世瞩目的巨大成就，为经济发展、社会进步、民生改善、国家安全提供了重要支撑，其整体水平已位居发展中国家前列，有些科研领域达到国际先进水平。据统计，从1981年到2008年，我国取得省部级以上重大科技成果累计78.2万项；累计颁发国家自然科学奖876项，国家技术发明奖3 017项，国家科学技术进步奖10 353项；在航天科学领域，我国不仅掌握了卫星回收和一箭多星等技术，还迎来了几座新的里程碑：由我国自主研发的"神舟"系列航天飞船的成功发射，特别是"神舟"五号、"神舟"六号和"神舟"七号载人航天飞行的圆满成功，实现了载人航天工程的重大突破；而"嫦娥"一号成功探月之旅则标志着我国首次月球探测工程圆满成功，中国航天成功跨入深空探测的新领域。在信息技术领域，银河系列巨型计算机研制成功，量子信息领域避错码被国际公认为量子信息领域最令人激动的成果，纳米电子学超高密度信息存储研究获突破性进展，6 000米自制水下机器人完成洋底调查任务，高性能计算机曙光5 000A跻身世界超级计算机前十位，首款64位高性能通用CPU芯片问世，下一代互联网研究与产业化获得重大突破。

在生物科学领域，解决了亿万人吃饭问题的杂交水稻技术取得重大突破，首次完成水稻基因图谱的绘制，完成人类基因组计划的1%基因绘制图，首个中国人基因组序列研究成果发表，首次定位和克隆了神经性高频耳聋基因、乳光牙本质Ⅱ型、汉孔角化症等遗传病的致病基因，体细胞克隆羊、转基因试管牛以及重大疾病的基因测序和诊断治疗技术均取得突破性进展。此外，三峡工程成功完成，水库蓄水成功、永久船闸通航、首批发电机组全部投产，许多指标都突破了世界水利工程的纪录；

改革开放以来，中国卫生事业取得了显著成就，覆盖城乡的医药卫生服务体系基本形成，疾病防治能力不断增强，医疗保障覆盖人口逐步扩大，卫生科技水平迅速提高。目前，人民群众健康水平明显改善，居民主要健康指标处于发展中国家前列。一是有效控制重大疾病，城乡居民健康水平持续改善。目前，我国居民人均期望寿命为73岁，与新中国成立前的35岁相比，大幅提升；全国孕产妇死亡率已由新中国成立之初的1 500/10万下降至2008年的34.2/10万，婴儿死亡率由新中国成立初的200‰下降到2008年14.9‰，均居发展中国家前列。通过大力开展爱国卫生运动、实施国家免疫规划和重大疾病防控、防治政策，严重威胁群众健康的重大传染病得到有效控制，我国成功地消灭了天花和丝虫病，实现了无脊髓灰质炎目标，在总体上消除碘缺乏病阶段目标，有效控制了麻风病、血吸虫病、疟疾等曾经严重威胁人民群众健康的疾病。结核病、艾滋病、乙型肝炎等防控工作取得重大成效。地方病严重流行趋势得到有效遏制，防治成果稳固发展。慢性非传染性疾病的防控成效显著。

卫生服务体系不断健全，群众获得服务的可及性明显改善。2008年底，我国拥有卫生机构27.8万个，另有村卫生室61.3万个，覆盖城乡居民的卫生服务体系已经基本建立。20世纪90年代，我国启动医疗保障制度改革，积极稳妥地推进各项医疗保障制度建设，取得了明显进展。城镇职工和城镇居民基本医疗保险稳步推进，到2008年底，全国城镇基本医疗保险人数达到3.18亿人。2002年10月，中国政府出台政策，建立新型农村合作医疗制度。2003年起，新型农村合作医疗制度开展试点并逐步在全国推进，目前已覆盖全国所有含农业人口的县（市、区），参合人数达8.33亿，新农合给越来越多的农民带来实惠，对缓解或减轻农民疾病经济负担发挥着越来越大的作用。

第二节　中国经济发展面临的机遇与挑战

改革开放30多年来，中国经济取得了突飞猛进的发展，经济实力大为提高。展望"十二五"至2030年，我国仍然处于加快推进社会主义现代化的关键时期和重要战略机遇期，既存在诸多有利条件，也面临不少挑战，影响中国经济发展的制度、技术和要素等各个层面的国际国内环境都将发生重要的变化。从国际环境看，2008年世界金融危机以后，全球经济增长受到冲击，多极化国际格局正在发展。从国内来看，一方面经济持续快速增长的基础和趋势没有改变，另一方面资源环境压力不断增大，发展方式粗放和发展不协调的矛盾进一步显现。

一、国家干预和贸易保护可能在较长一段时间盛行，但从长期看，经济自由化和全球化还将占据主导地位

本轮由美国次贷危机引发的国际金融危机对全球经济造成了重要的冲击，许多发达国家甚至出现了经济衰退，总体来看全面的经济复苏尚待时日。同时，国际金融危机对原来的经济发展模式带来冲击。金融危机既表明美国等国家过度消费的发展模式不可持续，同时也表明部分发展中国家和新兴市场国家过度依赖出口拉动的发展模式面临挑战，全球经济的再平衡必然要求对原来的产业分工模式予以调整。根据一个国家的要素投入、产业结构、支出及贸易结构等指标，全球的主要经济体可以划分为资源产品供给经济体（如巴西、澳大利亚、石油输出国家和地区等）、中低端制造业产品生产经济体（如中国、印度和东盟等发展中

国家)、高端制造业产品生产经济体(如日本、德国、韩国等)和消费主导经济体(如美国、英国等),这就是典型的资源供给—产品生产—消费循环模式(Producer-Resourcer-Customer-Cycle,PRC循环模式)。这一循环的平衡运行方式是消费主导的经济体具有非常强劲的服务贸易,从而能够抵消产品贸易的逆差,不平衡运行方式是消费主导的经济体具有国际储备货币的优势地位及发达的金融市场,其巨额贸易逆差能够通过资本项下的流入来弥补。显然,过去多年来,这个循环一直是以不平衡的方式运行,这一不平衡也表现为南北关系上的不平衡、不均等,全球经济由此积累了巨大的风险。全球经济调整所选择的路径不同,其调整的结果也会迥异。如:消费主导的经济体储蓄率上升、出口增加,而资源供给和产品生产主导的经济体储蓄率下降、进口增加,经济过渡到平衡,这基本上会是一种全球经济和贸易仍然保持适度增长的情形;消费主导的经济体储蓄上升、投资下降、进口下降,而资源供给和产品生产主导的经济体的储蓄和出口下降,经济过渡到平衡等,而这有可能是一种全球经济和贸易发展缓慢的情形。当然也有可能消费主导的经济体和资源供给与产品生产主导的经济体经济调整都不成功,国际经济不平衡格局还持续,贸易保护主义趋于严重。

主要经济体所选择的经济政策对全球经济再平衡的路径和结果具有重要的作用,虽然从长期来看,经济自由化和全球化仍然是主要趋势和主导力量,但是在未来3~5年的中期范围内,主要经济体的经济政策,尤其是部分发达国家采取的较多贸易保护措施却很可能使全球化处于一个十字路口。

国际金融危机对全球贸易产生了较大冲击,导致贸易保护主义有所抬头,如美国的刺激经济计划中保留了"购买美国货"条款等都将对全球贸易带来不利影响。美欧推行贸易保护和其产业发展等目标相关,为了帮助经济回暖,欧美各国会扶植国内某种产业的发展,而这种需要扶植的产业则很容易成为其实施贸易保护的行业。此外,贸易保护还有可能扩散,比如从货物贸易扩大到服务贸易问题、移民问题等,这就会减缓全球化的进程。从资本流动的角度看,金融危机爆发之后,全球的流动性紧缩,银行由于自身流动性困难和缺乏市场信心而压缩贷款,企业和居民部门也都将经历一个去杠杠化的过程,而且监管机制的改革、市场信心的恢复都需要一个较长的时间,再加之投资者在金融危机之后不断上升的风险回避和本土偏好等原因,各个国家在对于资本项目的开放也会趋于谨慎,而对于资本的流动的监管将趋于严格,这些都将在一定程度上制约资本的跨境流动。

当然,过多的国家干预和贸易既不能快速解决危机所带来的后果,也不利于促进全球的经济增长,因此,从长期看,经济自由化和全球化还将主导全球经济增长。但短期内，贸易保护抬头可能损害国际贸易的发展，由于中国是出口大国，针对中国的反倾销和保护措施可能快速增加，从而对中国出口产生不利的影响。

二、全球气候变化以及与之相关的资源和环境问题将成为国际不稳定格局的重要的因素

当前，全球气候变化问题日益突出，正如联合国前秘书长安南指出的：气候变化是我们这个时代的标志性问题。全球气候变化带来的直接后果，一是导致全球生态环境持续恶化，造成干旱、河流干涸、水土流失、沙漠化以及土地退化等一系列问题，已对人类生存的基本条件和环境构成严重威胁；二是导致全球海平面上升，严重威胁到沿海地区的居民生产生活。气候变化已成为迄今为止规模最大、范围最广的市场失灵现象[①]。

而导致全球气候变化的重要原因是全球温室气体，特别是二氧化碳排放的持续增加，据研究，如果各国政府不采取新措施，温室气体将在2030年比2000年时增加25%~90%。因此，未来越来越多的国家和地区将意识到节能和环保的重要性，主动参与相关领域的国际合作，国际社会对"减排"的呼声将越来越高，"减排"的压力也会越来越大，可以预料，昔日那种不顾环境、不顾未来的发展方式将成为历史，可持续发展模式为越来越多国家所选择。

但是，由于各国在资源储备、技术水平以及消费理念等方面的差距，发达国家与发展中国家之间甚至同为发达国家的美国与欧盟之间在应对全球气候变化问题上分歧较大，各国之间矛盾很多。而减轻气候变化所产生的不利影响，需要国家间的协调行动，就气候政策的长期目标达成共识，建立有效合作的机构，一些主要国家需要表现出负责任的形象，努力建立对其他方的信任。但是就这些问题达成共识并采取协调行动无论是在政治方面还是经济方面都具有很大的困难，相关的争议将可能成为国际上一个不稳定的因素。

当然，我们也要看得到尽管目前环保技术和环保产品虽然主要控制在少数发达国家手中，但它们的传播和扩散必将比其他新技术和新产品更为广泛和迅速。随着科技进步和新技术传播的加速，环保产业必将在更大的程度上突破少数发达国家的狭小范围，更加迅速地在世界各国发展。这样，环境保护的开支就不再单纯是各国的一种负担，它必将成为世界多数国家的一种新的经济增长点，从而为

[①] 见斯特恩回顾：气候变化的经济内涵。

克服环境保护的长远利益与经济增长的现实利益之间的矛盾提供了条件。总之，随着科技的发展，世界各国经济增长方式、产业结构均将发生重大变化，各种环境保护和治理技术必将越来越多，越来越先进和实用，所有这些必将使世界经济可持续发展的物质技术基础进一步增强。

三、全球新一轮技术革命正处于启动期，将推动形成新的国际分工格局

为应对气候变化和金融危机，发达国家都大幅度增加了科技投入，抢占未来竞争的战略制高点。在新能源技术、节能减排技术、信息技术（比如传感网、物联网、智慧地球、云计算）等若干重要领域，正在酝酿新的突破。随着新技术革命的成果在生产、经营领域的应用，各国的比较优势将发生变化。发达国家新的产业优势将逐步形成，旧的产业优势将逐步减弱。另外，随着通信和交通技术的发展，信息传输、供应链的指挥协调将更加便利，物流过程将更加优化，与之相关的成本将不断降低。这将改变原来许多产品和服务不可贸易的特性。发达国家在继续向发展中国家转移制造业的同时，其服务业中的许多环节也在向发展中国家转移，以利用发展中国家人力资本供应充足、成本较低的优势。包括我国在内的较为发达的新兴市场经济体，将承接发达国家转移出来的更高级的产业和技术。而新兴市场经济体中一些低技术产业，将转移到发展阶段更低的发展中国家。发展中国家之间在较低端的产业和技术之间的竞争也更加激烈。

四、全球大宗资源能源类商品供需将呈现基本平衡状态，但受其分布不均衡的影响，大宗资源能源类商品全球化战略将成为各国必然选择

大宗资源能源类商品是人类社会发展的重要基础，是国民经济的命脉。未来随着全球经济规模的不断扩大，全球大宗资源能源类商品的需求将持续增长，大宗资源能源对人类经济社会发展的制约和影响也将越来越明显。综合国际能源署和美国能源署对未来能源需求的预测结果，2005～2030年间，全球能源需求年均增长率将达到1.75%左右，发展中国家将成为世界能源需求增长的主要源泉，发达国家能源需求将持续在高位徘徊。虽然未来全球对大宗资源能源类商品需求不断增长，但根据全球大宗资源能源类商品的已探明储量或预测产量，大宗资源能源类商品供给总体能满足需求，呈现基本平衡状态。

尽管未来全球大宗资源能源类商品供需将基本平衡,但其分布极不均衡。目前世界40种主要矿石中,有13种矿产75%以上的储量集中在3个国家,有23种矿产75%以上的储量集中在5个国家。世界石油储量57%集中在中东地区;天然气储量72%集中在中东、东欧及苏联地区;煤探明可采储量53%集中在美国、中国和澳大利亚。有色金属中,铜、铅、锌、铝、金、银等50%以上储量集中在3~5个国家。非金属矿产资源中,钾盐近75%的储量分布在加拿大和俄罗斯。由于矿产资源在地域分布上的不均衡性,使得世界上没有一个国家可以完全依靠自身资源满足经济发展的需要,因而,大宗资源能源商品全球化战略将成为各国的必然选择。在这种全球化战略的影响下,各国为促进经济发展,对大宗资源能源类商品的争夺将更为激烈。

五、多极化国际格局将逐步形成

冷战结束之后,多极化的国际格局并没有实现,实际上是美国一极独大,美国在政治、经济和军事等方面的地位得到加强。但是,随着近年来发展中国家和转轨国家的发展,特别是"金砖四国"等新型经济体的发展,国家政治格局多极化趋势逐步显现,在未来10~20年,国际政治多极格局将进一步稳步发展,新兴经济在全球事务中的作用将日趋增强。其原因是,首先,金融危机冲击了美国的金融霸权,美国模式对全球发展的吸引力、影响力和标杆意义受到影响,美国对国际事务的控制力进一步下降;其次,以法国为代表的欧洲国家正日益为欧盟谋取更有利的地位,将挑战美国的霸权;最后,以"金砖四国"为代表的新兴经济体的经济实力迅速崛起,同时,这些新兴经济体之间对话合作的不断发展,形成了中俄印、"金砖四国"等多国对话机制,将对国际政治格局产生重大影响。因此,在未来的20~30年内,真正的多极化国际格局将逐步形成。

在此背景下,国际事务以及各种体制安排将不再是由一两个或几个大国所控制,而将越来越多地由拥有和行使多种权力的许多个国家或非国家行为体来共同主导[①]。随着中国经济实力的增强和国际地位的提升,中国在国际社会中的话语权会相应增大。但与此同时,国际社会对中国承担国际责任和义务的期望和要求,也会不断提高。

---

① 参见美国学者扎卡里亚2008年5月在《新闻周刊》以及美国外交学会主席理查德·哈斯2008年在《外交》季刊发表的文章。

六、中国国内的改革将遇到严峻挑战，利益分配格局调整的难度加大

由于地区、城乡以及要素间利益分配差异的扩大，中国各地区之间、城乡之间以及社会各个阶层之间的收入差距也在扩大。城乡之间的居民收入比率1990年为2.6倍，2008年扩大到3.33倍。中国的地区差距从90年代开始显著扩大，未按人口加权的人均GDP计算的GINI系数从1990年的0.276增长到2000年的0.347，在2003年达到峰值0.35之后略为下降至2007年的0.316[1]，地区之间的差距是中国当前以及未来相当长一个时期发展不和谐的重要现象。

从要素间的分配看，中国劳动报酬占GDP的份额偏低，1990～2006年间劳动报酬的份额持续下降，由1990年的约53%下降到2006年的约40%。劳动份额偏低会扩大收入差距。

城乡差距、地区差距以及要素间的利益分配差异既与中国的发展阶段和发展水平有关，也与中国的收入分配体制、投资体制、行政管理体制、国有资产（资源）管理体制等有关，这些攻坚式的改革涉及的利益关系更加复杂，改革的难度更大，难以立竿见影。

七、促进中国经济增长的要素结构将发生重要变化

中国的人口自21世纪初以来，进入了"低出生、低死亡、低增长"的现代型人口增长阶段。有研究表明，中国人口数量将在2030年前后达到高峰，此后，人口总量开始逐步下降，由低水平增长阶段过渡到负增长阶段[2]。2015年之后，中国劳动年龄人口数量处于不断下降趋势，在未来20年内，中国的劳动力供给将出现一个转折点，劳动力的供给量将会由增长转为逐步下降。

劳动力受教育程度的上升将在一定程度上弥补劳动力数量增速减缓甚至下降所带来的后果，例如，1978年我国劳动年龄人口的平均受教育年限为3.9年，2007年为7.5年。考虑到未来义务教育和职业教育的发展，我国劳动年龄人口的平均受教育年限应该可以达到10年。

---

[1] 见李善同、许召元：《中国区域差距的现状与趋势》，中国发展研究基金会报告第50期。
[2] 王德文：《人口低生育率阶段的劳动力供求变化与中国经济增长》，中国社会科学院人口与劳动经济研究所工作论文。

资本积累方面，改革开放前（1952~1978）为9.3%的增长速度，1979~1998年为10%，1999~2007年为13.5%[①]，这样高的资本积累速度主要是源于中国较高的储蓄率，但人口老龄化的来临，有可能增加国内储蓄率的不确定性。中国正在经历一个迅速的老龄化过程，使得这个问题尤其突出。根据联合国的预测，2020年中国65岁及以上的老年人口总数将高达1.69亿，占总人口的比例达到11.9%，老年抚养比（即老年人口与劳动年龄人口的比例）为17.1%[②]，接近经合组织国家1990年18.6%的水平。人口老龄化影响国民整体储蓄水平，对于经济发展和社会保障体系将会产生巨大的压力。

另外，在过去的一段时间内，中国劳动力的低成本一直是吸引外资流入的重要因素。然而，随着经济的发展，中国劳动力成本会在一些地区、一些行业呈现明显上升的趋势。同时，在沿海地区土地成本的快速上升，也会抵消劳动力廉价的优势。这可能导致外资转向印度、拉美等国家和地区，从而进一步加大中国资本积累的不确定性。

战略性资源储量（包括水资源、矿产资源和能源）以及环境容量的不足将对经济增长产生越来越大的制约。中国人口众多，人均资源量少，中国的经济增长将受到越来越严重的资源和环境约束，将面临能源供给、生产能力、运输能力和废气排放的环境容量不足的困难。同时，资源价格的提高将增加经济发展的成本。

由于中国距离世界技术前沿接近，后发优势缩小，迫切需要更多的自主创新投入和创新体制的改革，如果这些措施能够顺利到位，预计未来还将可以保持过去的技术进步速度。

八、工业化和城市化进程仍将继续发展

1978年中国城市化率为18%，2009年已经上升为46.6%，约3.5亿农村人口转为城市人口，过去10年基本上每年上升1.2个百分点，未来可能只会保持每年0.7~0.9个百分点的速度增长，预计到2030年城镇化率将达到65%左右。城市化及其带来的城市人口规模扩大，一方面将直接带来消费需求的增长，另一方面，也通过对城市基础设施提出更多的要求而带动投资需求的增长。

有关研究表明，中国各个区域的工业化程度差异很大[③]，如到2005年东部

[①] 王小鲁等：《中国经济增长方式转换和增长可持续性》，《经济研究》2009年第1期。
[②] 蔡昉、王美艳：《"未富先老"与劳动力短缺》，中国社会科学院人口与劳动经济研究所工作论文。
[③] 中国社会科学院工业经济研究所：《中国工业化进程报告——1995-2005年中国省域工业化水平评价与研究》，社会科学文献出版社2007年。

的工业化水平综合指数已经达到了78，进入工业化后期的前半阶段，东北地区工业化水平综合指数为45，进入工业化中期前半阶段，而中部和西部的工业化水平指数为30和25，还处于工业化初期的后半阶段。东部、东北、中部、西部工业化水平呈现递减，区域发展不平衡性明显。未来20年内中国的工业化进程将逐步完成，各个区域之间的工业化程度差异将缩小。

工业化和城市化发展也会加剧一些结构性矛盾。如：（1）工业化过程中资本和技术密集型产业比重的上升，有可能加剧劳动力总量关系的失衡。（2）城市化过程中对土地资源的占用，可能导致更多"三无"农民的产生。（3）随着城市化和工业化的发展，经济增长的成本有可能上升，例如劳动力、土地、自然资源以及各项社会事业的成本都将提高，城市化和工业化的成本也会增加。

九、中国在面临"中等收入陷阱"的风险同时，还面临低收入国家和发达国家双重竞争压力

改革开放以来中国经济迅速发展，2008年中国人均GNI按官方汇率计算已经达到2 940美元，按购买力平价计算已经达到6 020美元，处于由中等收入国家迈入高收入国家的关键时期。而研究显示，各个国家在早期阶段都会采取多样化发展战略，但是在某一转折点之后，生产和就业开始越来越专业化。尽管这一转折点在各国出现的具体时间会有所不同，但是普遍都是在达到中等收入水平之后，生产的规模经济性开始突显。这意味着，一个国家在达到中等收入水平后要想更加富裕，就必须适时采取新的发展战略，即专业化分工＋规模经济战略。如果没有专业分工和规模经济，而是持续基于要素积累的发展战略，由于资本边际收益递减的作用，中等收入国家要想继续保持其历史上的高增长将面临严峻挑战，将可能陷入"中等收入陷阱"。拉丁美洲和中东地区就是例证。

未来中国发展面临陷入"中等收入陷阱"的同时，还面临发达国家和低收入国家的双重产业竞争压力。即一方面是作为竞争对手的低工资水平的贫困国家，它们在成熟产业将逐步占据主导地位，将对中国发展带来严峻的挑战；另一方面作为创新者的发达国家，它们在那些技术变化较快的产业领域中具有巨大优势，我国很难同它们竞争。因此，未来中国面临两面夹击的险境，而有效摆脱这种险境的关键是能够在全球市场上找到"市场空缺"。如果能够在全球市场上找到"市场空缺"，在全球化的今天，其生产规模就可以扩大，以充分利用规模经济获取竞争优势。

但是，找到并且维持市场的恰当位置并不容易。许多由低收入国家转变为中

等收入的国家主要是通过从产业低端打入全球工业市场的。但是往往实现向中等收入国家转变后，却并没有能够走上创新之后，实现在全球价值链中的攀升，而是仍停留在原有的以低成本获取竞争优势的位置，最终工业增长速度放缓，曾经自己拥有的恰当市场位置不断地遭到新的低收入国家的挑战，而原有的竞争优势在低收入国家的挤压下不断丧失。

因此，在全球化的今天中国要维持自己的竞争优势，需求自己在全球中的市场位置，避免陷入"中等收入陷阱"和有效应对发达国家和低收入国家的双重产业竞争压力，关键是在专业分工和规模经济的基础上实现创新发展，促进产业在全球价值链中的攀升。

专栏1-1　中等收入陷阱

中等收入陷阱是指当一个国家的人均收入达到中等水平后，由于不能顺利实现经济发展方式的转变，导致新的增长动力不足，最终出现经济停滞徘徊的一种状态。从历史经验来看，许多经济体可以较快达到中等收入水平，但是在达到中等收入水平后面临着如下挑战：

第一，收入分配的不平等。从低收入向中等收入发展的过程中，可能会伴随着收入分配差距扩大的趋势，当达到中等收入水平后会产生缩小收入差距的要求。但在缺乏有效的扭转收入差距的制度安排和实现机制的情况下，一些国家采取"福利赶超"等模式，结果不仅对投资产生了挤出效应，而且最终没能改变收入差距扩大的格局，因此经济增长陷入停滞。

第二，城市化进程出现问题。从低收入到中等收入攀升的过程中会出现快速城市化，如果相应的城市基础设施和就业机会不能跟进，就会出现大规模的贫民窟，影响城市的发展，并限制城市功能的发挥，使经济增长失去一个重要动力。

第三，金融体系带来的挑战。一个国家进入中等收入阶段，资本账户就要开放，货币就会逐渐的可自由兑换，金融体系受到外部冲击的风险加大。在某种意义上说，大部分长期在中等收入徘徊的国家都多次经历过外部冲击造成的金融危机，进而造成了经济增长的停滞。如何进行金融改革和防范金融危机，避免造成经济波动和资产价格泡沫，是中等收入国家面临的巨大挑战。

第四，发达国家和贫困国家的双重产业竞争压力。一个国家在达到中等收入水平后要想更加富裕，就必须适时采取新的发展战略，即专业化分工＋规模经济战略。但这就面临发达国家和贫困国家的双重产业竞争压力，即一方面是作为竞争对手的低工资水平的贫困国家，它们在成熟产业将逐步占据主导地位，将对中等收入国家带来严峻的挑战；另一方面作为创新者的发达国家，它们在那些技术变化较快的产业领域中具有巨大优势，中等收入国家很难同它们竞争。因此中等收入国家面临两面夹击的险境，而有效摆脱这种困境的关键是在专业分工和规模经济的基础上实现创新发展，促进产业在全球价值链中的攀升。

第五，人力资本的培育。成为中等收入国家之后，一度被认为弹性无限的劳动力供给也难以维系，工资成本开始不断上升，导致曾经驱动经济增长的劳动密集型的出口产业逐渐衰落。此时，高技能劳动力短缺的状况加剧。而如果要从中收入国家跨入高收入国家的门槛，劳动生产率至少要增加数倍，这是一个教育不断提高的过程。因而，教育体系一方面应该从为工人提供技能培训转向使他们适应新技术，进而为今后能够生产新产品做好准备；另一方面，应该扩充高等教育和科研队伍。

当然上述问题可能仅是发展中国家达到中等收入国家后面临的一系列问题的一些方面而已，世界银行的专家在《增长报告（2008年）》中指出，导致中等收入陷阱的原因很复杂，需要今后更多的探讨，但的确存在着一种各国都适用的共同模式，值得我们进一步思考。报告认为，观察"二战"之后13个持续高增长的成功国家，有五个明显的共同之处：充分利用国际经济，保持宏观经济的稳定，很高的储蓄率和投资率，市场配置资源，精明强干的政府。特别是学习如何管理一个开放的经济体，应对全球经济危机的冲击，是此次国际金融危机之后中等收入国家需要考虑的任务。同时，世界银行的专家也认为，从东亚复兴的经验来看，要避免中等收入陷阱的风险，关键是完成三个转变：从多元化转向专业化；从投资驱动转向创新驱动；从基础教育转向高等教育。

第三节 2030年中国经济增长情景分析

根据前面的分析，未来20年左右将是中国进一步发展的关键时期，在这期间不仅面临国内继续深化改革的压力和能源资源约束，面临国际上各种不确定性的影响，也存在很多重要的机遇。在这种复杂的情境下，不同的发展战略选择显得尤为重要。本节我们采用情景分析法对"十二五"至2030年中国经济发展前景进行模拟分析，从而揭示影响中国经济增长的主要风险及可能的政策选择。

一、模型介绍

这里我们所采用的分析模型是由国务院发展研究中心开发的中国经济可计算一般均衡模型（DRC－CGE）。这一模型是递推动态的，通过求解一系列的静态均衡来模拟经济发展的动态特性，模型的模拟时间段为2008～2030年。

模型包括42个生产部门（1个农业部门，24个工业部门，1个建筑业部门和16个服务业部门）、12组居民（7组城镇居民，5组农村居民，按居民收入分组）和5种生产要素（农业劳动力、生产工人、技术工人、资本、土地）。模型的基准年份为2007年，数据主要源于基于2007年中国投入产出表编制的2007年社会核算矩阵（Social Accounting Matrix，SAM）。

模型采用的是递推动态结构，即模型采用一系列相互联系的静态均衡来反映动态变化。这些联系反映在要素的积累和变化以及生产率的变化。模型中的生产活动由多层嵌套的不变替代弹性（CES）函数来刻画，与一般的标准的CGE模型不同的是，模型中能源作为劳动力和资本因素一样作为投入纳入模型，短期作为资本的补充，而长期则作为资本的替代。同时为了反映经济结构变化的灵活性，模型区分了新旧资本，新资本更具体灵活的。对于消费，模型也采用与标准模型不同的结构，模型利用AIDADS消费函数来看刻画居民的消费行为，AIDADS函数相对于标准模型中的LES、ELES等消费函数，可以更好地反映收入水平的变化对于消费结构的影响。对于贸易，模型还是采用传统的Armington假设。同时，为了更好地模型发展方式转变的政策，模型对于税收和转移进行了详细的刻画，如单独区分了资源税、引入了碳税等。

二、情景设计

本研究采用情景分析法对中国经济增长前景进行分析，首先根据中国经济的发展历史和结构特点给出基准增长情景。基准增长情景是以过去和当前的发展特征为基础，并考虑最有可能的一些变化，包括人口、要素禀赋和技术进步的变化等，从而推导出来的可能情景。它反映了经济发展的可能趋势，也提供了与其他情景比较的参照系。在此基础上，根据中长期中国经济发展所面临的主要风险和调整方向设计了两个对照情景。

（一）对照情景设计的主要考虑

经过新中国成立以来特别是改革开放以来的不懈努力，我国取得了举世瞩目的发展成就，但也面临着资源环境压力日益加大、产业结构和投资消费比重不协调、社会不和谐程度有所加深、自主创新能力还不强、体制和科技创新活力尚待释放等矛盾，当前我国经济社会发展中之所以存在这一系列矛盾和问题，根本原因是发展方式转变过于缓慢，尚没有根本改变主要依靠低成本要素投入驱动增长的发展模式，因此在对照情景中我们设计了发展方式转变较快情景，以重点考察加快发展方式转变对中国经济社会发展的综合影响。另外，考虑到未来发展中所面临的国内外各种风险和挑战，可能对经济发展具有重要影响，我们设计了一个风险情景，以模拟在这些风险因素共同作用下中国经济社会发展的前景。通过对两个对照情景的模拟，也为进一步分析国内的改革方向和重点奠定基础，各种情景的具体设定如表1-4所示：

表1-4　　　　　　　　未来中国经济增长前景分析的情景设计

情景类别	情景设定
	所有情景共同的基本设定： 1. 人口总量的变化趋势外生，直接利用中国社会科学院人口与劳动经济研究所对人口总量和结构的预测数据 2. 劳动力总量的增长外生，农业土地的供给变化外生 3. 除下面特别指出外，各种已有的税率和转移支付保持不变 4. 2010~2030年国际收支将逐步达到收支平衡
基准情景（A）	设定如下： 1. 城市化水平及城乡人口外生，2007~2020年城市化率年均提高0.9个百分点，2021~2030城市化率年均提高0.7个百分点 2. 政府消费增长率外生 3. 全要素生产率（TFP）外生，假设2005~2020年的全要素生产率的增长率仍然延续过去25年的趋势，即整体保持在2%左右的水平 4. 技术进步的偏向性及中间投入率的变化外生
发展方式转变较快情景（B）	设定如下： 1. 征收能源税/碳税、提高能源利用效率 2010~2015资源税税率在基准情景的基础上逐步提高10%，2010年开始征收碳税，税率从10元每吨CO_2逐步提高至50元每吨CO_2。2010~2030年间能源体用效率平均比基准情景高1个百分点 碳税收入主要用于企业能源效率改进、高技术行业创新的税收激励 2. 加大政府对于教育、医疗及科研及社会福利的投入 调整政府公共支出的结构，增加教育、医疗及科研及社会福利方面的支出比重 3. 加快城市化进程，逐步消除劳动力转移的壁垒 2010~2030年城市化率比基准情景每年提高0.25个百分点，加快城乡劳动力的转移 4. 调整国有企业、垄断企业的分配体系 提高国有企业回报上缴比重，2010~2030年间逐步提高三成到四成，增加政府公共支出；提高政府对于贫困地区和贫困人群的转移支付2010~2030年比基准情景提高10%~15% 5. 完善服务业规制改革，降低服务业税负 2010~2030年服务业TFP比基准情景高0.9个百分点，逐步使服务业的税负降低10%

续表

情景类别	情景设定
风险情景（C）	设定如下： 1. 城市化进程缓慢，劳动力转移变缓 2010~2030年间城市化率比基准情景每年低0.2个百分点，城乡劳动力的转移速度也比基准情景缓慢 2. 世界经济缓慢恢复，贸易保护日趋严重 与基准情景中出口需求短期即可恢复正常增长不同，国际市场对中国出口的需求"十二五"以后方可恢复正常，2015~2030年间受贸易保护主义增强等因素的影响，出口增速低于基准情景 3. 国际能源价格攀升，能源进口受到限制，国际原油价格回归100美元每桶以上 4. 体制改革进展缓慢、技术创新和效率改进不快等，导致TFP比基准情景低0.4个百分点左右

注：基准情景中制造业的TFP要比服务业高0.5~1个百分点。

（二）各情景的具体设定

1. 基准情景。从长期来讲，劳动力供给的变化、投资的变化以及生产率的提高等决定整体经济的增长状况。劳动力的供给取决于人口总量和人口年龄结构的变化。人口总量及相应的年龄结构、劳动力总量变化对劳动力转移有着重要的影响，人口增长受计划生育政策、人民生活水平提高、生活方式变化等众多因素的影响，但主要是国家人口政策的影响。在本研究中，人口增长被作为模型的外生变量，我们选用中国社会科学院人口与劳动经济研究所对人口和劳动年龄的预测数据，按照这一预测，中国的人口顶峰出现在2037年左右，那时人口约为14.68亿人，劳动年龄人口的高峰出现在2017~2027年，劳动年龄人口约10亿人（见图1-9），按2006年劳动力占劳动年龄人口比重计算，劳动力高峰时全国劳动力资源总量约8.2亿人，比2006年增加4000万劳动力。

生产率的提高在模型中主要体现在全要素生产率（TFP）的变化。通过对过去30年中国全要素生产率的变化研究发现，影响中国TFP的变化的因素非常多，如体制改革、人力资本溢出效应、科技资本、市场化改革、城市化、外资效应、外贸效应、基础设施、行政管理成本、最终消费率等。尽管具体的定量研究结果存在很大的差异，但是大部分的研究都反映过去30年中国的TFP的年均增长率基本在2%~4%之间。从未来来看，这些促进TFP增长的一些重要因素仍将继续发挥重要作用，如体制改革将进一步深入，城市化将稳步推进，农村劳动力仍然继续稳步转移，人力资本水平不断积累，科技进步继续发展等。因此，基准情景中模型假设2008~2030年TFP年均增长率继续延续过去的发展趋势，保持在2%左右的水平。

基准情景中模型假设城市化和工业化将继续推进，城市化水平将每年提高

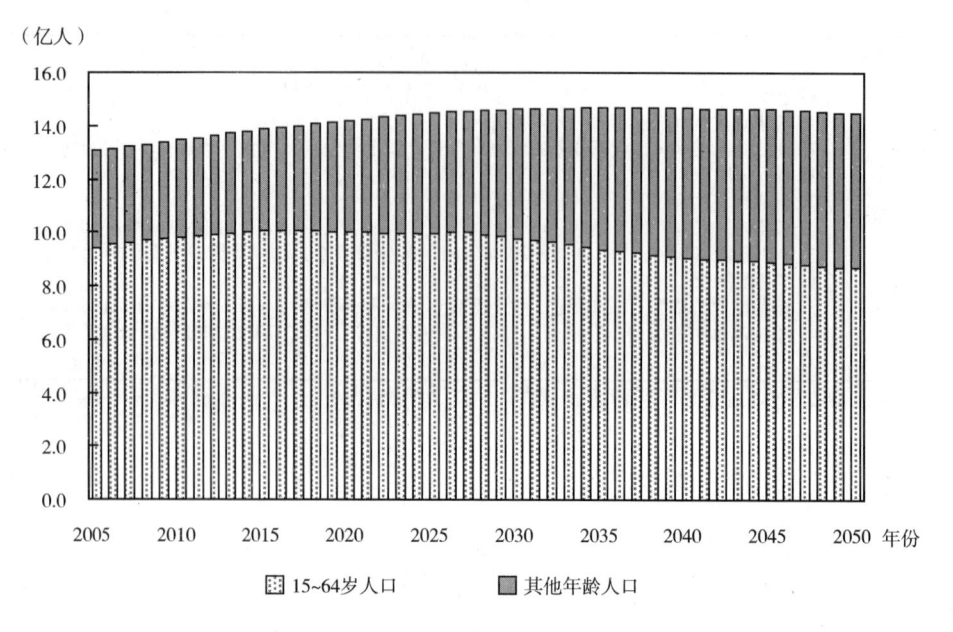

图 1-9　中国社会科学院人口所预测的中方案情景下中国总人口及劳动年龄人口变化情况

0.85~0.55个百分点,"十一五"末期城市化率预计略高于47%,到2015年城市化率提高到52%左右,2030年达到65%左右。考虑到国际经济环境和中国比较优势的变化,基准情景中出口的增长速度将逐步降低,贸易顺差仍将在较长时间内存在,但也呈逐渐缩小的趋势,到2030年左右实现外贸进出口基本平衡。基准情景中其他一些影响中长期经济增长和结构变化的一些重要设定参见本章附录。

2. 发展方式转变较快情景。在发展方式转变较快情景中,我们假设各项体制改革快速顺利推进,市场在配置资源方面的作用进一步增强,结构调整大力推进,经济增长方式转变取得进展。具体设定包括:(1)各种资源的价格得以理顺,资源配置更加合理,通过税收手段使经济活动的外部性成本内部化,企业能源和资源的利用效率得以提高。(2)调整政府公共支出结构,增加对教育、医疗及科研及社会福利方面的支出比重。许多研究发现,政府对公共服务支出比重偏低是导致居民消费意愿较低的重要原因之一,因此调整政府支出结构,有助于扩大居民消费,促进消费和投资结构协调发展。(3)进一步消除劳动力转移壁垒,加快城市化进程。城市化是促进资源优化配置、促进经济增长和产业结构调整的重要动力。(4)调整国有企业、垄断企业的分配体系,降低企业储蓄比重。

近年来中国国民储蓄率不断上升,其中很重要的原因在于企业储蓄率不断提高,这是造成经济结构不协调的重要原因之一,而企业储蓄率提高与我国国有企业和垄断企业的分配体系不合理有关,在模型中,我们假设国有企业利润上缴国家的比重逐步所提高,国民经济分配结构更加合理。(5)加大支持服务业发展的力度,产业结构进一步升级。长期以来,我国服务业比重提高较慢,这既与我国当前所处的阶段和发展环境有关,也与许多制度性约束有关。2009年的中央经济工作会议提出,要增强非公有制经济和小企业参与市场竞争、增加就业、发展经济的活力和竞争力,放宽市场准入,保护民间投资合法权益。目前存在市场准入限制的主要是服务业,例如金融、铁路、公路、航空、电信、电力及城市供水等基础和垄断行业。在模型中,服务业加快发展体现在TFP增长率更高和税负水平有所降低上。

3. 风险情景。在风险情景中主要考虑以下几个方面的变化:(1)城市化发展速度较慢。城市化发展速度较慢不仅制约着劳动力顺利和有效转移,限制了城市集聚效应的发挥,也制约了消费结构升级和产业结构的优化,不利于经济又好又快地发展。(2)世界经济缓慢恢复,贸易保护严重,出口增长缓慢。对外出口是推动经济增长的重要动力,2000年以来,中国出口每年增长速度都在20%以上,出口占GDP比重也逐渐提高。2000年,出口占GDP比重为(包括货物和服务)23.3%,2008年,中国出口占GDP比重达到36.9%,8年间上升了13.6个百分点。在世界经济缓慢恢复而且贸易保护日趋严重的情况下,出口增长速度很可能进一步减缓,这将对经济增长、就业和人民收入水平提高产生很大的不利影响,在经济增长放缓的情况下,产业结构的调整和优化也将更加困难。(3)国际能源价格攀升,能源进口受到制约。随着近年来中国经济的快速发展,我国对部分资源的国际依赖程度也在不断提高,特别是原油和铁矿石的进口依存度已经很高。2007年,中国生产原油1.86亿吨,进口原油2.11亿吨,进口原油已经超过国内生产量。其他资源方面数量较大的是铁矿石,1990年我国进口铁矿石1 419万吨,到2008年已经增加到44 413万吨,我国铁矿石消费量则由1990年的1.935亿吨增加到2007年的10.904亿吨,2008年我国对进口铁矿石的依存度达到49.5%的创纪录水平。因此如果国际能源、资源价格上升,能源进口受到限制,就会使经济发展受到较大的约束。(4)体制改革进展缓慢、技术创新和效率改进不快。改革开放以来,我国生产效率改进明显,对经济增长的促进作用很大,这得益于多个方面的原因,其中特别重要的两点是我国技术和管理水平与国际差距较大,因此通过模仿和学习可以较快地提高技术水平,缩小同发达国家的差距,另一个原因是通过国有企业改革和市场经济建设,企业管理效率有了极大提高。但在"十二五"及更长的时期内,通过体制改革促进效率提高的空间仍然存在,但改革的难度和阻力也越来越大,我国企业与发达国家的技术差距也越来越小,进一步创新更多地依赖于自主创新,因此如果在创新方面转变不快,就可能造成效率改进缓慢,从而造成发展方式转变缓慢和增长速度下降。在模型中直接表现为 TFP 值比基准情景降低 0.4 个百分点左右。

三、模拟结果分析

在前面分析和各种设定基础上,通过中国经济可计算一般均衡模型的模拟,我们给出了各种情景下中国的经济增长前景。

(一)基准情景

在基准情景的各项设定下,中国今后仍将保持较快的经济增长速度,根据目前的经济增长态势,"十一五"期间平均经济增长速度预期接近 10%(其中 2008~2010 年平均约 8.7%),"十二五"期间 GDP 增长速度为 7.9% 左右,2016~2020 年约 7.0% 左右,到 2021~2030 年期间,经济增长速度预期在 6.2% 左右。

表 1-5　　2008~2030 年的经济增长及其源泉(%,基准情景)

年份	2008~2010	2011~2015	2016~2021	2020~2025	2026~2030
GDP 增长率	8.7	7.9	7.0	6.6	5.9
其中:					
劳动力增长率	0.4	0.5	0.0	0.0	-0.3
资本增长率	12.6	9.4	8.4	7.8	6.7
TFP 增长率	0.9	2.0	2.0	1.9	2.0
增长的源泉:					
劳动力	0.2	0.2	0.0	0.0	-0.1
资本	7.6	5.7	5.0	4.7	4.0
TFP	0.9	2.0	2.0	1.9	2.0

资料来源:DRC-CGE 模型计算结果。后面的表格中,凡没有特别指出的数据均来源于 DRC-CGE 模型计算结果。

从经济增长的源泉看,"十二五"至 2030 年,中国经济增长的主要动力仍然在于资本积累。资本贡献率对 GDP 增长的贡献率超过 65% 以上。"十二五"期间,在 GDP 平均增长 7.9% 中,由于投资拉动 5.7 个百分点,占 GDP 增速的

71.6%。2016～2020年间，由于投资拉动经济增长5.0个百分点，到2030年前约为4.0个百分点。相对于资本来说，劳动力数量增长对经济发展的贡献很小，"十一五"和"十二五"期间劳动力总量上还是有所继续增加（每年增长0.5%～0.6%），2026～2030年间，由于劳动力总量开始下降，其对GDP增长的贡献开始为负[①]。

从各要素对经济增长的贡献看，从"十二五"开始，劳动力数量增加和资本积累对经济增长的贡献逐渐减少，而全要素生产率所占的贡献逐渐增加，从"十二五"期间的25.6%左右增长到2030年的34%左右。

在模拟期间内，经济增长速度有逐渐降低的趋势，除了劳动力和资本以及TFP本身的变化以外，还有一个重要原因就是由于劳动力的增长速度显著慢于资本积累速度，这样在经济规模很大而生产效率没有显著提高的情况下，由于边际产出递减规律，资本投入的边际产出递减，因此经济增长速度有所降低。

从经济规模看，到"十二五"末的2015年，按2008年价格计算，GDP总量达到51.86万亿元，合7.46万亿美元。到2020年，我国GDP总量增加到72.83万亿元，合10.48万亿美元，到2030年将达到人民币133.69万亿元，美元19.2万亿的规模[②]。

从人均GDP发展水平看，我国人均GDP在2014年接近5 000美元，2015年超过5 000美元（5 371美元），2020年超过7 000美元，2025年接近1万美元，2030年约为1.23万美元。

表1-6 基准情景下的经济规模和人均GDP水平

年份 指标	2008	2010	2015	2020	2025	2030
GDP（万亿元）	30.07	35.44	51.86	72.84	100.21	133.69
人均GDP（万元）	2.27	2.63	3.74	5.12	6.94	9.19
GDP（万亿美元）	4.33	5.10	7.46	10.48	14.42	19.24
人均GDP（美元）	3 263	3 784	5 371	7 358	9 971	13 217

注：均采用2008年不变价计算，汇率按2008年人民币汇率1美元兑6.956元人民币计算。

从需求的角度看，在基准情景下，随着国际贸易逐渐趋于平衡和投资率的下降，居民消费比重逐渐上升。2008年，居民消费占GDP比重为35.3%，政府消

---

① 需要指出的是，这里的劳动力贡献仅指数量，对于人力资本的提升对于增长的贡献体现在TFP的增长之中。

② 2007年，美国和日本的GDP分别为13.75万亿美元和4.38万亿美元。

费所占比重为 13.3%，两项合计总消费率为 48.6%，到 2015 年，居民消费所占比重提高到 47.5%，比 2008 年增长了 12.2 个百分点，到 2020 年居民消费比重提高到 48.3%，比 2015 年略有提高，到 2030 年进一步提高到 49.8%。居民消费比重的提高，是城乡居民生活水平提高的重要表现。促进居民消费增长的因素主要有三个，一是居民消费倾向有所提高；二是劳动者报酬在国民收入中所占份额逐渐提高；三是居民非工资收入水平的提高。在模型中，我们假设居民收入来源中，财产性收入比重逐渐提高，这是近年来党和中央政策调控的方向之一。当然居民消费比重上升还有一个比较重要的原因就是随着人口老龄化状况的加剧，具有较强储蓄能力的人群比重将有所下降，居民的整体储蓄率将会下降。

表 1-7　　　　2007~2030 年的支出法 GDP 结构（%，基准情景）

年　份	2007	2010	2015	2020	2025	2030
支出法 GDP 结构						
居民消费	36.1	40.3	47.5	48.3	49.9	49.8
政府消费	13.2	13.7	15.0	16.3	17.9	19.7
资本形成总额	42.2	41.3	35.5	34.1	31.2	29.6
净出口	8.6	4.8	2.0	1.3	1.0	0.8

从三次产业结构看，基准情景中，第一、第二产业比重不断降低而第三产业的比重不断增加，如表 1-7 所示。在经济发展的较低阶段，第一产业比重不断降低是一个普遍规律。在基准情景中，到 2015 年，我国第一产业的比重约降低到 7.8% 左右，到 2020 年进一步降低到 5.7% 左右，这与世界各国发展的一般规律是相同的。

表 1-8　　　　2007~2030 年间的产业结构（%，基准情景）

年　份	2007	2010	2015	2020	2025	2030
第一产业	11.3	10.4	7.8	5.7	4.5	3.5
第二产业	50.0	48.8	47.3	47.1	46.2	45.6
第三产业	38.7	40.8	44.9	47.2	49.3	50.9

从模拟结果看，我国第三产业比重会逐渐提高。2007 年，我国第三产业比重为 38.7%，显著低于大多数世界上同等发展程度国家的水平。到 2015 年，提高到 44.9%，"十二五"期间第三产业比重提高 4.1 个百分点，2015~2020 年间提高 2.3 个百分点，到 2030 年间，约可达到 51% 左右的水平。但与世界各国的

一般经验相比较,这一比重仍然较低,在人均 GDP 1 万美元左右,世界各国第三产业比重平均约为 63%。

从各国经济增长的经验看,随着发展水平提高,非农产业比重逐渐上升,特别是第三产业比重不断上升是个普遍规律。推动第三产业比重上升的主要因素包括:居民消费结构变化、服务出口比重增加,以及对各部门中间投入中对服务业需求增加,另外城市化水平的提高以及政府消费比重提高也会提高第三产业比重。出口增长速度放缓也对三次产业结构有重要影响,因为我国出口商品主要是制造品,因此在其他条件不变的情况下,出口增长较快必然会相应提高第二产业比重。

从细分产业结构变化看,在三次产业内部特别是工业内部和第三产业内部,各行业所占比重也有所变化,表 1-9 显示了细分产业结构的变化情况。

首先,随着技术进步、能源和资源的利用效率不断改进,能源消耗强度不断降低,加之能源、资源对外依存度的不断提高,因此采掘业占 GDP 比重稳步降低。到 2015 年,采掘业增加值占 GDP 比重为 4.88%,比 2007 年下降 0.38 个百分点,比 2010 年估计下降 0.11 个百分点。而到 2020 年,采掘业比重为 4.81%,比 2015 年进一步降低。

其次,在工业内部,消费品和中间品占 GDP 比重都有显著降低,而资本品下降幅度较小,资本品相对于消费品的比重显著提高。2007 年,工业内部资本品占 GDP 比重为 13.68%,高于消费品的 9.07%,随着经济不断发展,资本品比重略有降低,而消费品和中间投入品比重显著降低,按霍夫曼标准,到 2030 年我国资本品比重显著高于消费品,基本完成了工业化过程。[①]

表 1-9　　2007~2030 年间各细分产业结构变化(占 GDP 比重%,基准情景)

年　　份	2007	2010	2015	2020	2030
第一产业	11.29	10.35	7.81	5.69	3.53
农业	11.29	10.35	7.81	5.69	3.53
第二产业	49.96	48.83	47.27	47.09	45.58
采掘业	5.26	4.99	4.88	4.81	4.64
煤炭采掘业	1.72	1.51	1.47	1.42	1.26

---

① 德国经济学家霍夫曼总结了第二产业内部结构的变化,得出任何国家工业化进程都要经历四个阶段,被经济学界称为霍夫曼工业化经验法则的四个阶段:(1)消费品工业占主要地位;(2)资本品工业快于消费品工业的增长,基本达到消费品工业净产值的 50% 左右;(3)资本品工业继续快速增长,达到与消费品工业相平衡的状态;(4)资本品工业占主导地位。可以用资本品工业产值与消费品工业产值的比例来研究一个国家和地区的工业化所处阶段,这个比例也被称为霍夫曼比例。

续表

年　份	2007	2010	2015	2020	2030
石油天然气开采	2.15	2.09	2.10	2.10	2.11
金属矿采掘业	0.83	0.83	0.79	0.78	0.79
非金属矿采掘业	0.55	0.55	0.52	0.51	0.48
制造业	39.36	38.19	37.08	36.66	35.32
消费品	9.07	8.96	8.58	8.25	7.76
食品	3.52	3.47	3.34	3.19	2.95
纺织	1.79	1.65	1.45	1.31	1.14
服装	1.49	1.54	1.57	1.56	1.56
木制品	0.96	0.97	0.90	0.87	0.81
纸及文化体育用品	1.31	1.32	1.32	1.32	1.30
中间投入品	16.61	15.57	15.10	14.89	14.13
石油加工及炼焦	1.35	1.23	1.23	1.22	1.16
化工	4.77	4.57	4.29	4.05	3.64
非金属矿物制品业	2.27	2.21	1.99	1.95	1.76
冶金	4.36	4.00	3.69	3.57	3.26
电、气、水	3.87	3.56	3.90	4.10	4.31
资本品	13.68	13.66	13.40	13.52	13.43
金属制品	1.40	1.32	1.26	1.26	1.20
机械	3.34	3.38	3.22	3.27	3.31
交通设备	2.32	2.50	2.53	2.67	2.94
电气设备	1.72	1.73	1.72	1.72	1.62
电子及通信设备	2.54	2.50	2.52	2.54	2.51
仪器仪表	0.40	0.38	0.39	0.40	0.38
其他工业	1.96	1.86	1.76	1.67	1.47
建筑业	5.34	5.65	5.31	5.61	5.61
第三产业	38.75	40.82	44.91	47.23	50.89
运输电信及金融保险	12.88	12.84	13.79	14.38	15.14
其他服务业	25.86	27.98	31.12	32.85	35.75

随着产业结构升级，制造业内部高能耗产业比重有所降低。长期以来，中国经济所面临的一个重要问题是经济增长方式没有根本性转变，高污染高耗能行业比重较大。但是从"十一五"期间以来，中央政府明显加大了对节能环保问题

的关注,"十一五"期间制定了单位 GDP 能源消耗量降低 20% 的约束性指标。"十二五"期间以至 2020 年中央政府又制定了温室气体减排的目标,这必然要求产业结构有所调整,高耗能产业比重有所下降。在基准情景中,2015 年与 2007 年相比,高耗能产业比重降低了约 1 个百分点,2020 年与 2015 年相比基本稳定,如表 1 - 10 所示:

表 1 - 10　　2007～2030 年按能耗分产业结构变化(占制造业增加值比重%,基准情景)

年　份	2007	2010	2015	2020	2030
高耗能产业	45.54	44.21	44.29	44.20	43.67
低耗能产业	54.46	55.79	55.71	55.80	56.33

注:各种能耗水平划分根据 2007 年中国统计年鉴公布的各工业能源消费总量和总产值计算出来的单位产值能源消费量排序,低耗能工业部门包括:农副食品加工业、烟草制品业、纺织服装、鞋、帽制造业、皮革、毛皮、羽毛(绒)及其制品业、家具制造业、印刷业和记录媒介的复制、文教体育用品制造业、通用设备制造业、交通运输设备制造业、电气机械及器材制造业、通信设备、计算机及其他电子设备制造业、仪器仪表及文化、办公用机械制造业;中能耗工业部门包括:有色金属矿采选业、食品制造业、饮料制造业、纺织业、木材加工及木竹藤棕草制品业、医药制造业、化学纤维制造业、橡胶制品业、塑料制品业、金属制品业、专用设备制造业、工艺品及其他制造业,高耗能部门包括:煤炭开采和洗选业、石油和天然气开采业、黑色金属矿采选业、非金属矿采选业、其他采矿业、造纸及纸制品业、石油加工、炼焦及核燃料加工业、化学原料及化学制品制造业、非金属矿物制品业、黑色金属冶炼及压延加工业、有色金属冶炼及压延加工业、燃气生产和供应业、水的生产和供应业。

伴随着产业结构的调整,就业结构也相应出现很大的变化,主要表现在"十二五"期间以及一直到 2030 年劳动力持续地从农业向非农产业转移,第一产业的就业比重在"十一五"期末下降到 38.4% 左右,到"十二五"末期下降到 33.8%,到 2030 年约降到 20.6% 左右。与此相对应,城市化水平也在相应提高,不过城市化速度很大程度上取决于政策支持程度,模型中,我们假定在每年的转移劳动力中,约有 3.5%～6% 转化为城市人口,按这样的速度,到 2015 年,城市化率约为 51.1%,"十二五"期间约提高 4.5 个百分点。2020 年城市化率提高到 56.5%,"十三五"期间约提高 5.4 个百分点,到 2030 年,城市化率约为 64% 左右,比 2010 年提高近 16 个百分点,2010～2030 年间平均每年提高 0.8 个百分点。

表 1 - 11　　　　　　　2007～2030 年就业结构变化(%,基准情景)

年　份	2007	2010	2015	2020	2025	2030
第一产业	40.8	38.4	33.8	28.9	24.9	20.6
第二产业	26.8	27.1	27.4	28.9	29.8	31.0
第三产业	32.4	34.4	38.8	42.2	45.3	48.4

随着经济较快增长，居民收入水平也将相应提高。在基准情景中，到"十二五"末，城市居民人均收入将达到 3.35 万元，比 2007 年增长近 70%，农村居民人均纯收入将达到 7 200 多元，比 2007 年增长近 60%，不过城镇和农村居民的收入差距仍将继续扩大，2015 年城市农村居民收入之比从 2010 年的 4.29 上升到 4.61，2020 年进一步提高到 4.9 左右，这一结果延续了最近 10 来年的城乡差距的变化趋势，根据统计数据计算显示 2008 年城乡居民人均收入的差距较 1997 年扩大了近 40%。具体来讲导致城乡收入差距扩大的原因非常多，既与我国的二元结构的根源有关，也与发展方式、分配制度等因素密不可分。目前的增长方式还是过于依赖投资和工业的发展，一方面投资主要带动的是资本和技术密集型行业的发展，而这些行业的收入主要由城市居民获得（包括资本的拥有者和高技术劳动力），另一方面创造就业的能力不足，不能加快农村劳动力加快向城市转移，提高农业的边际生产力，缩小城乡之间劳动生产率的差距。另外，目前的分配制度、转移支付制度和税收制度也没有起到很好的调节城乡差距的作用。所有这些都将导致城乡差距的扩大。因此在基准情景下，延续目前的增长方式，城乡差距可能继续扩大，经济增长的协调性仍然较差。

表 1-12　　　　　　　基准情景下城乡居民收入的变化　　　　　　单位：元

年　份	2007	2010	2015	2020	2025	2030
基准情景						
城市	19 821	24 547	33 496	44 227	57 743	73 836
农村	4 602	5 723	7 268	9 010	11 564	14 675
城市/农村	4.31	4.29	4.61	4.91	4.99	5.03

注：①2007 年不变价格计算。

②这里的城乡收入差距依据的是 2007 年投入产出表编制的社会核算矩阵计算的结果，因此与统计年鉴公布的数据会有所出入。

在基准情景中，我国的能源消费仍将有显著增长。由于相当长时间内，我国工业比重仍然相对较高，而且经济增长速度较快，因此，尽管能源利用效率有较大提高潜力，单位 GDP 能源消费从 2005 年的 1.23 吨标煤/万元产值持续降低到 2015 年的 0.95 和 2020 年的 0.89，但能源消费总量仍将从 2007 年的 26.56 亿吨增加到 2015 年的 41.25 亿吨，2020 年约在 54 亿吨。在"十二五"期间，能源消费总量约增长 36.6%（2010 年估计为 30.2 亿吨）。与能源消费总量持续扩大相应，温室气体排放量也将持续增长，排放总量从 2007 年的 66.24 亿吨增长到 2015 年的 96.20 亿吨，到 2020 年将比 2015 年再增加约 26 亿吨达到 123 亿吨，而到2030年达到182.6亿吨。根据基准情景，2005~2020年单位GDP温室气体排放从3.07吨/万元下降到2.01吨/万元，排放强度下降了34.5%。这也说明如果按照目前的经济发展趋势，我国的能源需求总量越来越大，能源供给和相应的污染物排放将大大超过我国的资源环境承载能力，因而这种增长必然是低质量不可持续的。

表1-13　　　　　　基准情景下能源消费和温室气体排放情况

年份	2005	2007	2010	2015	2020	2025	2030
温室气体（CO_2）							
排放量（百万吨）	5 625.6	6 623.9	7 242.3	9 620.9	12 270.3	15 170.3	18 205.6
排放强度（吨/万元GDP）	3.07	2.86	2.44	2.22	2.01	1.81	1.63
能源							
消费量（万吨标煤）	224 682	265 583	301 995	412 496	539 889	686 634	842 121
能源强度（吨标煤/万元GDP）	1.23	1.15	1.02	0.95	0.89	0.82	0.75

注：GDP为2005年价格。

（二）发展方式转变较快情景

与基准情景相比，发展方式转变较快情景在增长速度、增长的源泉和产业结构等多方面都有显著的差别。

表1-14　　　　发展方式转变较快情景下的GDP增长速度　　　　　单位：%

年份	2008~2010	2011~2015	2016~2020	2021~2025	2026~2030
GDP增长率	8.7	8.4	7.2	6.6	5.8
其中：					
劳动力增长率	0.4	0.5	0.0	0.0	-0.3
资本增长率	12.6	9.2	7.5	6.8	5.5
TFP增长率	0.9	2.7	2.7	2.6	2.6
增长的源泉：					
劳动力	0.2	0.2	0.0	0.0	-0.1
资本	7.6	5.5	4.5	4.1	3.3
TFP	0.9	2.7	2.7	2.6	2.6

注：括号中的数据表示与基准情景相比的变化值。

由表 1–14 可见，在发展方式转变较快情景下，我国仍然可以维持较高的增长速度，"十二五"期间增长速度比基准情景高 0.5 个百分点左右，2010~2030 年间整体增长速度略高于基准情景。在发展发式转变较快情景下，按 2008 年价格计算，到 2015 年 GDP 达到 53.0 万亿元（7.63 万亿美元），2020 年为 75.0 万亿元（10.79 万亿美元），2030 年达到人民币 137.0 万亿元（19.71 万亿美元），分别比基准情景高 1.18 万亿元、2.14 万亿元和 3.28 万亿元。另外也可以发现，发展方式转变较快情景下 GDP 增长的源泉开始发生本质性转变，由过去单纯依靠高投资的拉动转变为投资拉动与技术和效率改进并举，而且技术改进的贡献越来越高。这正体现了可持续发展的要求，也是发展方式转变的一个重要特征。模拟结果显示，到 2030 年一半的 GDP 增长将来源于全要素生产率的改进。全要素生产率的改进综合反映了技术的创新、生产效率的改进、能源资源利用效率的提高和人力资本的提升等各种因素。

表 1–15　　　　　发展方式转变较快情景下的三次产业结构　　　　　单位：%

年 份	2007	2010	2015	2020	2025	2030
第一产业	11.3	10.4	8.2	6.1	4.9	3.9
第二产业	50.0	48.8	45.0	43.1	40.7	38.7
第三产业	38.7	40.8	46.8	50.8	54.4	57.4
合计	100	100	100	100	100	100

与基准情景相比，发展方式转变较快情景下的服务业比重更高，例如到"十二五"末期，第三产业比重达到 46.8%，比基准情景高 1.9 个百分点，到 2020 年，第三产业比重达到 50.8%，比基准情景下高 3.6 个百分点，可见服务业增长的速度要明显快于基准情景，这也反映了发展方式转变的一个重要特征，即由过去的过分依赖制造业的快速发展转变为制造业和服务业协同发展，产业结构不断优化升级。随着三次产业结构的变化，劳动力就业结构也相应改变，在各个时期第三产业就业比重都比基准情景有所提高，2015 年和 2020 年分别高 2.0 个和 4.0 个百分点。快速发展的服务业为农村劳动力提供了就业机会，加速了农村劳动力向城市的转移，促进了城市化水平快速提高。

同时，发展发式转变较快情景下，制造业内部的产业结构也更加优化，高耗能产业比重下降而低耗能产业比重上升的幅度更大。从模拟结果来看，2030 年发展方式转变情景下制造业内部低耗能行业所占的比重比基准情景下降了 1 个百分点以上，主要体现在冶金、建材和化工等行业。这表明在发展方式转变较快情景下，逐渐从过去主要依赖低成本、低附加值的产业转变为更多依赖技术不断创新的高增加值行业，不断提升在全球产业链中层次，减轻对于资源的过分依赖和对环境的加速破坏。

表1-16　　　　　发展方式转变较快情景下制造业内部产业结构

年　份	2007	2010	2015	2020	2030
高耗能产业	45.5	44.2	44.0	43.6	42.4
低耗能产业	54.5	55.8	56.0	56.4	57.6

发展方式转变较快情景下，投资消费进出口的结构也更加均衡。如表1-17所示，在此情景下，到2015年，居民消费比重达到49.7%，比基准情景高3个百分点，到2020年，居民消费比重达到51.9%，比2010年提高11.8个百分点，而投资的比重则从2007年的42.2%降低到2015年的33.3%和2020年的31.4%，2015年和2020年的投资比重分别比基准情景下低3.4个和5.5个百分点，由此可见，在发展方式转变较快情景下，消费对经济的拉动作用显著增强，三种需求的比重也更加均衡，居民从经济增长中得到的实惠更多。这则反映了发展方式转变在需求方面的又一个重要的特征，即由过去主要依靠投资和出口拉动转变为消费、投资和出口"三驾马车"起头并进，尤其是消费的拉动作用越来越重要。这一调整对于保持中国经济长期的增长潜力和减小中国经济受国际经济变化的影响的风险起着重要的作用。

表1-17　　　2007~2030年的支出法GDP的结构（%，发展方式转变较快情景）

年　份	2007	2010	2015	2020	2025	2030
支出法GDP结构						
居民消费	36.1	40.1	49.7	51.9	54.5	55.6
政府消费	13.2	13.7	14.8	15.8	17.0	18.2
资本形成总额	42.2	41.4	33.3	31.4	27.8	25.7
净出口	8.6	4.8	2.3	1.0	0.7	0.6

城乡差距扩大的趋势得到扭转甚至有所缩小是发展方式转变的重要要求，由表1-18可见，在发展方式转变加快情景下，农村居民的收入水平提高更快，城乡居民收入比从2007年的4.31先提高到2015年4.39和2020年的4.45，但到2030年降低到4.04，比基准情景中的5.03下降了20%。由此可见在发展方式转变情景下，不但城乡差距扩大的趋势得到了遏制，而且一定程度降低了城乡差距。具体来讲，这一变化主要原因在于，一方面发展方式转变促进了结构的转变和服务业的发

展,扩大了城镇的劳动力需求,为农村劳动力向城市转移创造了条件,对于缩小农业和非农产业之间边际生产力的差异其中非常重要的作用;公共支出结构的调整和加大转移支付等制度,既直接地提高了农村居民的收入水平,同时也提高了农村劳动力的教育素质和职业素质,为劳动力向城市转移从供给角度创造了条件。

表1-18　　　　　发展方式转变较快情景下的城乡居民收入情况　　　　　单位:元

年份	2007	2010	2015	2020	2025	2030
发展方式转变较快情景						
城市	19 821	24 547	35 145	46 776	61 223	78 010
农村	4 602	5 723	8 011	10 519	14 273	19 318
城乡差距(%)		0	-5	-9	-14	-20

注:表中的城乡差距一行的数据反映了发展方式转变情景下城乡差距相对于基准情景下的变化。

发展方式转变较快情景不仅保持了较高的增长速度,而且由于实现了产业结构的优化调整和生产效率的提高,因此更有利于能源的节约和污染物的减排,有利于保护环境。这体现了发展方式转变的又一个特征,即由过去的单纯注重经济发展转变为重视经济、资源和环境的协调发展。与基准情景相比,"十二五"末期,能源消费总量为35.5亿吨标准煤,减少了5.7亿吨标准煤。而到2020年和2030年,能源消费总量分别为40.39亿元和51.1亿吨,比基准情景分别少13.6亿元和33.1亿吨。从温室气体排放看,2020年排放强度约降低到1.36吨/万元,比2005年下降55.7%,可见如果能够加快发展方式转变的步伐,我们可以更大限度地降低经济发展对于资源和环境的破坏,更好地保护我们赖以生存的地球。

表1-19　　　　　发展方式转变较快情景下的能源消费和温室气体排放

年份	2005	2007	2010	2015	2020	2025	2030
温室气体(CO_2)							
排放量(百万吨)	5 625.6	6 623.9	7 242.3	7 815.1	8 286.8	8 899.8	9 628.5
排放强度(吨/万元GDP)	3.07	2.86	2.44	1.80	1.36	1.06	0.86
能源							
消费量(万吨标煤)	224 682	265 583	301 995	355 235	403 889	458 489	510 692
能源强度(吨标煤/万元GDP)	1.23	1.15	1.02	0.82	0.66	0.55	0.46

注:能源强度和排放强度均以2005年价格计算。

总之，由模拟结果可见，如果能真正落实科学发展观，加快实现发展方式转型，则不仅可以保持较快的经济增长速度，而且经济发展持续性动力更强，产业结构更加优化，消费投资结构、城乡发展更加协调，经济发展与资源、环境更加和谐。

（三）风险情景

表1-20给出了风险情景下的经济增长前景，从"十二五"开始经济增长速度显著降低，2011~2015年间平均增长速度低0.9个百分点左右，而2016~2020年间平均增长速度每年低1.3个百分点，2020~2030年间平均每年低1.5~1.6个百分点。经济增长速度降低的原因主要在于全要素生产率和投资率的下降。

表1-20　　　　　　风险情景下的GDP增长速度　　　　　　单位：%

年 份	2008~2010	2011~2015	2016~2020	2021~2025	2026~2030
GDP 增长率	8.7	7.0	5.7	5.1	4.3
其中：					
劳动力增长率	0.4	0.5	0.0	0.0	-0.3
资本增长率	12.6	9.2	6.9	6.1	4.9
TFP 增长率	0.9	1.3	1.6	1.4	1.5
增长的源泉：					
劳动力	0.2	0.2	0.0	0.0	-0.1
资本	7.6	5.5	4.1	3.7	2.9
TFP	0.9	1.3	1.6	1.4	1.5

注：括号中的数据表示与基准情景相比的变化值。

在风险情景中，三次产业结构的变化也与基准情景有所不同，到2015年，三次产业结构为9.7:46.8:43.5，而基准情景下为7.8:47.3:44.9，由此可见，风险情景下，农业比重比基准情景更高而服务业的比重比基准情景更低。

不仅三次产业结构与基准情景相比有所变化，制造业内部的产业结构调整也更加缓慢。到2015年，高耗能行业占制造业的比重为45.21%，高于基准情景0.92个百分点。到2020年，高耗能行业比重降低为45.12%，但却高于基准情景0.9个百分点。

表1-21　　　　　风险情景下制造业内部的产业结构（%，占制造业总产值的比重）

年份	2007	2010	2015	2020	2030
高耗能产业	45.54	44.26	45.21	45.12	44.81
低耗能产业	54.46	55.74	54.79	54.88	55.19

最后，尽管经济增长速度较低，但由于能源利用效率较差，风险情景下的能源消费总量增长速度较快。能源强度显著高于发展方式转变较快情景。"十二五"末期，风险情景下的能源强度为0.92吨标准煤/万元，比发展方式转变较快情景下的0.82吨标准煤/万元高了0.1吨标煤/万元。

表1-22　　　　　　风险情景下的能源消费和温室气体排放

年份	2005	2007	2010	2015	2020	2025	2030
温室气体（CO_2）							
排放量（百万吨）	5 625.6	6 623.9	7 244.1	9 299.7	11 073.8	12 652.6	13 880.0
排放强度（吨/万元GDP）	3.07	2.86	2.44	2.14	1.82	1.51	1.24
能源							
消费量（万吨标煤）	224 682	265 583	301 867	400 025	488 702	574 140	644 187
能源强度（吨标煤/万元GDP）	1.23	1.15	1.02	0.92	0.80	0.68	0.58

四、结论和建议

经过改革开放以来30多年的快速发展，中国的经济总规模已经位居世界第三，人均GDP达到了3 000多美元，非农产业比重已经提高到较高的水平，工业化和城市化有了显著的发展，产品在世界上已经有了一定的竞争能力，各种基础设施建设有了相当的发展和改善，为今后的发展奠定了坚实的基础。中国的经济增长已经进入到一个新的阶段，本文通过DRCCGE模型，对"十二五"以至2020年和2030年的经济发展情景进行了模拟分析，主要有以下结论和建议。

（一）中长期内中国经济仍然有保持较快增长的潜力

尽管2008年国际金融危机对中国经济发展造成了重要不利影响，但促进中国经济持续较快增长的主要动力依然存在，"十二五"期间预计经济增长速度可望达到 7.9%，接近 8% 左右。2016~2020 年年均增长速度可望保持在 7.0% 左右，2030 年前可望保持在 6% 左右的增长速度。按照 2008 年不变价格计算，到 2015 年中国 GDP 总量将达到 7.46 万亿~7.63 万亿美元的规模，是世界上 GDP 总量第二大的国家。2015 年人均 GDP 超过 5 000 美元，到 2020 年人均 GDP 将超过 7 000 美元[1]，到 2025 年达到 1 万美元左右[2]，到 2030 年将超过 13 000 美元[3]。从横向比较看，美国 2008 年 GDP 总量为 14.20 万亿美元，中国 GDP 为美国的 23.8%，如果今后美国维持年均 2.8% 左右的增长速度[4]，则到 2015 年、2020 年、2030 年中国 GDP 同美国的比重将分别上升为 43.3%、53.0% 和 73.8%（不考虑汇率的变化因素）。

（二）中长期内制约经济增长的因素主要是资源环境压力不断加大，经济发展的协调性较差

如果发展方式不能较快转变，按照目前的发展趋势，则尽管中长期中国经济仍然能够取得较快的增长速度，但能源消费总量将仍然持续增加，相应的温室气体和污染物排放对环境的压力将越来越大。基准情景下，我国能源消费总量在 2015 年将超过 40 亿吨标准煤，比 2007 年增加 50% 以上，到 2020 年达到 54 亿吨标准煤，到 2030 年达到 84 亿吨标准煤，是 2007 年的 3 倍以上。由此带来的 SO_2、粉尘、烟尘等各种污染物排放将进一步增加，这将给国内环境带来更大的压力。另一方面，不断增加的能源消费、特别是石油消费也给资源供应带来压力，增加了经济安全的风险。

按照目前的增长趋势，中国的产业结构升级较为缓慢，消费投资结构调整的速度也较慢，城乡居民收入差距仍将有所扩大，经济增长的协调性较差。协调性较差主要体现在以下几个方面：推动经济增长的最主要动力仍然是固定资产投资；由于资源价格较低，资源的利用效率提高较慢；政府对公共服务的支出调整不够，因此居民储蓄率持续较高，消费水平提高较慢，消费对经济增长的拉动作用不够；劳动力转移、农民工市民化仍然存在许多障碍，城市化的步伐相对较慢，限制了城市对经济增长促进效应的发挥。协调性较差的表现多种多样，但根源在于目前的粗放式经济发展方式，因此从中长期看，能否加快推动发展方式转

---

[1] 相当于 2007 年马来西亚、罗马尼亚的人均 GDP 水平。
[2] 相当于 2007 年智利、墨西哥的人均 GDP 水平。
[3] 相当于 2007 年的匈牙利、斯洛伐克的人均 GDP 水平。
[4] Deutsche Bank (2006), World Bank (2006) 预测为 3.1%，sandra Poncert (2006) 预测为 2.8%，John Hawksworth (2006) 预测为 2.4%。

变是决定经济能否又好又快发展的关键问题。

如果配套采取多种综合措施，实现发展方式较快转变，则不仅经济增长速度有所提高，而且发展的协调性显著增强，产业结构更加优化，城乡差距有所缩小，资源消耗和污染物排放显著降低。反之，如果发展方式转变较慢，则不仅经济增长速度不高，而且增长质量较低，协调性更差。

（三）进一步深化改革、加快发展方式转变是实现又好又快发展的关键

从长期来看，要抵御各种内外部不利影响和风险因素，很重要的方面在于进一步深化改革，加快发展方式转变，建立起能源资源十分节约高效的新型增长模式，从而降低经济社会发展对于资源的依赖和对环境的压力。

首先，要采取多种措施特别是利用税收等价格调节手段，促进资源利用效率持续提高。我国是人口特别多、人均资源储量不足、资源环境承载力相对低的国家，要特别注意提高能源资源的利用效率。提高能源效率要多方面配合，包括压缩落后产能、优化产业结构、加强宣传教育等，特别重要的是利用税收和价格手段，包括征收碳税和调整污染费等，要通过价格引导企业和居民自觉节能降耗，也促进各种相关技术创新的研究和市场化推广。进一步理顺、完善重要资源的价格体系，通过对重要资源、特别是稀缺资源价格调整，发挥价格机制对调节资源开发和使用的市场引导作用，还要建立有利于促进循环经济发展的法律法规和政策支持体系，通过发展循环经济提高资源利用效率。

其次，调整政府支出结构，增加政府对教育、医疗、卫生等公共服务的支出比重，完善社会保障体系，提高社会保障水平。通过提高社会保障的水平，一方面可以直接提高对居民相关的服务水平，另一方面也可降低居民对未来的不确定感，从而降低储蓄率增加消费，提高居民生活质量，促进消费投资协调发展。

再其次，要不断提高城市化质量，适当加快城市化进程。经过多年的发展，我国农村剩余劳动力不断减少，劳动力转移的难度逐渐增加，劳动力转移和优化配置以及城市化对经济增长的促进作用正在降低。但我国城市化的质量较低，农村剩余劳动力的绝对数量仍然很大，因此需要加快农民工市民化步伐提高城市化质量，进一步降低劳动力转移壁垒促进就业增长，不仅提高了居民生活质量，也促进经济持续发展。

进一步，需要深化国有企业和垄断行业改革，调整不合理的分配体系。近年来我国储蓄率不断提高的一个重要原因是企业、特别是国有企业的盈利水平上升

而上缴很少，大量本该由全民或政府使用的国有资本收益都被国有企业内部占有和使用，从而不适当地提高了企业的储蓄率，因此要提高国有企业向财政上缴利润的比重，降低企业储蓄，促进经济结构调整。

最后，要进一步完善服务业规制改革，加强对服务业的支持，促进服务业加速发展。服务业的发展对于优化经济结构、促进就业降低资源消耗都有重要的意义。在市场准入方面，要允许民营资本和社会资金进入金融、铁路、公路、航空、电信、电力及城市供水等基础和垄断行业等行业；在财政税收方面，要进一步减免各种不合理的收费，推进税制改革，降低服务业税负水平；要进一步加快生产性服务业，例如金融、电信、交通运输行业的改革与发展，还要积极承接国际服务业转移、促进服务业出口。

本章执笔人：李善同、刘云中、许召元、何建武、吴三忙

附录 I 研究采用的 DRCCGE 模型结构

DRCCGE 模型主要由生产模块、收入分配及居民消费、政府模块、贸易模块、要素模块等几个方面组成①。

1. 企业（生产行为）。主要描述企业如何决定其产品供给的数量和价格，以及如何确定其购买各种投入要素（包括中间投入如各种原材料，以及对劳动力、资本、各种能源的投入数量），在模型中，所有的生产部门采用规模报酬不变的生产技术，并按成本最小化的原则决策。生产过程是用多层嵌套的常替代弹性（CES）生产函数描述的。在第一层次，根据 CES 生产函数，总产出由中间投入与增加值的组合共同决定。在第二层次，中间投入合成按里昂惕夫结构分解为各种中间投入，即它们之间不存在可替代性。在同一层次上，增加值被分解为总劳动与资本束，前者可进一步分解不同种类的劳动力。

2. 收入分配及居民消费。要素收入被分配到模型中的 3 个主要机构：企业、居民、政府部门。居民收入包括资本收入、劳动力收入。同时还包括企业分配的利润和从政府和国外获得的转移收入。农村居民的劳动力收入来源于农业劳动力和生产工人的收入，而城镇居民的劳动力收入则来源于生产工人和技术工人的收

---

① DRCCGE 是国务院发展研究中心发展部开发的动态递推中国经济可计算一般均衡模型，关于模型的具体描述参见李善同、翟凡（1997）。

入。对于农业劳动力与生产工人间劳动力的转移，如果一部分农业劳动力转移到非农业部门而成为生产工人，其作为生产工人的收入将分配给农村居民；反之亦然，即如果生产工人转移到农业部门而成为农业劳动力，其工资收入将依据生产工人收入的分配比例在农村居民和城镇居民间进行分配。

资本收入在居民和企业间进行分配。企业收益（盈余）是总资本收益减去企业所得税（净资本收益）的一部分。企业税后收入中有一部分以固定份额分配给居民，此固定份额由居民拥有的资本比例所决定。税后企业收益减去前面已分配的两部分即为企业留成，即企业储蓄，用于新的投资和折旧。

居民的可支配收入从支出的角度来看包括两部分：居民对商品和服务的消费以及居民储蓄。

与以往的DRCCGE模型不同的是，该模型采用AIDADS消费支出函数替代了以前的ELES支出函数。AIDADS函数可以看成是线性支出函数（LES）的扩展，或者说LES函数是AIDADS函数的特例。AIDADS函数将LES函数中固定不变的边际消费倾向改变成收入的函数，即边际消费倾向内生与收入的变化，因此可以更好地反映消费结构/方式的变化。

3. 政府行为。主要在描述政府的各项政策行为，CGE模型通常将这些政策变量作为外生给定的变量，以研究政府改变政策变量时，对于整个经济系统的影响。同时，政府也是CGE模型中的消费者。政府行为的主要要求是预算平衡约束，即政府的总收入等于总支出＋总储蓄（赤字）。政府收入包括企业所得税、进口关税和各种间接税，如增值税、营业税等，模型中，假定政府税率保持不变，政府消费保持为政府收入的固定比例。

4. 国际贸易和国内区域间贸易。企业生产出的产品首先在国内市场与国际市场之间分配以最大企业的利润，在这两者间的转换不是完全弹性的，即允许出口价格和国内销售价格之间差异。在国内市场的销售同样也存在一个分配的问题，即在本地销售和销往国内其他区域，这一过程也需要依据各个市场之间的相对价格来确定一个销售比例以实现利润的最大化。整个销售过程在模型中的描述采用的三层嵌套的CET函数：第一层，依据国际价格和国内价格的相对关系确定出口和内销的比例；第二层，依据本地市场和国内其他地区的价格相对关系确定本地销售和销往国内其他地区的比例；第三层，依据国内其他不同地区的相对价格确定在不同地区市场销售的比例。

模型在处理国内市场的产品需求时，采用了传统的Armington假设，即假设不同货源地的物品存在非同质性，也就是两者不是完全替代的，依据不同市场上产品的相对价格选择相应的产品组合来达到成本的最小化。与商品的供给一样，产品的需求也采用了三层嵌套的结构，不同的是这里采用的三层嵌套的 CES 函数：第一层，依据国内和国际产品的相对价格确定各自的比例；第二层，国内市场依据本地产品和国内其他地区产品的相对价格确定各自比例；第三层，依据国内地区各个市场之间的相对价格确定各自比例。以第一层为例，国内市场需求通过选择不同的国内产品和进口的组合来达到成本的最小化。

5. 要素市场。模型中主要生产要素包括土地、资本和劳动力，假设土地供给是外生给定的，每期资本的供给等于上期资本总量减去折旧再加上当年新增投资，劳动力总量的供给也是外生给定的，但随着经济发展，农业劳动力不断向非农业转移，因此，不同种类劳动力的总供给是变化的，模型假设工资自由调整，因此没有失业问题。

6. 投资与储蓄。模型中总投资是由各储蓄组成部分的和内生决定的，即模型由"储蓄驱动"。这一特性在 CGE 方面的文献中通常称为新古典闭合原则。对于投资支出采用固定支出份额函数描述，即对于各种投资品的需求的比例固定。另外，对于投资品的需求也采用的是 Armington 商品的模式，即投资品既有本地的，也有外地的，还有一些来自于进口。

7. 模型的动态。DRCCGE 模型具有递推动态结构，它假设经济主体基于对价格和数量的静态预期作出决策。模型中动态特性来源于生产要素的积累和生产率的变化。模型的基年是 2005 年。在动态模拟中，静态模型解出 2007～2030 年间数个单时期均衡。各时期之间由生产要素的增长（劳动力/土地）和积累（资本），以及生产率的变化所联系。

在本模型中，人口、劳动力和劳动生产率的增长率是外生的。资本增长率由模型的储蓄/投资关系内生决定。在总量水平上，当期的资本存量等于前一时期的资本存量减去折旧加上总投资。

8. 模型的闭合。在投资与储蓄的关系上，由于本书是一个长期增长模型，而根据一般经验，长期中一国的投资是等于其国内储蓄的，因此本模型假设投资总是等于储蓄，即采用新古典闭合方法。在国际收支账户的平衡中，本模型采取外贸易盈余外生变化而汇率内生变动的闭合方式。

附录 II 中国经济中长期发展预测综述

改革开放以来，中国经济的持续高速增长，使其已成为世界第二大经济体，因此，对未来中国经济发展的走势也就日益成为中外经济学者和研究机构所共同关心的课题。从他们的研究成果来看，他们不仅对中国经济发展的短期趋势进行了预测，也对中国经济中长期发展趋势进行了预测；他们不仅用定性分析的方法进行粗略预测，也用经济计量模型进行更为精确的预测。不可否认的是，几乎没有两位经济学家或者是两个研究机构对中国未来经济发展的预测完全一致，有的预测很乐观，而有的则比较悲观，甚至同一位经济学家在预测时也谨慎到同时给出几种不同结果的地步。对于这种模棱两可含糊其辞的预测结果人们当然是不太满意的，犹如美国记者小阿尔弗雷德·马拉伯写了一本名为《迷惘的预言家》的书，历数了第二次世界大战后美国经济学家预言与决策的失误，由此得出的结论是："经济学，说得好听点是一门伪科学；说得不好听些，它是一场猜谜游戏。"[1]

不过好在经济计量学家拉玛纳山的一席话给了经济学家们一个很好的安慰，他说，经济学"和医学试验不同，在医学试验中犯错误将会付出昂贵的代价；而经济行为的不确定性较高，所以宽容性也就较强"[2]。

下面我们就国内外学者和研究机构对中国经济中长期发展趋势的定量预测方面的主要研究成果进行综述，具体包括中国经济中长期增长率预测、中国中长期经济总量与相对规模预测和中国中长期人均 GDP 水平预测等几个方面。

一、中国经济中长期增长率预测研究成果综述

首先，我们来看国外学者和研究机构对中国经济中长期增长率的预测研究成果：

Jane Golley 和 Rod Tyers（2006）基于人口特征变动和劳动力供给约束的角度预测了到 2030 年中国经济增长情况。根据 Jane Golley 和 Rod Tyers（2006）的预测结果，1997~2030 年中国实际 GDP 将增长 340%，实际 GDP 年均增长率为 4.6%，要高于北美的 3.9%、西欧的 2.9%、日本的 3%，但是要低于印度的 5.9%。

麦迪森（2003）关于 2003~2030 年中国经济增长的预测相对比较保守。他对欧洲、印度等国家和地区 2003~2030 年经济的预测，是根据这些国家 1978~2003 年的经济增长的年均数据来平推的，而对于中国，他预测时使用的数据不是平推而是取一种降低了的数据来测算的。根据他的计算，1978~2003 年中国

---

[1] 小阿尔弗雷德·马拉伯：《迷惘的预言家：当代经济学家的历史》，高德步等译，海南出版社，1997 年，第 9 页。

[2] 拉姆.拉玛纳山：《应用经济计量学》（中译本），机械工业出版社，2003 年，第 120 页。

的经济增长是年均 6.53%，而 2003~2030 年间，年均增速要降至 4.5%，但是这一增长率也显著高于发达地区。

Sandra Poncet（2006）在系统考虑 TFP 变动、劳动时间总数变动、投资变动、教育水平变动等因素后，基于 2000 年不变美元，预测中国 2005~2050 年间 GDP 年平均增长率将达到 4.6%，2005~2020 年间经济平均增长率能达到 5.4%，而印度、巴西、美国、日本、法国和德国 2005~2050 年间经济年平均增长率分别为 4.5%、1.0%、2.8%、1.5%、1.6% 和 1.7%，低于中国经济增长速度。

John Hawksworth（2006）按市场汇率和购买力平价两种方法预测了世界主要经济体的增长率。根据 John Hawksworth（2006）的预测结果，2005~2050 年基于美元市场汇率中国经济年平均增长率大约为 6.3%；而按购买力平价则中国经济年平均增长率大约为 3.9%，而印度、俄罗斯、巴西、美国、日本、英国、法国和德国分别为：5.2%、2.7%、3.9%、2.4%、1.6%、2.2%、2.2% 和 1.8%，除印度增长速度高于中国外，其他经济体增长速度都低于中国经济增长速度。

Jianwu He and Louis Kuijs（2007）主要考虑了两种情景对中国经济发展未来进行了预测，第一种情景是"按照过去的趋势（on past trends）"，第二种情景是"重新平衡情景（rebalanced scenario）"。在"按照过去的趋势（on past trends）"预测中，Jianwu He and Louis Kuijs（2007）预测中国 GDP2005~2015 年间的年平均增长率为 8.3%，2015~2025 年间的年平均增长率为 6.7%，2025~2035 年间的年平均增长率为 5.6%，2035~2045 年间的年平均增长率为 4.6%。

IEA（2008）对中国经济中长期增长率的预测给出了两种情景下的结果，一种是参考情景，另一种是高增长情景。在参考情景中，2005~2030 年中国 GDP 年平均增长率将达到 6.0%，其中 2005~2015 年年平均增长率将达到 7.7%，而 2015~2030 年中国经济年平均增长率将达到 4.9%。在高增长情景中，预测中国在 2005~2030 年期间的国内生产总值（GDP）年均增长 7.5%，比参考情景中高 1.5 个百分点，其中 2005~2015 年中国经济年平均增长率将达到 9%，比参考情景中高了 1.3 个百分点，2015~2030 年中国经济年平均增长率将达到 6.5%，比参考情景中高了 1.6 个百分点。具体国外学者和研究机构对中国和其他主要经济体的中长期增长率预测见附表 1-23 和附表 1-24。

Mckinsey & Company（2009）认为由于中国可持续的投资、生产率的提高、更高附加值工业部分的发展以及服务业的崛起，未来中国经济年平均增长率总体上来看要高于发达国家，相比巴西、土耳其等发展中国家也要高。2010～2020年中国经济增长率将达到8.2%，2020～2030年中国经济增长率将达到6.5%。

表1-23　国外学者和主要机构对中国中长期经济增长率的预测

预测作者或机构	预测时间（年）	预测结果	备注
Jane Golley and Rod Tyers（2006）	1997～2030	4.6	北美（3.9%）、西欧（2.9%）
麦迪森（2003）	2003～2030	4.5	降低平推结果
Sandra Poncet（2006）	2005～2050	4.6	基于2000年美元价格
	2005～2020	5.4	基于2000年美元价格
Deutsche Bank（2006）	2005～2020	5.2	基于2000年美元价格
World Bank（2006）	2005～2020	7.0	基于2000年美元价格
Goldman Sachs（2006）	2005～2020	11.2	基于现价美元和现行相对价格
	2005～2050	7.2	基于现价美元和现行相对价格
John Hawksworth（2006）	2005～2050	3.9	基于2004年购买力平价
World Bank（2007）	2011～2020	6.0	基于2003年美元价格
	2021～2030	5.0	
Wilson, D., and R. Purushothaman（2003）	2010～2015	5.9	基于2003年美元价格
	2015～2020	5.0	
	2020～2025	4.6	
	2025～2030	4.1	
Jianwu He and Louis Kuijs（2007）	2005～2015	8.3	基于过去的发展情景
	2015～2025	6.7	
	2025～2035	5.6	
	2035～2045	4.6	
Mckinsey & Company（2009）	2010～2020	8.2	基于2005年汇率中间价
	2020～2030	6.5	
IEA（2008）	2005～2030	6.0	参考情景中
	2005～2015	7.7	
	2015～2030	4.9	

资料来源：根据Jane Golley和Rod Tyers（2006）、Sandra Poncet（2006）、John Hawksworth（2006）、John Hawksworth（2006）、IEA（2008）、World Bank（2007）等研究成果整理。

表1-24　　　　国外学者和主要机构对世界主要经济体增长率预测

作者	预测时间	增长率预测结果（%）								备注
		印度	俄罗斯	巴西	美国	日本	英国	法国	德国	
Jane Golley and Rod Tyers（2006）	1997~2030	5.9	—	—	—	3.0	—	—	—	北美（3.9%）、西欧（2.9%）
Sandra Poncet（2006）	2005~2050	4.5	—	1.0	2.8	1.5	—	1.6	1.7	基于2000年美元价格
	2005~2020	4.8	—	1.4	2.8	1.7	—	1.8	2.0	基于2000年美元价格
Deutsche Bank（2006）	2005~2020	5.5	—	2.8	3.1	1.2	—	2.3	1.7	基于2000年美元价格
World Bank（2007）	2005~2020	5.7	—	2.4	3.1	1.7	—	2.2	1.6	基于2000年美元价格
John Hawksworth（2006）	2005~2050	5.2	2.7	3.9	2.4	1.6	2.2	2.2	1.8	基于2004年购买力平价
World Bank（2007）	2011~2020	7	—	—	—	—	—	—	—	基于2003年美元价格
	2021~2030	6	—	—	—	—	—	—	—	
IEA（2008）	2005~2030	6.3	3.4	3.1	2.3	1.4				参考情景中
	2005~2015	7.2	4.3	3.5	2.6	1.6				
	2015~2030	4.9	2.8	2.8	2.2	1.3				

资料来源：根据 Jane Golley 和 Rod Tyers（2006）、Sandra Poncet（2006）、John Hawksworth（2006）、John Hawksworth（2006）、IEA（2008）、World Bank（2007）等研究成果整理。

其次，我们来看国内学者对中国经济中长期增长率的预测成果。

国内这方面的最新研究成果相对比较少，但是一方面考虑到同国外学者研究成果对比的需要；另一方面，也考虑到这些研究成果预测时间截止到2030年甚至到了2050年，因此仍具有一定的参考价值。

李京文（2000）采取定性分析和定量计算相结合的办法对2000~2050年中国经济的发展进行了超长期预测。当然未来50年不确定的因素很多，因此只能在一定的假定条件下（如不发生世界大战，国内基本保持社会安定等）进行预测。李京文使用了系统动力学、投入产出、经济计量三者相结合的模型，预测中国在2000~2050年间人口、经济增长以及结构变化情况。预测结果如表1-25所示，根据这个结果，2000~2050年这50年中，中国国内生产总值（GDP）增长率的基本趋势是逐渐缓慢下降的，50年的平均增长率为5.8%，但是李京文并没有给出下降的原因。

表 1-25　　　　李京文（2001）对中国经济中长期增长率的预测

（预测时间段为 2000~2050 年）　　　　　　　　　　单位：%

区间（年）	GDP 平均增长率	区间（年）	GDP 平均增长率
2001~2010	8.1	2041~2050	4.3
2011~2020	6.4	2011~2030	5.9
2021~2030	5.4	2031~2050	4.6
2031~2041	4.9		

贺菊煌（2001）在分析了影响中国经济增长的五大因素后（分别是经济体制、外资、后发优势、储蓄率投资率以及环境保护）建立了描述中国经济增长的模型，该模型包含六个联立方程：生产函数方程、包含经济体制改革等因素在内的技术进步方程、环保方程、消费函数方程、资本积累方程以及投资和储蓄关系的恒等方程。在确定了所有外生变量的未来变动趋势之后，贺菊煌模拟和预测了中国 1992~2020 年的经济增长情况，结论是 2000~2005 年的 GDP 年平均增长率是 8.0%，2005~2010 年的 GDP 年平均增长率是 6.5%，2010~2015 年的 GDP 年平均增长率是 5.2%，2015~2020 年的 GDP 年平均增长率是 4.3%。

显然贺菊煌预测未来经济增长率也呈现逐渐递减的趋势，对此其解释是：影响中国经济增长的五大因素中，经济体制改革随着市场化的逐渐完成，它所带来的生产率增长将逐渐降低，外资流入随着工资成本的增加其相对量（同 GDP 相比）将逐渐下降，后发优势也会随着经济的发展而日益衰竭，而环境保护的要求则在不断提高，再加上储蓄率投资率的相互作用，随着时间的推移，中国经济增长的速度将逐渐由高速转向中速或中低速。

潘文卿和李子奈等人（2001）通过分别建立供给导向与需求导向的中国宏观经济模型，对 21 世纪前 20 年中国经济增长的前景进行了预测与展望。其中供给导向模型是在哈罗德—多马模型及新古典增长模型的基础上改进而来的，共有 5 个方程。而需求导向模型则是根据凯恩斯的国民收入决定理论并结合中国经济运行的特点建立的计量经济学模型，模型共由 10 个方程联立组成。他们分别根据这两个模型导出了未来 20 年的经济增长预测，结果如表 1-26 所示。

表1-26　　　潘文卿和李子奈等人（2001）对中国经济中长期
　　　　　　　　增长率的预测（2000~2020年）　　　　　　　单位：%

供给导向模型		需求导向模型	
区间（年）	GDP平均增长率	区间（年）	GDP平均增长率
2000~2020	6.99	2000~2020	6.88
2000~2010	7.98	2000~2010	7.67
2011~2020	5.90	2011~2020	6.03
2011~2015	6.29	2011~2015	6.21
2016~2020	5.51	2016~2020	5.85

综合国内外学者和不同研究机构对中国经济中长期增长率的预测研究成果，由于采用的预测方法和预测的时间段不同，因此，差别较大。如 McKinsey & Company（2009）等较为乐观，预测2010~2020年中国经济增长率将达到8.2%，2020~2030年中国经济增长率将达到6.5%；而 World Bank（2007）较为悲观，预测2011~2020年中国经济增长率大概为6%左右，2021~2030年中国经济增长率大概为5%。

但是，多数研究成果显示中国在未来10~20年仍将是全球经济中增长较快的经济体。中国同美国等发达国家相比，仍可维持相当长的高增长率但是增长速度，同"金砖四国"中的巴西、俄罗斯相比，中国经济增长率明显更高，但是可能在2015年左右将被印度超过。2015年后印度相比中国具有更高的增长速度主要归功于其人口增长率要比中国高，人口老龄化在未来20年相对中国要低得多。中国自20世纪80年代中期起，抚养比一直在上升，而且这一势头还会进一步加快。到2030年，60岁以上人口所占的比例将翻一番多，达23.8%，与日本2000年的比例相当。到2015年，每位受抚养人（老人或儿童）所对应的劳动年龄人数预计将从目前的2.1降至2.0，这一比例到2030年将仅为1.4，劳动年龄人口占人口总数的比例预计在2010年即会达到峰值（Dunaway and Arora，2007）。

尽管不同学者和研究机构预测未来中国经济仍将保持较高的增长率，但是大多预测结果同时表明，中国未来经济增长率呈现明显的下降趋势。如世界银行（2007）估计2011年后中国经济增长率将有所回落，2011~2020年中国经济增长率大概为6%左右，2021~2030年中国经济增长率大概为5%左右。Wilson, D., and R. Purushothaman（2003）预测中国2050年的经济增长率也呈现明显递减趋势，估计2010~2015年、2015~2020年、2020~2025年和2025~2030年的实际增长率分别为5.9%、5.0%、4.6%和4.1%。Jianwu He and Louis Kuijs

(2007)、潘文卿和李子奈（2001）、贺菊煌（2001）等人的预测也显示同样的结论。

二、中国中长期经济总量和相对规模预测成果综述

对于中国经济规模的预测，由于有些学者使用的是固定市场汇率，有的使用的是变动市场汇率，有些使用的是购买力平价指标，因此估计结果差异比较大。Sandra Poncet（2006）估计，如果汇率固定在2000年价格水平，2020年中国GDP为4.14万亿美元，2050年GDP为14万亿美元；如果考虑汇率的调整，2020年中国GDP为6.02万亿美元，2050年为30.9万亿美元。World Bank（2007）预测基于2000年美元价格，2020年中国GDP将达到4.049万亿美元。Mckinsey & Company（2009）预测基于2005年汇率中间价，2020年中国GDP将达到6.359万亿欧元。不同学者和研究机构对中国经济和世界主要经济体的经济规模预测见表1-27和表1-28。

表1-27　　　　　　　　中国经济规模预测

预测作者或机构	经济规模（万亿美元）		备注
	预测时间	预测结果	
Sandra Poncet（2006）	2020	4.14	基于2000年美元价格
	2050	14.0	基于2000年美元价格
Deutsche Bank（2006）	2020	4.00	基于2000年美元价格
World Bank（2007）	2020	4.049	基于2000年美元价格
Goldman Sachs（2006）	2020	10.00	基于现价美元和现行相对价格
Mckinsey&Company（2009）	2020	6.359（万亿欧元）	基于2005年汇率中间价
	2030	11.936（万亿欧元）	基于2005年汇率中间价

表1-28　　　　　　　　世界主要经济体经济规模预测

作者	预测时间	经济规模预测结果							备注
		印度	巴西	美国	日本	英国	法国	德国	
Sandra Poncet（2006）	2020	1.26	0.82	17	6.62	—	1.83	2.61	基于2000年美元价格
	2050	4.53	1.04	38.60	9.92	—	2.89	4.12	基于2000年美元价格
Deutsche Bank（2006）	2020	1.4	0.99	17.71	6.275	—	1.983	2.413	基于2000年美元价格
World Bank（2007）	2020	1.417	1.48	16.65	7.933	—	2.696	3.478	基于2000年美元价格

资料来源：根据Sandra Poncet（2006）、Wilson, D., and R. Purushothaman（2003）等人的研究成果整理。

同样，由于预测方法和使用汇率指标不同，不同研究机构和学者对中国经济在世界的相对规模估计差异也比较大。如麦迪森（2003）使用购买力平价指标，估计中国在2015年将超过美国成为世界第一大经济体，在他的估计中，1990年，中国的经济总量相当于美国的37%；到2003年相当于73%；到2015年相当于107%；到2030年，相当于138%。Wilson.，和R. Purushothaman（2003）基于2003年美元价格水平，估计中国GDP将在2015年赶上日本，2045年左右赶上美国。

Sandra Poncet（2006）估计，如果汇率固定在2000年价格水平，2020年中国GDP占世界GDP的比重为8%，2050年将达到12%；考虑汇率变动，2020年中国GDP占世界GDP的比重为10.8%，2050年将达到21.8%（见表1-29），中国经济总体规模在2050年仍小于美国经济规模，位居第二。

表1-29　　Sandra Poncet（2006）对主要经济体占世界GDP比例的预测

预测时间	人均GDP预测结果									备注
	中国	印度	俄罗斯	巴西	美国	日本	英国	法国	德国	
2020	8	2.3	1.2	1.5	31	12.0	4.2	3.3	4.8	基于2000年美元价格
	10.8	2.6	1.4	1.1	30.1	11.8	3.9	3.1	4.4	现价美元和现行相对价格
2050	12	3.9	0.9	0.9	33	8.4	3.6	2.5	3.5	基于2000年美元价格
	21.8	4.8	1.1	0.4	26.9	6.9	2.7	1.8	2.7	现价美元和现行相对价格

资料来源：Sandra Poncet, 2006, The Long Term Growth Prospects of the World Economy: Horizon 2050. CEPII.

John Hawksworth（2006）根据市场汇率估计，2050年中国经济规模大约是美国经济规模的94%，而如果根据购买力平价计算，2050年中国的经济规模大约为美国的143%。因此按市场汇率测算2050年中国为世界第二大经济体，而按购买力平价计算，2050年中国为世界第一大经济体（见表1-30）。

表1-30　　John Hawksworth（2006）对2050年不同经济体的相对规模估计

国家（indices with US=100）	GDP（at market exchange rates in US $ terms）		GDP（in PPP terms）	
	2005	2050	2005	2050
美国	100	100	100	100
日本	39	23	32	23
德国	23	15	20	15
中国	18	94	76	143

续表

国家（indices with US=100）	GDP(at market exchange rates in US $ terms)		GDP(in PPP terms)	
	2005	2050	2005	2050
英国	18	15	16	15
法国	17	13	15	13
意大利	14	10	14	10
西班牙	9	8	9	8
加拿大	8	9	9	9
印度	6	58	30	100
韩国	6	8	9	8
墨西哥	6	17	9	17
澳大利亚	5	6	5	6
巴西	5	20	13	25
俄罗斯	5	13	12	14
土耳其	3	10	5	10
印度尼西亚	2	19	7	19

资料来源：Price water house Coopers estimates（rounded to nearest percentage point）。

高盛（2009）预测中国将在2027年成为全球最大经济体，届时经济总量将达到21万亿美元（按市场汇率）。到2050年，世界经济格局将会经历剧烈洗牌，全球新的六大经济体将变成中国、美国、印度、日本、巴西和俄罗斯（见表1-31）。日本内阁府（2010）预测中国GDP占全球的比重从2009年的8.3%增长到2030年的23.9%，成为相当于日本四倍之经济大国，且将取代美国成为GDP占比世界第一的国家。2009年的GDP全球排名依次为美国、日本、中国、德国，预估到了2030年将变成中国、美国、日本、印度，而整个亚洲在世界经济的占比由2009年的25%上升到2030年的40%（见表1-31）。

表1-31　　　　　主要机构对中国未来经济比占世界比重预测

预测机构	预测结果
国际货币组织（2008）	中国将在2030年成为世界第二大经济体，2050年成为世界第一大经济体，由于亚洲经济的崛起，整个国家政治经济关注的焦点将出现向东方、向亚洲转移的趋势
美国思科系统公司和英国经济学家情报社（EIU）（2008）	到2020年，中国和印度将成为全球经济增长的发动机，对世界经济增长的贡献将仅次于美国，其中印度对世界经济增长的贡献率将达到12.2%。亚洲地区经济总量在世界经济总量中所占比重将达到43%

续表

预测机构	预测结果
韩国中央银行金融经济研究院（2008）	中国经济规模将在2020年超过日本，2040年与美国持平，届时中国GDP将占全球GDP的1/5，此外，印度经济规模将在2030年超过日本，2050年与欧洲持平，GDP占全球GDP的12%
德意志银行（2007）	中国GDP将在2020年超过日本，居全球第二，美国仍将保持世界第一经济大国的地位
高盛（2009）	中国将在2027年成为全球最大经济体，届时经济总量将达到21万亿美元（按市场汇率）。到2050年，世界经济格局将会经历剧烈洗牌，全球新的六大经济体将变成中国、美国、印度、日本、巴西和俄罗斯
日本内阁府（2010）	中国GDP占全球的比重从2009年的8.3%增长到2030的23.9%，成为相当于日本四倍之经济大国，且将取代美国成为GDP占比世界第一的国家。2009年的GDP全球排名依次为美国、日本、中国、德国，预估到了2030年将变成中国、美国、日本、印度，而整个亚洲在世界经济的占比由2009年的25%上升到2030年的40%
普华永道（2010）	2020年中国经济总量超过美国，到2030年全球十大经济体排名将为：中国、美国、印度、日本、巴西、俄罗斯、德国、墨西哥、法国、英国。到2030年，中国、美国、欧盟和印度占全球GDP的比例将分别为19%、16%、15%和9%。

资料来源：国际货币组织（2008）：《全球经济展望（2009）》；韩国中央银行金融经济研究院（2008）：《亚洲经济的未来报告书》；高盛（2009）：《现代世界中的中国》；日本内阁府（2010）：《世界经济潮流报告》；普华永道（2010）：《世界经济报告》。

总结对中国经济总量和相对规模的预测成果来看。伴随着中国经济的高速增长，中国经济总量将快速扩张，占世界经济的比例将明显提高，至2020年中国GDP将达到4万亿美元以上（基于2000年美元价格），中国经济总量在2020年将仍仅低于日本的大致6万亿美元和美国的大致17万亿美元，至2030年中国经济总量将明显超过日本，仅低于美国，位居世界第二位，甚至有可能超过美国。

三、中国中长期人均GDP水平预测综述

对于中国人均GDP的估计，同样存在由于不同的学者使用的汇率不同和研究的方法差异，而导致预测结果存在广泛的差异。如，Sandra Poncet（2006）按照2000年价格不变美元折算，预测2020年中国人均GDP将达到2.89千美元，而按照变动美元和变动相对价格折算，估计2020年中国人均GDP将达到4.22千美元。而Wilson, D., and R. Purushothaman（2003）按照2003年价格不变美元计算，2020年中国人均GDP将达到4.97千美元，2030年将达到9.81千美元。John Hawksworth（2006）基于2004年购买力评价，预测2050年中国人均

GDP 将达到 35.81 千美元（见表 1-32）。

表 1-32　　　　　　　中国中长期人均 GDP 水平预测

预测作者或机构	人均 GDP（千美元）		备注
	预测时间（年）	预测结果	
Sandra Poncet（2006）	2020	2.89	基于 2000 年美元价格
	2050	10.035	基于 2000 年美元价格
John Hawksworth（2006）	2050	35.81	基于 2004 年购买力平价
Wilson, D., and R. Purushothaman（2003）	2015	3.43	基于 2003 年美元价格
	2020	4.97	
	2030	9.81	
	2050	31.4	

资料来源：根据 Sandra Poncet（2006）、John Hawksworth（2006）、Wilson, D., and R. Purushothaman（2003）等人的研究成果整理。

四、简要评述

对未来经济运行状态做出预测几乎是每个经济学家都感兴趣的话题，而实际上经济学之所以是一门令人着迷的学问乃是因为它试图找出纷繁复杂经济现象背后所隐藏的经济规律，从而说明在理性人假设之下人们的经济行为是可预测的，正如英国经济学家马克·布劳格所说，"经济学的中心目的在于预测而不在于解释。"[1]

但是正如同我们在前面所指出的那样，经济学家因预测屡屡失误而为人们所诟病，所以喜欢对未来进行预测的经济学家们也要冒很大的风险。从本文对不同学者和研究机构对中国经济中长期发展的预测来看，差别还是相当大的。对此我们认为可以理解的，诚如世界著名预测技术专家弗朗西斯·X·迪博尔德（Francis X. Diebold）所说，预测"一半是科学，一半则是艺术"[2]，说它是科学，是因为我们使用的预测方法是科学的，说它是艺术，是因为科学的预测方法不止一种，如何选取预测模型和预测方法则体现了一定的艺术性。当然在这些众多的预测中必然有一些和实际情况比较符合，即它们的预测精确度要高于另外一些，这需要时间来验证。

---

[1] 马克·布劳格：《经济学方法论》（中译本），商务印书馆，1992 年，第 259 页。
[2] 弗朗西斯·X·迪博尔德：《经济预测》（中译本），中信出版社，2003 年，第 299 页。

最后需要指出的是，如果专家们的预测得以应验的话，中国经济在未来10~20年内仍将保持较高的增长速度，中国经济总量，经济相对规模和人均GDP都将快速地扩张，但是中国经济增长率将呈现递减趋势。基于奥肯法则的作用，经济增长的回落必然给国家的就业带来巨大的压力，因此我们建议政府未雨绸缪，提前做好准备，在经济增长大幅回落之前能够挖掘到新的经济增长点。

参考文献

［1］高梦滔、毕岚岚、师慧丽，2008，持久收入与农户储蓄：基于八省微观面板数据的经验研究，《数量经济技术经济研究》2008年第4期。

［2］任若恩、覃筱，2006，中美两国可比居民储蓄率的计量：1992~2001，《经济研究》，2006年第3期。

［3］郭庆旺、贾俊雪，2005，中国全要素生产率的估算：1979~2004，经济研究，2005年第6期。

［4］孙琳琳、任若恩，2005，中国资本投入和全要素生产率的估算，《世界经济》，2005年第12期。

［5］王小鲁、樊纲、刘鹏，2009，中国经济增长方式转换和增长可持续性，2009年第1期。

［6］刘洋、吴育华，2008，中国农业全要素生产率变动：1995~2005，中国农机化，2008年第6期。

［7］李丹、胡小娟，2008，中国制造业企业相对效率和全要素生产率增长研究——基于1999~2005年行业数据的实证分析，《数量经济技术经济研究》，2008年第7期。

［8］原毅军、刘浩、白楠，2009，中国生产性服务业全要素生产率测度——基于非参数Malmquist指数方法的研究，《中国软科学》，2009年第1期。

［9］史修松、徐康宁、司增绰，2008，中国服务业全要素生产率增长及空间差异分析，《徐州师范大学学报》，2008年11月。

［10］王亚华、吴凡、王争，2008，交通行业生产率变动的Boot st rap-Malmquist指数分析（1980~2005），《经济学（季刊）》，2008年第4期。

［11］世界银行，全球经济展望（2007），北京：中国财政经济出版社，2008。

［12］世界银行，全球经济展望（2008），北京：中国财政经济出版社，2008。

［13］联合国协会世界联合会，2007年未来展望，北京：科学技术文献出版社，2008。

［14］IMF，世界经济展望，北京：中国金融出版社，2009。

［15］《中国区域投入产出表的编制及分析（1997年）》，许宪春、李善同主编，清华大学出版社，2008年。

［16］《社会核算矩阵：原理、方法和应用》，王其文、李善同主编，清华大学出版社，2008年。

[17]《政策建模技术：CGE 模型的理论与实现》，David Roland-Holst、Dominique van der Mensbrugghe 著；李善同、段志刚、胡枫主译校，清华大学出版社，2009 年。

[18]《2002 年中国地区扩展投入产出表——编制与应用》，李善同主编，经济科学出版社，2010 年。

[19]《中国可计算一般均衡模型及其应用》，李善同主编，经济科学出版社，2011 年。

[20] Jane Golley and Rod Tyers, 2006, China's Growth to 2030: Demographic Change and the Labour Supply Constraint College of Business and Economics Australian National University, Work paper.

[21] Sandra Poncet, 2006, the Long Term Growth Prospects of the World Economy: Horizon 2050. CEPII.

[22] Wilson, D., and R. Purushothaman, 2003, Dreaming with BRICS: The Path to 2050. Global Economics Paper No: 99.

[23] Jianwu He and Louis Kuijs, 2007, Rebalancing China's Economy-Modeling a Policy Package. World Bank China Research Paper No. 7.

[24] John Hawksworth, 2006, The World in 2050: How big will the major emerging market economies get and how can the OECD compete? Price water house Coopers.

[25] Wilson, D., and R. Purushothaman, 2003, Dreaming with BRICS: The Path to 2050. Global Economics Paper No: 99.

第二章

全球经济发展趋势与变化特点

改革开放以来,中国经济在相对和平和稳定的国际环境下取得了巨大的成就,经济实力大为提高,而未来中国经济发展前景如何呢?在日益全球化的今天,全球经济的变化无疑将对中国经济发展产生重要的影响。本章将重点从影响全球经济增长的主要因素变化趋势、全球经济增长形势和全球经济格局变化趋势三个方面对未来全球经济发展形势进行全面分析。

第一节 全球经济增长的主要影响因素变化趋势

一、经济全球化发展趋势

(一)近期经济全球化进程会陷入阶段性调整中,但是长期来看,经济全球化仍然会在曲折中发展,并占主导地位

全球化是世界经济发展进程中的必然趋势,正如世界经济论坛前主席施瓦布所言,经济全球化已成为现实,成为人们日常生活的一部分。从全球发展的历程看,世界经历了两次重要的经济全球化。第一次是1870年到1914年的第一次世界大战,第二次大规模的经济全球化是从1960年开始一直持续到现在。[①] 特别是,第二次大规模经济全球化在"贸易自由化、金融国际化和生产一体化"这

---

① 见米什金:《下一轮伟大的全球化》,中信出版社2007年版。

三个核心领域都有明显的快速发展。推动经济全球化迅速发展的原因：一是科技革命带来生产力的高度发展，为经济全球化奠定了物质技术基础；二是跨国公司有了长足的发展，为经济全球化打下了一个微观基础；三是全球性市场经济体制的实现为经济全球化奠定了一个制度基础；四是三大国际经济协调组织的建立和其作用的不断增强，为经济全球化构筑了组织和法律框架。

2008年爆发的国际金融危机对经济全球化发展的负面影响是多重的。一是贸易增速放慢，贸易保护主义倾向加强；二是金融监管加强，发达国家金融业的发展速度放慢降低了国际资本流动的动力；三是因国际金融危机，导致发展中国家开放金融市场的态度会更加谨慎；四是美元的世界货币地位受到质疑，国际金融体系的稳定性受损；五是围绕国际金融体系的改革，各国的分歧加大，国际金融规则约束力降低；六是多边贸易谈判（多哈回合）难度加大。因此，经济全球化的进程会因国际金融危机而陷入阶段性调整中。

但是，这并不意味着经济全球化将就此逆转，长期来看国家干预主义和贸易保护主义终究不会成为主流，各国重新大幅度回到贸易保护主义的可能性不大。这因为"WTO"多边贸易体制的约束力还在，"WTO"规则和争端解决机制依然在发挥作用，各国间的双边及区域贸易协议在某种程度上也排除了出现贸易保护主义"盛景"的可能。更重要的是，在经济全球化进程中，各国、各地区的经济联系更加紧密，相互依赖程度越来越高，各国潜在的对贸易保护主义的反制措施或报复性措施，本身也形成对贸易保护的制约。因此，未来经济全球化仍将占主导地位，正如《纽约时报》的专栏作家托马斯·弗里德曼所言："当烟雾散去之后，我们会发现全球化如同吃了兴奋剂一样将会有更大的发展，全球经济体的联系将会是前所未有地紧密。"

（二）区域经济一体化将向纵深发展，进一步推动经济全球化的进程

经济全球化过程中一个突出的特点是区域经济一体化迅速发展。至20世纪末，区域经济一体化的浪潮几乎波及整个世界，几乎所有国家都参加了某一区域一体化计划或组织，甚至一些国家参与多项一体化安排或组织。区域间自由贸易区的数量急剧增加，从20世纪60年代的50个上升到现在的230个。区域经济一体化是目前无法在全球范围内实现"帕累托最优"的现实条件下，在局部区域内迈进这一目标的一种"次优"选择，在很大程度上依赖于具有内在经济联系的主权国家有意识地推动。区域经济一体化是经济全球化的阶段性探索，是经济全球化的局部实践。区域经济一体化是在经济全球化背景下发展起来的，其成果总是以全球角度的

贸易自由化、金融国际化和生产一体化的形式表现出来。同时，区域经济一体化进程总是与世界市场联系，与跨国公司在区域内的融合而相互依存。区域经济一体化是经济全球化进程中的一个关键性阶段，它的发展必然推动经济全球化的进程。

未来区域经济一体化发展将呈现以下特点：第一，区域经济一体化的开放性增强。过去的区域一体化组织带有明显的联合一致、共同对外的特征，区域经济集团之间的竞争多于合作，对抗甚于协调。实现区域经济一体化的成员之间在地理上基本是连成一片或邻近的，形成贸易集团的主要动力之一是为了对付更强大的贸易团体或集团，保证多边谈判以及进入出口市场的讨价还价能力。未来这种封闭式的一体化发展道路不能说完全根绝，但是将有很大程度的改观，区域经济一体化的开放将更受到关注；第二，区域经济一体化的领域越来越宽。传统的区域经济一体化中，自由贸易区多数停留在降低货物贸易的关税水平上，未来区域经济一体化组织将在贸易保障措施、服务贸易、农业、投资规则、竞争政策、知识产权保护、公平招标、技术标准等一系列领域进行密切合作。

（三）随着经济全球化的进一步发展，全球经济风险将显著增加

经济全球化带来的好处是难以反驳的，贸易驱动下的经济增长和技术转让缓解了人们的痛苦，实现了全球经济资源的合理有效配置，给世界经济发展带来了诸多积极的效应。根据高盛的一项研究估计，如果（仅仅是如果）目前的经济趋势能够继续，世界范围内中产阶级的人数在2030年将增加20亿美元（国际上中产阶级的定义是：年收入在6 000～30 000美元的人群）。但是经济全球化也是一把"双刃剑"，在给人来带来利益的同时，也给全球经济带来了巨大的风险。第一，经济全球化使爆发全球金融危机的可能性大大增强；第二，经济全球化使各国经济发生波动的可能性增强；第三，经济全球化使得全球财富和收入发生重新分配；第四，经济全球化使各国宏观调控出现新困难；第五，经济全球化使各国之间的依赖性增强。

二、全球贸易发展趋势与特点

（一）全球贸易总量仍将持续增加，其增速仍将高于全球经济的增速

从20世纪60年代早期以来，全球贸易出现了"爆炸式"增长，全球出口总额从每年不足1万亿美元（以2000年美元价格计算）增长到每年近10万亿美元，

年均增长率大约为5.5%,明显高于同期世界经济年平均的增长率3.1%,特别是2003~2007年期间,全球贸易更是快速增长,2003年全球货物贸易占GDP份额为42%,而到2007年则达到51%。全球贸易迅速增长,一方面是国际分工广度大大加强的结果。当前,同一产业内的不同部分,同一产业内同一部分中的不同产业,甚至同一产业内同一部门中的同一产品的不同生产阶段的国际分工已日益成为国际分工的主要形式。随着产业内分工和产品内分工的发展,产业内贸易在世界范围内迅速发展起来,极大地促进了全球贸易的增长;另一方面是国际分工深度大大加强的结果,而国际分工深化是全球贸易成本下降(包括交通成本、信息收集成本和分享成本的下降)以及政府构筑起的贸易壁垒(如关税)的持续下降驱动的结果。

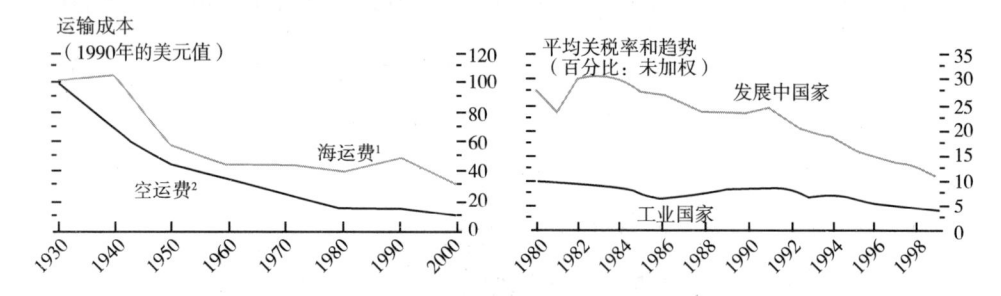

图2-1 世界贸易运输成本和关税的持续下降

资料来源:国际货币基金组织《世界经济发展展望》(2005年4月)。

2008年爆发的国际金融危机对全球贸易产生了较大冲击:第一,金融危机导致贸易保护主义有所抬头,如2009年2月奥巴马总统签署的刺激经济计划中保留了"购买美国货"条款,对全球贸易带来不利影响;第二,金融危机导致高收入国家同时进入经济衰退期,高收入石油输出国的收入也大幅度减少,导致高收入国家的进口需求大幅减少,对全球贸易发展带来不利影响;第三,各国汇率剧烈波动,也对贸易产生不利影响。此外,近期全球贸易增速还将因全球失衡的调整而明显减慢。全球经济再平衡过程中与发达国家的经常项目逆差减少,相对应,高收入石油输出国和发展中国家的经常项目顺差也将减少。2007年发展中国家经常项目顺差达到5 000亿美元,占GDP的3.7%,若要经常项目顺差占GDP的比重维持在2%左右的水平,发展中国家必须大幅减少向发达国家出口。而发展中国家内部很难在短期内找到转移出口的新的增长中心,发展中国家出口将出现非常短暂的减少。从全球失衡的"两极"看,美国负债消费模式的转变以及东亚出口导向发展模式逐步调整也可能使世界贸易出现减少。

因此,近期来看全球贸易在金融危机冲击下,增速将减慢,甚至出现负增长,世界贸易量预计将在 2009 年出现自 1982 年以来的首次下滑。但是，长期来看全球贸易总量仍将持续增加，其增速仍将高于全球经济的增速。世界银行（2007）估计，2030 年世界贸易将从 2005 年的 9 万亿美元左右增加到 2030 年的 27 万亿美元（2001 年国际美元）以上，世界出口——产量比率也同步增长，从 2005 年的 25%上升为 2030 年的 34%。未来全球贸易仍将持续增长，究其原因是：

第一，贸易保护主义终究不会成为主流，各国重新大幅度回到贸易保护主义的可能性不大。未来随着全球收入的增长、比较优势的变化、各国开放的深化和信息技术的发展，全球贸易仍将持续扩大，全球贸易总量将持续增加，贸易自由化仍将是未来全球发展的重要特征。

第二，高新技术产业进一步发展，促进全球产业分工进一步深化，将极大地促进全球贸易的发展。

第三，第二次世界大战后跨国公司的扩张极大地推动了国际贸易的发展，目前其占全球贸易的 60%，未来跨国公司作为经济全球化的重要推动力量仍将蓬勃发展，为全球贸易增长做出重要贡献。

第四，经济改革作为世界性的浪潮，在未来仍进一步深化，各国经济改革的共同趋势则是进一步转向市场化、国际化，这种转变将使许多国家参与国际分工、全球贸易的内在动力得到强化，它们开放的领域将更宽，参与国际分工的程度也将更深。

第五，全球贸易方式的创新将给予全球贸易以新的推动。例如，电子商务将使商家获得市场信息的成本大大降低，信息技术的普及，将使越来越多的中小企业加入电子商务的行列，参与市场上的竞争。

（二）新兴经济体与发展中国家在全球进出口中的份额仍将会迅速提升，但发达国家在全球贸易中的主导地位难以改变

在过去几十年，特别是近几年里，许多发展中经济体和新兴市场已愈发稳步融入世界经济体系中，全球贸易格局发生了重大变化，新兴经济体与发展中经济体进出口量迅速增加（见表 2-1），其占全球贸易的比重也稳步提高。

表 2-1　　　　　　不同经济体近 20 年来进出口增长率　　　　　　单位：%

		1991~2000	2001~2010	2001	2003	2005	2006	2007	2008
先进经济体	出口	6.9	2.2	-0.4	3.4	6.2	8.5	6.1	1.8
	进口	7.0	2.2	-0.4	4.2	6.4	7.6	4.7	0.4
新兴经济体与发展中经济体	出口	8.3	6.5	2.4	10.5	10.8	10.9	9.5	6.0
	进口	7.3	7.5	3.1	10.2	12.2	13.2	14.0	10.9
全球贸易		7.1	3.5	0.3	5.4	7.2	9.2	7.2	3.3

资料来源：IMF《世界经济展望》（2009 年 4 月）。

未来新兴经济体与发展中经济体在全球进出口量仍将增长,其所占全球贸易的比例仍将迅速提升。据世界银行(2007)估计,假设当前贸易政策不变,发展中国家出口额将从2005年的3万亿美元左右增加到12万亿美元以上,如果所有国家把交易商品关税降低3/4,发展中国家出口额到2030年将增加到14万亿美元。新兴经济体与发展中经济体贸易量将迅速增长,这主要是因为:

第一,一国在国际贸易中的地位归根到底取决于它的经济实力,包括经济规模、生产效率、科技创新及其转化能力、管理水平、综合国际竞争力等。经过战后几十年的探索,不少发展中国家逐渐找到了适合本国国情的发展模式,经济实力迅速增强,甚至成为新兴工业国。这种变化必然会在国际贸易格局中有所反映。在未来20年中,新兴经济体与发展中经济体的经济实力将进一步增强,甚至出现"第二代新兴工业国"。无疑,这些都是全球贸易的生力军。

第二,商品经济和市场经济制度的发达程度同参与全球贸易的内在动力密切相关。近十几年来,许多发展中国家广泛开展经济体制改革,向市场经济制度转变。此举不仅可以增强其经济实力,为它们参与国际分工奠定物质基础。

第三,全球经济和全球贸易的可持续发展,离开广大发展中国家的参与是不可能的,只有使更多的发展中国家步入良性发展轨道,才能出现全球的共同繁荣。发达国家对有些发展中国家提供经济援助,减轻其债务等,均有利于推动发展中国家更多、更深地参与国际分工。未来,发达国家谋求与发展中国家双赢的理论主张和社会舆论将继续有所推进,因此发展中国家将有更多的可能参与国际经济合作。

虽然,未来新兴经济体与发展中国家经济在全球贸易中的比重将持续上升,但是全球贸易的格局仍将主要由发达国家主导,发展中国家主要增加的是制成品出口,而发达国家服务产品的出口将迅速增加。根据Maurizio Bussolo, Rafael E. De Hoyos, Denis Medvedev and Dominique van dear Mensbrugghe(2008)的估计,发展中国家制造品出口占世界制造品出口比例将由2005年的34%上升到2030年的60%,而高收入国家制造品出口比例由2005年的66%下降到2030年的40%;但是发达国家服务业发展迅速,2030年高收入国家服务业出口比例占世界服务业出口比例的98%,而发展中国家只占2%(见表2-2)。

表2-2　　　　　　　　世界贸易比例变化　　　　　　　　单位:%

	农业		加工食品		化石燃料		制造品		服务业		总计	
	2005	2030	2005	2030	2005	2030	2005	2030	2005	2030	2005	2030
出口比例												
发展中国家	38	19	43	60	79	84	34	60	15	2	33	48

续表

	农业		加工食品		化石燃料		制造品		服务业		总计	
	2005	2030	2005	2030	2005	2030	2005	2030	2005	2030	2005	2030
高收入国家	62	81	57	40	21	16	66	40	85	98	67	62
进口比例												
发展中国家	53	77	30	31	26	39	30	35	30	54	31	40
高收入国家	47	23	70	69	74	61	70	65	70	46	69	60

资料来源：Maurizio Bussolo, Rafael E. De Hoyos, Denis Medvedev and Dominique van der Mensbrugghe Global Growth and Distribution Are China and India Reshaping the World? Research Paper No. 2008/29.

（三）贸易自由化将继续推进，但贸易摩擦和斗争将持续不断，对非关税壁垒的法律约束仍然极其困难，各国在非关税措施方面的较量将长期进行

经济全球化已成为当今公认的、不可逆转的历史潮流。全球贸易作为经济全球化的动因和后果之一，其作用不可低估。从某种意义上可以说，贸易活动的规模和贸易自由化程度呈正相关关系：贸易活动扩大必然对贸易自由化提出更高程度的要求，而贸易管制的放松又必定成为扩大贸易活动的先导。可见，未来随着全球贸易的增长，贸易自由化将得到进一步推进。但是正如不存在纯粹的自由竞争一样，纯粹的自由贸易也是不存在的。打开世界经济史我们不难发现，各国实行自由贸易还是贸易保护，总是以国家利益为最高原则的，即使做出让步，也无不以换取国家长远利益为目的。因此，未来尽管贸易自由化是全球的主要趋势，但是贸易保护主义仍将长期存在，由此导致国家间贸易摩擦和斗争仍将持续不断。

当然，由于未来贸易自由化是主要趋势，因此传统的关税保护手段已不合时宜，而非关税壁垒可能会更冠冕堂皇、更隐蔽、更随意、更具有造势潜力，成为国际贸易中更加难以对付的保护手段，而国际社会对非关税壁垒的法律约束仍然极其困难，各国在非关税措施方面的较量将长期进行。

三、全球金融市场变化趋势与特点

（一）受国际金融危机的影响，全球金融一体化进程放慢，国际资本流动减少，但是长期看来全球金融一体化仍将继续发展

全球金融自由化是经济全球化的重要特征之一，表现为跨国直接投资和国际

资本流动迅猛增长，其中跨国直接投资就由2003年的5 611亿美元增加到2007年的18 330亿美元，2007年增长30%，远远高于2000年创下的历史最高水平。当前，受国际金融危机的影响，全球金融自由化进程放慢，跨国直接投资和国际资本流动减少。2008年全球FDI总量下降了21%（见表2-3）。金融危机的爆发，使全球的流动性紧缩，银行由于自身流动性困难和缺乏市场信心而压缩贷款，企业也因对经济成长预期的下降以及融资成本上升而减少投资。这两方面的因素导致了2008年全球FDI的急剧下降。由表2-3中也可以看出，高度依赖于金融市场融资的跨国并购下降幅度更大，2008年比2007年下降了27%。

从国别来看，发达国家FDI流入自2004年开始连续增长，但在2008年有较大幅度的下降，全年FDI减少了32.7%。其中，欧洲降幅最大，达33.7%。英国2008年FDI流入量较上一年减少51%，比利时、捷克的FDI降幅也接近60%。欧盟成员国中，只有捷克、丹麦、西班牙、瑞典等国的FDI在2008年保持正的增长。日本的FDI也下降了22.6%，而美国下降了5.5%。发展中国家的FDI流入增长也大幅度放缓。2007年发展中国家FDI增长了31.8%，而2008年仅增长3.6%。其中，西亚和东南亚的新加坡、印度尼西亚等经济体FDI有较大幅度的下降，印度则增长了近60%，马来西亚增长53%，中国增长10%。

表2-3　　全球主要国家和地区FDI流入和跨境兼并统计　　单位：10亿美元

地区	FDI流入 2006	FDI流入 2007 总额	FDI流入 2007 增长(%)	FDI流入 2008 总额	FDI流入 2008 增长(%)	跨境兼并 2007	跨境兼并 2008	增长(%)
全球	1 305.3	1 833.3	40.5	1 449.1	-21.0	1 637.1	1 183.7	-27.7
发达国家	857.5	1 247.6	45.5	840.1	-32.7	1 454.1	981.8	-32.5
欧洲	566.4	848.5	49.8	562.3	-33.7	825.0	548.7	-33.5
法国	81.1	158.0	94.8	114.3	-27.6	62.4	37.2	-40.4
德国	42.9	50.9	18.6	26.0	-48.9	11.0	42.9	-57.5
意大利	39.2	40.2	2.6	2.3	-94.3	31.4	27.4	-12.8
荷兰	4.4	99.4	2 159.1	29.5	-70.4	209.8	25.4	-87.9
英国	139.5	224.0	60.6	109.4	-51.1	231.0	206.2	-10.7
美国	175.4	232.8	32.7	220.0	-5.5	379.4	314.9	-17.0
日本	-6.5	22.5	446.2	17.4	22.6	21.4	19.1	-10.8
发展中国家	379.1	499.7	31.8	517.7	3.6	152.9	177.0	15.7
非洲	35.5	53.0	49.3	61.9	16.8	10.2	26.3	157.0

续表

地区	FDI 流入					跨境兼并		
	2006	2007		2008		2007	2008	增长(%)
		总额	增长(%)	总额	增长(%)			
拉美—加勒比海	83.8	126.3	50.7	142.3	12.7	30.7	29.5	-3.8
亚洲太平洋	259.8	320.5	23.4	313.5	-2.2	112.0	121.2	8.2
西亚	59.9	71.5	19.4	56.3	-21.3	30.3	31.5	4.0
南亚、东亚和东南亚	199.5	247.8	24.2	256.1	3.3	81.5	89.4	9.7
转型经济体	69.3	85.9	24.0	91.3	6.2	30.1	25.0	-17.0

资料来源：UNCTAD, World Investement Report 2009.

但是从长期来看，全球金融一体化进程仍将继续发展，这主要是因为：

一是，世界经济的发展将推动全球金融一体化的发展。第二次世界大战结束以来，世界经济发展的一个重要特点是世界各国经济相互依存度的不断加强。生产的国际化、跨国公司的发展和国际贸易额的增长对金融国际化产生十分重要的作用。随着金融国际化的不断发展，资本流动的增长速度超过了国内生产的增长速度。金融市场全球一体化是金融国际化的一个部分，也是以战后世界经济相互依存性加强为基础的，即经济日益走向国际化，其中包括跨国公司的迅速发展。跨国公司一方面带动了跨国银行的迅速发展；另一方面从国际金融市场取得资金，并在各金融市场之间从事套利套汇活动。这必然促进金融市场全球一体化的发展。可见，世界经济的发展是决定金融市场全球一体化的重要原因。

二是，科学技术的进步将推动金融市场一体化的发展。一方面，远距离通信成本的降低和电讯调拨技术的发展对创造一个 24 小时经营的真正的全球金融市场发生很大作用。精密计算机的发展及其应用进一步完善了商品和金融市场，降低了交易成本。成本的降低和通信技术的发展，促使世界各国金融市场在时间和空间上相互连接而形成统一的整体；另一方面，信息传播速度的加快减少了传统业务部门的收益，加剧了价格竞争，从而刺激了金融机构的创新。同时，计算机与信息处理的进步使一些新的业务（如金融期货与期权交易）成为可能。此外，新金融工具的设计和定价非常复杂，必须依靠信息技术的协助，才有可能实现创新。总之，现代科技的进步可使各个金融市场之间的距离日益缩短，从而更易于推动金融市场向全球一体化的方向发展。

实际上，根据联合国贸发组织《世界投资报告（2009）》预测，虽然目前由于投资贸易环境不稳定，58% 的跨国企业表示将减少 2009 年的国际直接投资，但是，跨国企业普遍期待，国际直接投资将在2010年开始恢复，2011年加快增长。近一半的跨国企业预测它们在2011年的投资规模将超过2008年。

（二）国际金融危机将导致国际货币体系发生重大变革，美元的金融霸权将被削弱，但是以美元为基础的美国金融霸权格局不会彻底改变

当前的国际货币体系主要是以美元为中心的国际货币体系，其形成于"二战"后。第二次世界大战结束后，美国成为世界第一大国，黄金储备占世界3/5，GDP占世界1/2，经过国际金融会议协商形成"布雷顿森林体系"，主要内容除货币储备机制、汇率安排机制和国际收支调节机制外，最为重要的是"双挂钩"机制，即美元与黄金挂钩、各国货币与美元挂钩，使美元成为主要国际储备货币。布雷顿森林体系是在欧洲列强经济极为衰弱及其他殖民地国家尚未完全独立的背景下产生的。"双挂钩"机制和货币储备机制为日后美元的霸权地位打下基础。

"布雷顿森林体系"确立后，国际货币体系稳定了近三十年，与此同时它的缺陷也逐渐暴露：一是美国对外负债增长快于美国黄金储备增长，造成美元兑换黄金的金汇兑本位规则无法执行；二是固定汇率刚性和成员国国际收支调节的不对称性的矛盾激化。为了维持汇率波动幅度，成员国无论顺差还是逆差都必须积累一定量的美元储备，特别是逆差国为此要牺牲本国的经济目标。然而美国却是例外，可以通过输出美元弥补逆差。这种不对称性造成了各国利益矛盾，并随着美国经济的相对衰落，美元危机频频爆发，"布雷顿森林体系"最终于1971年解体，主要西方国家货币开始自由浮动。1976年，IMF通过《牙买加协定》，承认了既成事实，正式开始了牙买加体系时代。但是由于美国依然是经济实力最强的国家，"布雷顿森林体系"解体后的三十年，美元主体地位并没有改变，仍然享有全球最高的声誉，仍然是国际储备货币的主体，仍然是国际信贷和计价结算的标准，仍然是国际清算的支付手段，没有任何一种货币能取代它的地位。IMF公布的数据显示，2007年底，美元外汇储备占比仍达63.9%。

美元霸权地位确立后，为了促进经济增长，美国政府采取"双赤字"政策并大量发行货币。1971~2007年，美国经常收支逆差累计为67 841亿美元，而其中2001~2007年为47 748亿美元，占70.4%。与此同时，"9·11"后，美为了军事扩张而不断增加财政支出，导致财政赤字急剧上升，2004年、2005年财政赤字连续两年超过4 000亿美元。美政府一方面通过这种支付贸易逆差的方式，越来越大规模地向世界输出美元，获取铸币税收益；另一方面又通过财政赤字的方式源源不断地向国内输入美元。根据美联储公布的数据，2001~2007年

间，美国的广义货币供给量环比增长11%，远超过GDP增速。同时，美国通过促进金融机构提供高度衍生化的金融产品推动了全球金融市场的流动性泛滥并导致了资产价格泡沫的急剧膨胀，促成了此次金融危机的爆发。

国际金融危机后，国际货币体系将发生重大变革，将形成美元为主，其他货币为辅的"一主多元"格局，这是因为：第一，美国经济陷入衰退，美元的霸权地位将受到挑战；第二，其他新兴市场国家经济迅速发展，国际地位日益提升；第三，此次金融危机的深刻教训让世界各国认识到货币地位的重要性。此次金融危机的发源地在美国，而欧洲的损失却超过美国，这其中除了欧美的经济联系紧密外，欧洲经济发展的不平衡和政治诉求的不统一，以及欧元与美元的地位差异等亦是其中主要因素。由于上述因素，世界各国尤其是经济实力上升的大国都会力争本国货币的国际地位与权力。

但是，我们必须认识到金融危机后，尽管美元地位在部分区域和领域必将受到侵蚀，但目前仍难改变美元在国际货币体系中的主导地位。其一，当前的国际货币体系是市场竞争与演化的结果，是第二次世界大战前后世界经济动荡的产物，是美国经济霸权在货币金融领域的必然体现。虽然美国次贷危机引发全球经济衰退，美国的形象及其经济金融实力受到损害，其世界领导地位受到削弱，但从目前看，这场危机对世界经济、金融格局的影响仍不具颠覆性。其二，国际货币的选择需要综合国力支撑。当年美元取代英镑经历较长的历史时期。美国经济实力在20世纪20年代已达到英国的水平，但英镑仍是世界主导货币。只是在经历了两次世界大战，美国持有的世界黄金储备高达约70%，英国成为美国的债务国之后，英国才被迫接受"布雷顿森林体系"。尽管美国正在经历严重的金融危机，但世界上仍未出现综合国力能与美国相比的国家。其三，此次金融危机使欧盟各国损失惨重，难以挑战美元的国际地位。其四，日本政府债务总额占GDP的比重达160%，已不堪重负，经济发展亦步履维艰，日元也很难得到青睐。其五，英国政府债务总额占GDP比重已达387%，远远超过美国的70%，英镑也无法取代美元的地位。其六，包括中国在内的新兴市场国家，由于经济实力的后发性、资本管制的严格性、本国货币国际化的渐进性，目前也无法挑战美元的国际地位。[①]

因此，虽然此次金融危机对美元的国际地位产生影响，但美元作为核心的国际货币体系将会持续很长一段时间。可以预计，在未来10~20年内，国际货币体系将是"一主多元"格局。

---

① 江涌、张茂荣、倪建军：《金融危机启示：重建国际金融新秩序》，载于《今日中国论坛》，2008年第12期。

（三）国际金融体制改革将受到更加广泛的重视，但是难以取得根本性进展，加强国际金融监管将成为各国共识

此次国际金融危机的主要教训是必须加快国际金融体系改革，以维护全球金融市场的稳定。但是，国际金融体系怎样改？改到什么程度？各方的设想不一样，存在着根本的利益分歧。美国想凭借经济实力继续控制和主导国际金融体系，不愿放弃在现行国际金融体制中的支配地位。欧盟、日本等发达国家虽然试图通过国际金融体制的改革，向美国的国际金融霸权提出挑战，以增强在国际金融体制中的地位和发言权，部分支持发展中国家关于改革国家金融体制的要求，但反对发展中国家从根本上改革国际金融体制的设想。发展中国家为了维护自身利益和国家经济安全，主张彻底改革国际金融体制，建立国际金融新秩序，增强发展中国家在国家金融领域的参与权和决策权。因此，在未来相当长时期里，虽然国际金融体制改革将受到更加广泛的重视，但是难以取得根本性进展，也难以建立真正公平、合理，符合发展中国家利益的国际金融新秩序。当然，在金融全球化的情况下，发展中国家和发达国家从稳定国际金融市场、促进世界经济发展的大局出发，相互协调，相互让步，在改革国际金融体制和建立国际金融新秩序中取得一定程度的进展，也是肯定无疑的。

虽然，国际金融体系改革不能在短期取得进展，但是金融危机暴露了需要制定合理有效的金融监管标准、预警系统和风险防范体系，特别要加强对主要储备货币国的监管的需求。因此，加强对跨国资本流动、特别是短期资本流动的国际监管和治理将成为各国共识。

四、全球人口增长与人口结构变化趋势与特点

（一）全球人口总数将继续增加，但是人口增长速度将放慢，人口增长主要发生在发展中国家

未来全球人口增长的显著特征是，全球人口总数将继续增加，但是人口增长速度将放缓，人口增长主要发生在发展中国家，部分高收入国家将面临人口总数减少。根据联合国（UNPD，2007）预测，全球人口将由2005年的64亿人增长至2030年的近82亿人。OECD（2008）估计，世界人口将从2005年的大约65亿人增长到2030年的82亿人。虽然，全球人口总数仍将继续增长，但是，一方面世界人口增长速度将放缓。联合国（UNPD，2007）的预测数据表明，未来20

年全球人口增长将延续过去 30 年来逐渐放缓的趋势，从 2005~2015 年的平均 1.11% 下降到 2015~2030 年的年均 0.9%。

另一方面，世界人口增长主要发生在发展中国家（见表 2-4）。发展中国家的总人口将由 2005 年的 49 亿人增长到 2030 的 66 亿人（UNPD，2007）。因此，按照目前的分类，生活在发展中地区的人口在全球人口中所占的比例将由现在的 76% 增加到 80%。不过发展中国家间人口增长，存在较大的差别。预计中国人口将以相对缓慢的速度增长，并且在 2030 年将达到 14.6 亿人（2005 年为 13.1 亿人）。印度人口的增长速度则相对较快，并且到 2030 年将赶上中国人口的数量（2005 年为 10.9 亿人）。而预计转型经济国家的人口数量将有所下降。俄罗斯的人口数量将从 2005 年的 1.43 亿人下降到 2030 年的 1.23 亿人，累计降幅约为 14%。2005~2030 年 OECD 国家的年均人口增长率预计仅为 0.4%，其中北美人口增长占到了很大一部分。部分高收入国家将开始出现人口数量下降。如日本在 2010 年人口总量将会开始下降。日本的人口数量根据目前的趋势将从 2005 年的 1.28 亿人下降到 2030 年的 1.17 亿人。

表 2-4　　　　　　　　世界人口增长（年均增长率%）

年份	1980~1990	1990~2005	2005~2015	2015~2030	2005~2030
OECD 国家	0.8	0.8	0.5	0.3	0.4
北美	1.2	1.3	1.0	0.7	0.8
美国	0.9	1.1	0.9	0.7	0.8
欧洲	0.5	0.5	0.3	0.2	0.2
太平洋地区	0.8	0.5	0.1	-0.2	-0.1
日本	0.6	0.2	-0.1	-0.5	-0.3
转型经济国家	0.8	-0.2	-0.2	-0.3	-0.2
俄罗斯	0.6	-0.2	-0.5	-0.6	-0.6
发展中国家	2.1	1.6	1.4	1.1	1.2
亚洲发展中国家	1.8	1.4	1.1	0.8	0.9
中国	1.5	0.9	0.6	0.3	0.4
印度	2.1	1.7	1.4	1.0	1.1
中东	2.1	1.7	1.4	1.0	1.1
非洲	3.6	2.3	2.0	1.5	1.7
拉丁美洲	2.0	1.6	1.2	0.9	1.0
巴西	2.1	1.5	1.2	0.8	0.9
世界	1.7	1.4	1.1	0.9	1.0
欧盟	0.3	0.3	0.1	0.0	0.0

资料来源：IEA（2007）：《世界能源展望》。

(二) 全球人口结构将发生显著变化，多数发达国家和部分发展中国家老龄人口的比例明显上升，稳定的劳动力数量将减少

人口老龄化将是未来全球性的问题。世界银行 (2007) 估计，全球老龄人口数量在未来的 25 年内将基本增加 1 倍，全球 65 岁的老龄人口将从 2005 年的 4.64 亿人增加到 2030 年的 9.1 亿人左右。经济合作与发展组织 (OECD) (2008) 估计，全球 60 岁以上的人口将从 2005 年的 7 亿人增长到 2050 年的 19 亿人左右。总的来看，未来人口老龄化是发达国家特有的现象，多数发达国家都将面临老龄人口的比例上升，而青壮年人口占人口的比例下降。发达国家每百名劳动者负担的老龄人口数自 2005 年到 2030 年将从 30 名增加到 53 名，其中，日本达到 63 名，欧盟是 59 名，即使美国，该比率也可能增加近 1 倍，从 2005 年的 23 名的低水平增加到 2030 年的 44 名。在老龄人口迅速增长的同时，发达国家还将面临稳定的劳动力数量减少的问题。世界银行 (2007) 估计全球劳动力 (15~65 岁) 预计从 2001 年的 30.77 亿人，增长到 2030 年的 41.44 亿人，年平均增长率为 1.03%，其中发展中国家劳动力从 2001 年的 25.96 亿人增长到 2030 年的 36.84 亿人，年平均增长率为 1.21%，而高收入国家劳动力从 2001 年的 4.81 亿人增长到 2030 年的 4.59 亿人，年平均增长率为 -0.16% (见图 2-2)。

对发展中国家而言，老龄化人口将从目前水平缓慢增长到 2020 年左右，但是之后也将面临老龄人口加速增长的局面，每百名劳动者赡养的老龄人口数量将从 2005 年的 12 名上升到 2030 年的接近 19 名，不过这仍然低于发达国家 2005 年的 30 名水平。但是，发展中国家间的差异很大，中国的老龄人口赡养率将出现迅速增长，从目前的 12 名增加到 2030 年的 25 名，而印度只将从目前的 11 名，增长到 2030 年的 16 名左右。而东亚、东南亚、中欧和东欧等地区的发展中国家也将在 2020 年左右，面临显著的老龄化进程。

(三) 发展中国家城市人口比重和中产阶级人数将稳步上升

城市化仍将是未来发展中国家的重要特征之一，由此导致全球城市人口，特别是发展中国家的城市人口比重稳步上升[1]。目前全球约一半的人口生活在城市地区，OECD (2008) 估计，这一比例到 2030 年将增长到 60%。而从 2005 年至 2030 年，非 OECD 国家的城市总人口预计将增长 89% (约 18 亿人)。同时，随着发展中国家经济的发展，特别是新兴经济体的发展，发展中国家中产阶级人口

---

[1] Sandra Poncet, 2006, the Long Term Growth Prospects of the World Economy: Horizon 2050. CEPII.

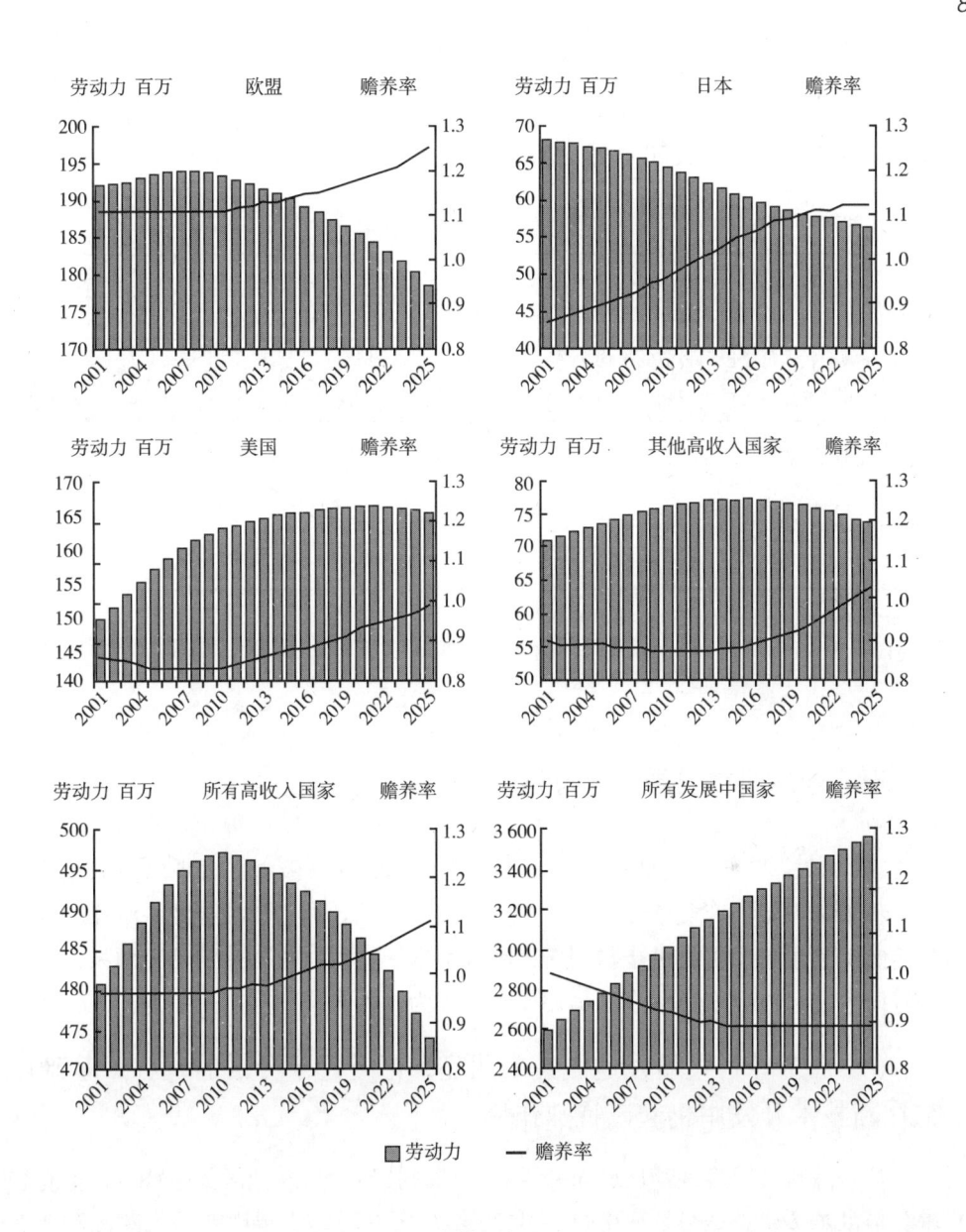

图 2-2

注：赡养率是工作人口和非工作人口的比率。
资料来源：World Bank databanks (DDP)。

将稳步上升，世界银行（2007）估计，全球中产阶级中生活在发展中国家人数的比重将由 2000 年的 56% 上升到 2030 年的 92%。表 2-5 是根据世界银行的

"全球中产阶级"的绝对定义计算出来的①。从表2-5可以看出，全球中产阶级比例稳步上升，从2000年7.6%上升到2030年的16.1%，而其中在中低收入地区的上升速度最快，从2000年的4.2%上升到2030年14.9%。

表2-5　　　　　　　　　全球中产阶级比重变化

	2000年		2030年	
	人口比例	收入	人口比例	收入
穷人（人均收入低于巴西目前的平均水平）	82.0	28.7	63.0	17.0
中产阶级（人均收入居巴西和意大利之间）	7.6	13.8	16.1	14.0
其中：高收入地区	3.4	6.8	1.2	1.0
中低收入地区	4.2	7.0	14.9	12.9
富人（人均收入居意大利平均水平或居民平均水平之上）	10.5	57.5	20.9	69.0
合　计	100	100	100	100

资料来源：世界银行《全球经济展望（2007）》。
注：合计数可能不到100，只是取近似值。意大利和巴西之间的数值按2000年购买力平价计算的，人均年收入在3 914~16 746美元之间。

五、全球科技发展趋势与特点

未来10~20年，全球科技将发生一系列革命性突破，并表现出新的竞争特点，不断带来新的产业革命和社会变革，产生对综合国力、社会经济结构和人民生活的深远影响。科技进步与创新，将成为这一时期财富创造的动力源泉，成为决定国家、区域、城市兴衰的第一要素，成为决胜未来的战略聚焦点。

（一）全球科技研发地区集中明显，但有趋于分散的趋势，基础研究在新技术开发中仍起着特殊作用

从全球科技研发的地区分布来看，全球科技研发呈现地区集中特点，但有趋于分散的趋势。全球科技研发过去的20年，研发活动主要由北美、欧洲和亚洲的30多个发达的经合组织（OECD）成员国开展和资助。2005年，在OECD国家总计7 720亿美元的研发资金中，美国和日本占了近60%，与1995年占OECD总额4 800亿美元的61%相差不大。

---

① 这个定义是指人均收入大概介于4 000~17 000美元之间（按2000年国际美元计算），并且到2030年仍保持这一口径。

但这种状况正在发生变化。在最近的10年间，一些亚洲和拉丁美洲及其他地区经济体的研发支出增加迅速。1995～2005年，OECD 监测的9个非 OECD 经济体（阿根廷、中国、南非、以色列、俄罗斯和中国台湾等）的年均研发增长率达到了15.5%，相比之下 OECD 的年均增长率仅为5.8%。这10年间，OECD 国家所占的总份额估计已从92%下降到了82%。同样，美国和日本两个最大的研发执行国的总份额也从1995年的56%下降到了2005年的48%。

迄今为止，中国研发活动是所有国家中发展最快且最稳定的。根据 OECD 的数据，2000年中国是第四大研发支出国，2005年增长到1 150亿美元，排名进一步上升。由于缺少研发专用的兑换汇率，难以对中国的绝对研发总额给出定论，但10年来的研发支出和研发强度是史无前例的。其他正在成为较大研发执行者的发展中国家还有巴西（2004年140亿美元）和印度（2000年210亿美元）。

从科技研发的贡献度来看，基础研究在新技术开发中仍起着特殊作用。在 OECD 国家中，瑞士拥有0.8%的最高基础研究/GDP 比率，明显高于美国（0.5%）和日本（0.4%）。2004年，瑞士几乎将其30%的研发用于基础研究。这一高收入小国拥有傲人的世界上最多的诺贝尔奖金获得者、人均专利和科学引用率，其产业研发份额可以与美国和日本相媲美。尽管中国的研发投资在增长但却拥有最低的基础研究/GDP 比率（0.07%），低于罗马尼亚（0.08%）和墨西哥（0.11%）。由于注重旨在短期经济发展的应用研发，中国遵循着中国台湾、韩国和日本的模式，这些国家和地区的基础研究只占总研发的15%或更低。

从科技研发的主体来看，跨国公司的海外研发正在增长。自1990年以来，国外公司在美国的子公司研发支出的增速便高于美国产业研发总支出的增长，在过去的10年间，已超过了由美国母公司控股的海外子公司的研发支出。欧洲公司的美国子公司占到了在美外国子公司研发的3/4左右。

由美国跨国公司开展的海外研发已开始从欧洲、加拿大向日本转移，这些国家和地区1994年接受了90%的此类资金，2001年只有80%。这些国外直接研发投资逐渐转到了新兴的亚洲市场。即便在亚洲也已发生了显著的变化，日本虽然保持了最大的份额，但已从1999年的64%下降到了2004年的35%相比之下，位于中国和新加坡的美国海外子公司的亚洲研发份额则分别于2004年达到了17%和14%。在印度的美国子公司的研发支出也增长了1倍，从2003年的8 100万美元增长到了2004年的1.63亿美元，使印度在亚洲的份额增加到了3%以上。[1]

---

① 这里的数据主要来自美国科学基金会最新发布的《2008科学与工程指标》。

（二）科技创新前沿领域酝酿革命性突破，孕育跨越式发展的重大机遇

未来全球科技将产生跨越式发展的主要领域将主要集中在以下几个方面：

生命科学和技术将是新的战略突破口，将可能在2010年形成新的主导地位，成为21世纪最值得关注的主导技术群，并以人们难以想象的方式改变未来的世界，带来农业、医疗、保健、化工、环保等领域的革命性变化，引起经济社会更加深刻的变革。

信息科学和技术在未来30年内仍将具有广阔的发展空间，将表现出以技术应用和市场需求为主导，通信、计算机与传统产业不断融合的发展趋势，进一步带动工业化的深入发展，引发经济和社会形态的深刻变革。在信息技术等的推动下，先进制造技术将得到迅速发展和广泛应用，未来的发展方向是集成化、智能化、柔性化，并将在产业结构调整和转移中发挥重要作用，成为产品和产业竞争力的驱动力。

纳米科学和技术前景看好，将仍然是新一轮世界科技竞争的热点，进一步揭示出微观世界新的规律和特性，并带来科学、技术和产业的重大变革，具有重大的产业化前景。在纳米技术等物质科学的推动下，材料科学和技术也将是现代高科技前沿最为活跃的领域，并向功能提高、性能改善、体积更小、与环境更友好的方向发展，带来制造业及人类生产、生活方式的重大变化。

资源、环境、空间科学和技术得到更大发展。随着人类可持续发展意识的不断增强和提高自身生活质量呼声的日益高涨，以节约资源、保护环境为特征的环境及绿色技术将大放异彩。能源技术的未来出路将是多样化的道路，节能、储能及新能源技术将备受关注，以解决不断突出的供需矛盾。航空航天技术将更加成熟，活动空间更为广阔。地球和海洋科学将不断拓展人类新的生存和活动空间，帮助人类更彻底地了解并掌握我们所居住的地球。

（三）科技竞争表现出新的特点，科技活动体制和机制将发生变革和转型

生产力与生产关系的不断调整和相互适应是经济活动的基本规律，也是科技活动以及更广泛的知识生产的基本要求。适应科技竞争新特点的科技发展模式的转变和转型将是发展中国家和地区未来科技发展的严峻挑战。

未来科技全球化趋势将加快，世界科技呈现多极化局面。在国际贸易自由化和效应的持续驱动下，人才、资金、技术等要素流动的边界壁垒不断下降，科技

资源全球流动，科技活动规范和标准逐步统一，跨国公司研究与开发全球布局，以"大科学"项目为标志的国际科技交流与合作加强。21世纪的世界科技和经济政治形势一样，可能呈现多中心或多极化的局面。美国继续保持科技领先地位。欧盟科技一体化趋势加强。中、日、韩、新加坡等亚洲国家科技发展势头迅猛。

主导技术将以群落的形式出现，区域科技集群化趋势突显。在主导技术的历史更替上，分别以机械、电力、电子技术为主导的前三次技术革命，主导技术往往只是一项，现代技术革命起主导作用的已不是某一项或某一类技术，而是由信息、生物、材料、能源等组成的技术群落，并且各个技术群落之间相互联系和渗透，将出现纳米技术、生物技术、信息技术和认知科学（NBIC）的会聚和融合。

在时空特征上，当今世界经济全球化的主流过程往往是跨国公司在各地整合资源，寻求最具竞争能力区域的过程。新的世界分工不再遵循国界或政体脉络，而越来越趋向于有个性的、创新能力强的地区。区域水平上的竞争而非国家水平上的竞争具有更大的重要性，创新积聚的区域，成为资源积聚的区域和经济最有活力的区域，科技优势和特色将是区域中心城市制胜的关键，以劳动力成本低为基础的集聚格局将改变，知识资源将带动要素资源流动、积聚和扩散。

技术创新模式将发生转变，集成创新成为重要的创新方式。科学、技术、生产综合化、交叉化、一体化趋势加快，科学、技术、生产之间的结合点往往成为生长点。当代任何领域的重大问题，实际上愈来愈不是单纯的科技问题，也是经济问题、社会问题或环境问题。科技活动建制化、大型化、高投入，科学事业已经成为最重要的社会机构和组织，需要广泛动员各个领域的多学科专家进行工作。技术创新模式经过20世纪60年代的"技术推动式"，70年代的"需求引发式"，以及八九十年代的"耦合模式"和"一体化"模式，正进入现在的"系统集成和网络一体化模式"，研发与用户携手，专家有效协作，技术集成和联盟发展等。

科技竞争重心前移，速度加快，高技术竞争的重点更加突出，更加注重原创性。世界主要国家纷纷开展科学展望和技术预见，抢占未来发展的制高点，并且更加重视重点突破和原始创新。科学技术知识增长及更新速度在加快，科学技术向应用转化的速度在提高，科技产业化的周期在缩短。

科技对经济的作用呈现指数效应，科技与社会可持续发展呼声强烈。古代的科技与经济是点与线的关系，科技对经济的作用是加法效应；近代的科技与经济是线与面的关系，科技对经济的作用是乘法效应；现代的科技与经济是面与体的关系，科技对经济的作用是指数效应，科技催化经济裂变式的增长。科学技术已越来越成为现代经济和社会发展第一位的推动力量。学术界通常认为，在西方发达国家中科技进步对经济增长的贡献率与日俱增，尽管在20世纪初，仅为5%~20%，但到60年代，这个比例上升到50%左右，80年代，则高达60%~80%，90年代甚至达到80%~90%。

（四）科技将成为支撑和引领经济和社会发展的主导力量，提高"以科技为基础"的知识竞争力成为世界主要国家、区域和城市未来科技发展的战略选择

第一，技术革命带来产业革命，科技中心带来经济中心的历史经验。经济形态的演化，科学技术一直是推动力量。历史上看，以机械技术和蒸汽动力技术为主导的第一次技术革命，导致了第一次产业革命并实现了生产的机械化；以电力技术和无线电技术为主导的第二次技术革命，导致了第二次产业革命并实现了生产的电气化；以微电子技术为主导的第三次技术革命，导致了第三次产业革命并实现了生产的自动化。

科技中心也带来了经济中心。第一次世界科技中心转移——意大利。世界科技中心从东方转移到以意大利为中心的欧洲，诞生了近代科学，繁荣了意大利的经济尤其是商业经济。第二次世界科技中心转移到英国。近代科学发展到顶峰，技术革命也取得突破，特别是蒸汽机的发明，以及工厂制度的建立等，导致在英国发生了产业革命，实现了工业化。第三次世界科技中心转移——德国。依靠哲学革命给科学革命开辟道路，抓住煤化学工业这个战略突破口，充分利用国际有利环境，重视技术教育与科学研究的组织，用了差不多40年的时间，完成了英国100多年的事业。第四次世界科技中心转移——美国。利用了欧洲移民，照搬了欧洲技术，在一些重大的科学技术领域有所创新和突破，特别是在电力技术方面，然后进行了生产方式的大规模改进，奠定了现代工厂制度和管理科学，实现了工业化，成为世界第一经济强国。而纽约、伦敦等世界中心城市的发展历史也证明：首先是科技中心，其次是产业中心，然后才是金融中心。

第二，科技支撑和引领未来世界经济社会发展的格局和变化。未来世界经济社会发展格局将产生重大变化，科技投入将成为最重要的战略性投资，是争夺和控制的最稀缺的热点资源，创新能力成为国家、区域、城市竞争力的核心，知识产权将格外受到关注，成为未来发展的通行证。与此相关，知识资本化进程加快，知识将成为比劳动力、原材料、资金更重要的资本，无形资产将成为最重要的企业资产，如美国许多高技术企业的无形资产已超过企业总资产的60%。生产方式、企业制度将发生根本性变化，并引起劳动力结构的调整，引起政府职能

的重新定位和调整，以人、财、物实物形态为中心的垂直管理转向综合化、网络化战略管理、宏观调控，以及为新的经济运行方式提供良好的政策法律环境。

而知识差距决定发展差距的世界格局，也向发展中国家和地区提出了严峻挑战。目前发达国家拥有世界80%左右的研究开发能力，占据世界科技发展的领先地位，并存在"胜者全得"现象。知识差距与数字鸿沟将是发展中国家或地区实施追赶战略的最主要障碍，如果不能有效缩短知识差距和数字鸿沟，其参与世界经济的程度将越来越低，甚至会丢失在资源和低成本劳动力方面的比较优势。

未来的世界科技，将可能是美国称雄、列国并争的稳中有变的格局，会有更多的国家参与世界科技竞争，并以研发强度或创新能力区分形成3、2、1（R&D占GDP的百分比）的格局，发展中国家和地区有跨越发展的机遇，更有挑战。

六、全球资源环境变化趋势与特点

（一）全球能源需求将继续增长，能源供需将基本能保持平衡，但是能源分布的极端不平衡性将成为全球格局不稳定的重要因素

能源是人类社会发展的重要基础资源，是国民经济的命脉。随着世界经济规模的不断增大，未来10～20年全球能源需求将继续增长，能源对人类经济社会发展的制约和对资源环境的影响也越来越明显。根据美国能源信息署预测（2007）预测，假定预测期内法律和政策保持不变，在这种情景下，全球能源消费预计从2004年至2030年增长57%，年均增长1.8%。全球能源总消耗量将从2004年的447千万亿Btu（英热单位）增至2015年的559千万亿Btu，2030年再增至702千万亿Btu。

在未来全球能源需求将继续增长的同时，未来20年全球世界能源供需将基本能保持平衡，全球有足够的已探明原油、天然气和煤炭储备，能够满足全球未来几十年的需求（BP，2009）。截至2006年年底，世界煤炭探明剩余可采储量9 091亿t，[①]按目前生产水平，可供采147年。与煤炭相比，世界常规石油和天然气资源相对较少，但是每年新增探明储量仍在持续增长。过去20多年来世界石油和天然气的采储量比（Reserve/Production Ratio，R/P，剩余可采储量与年

---

① 《BP（British Petroleum，英国石油公司）世界能源统计回顾》是目前定期发布并相对完整的世界商品能源统计之一。BP Statistical Review of World Energy, various editions 1979～2007。

采储量之比）并没有发生大的变化，始终分别保持在 40~60 年左右的水平。此外，世界非常规油气资源，如重油、油砂油、页岩油以及天然阿齐水合物等十分丰富，开发利用的潜力很大。国际能源署（2007）估计世界石油资源足以满足直到 2030 年这一期间预计的需求增长。美国能源信息署（EIA，2007）根据美国地质调查局（USGS）2000 年对世界石油资源预测的结果，也认为未来 20 年世界石油供应充足，供需基本平衡。2025 年世界石油总资源量达 29 348 亿桶（折合 4 003.1 亿吨），其中已探明的剩余可采储量为 12 658 亿桶，储量增长约 7 300.5 亿桶，待发现资源约 9 389 亿桶。

尽管从总量上看，未来 10~20 年世界能源供给需求总体将保持平衡，但是由于世界上已发现的能源资源分布极不平衡，因此全球能源安全短期和长期内风险都将加大。目前，煤炭资源主要分布在美国、俄罗斯、中国、印度、澳大利亚等国家。石油资源主要集中在中东地区及其他少数国家。石油输出国组织（OPEC）国家探明石油剩余可采储量占世界总量的 75.7%，其中中东地区国家占 60%以上。天然气资源主要集中在中东、俄罗斯和中亚地区，其中俄罗斯、伊朗、卡塔尔 3 国天然气占世界总量的 55.7%。

全球能源的这种极不平衡分布状况，特别是随着能源消费国越来越依赖从少数几个能源生产国进口石油和天然气，将导致短期和长期内全球能源安全的风险加大，也导致全球能源争夺的加剧。这主要因为，一方面，石油和天然气生产集中在少数几个国家导致区域能源供应的多元化减少了，而对脆弱的供应通道的依赖性逐渐增加，加大了全球能源供应的风险；另一方面，随着全球剩余的石油储量越来越集中在一小部分国家中（主要是中东的欧佩克成员国和俄罗斯），它们在市场中的主导地位将增强，它们可能寻求从出口中获取更高的经济收益，并且在较长时间内通过延迟投资和限制产量来维持较高价格。较高的价格将给石油消费国带来沉重的经济负担。[①]

（二）全球气候变化将日益成为全球经济增长的主要约束，可持续发展模式将被更多的国家所选择

当前，全球面临的重要问题是全球气候变化问题日益突出，正如联合国前秘书长安南指出的："气候变化是我们这个时代的标志性问题。"IPCC 报告也指出全球气候变化已成为当今世界最紧迫的问题之一，已成为全球经济增长的主要约束。全球气候变化带来的直接后果，一是导致全球生态环境持续恶化，造成干

---

① 国际能源署（IEA），《世界能源展望（2007）》。

旱、河流干涸、水土流失、沙漠化以及土地退化等一系列问题,已对人类生存的基本条件和环境构成严重威胁;二是导致全球海平面上升,严重威胁到沿海地区居民的生产生活,根据 NASA 数据,由于全球气候变化,全球居住在沿海地区的超过 6.34 亿的人口将受到威胁。

而导致全球气候变化的重要原因是全球温室气体,特别是二氧化碳排放的持续增加,根据 IPCC 报告,如果政府不采取新措施,温室气体将在 2030 年比 2000 年时增加 25%~90%。因此,未来越来越多的国家和地区将意识到节能和环保的重要性,主动参与相关领域的国际合作,国际社会对"减排"的呼声将越来越高,"减排"的压力也会越来越大,可以预料,昔日那种不顾环境、不顾未来的发展方式将成为历史,可持续发展模式将为越来越多的国家所选择。

(三)世界各国应对气候变化方面的矛盾仍然突出,但是国际协调与合作将增强

目前,由于各国在资源储备、技术水平以及消费理念等方面的差距,发达国家与发展中国家之间甚至同为发达国家的美国与欧盟之间在应对全球气候变化问题上分歧较大,各国之间矛盾很多。尽管近来美国关于"减排"问题的立场有所松动,但美国在有害气体"减排"等议题上不会对国际社会做出很多积极的承诺。美国的这种态度与欧盟各国形成较大反差。以法国和德国为首的欧盟主要国家积极推动气候变化和温室气体"减排"的国际合作,其帮助发展中国家发展低碳经济的意愿也比较明朗。但欧盟这种做法是以其可再生能源和"减排"技术等方面的优势为支撑的,主要目的是为欧盟企业进入发展中国家环保产业和"减排"市场创造条件。同时,发展中国家虽然意识到节能和环保的重要性,但受制于资金、技术和经济发展的需要,这些领域的制度建设和投入严重滞后,并与发达国家之间在"减排"目标及其权利与义务安排等方面产生了诸多矛盾,而这些分歧和矛盾将直接影响未来有关国际谈判的进程。

虽然,目前世界各国在应对气候变化方面的矛盾很多,但是,我们应当看到通过国际合作共同应对气候变化和环境保护问题已成为世界共识,国际协调和合作将会不断增强。如 2007 年底,联合国气候变化大会取得了重大进展,通过的"巴厘岛路线图"明确了 2012 年后全球温室气体减排的目标,并在共同但有区别的责任下,构筑起给全球"降温"的国际合作框架。未来,全球共同应对气候变化的国际协调与合作将进一步增强,同时,随着全球对环境保护和气候变化问题的重视提高,对节能和环保的关注将对各国贸易政策产生重大影响,环境标准和"绿色壁垒"将成为未来多边贸易谈判的重要内容。

第二节 全球经济增长形势判断

一、国际金融危机不会改变全球经济的长期增长趋势

(一) 国际金融危机不会导致全球经济长期陷入衰退

2003~2007年,全球经济5年累计增幅18%,年均增速为3.4%,是近30年来增长较为快速和平稳的时期。推动这一时期全球经济快速增长的主要动力是经济全球化使国际产业分工格局深化,劳动力丰富的发展中大国、转型经济国家以及资源丰富的国家各自的比较优势得到了充分的发挥。

但是,2008年爆发的国际金融危机对世界经济造成了重大冲击,其影响从虚拟经济蔓延到实体经济,从发达国家扩散到发展中国家。全球经济大幅减速,主要发达国家经济都陷入衰退。2008年世界经济增长率仅为2.1%,大大低于危机前的水平;美国、日本、德国、法国和英国等主要经济体的经济增长率分别为1.1%、-0.6%、1.3%、0.7%和0.7%,也都大大低于危机前的水平。

尽管国际金融危机对全球经济带来了巨大冲击,但是这并不意味着此次国际金融危机将会导致全球经济重蹈1929~1933年大萧条的覆辙,将从此长期陷入衰退。这主要是因为:第一,从近30年世界经济发展的历史来看,虽然世界经济遭遇了若干重大危机,如拉丁美洲债务危机、苏联解体、东亚危机、两次全球性经济衰退以及2001年的"9·11"悲剧等,但是世界经济仍然以稳定的增长速度增长,这些事件仅仅对全球经济增长产生了短期的影响和对全球化的稳步推进产生了边际影响,表明世界经济应对危机的能力已大大提高;第二,当今国际社会的协调能力大大增强,政府应对危机的能力也大大提高,将有效化解金融危机的冲击;第三,作为世界最重要经济体,也是受金融危机影响最大的经济体——美国,重蹈1929~1933年大萧条覆辙的概率很小。这主要是因为,一是美国逐步建立起来的证券监管体系、存款保险制度、国家支持的住房抵押贷款担保制度以及社会保障制度、社会福利体系可以有效地减缓经济危机带来的社会震荡。到目前为止,美国银行倒闭数量屈指可数,因无力支付贷款而失去住房的家庭只占6%,尽管还在增加,但远不会达到30年代50%的水平。二是战后确立的美元霸权地位可以帮助美国大量分散风险和分摊损失。三是在经济全球化和国际分工不断深化的今天,各国只能联手共克时艰,不太可能出现20世纪30年代美欧各自高筑壁垒的贸易保护主义浪潮。四是此次美国政府充分吸取了当

年胡佛政府惊慌失措、犹豫不决的教训，在很短时间内采取了大量积极的救援措施。甚至不惜打破传统的自由市场经济理念，运用了大量干预市场的非常措施和行政手段。这些措施尽管不足以解决美国经济长期积累的深层次矛盾，但至少避免了美国，乃至整个西方金融体系短期内的崩溃。

事实上，在各国政府经济刺激计划和扩张性货币政策的双重推动下，全球大多数经济体在2009年底和2010年初都显示出了增长势头。特别是2010年全球金融体系的系统性风险得到明显缓解、大多数信贷市场的风险指标已回归国际金融危机前的状态。

（二）未来10~20年全球经济仍将保持较快的增长，年平均增长率将达到3%~4%

从主要国际机构对全球经济增长的预测来看，大多都估计全球经济增长将在2010年复苏，2012年回归正常，国际金融危机并不会影响全球经济的长期增长。如国际货币组织（2009）的预测，2010年全球经济将逐步复苏，2012年世界经济将回归到正常，2011~2014年全球经济增长将重新回归到年平均4.7%的增长率。而联合国经济和社会事务部（2009）预测如果全球能采取一种协调、以发展为根本的政策，全球经济将在2010年复苏，全球经济在2010~2015年将呈现4%~5%的增长。

因此，虽然此次金融危机对全球经济增长带来巨大的冲击，会对全球经济增长带来深远的影响，但是并不会改变未来10~20年全球经济增长的趋势。根据世界银行、国际货币组织、国际能源署等国际机构的预测，未来10~20年全球经济仍将以年平均3%~4%的速度增长。如世界银行（2007）估计，2006~2030年全球经济增长将比1980~2005年稍快一些，平均年增长率约3%，全球经济规模将从2005年的35万亿美元增加到2030年的72万亿美元（按照2001年不变市场汇率和不变价格计算），共增长2.1倍；经济合作与发展组织（OECD）预测，2005~2030年全球经济的年平均增长率大约为2.8%；美国能源部（2008）预测，2005~2030年世界经济增长率约为3.1%；国际能源署（2007）估计2005~2030年全球经济年平均增长率将达到3.6%（见表2-6）。

表2-6　　　　主要国际机构对全球经济增长率的预测　　　　单位：%

预测机构	预测时间（年）	全球经济年平均增长率（%）
世界银行（2007）	2006~2030	3
OECD（2007）	2005~2030	2.8

续表

预测机构	预测时间（年）	全球经济年平均增长率（%）
美国能源信息署（2008）	2005~2030	3.1
国际能源署（2007）	2005~2030	3.6
	2005~2015	4.2
	2015~2030	3.3
麦肯锡全球研究院（MGI，2008）	2008~2020	3.2
波音公司（2007）	2007~2030	3.1
IMF（2009）	2010~2015	4~5

资料来源：世界银行：《全球经济展望（2007）》；OECD：《OECD 2030年环境展望》；美国能源信息署（EIA）："International Energy Outlook（2008）"；国际能源署（IEA）：《世界能源展望（2007）》；波音公司：《2006年全球民用飞机市场展望》；麦肯锡全球研究院（MGI）："Promoting energy efficiency in the developing world"，《麦肯锡季刊》，2009年4月。IMF：《世界经济展望》（2009年4月）。

二、全球经济增长将更多依靠新兴经济体驱动

（一）未来10~20年新兴经济体与发展中经济体的年平均增长率将达到5%左右

根据过去30年全球主要经济体的增长情况，可以将这些国家大致分为三组[①]：高增长组（年均GDP增长在7%以上），中国的年均增长率超过9%；中增长组（年均GDP增长在4%~7%），印度、韩国、2000年后的俄罗斯，年均增长约6%；低增长组（年均GDP增长在4%以下），美国、欧盟、日本和巴西，年均增长约1%~3%（见表2-7）。

表2-7　　　　　　1980~2006年世界主要经济体经济增长率　　　　　单位：%

年份	巴西	中国	印度	日本	韩国	俄罗斯	美国	欧盟
1980~1984	1.46	9.56	5.06	2.72	6.18	—	2.42	1.16
1985~1989	4.5	9.86	6.08	4.8	9.16	—	3.72	3.1
1990~1994	1.42	10.86	4.82	2.18	7.82	—	2.34	1.28
1995~1999	2.02	9.12	6.5	0.84	4.7	-1.04	3.86	2.72
2000~2004	3.02	9.18	5.76	1.5	5.42	6.86	2.4	2.3
2005~2006	3.3	10.55	9.2	2.05	4.6	6.55	3.25	2.55

资料来源：根据2007年4月份的国际货币基金组织数据库换算而来。

[①] 陈江生：《世界经济格局变化趋势及其全球影响》，载于《现代国际关系》，2007年第9期。

未来10~20年全球经济增长的显著特点是全球经济增长将主要依靠新兴经济体与发展中经济体驱动，新兴经济体与发展中经济体将继续保持较高的增长率。世界银行（2007）预测2006~2030年，发展中国家年平均增长率约为4.2%。OECD（2008）估计，2005~2030年期间，非OECD国家的年平均增长率为4.6%。美国能源信息署（2007）估计，在2004~2030年期间，在整个非经合组织区，经济活动年均增长5.3%。国际能源署（2007）预测，2005~2030年期间，发展中国家的年平均经济增长率将达到5.1%。综合主要国际机构对新兴经济体与发展中经济体2005~2030年经济增长率的预测，其年平均增长率将达到5%左右，将成为世界经济增长的主要驱动力。

新兴经济体与发展中国家能继续保持较高的增长速度，主要是因为新兴经济体与发展中经济体基础条件日益改善，同时新兴经济体与发展中经济体的生产率与发达国家相比依然存在巨大差异，当通信技术继续发展，FDI依然是整体发展的推动力、教育和技术水平提高的时候，发展中国家具有更大的能力和动力适应新技术，从而有效地促进经济增长[1]。

就具体新兴经济体与发展中经济体而言：

巴西经济在过去30年属于低增长，GDP年均增长率在2.5%左右，但是未来仍有较大的发展空间。首先，巴西的人口问题要到2050年以后才会凸显，之前无论是劳动力供给还是劳动力素质提高都有很大的余地；其次，巴西是发展中国家，技术发展水平比发达经济体低很多，不会在未来20年内达到"技术顶"；再次，由于有丰富的资源（土地和矿产）以及与发达国家的良好关系，巴西的发展无须过多担心资本金的不足。

但是，巴西经济也有着一些难以克服的问题：包括债务负担及公共开支过大，高税收和高利率政策难以改变，贫富差距很难缩小，基础设施投资严重不足，居民存款意愿低等。因此，巴西的经济、政治如果能够保持稳定的话，未来10~20年年均经济增长率将大约为3.0%~3.5%。

未来10~20年，印度经济进入年均增长高于7%的高增长组的可能性很大。原因在于其两大优势。一是人力资源方面的优势。印度人口结构合理，年龄在15~64岁的劳动人口2006年占总人口的比例为62.9%，预计到2026年会增加到68.4%，这保证了印度劳动力的充分供给。同时，印度提高劳动力素质的余地也非常大，这保证了从人力资源方面对经济增长的支持。二是印度的制度改革已开始显现一定成效。如果能够保持这种改革态势，加大经济对外开放，推动经

---

[1] 世界银行：《全球经济展望（2007）》，中国财政经济出版社2008年版。

济市场化,其制度改革效应是可以期待的。尽管有地缘位置、自然资源的贫乏、基础设施落后、社会结构过于复杂、民主政治的运作不成功等问题的制约,但在未来10~20年,印度的年均经济增长速度很可能在7.5%左右。

未来10~20年,俄罗斯将继续保持在中增长组中。一方面,人力资源和制度改革不支持俄罗斯经济增长进入高增长组。俄罗斯的人力资源状况已经并将继续对其经济发展起制约作用。俄罗斯的人口在不断下降,在劳动力素质已较高的情况下,通过改善劳动力素质来提高经济效率的方式也很难奏效。在经济制度改革方面,由于近些年其石油经济发展减缓了市场化步伐,俄罗斯在可见的未来不大可能通过市场化来实现经济的较大发展;同时,俄罗斯通过继续减少市场作用来推动经济前进从长期看似乎也行不通。当能源、原材料和初级产品的价格不再上涨时,俄罗斯经济增长能否继续保持在6%以上是有疑问的;另一方面,俄罗斯自然资源丰富、科学技术发展水平较高、劳动力素质相对较高,而人均GDP较低等因素也支撑着俄经济发展不至于跌落到低增长组。因此。俄罗斯未来10~20年的年均经济增长率估计将保持在5%左右。

未来10年,中国将继续留在高增长组,未来20年中国将留在中增长组。虽然中国经济发展将遇到环境约束、资源约束等问题,但经济全球化趋势在客观上降低了这些因素的制约作用。而其他影响一国经济发展的经济因素均对中国未来经济发展起支撑作用。从人力资源因素看,中国人口和劳动力的增长会维持到2020年左右,而中国劳动力素质的提高将持续到2035年以后。从发展阶段看,中国是一个发展中国家,还有很大的经济发展余地,这种后发而带来的余地至少还能维持20年甚至30年以上[①]。从制度创新方面看,在过去若干年中,中国改革开放成功地为经济发展提供了巨大动力,未来中国深化改革开放将继续为中国经济发展注入新动力。因此,在未来10年里,中国经济年均增速将保持在7%以上的增长率是可以期待的,未来20年中国经济年均保持在5%以上增长率也是可以期待的。

(二)未来10~20年发达国家将保持比较稳定的增长,美、日、欧等经济体提高经济增长速度的可能性不大

根据世界银行(2007)预测2006~2030年,高收入国家经济年平均增长约为2.5%。OECD(2008)估计,2005~2030年期间,OECD国家的年平均增长率为2.2%。美国能源信息署(2007)估计,在2004~2030年期间,经合组织国家经济年均增长仅为2.5%。国际能源署(2007)预测,2005~2030年期间,

---

[①] 陈江生:《世界经济格局变化趋势及其全球影响》,载于《现代国际关系》,2007年第9期。

发达国家年平均增长率为2.2%。综合主要国际机构对发达国家2005~2030年的经济增长率预测，其平均增长将为2%~3%左右（见表2-8）。

表2-8　主要国际机构对发达国家和发展中国家经济增长率的预测　　单位：%

预测机构	预测时间（年）	发达国家	发展中国家
世界银行（2007）	2006~2030	2.5	4.2
OECD（2007）	2005~2030	2.2	4.6
美国能源信息署（EIA，2008）	2005~2030	2.5	5.3
国际能源署（IEA，2007）	2005~2030	2.2	5.1
	2005~2015	2.5	6.1
	2015~2030	1.9	4.4

资料来源：根据世界银行（2007）、OECD（2007）、美国能源部（EIA，2008）、国际能源署（IEA，2007）的资料整理。

就具体发达国家而言，而美国经济在未来10~20年保持过去30年年均增长3%左右的速度的可能性则比较大。

首先，人口是劳动力的源泉。在部分欧盟国家和日本进入人口衰退期时，美国人口却不断增长。虽然美国本土人口的出生率一向被认为是偏低的，但移民的大量涌入填补了其人力资源需求的缺口。具有活力、创造力和劳动能力的人口源源不断地进入美国，稀释了美国人口老龄化的程度，保证了美国经济的活力。估计在未来20年，综合考虑国土面积、资源等因素，美国人口的上升空间不会被填满，国际人口迁移将会像过去20年那样继续扮演推动美国经济增长动力的角色。

其次，美国通过提高劳动力质量来推动经济发展的空间并不大。美国1999年的成人识字率已达99%。2005年美国小学、中学和高等学校的毛入学率分别为99%、94.7%和82.4%，公共教育经费占GDP的5.7%，小学和中学的师生比率各为1:14.2和1:15。而且，在未来10~20年，美国对技术人才的吸引力不大可能比新经济时期更大。因此，美国的人才流入量估计最多保持在过去30年的水平。

再其次，在新的技术革命开始之前，美国已很难依靠提高劳动生产率来推动经济快速增长。美国劳动生产率自2002年增长4.1%之后逐年下降，2003年和2004年的增长幅度分别为3.8%和3.1%，2006年的非农业劳动生产率增加2.5%。

最后，美国人不可能大幅度改变其生活习惯。这意味着在可预见的未来，美国不会依靠拉长工作时间、提高储蓄率等手段提高经济增长速度。综合这些因素，未来10~20年美国经济仍将以稳定为主，年均增速将与过去30年平均约3%左右的速度差不多。

就欧盟和日本的经济前景而言，离开低增长组的可能性并不大。对于欧盟来说，未来10~20年经济增长率即使要保住过去30年的水平也相当困难。一方面，老龄化和劳动力供给等问题将会影响欧洲的经济发展。老龄人口众多不仅给劳动力供给带来影响，还造成养老金等一些福利费用的巨额支出。欧洲地区是当今世界人口老龄化最严重的区域之一。在其人口构成中，老龄人口比重持续攀升，目前其65岁以上老人在总人口中的比重已超过儿童所占比重。随着出生率的下降和平均寿命的延长，未来10~20年欧洲地区老龄化问题将越来越严重。虽然工作年限的延长和妇女工作比例的提高，以及外来移民的流入补充了欧洲劳动力市场，使欧盟国家总体工作人口目前仍在不断增加，但若干年后，当工作年限延长和妇女工作比例提高达到上限后，熟练劳动力的不足将困扰欧盟经济。

另一方面，与美国一样，作为发达国家的欧盟已很难在提高劳动力素质、拉长工作时间、提高储蓄率等方面继续做文章了。此外，在科技创新方面，如果欧洲在新一轮技术发展上能够先于美国取得突破，欧盟经济将在某种程度上获得活力。但直到目前，还看不到欧盟在这方面有重大突破的迹象。因此，未来10~20年，欧盟的平均经济增长速度估计在2%~2.5%之间。向上的可能性几乎没有，向下的危险倒是存在。对于日本来说，未来20年平均经济增长速度预计在2%左右，理由在于其人口结构、劳动力素质提高、技术发展、制度改进等方面均很难有大的突破。

国际能源组织（IEA，2007）、世界银行（2007）等对未来10~20年全球经济体增长率的预测同我们的预测基本一致（见表2-9）。其中，IEA预测美国2005~2015年的增长率为2.5%，2015~2030年为1.9%，2005~2030年为2.2%；而欧盟相对应的增长率则分别为2.3%、1.8%和2.0%；日本对应年份的增长率分别为1.6%、1.3%和1.4%。中国经济增长率在2005~2015年间将达到7.7%，2005~2030年期间将达到6%。

表2-9　　　　　　　　　　全球主要经济体增长率预测　　　　　　　　　　单位：%

作者	预测时间（年）	中国	印度	俄罗斯	巴西	美国	日本	英国	法国	德国	备注
World Bank (2007)	2005~2020	7.0	5.7	—	2.4	3.1	1.7	—	2.2	1.6	基于2000年美元价格
John Hawksworth (2006)	2005~2050	3.9	5.2	2.7	3.9	2.4	1.6	2.2	2.2	1.8	基于2004年购买力平价
IEA (2007)	2005~2015	7.7	7.2	4.3	3.5	2.6	1.6	—	—	—	
	2015~2030	4.9	5.8	2.8	2.8	2.2	1.3	—	—	—	
	2005~2030	6	6.3	3.4	3.1	2.3	1.4	—	—	—	

料来源：根据John Hawksworth（2006）、IEA（2007）、World Bank（2007）等研究成果整理。

第三节 全球经济格局变化趋势与特点

一、全球经济格局变化趋势与特点

（一）发展中国家占全球经济的比重将显著提高，全球生产格局将出现显著变化

未来新兴经济体与发展中经济体经济相比发达国家以更快的速度增长，无疑将会对全球生产格局重大影响。虽然过去30年世界主要经济体增长率存在较大的差别，但是由于1980年中国、印度等国家的经济总量很小，因此虽然现在世界生产格局有一定的改变，但是并没有发生质的变化（见表2－10），全球经济格局仍是由美、欧、日占据主导地位，中国紧随其后，印、俄、巴、韩各具特色。

表2－10　　　　　　2006年主要经济体部分宏观经济指标

国家（地区）	GDP（汇率法）亿美元	人均GDP 美元	GDP（购买力平价法）亿美元	GDP占世界份额（购买力平价法）%
巴西	1.0677	5 717	1.7011	2.57
中国	26.301	2 001	9.984	15.07
印度	0.8869	797	4.1589	6.28
日本	4.3675	34 188	4.1705	6.30
韩国	0.8883	18 391	1.1555	1.75
俄罗斯	0.979	6 856	1.7273	2.61
美国	13.2445	44 190	13.0208	19.66
欧盟	14.527	—	13.8811	20.95

资料来源：国际货币组织数据库，2007年4月。

未来10~20年由于新兴经济体与发展中经济体将继续保持较高的增长，世界生产格局将产生较大变化，到2020年的世界经济将可能呈现美、欧、亚"三分天下"的大格局。根据世界银行（2007）的估计，新兴经济体与发展中经济体的GDP将从2005年的8万亿美元增长到2030年的24.3万亿美元（按照2001年不变市场汇率和不变价格计算），占全球产出的比例从23%增加到31%。

根据韩国中央银行金融经济研究院的报告，中国经济规模将在2020年超过日本，2040年与美国持平，届时中国GDP将占全球GDP的1/5。印度经济规模将在

2030年超过日本，2050年与欧洲持平，GDP占全球GDP的12%。由于日本经济增长相对缓慢，在全球经济中所占比重将从目前的12%降至2040年的6%。

德意志银行针对2020年全球各大经济体增长趋势进行了预测，预计中国GDP将在2020年前全面超过日本，居全球第二。2020年，美国仍将保持世界第一经济大国的地位，而目前的全球第二经济大国日本将风光不再，不仅被中国超过，甚至连三甲位置都不保，印度将后来居上，成为全球第三经济大国。德意志银行还预测到2020年经济增长率位居前十位的国家排名为（括号内为年均GDP预期增长率）：印度（5.5%）、马来西亚（5.4%）、中国（5.2%）、泰国（4.5%）、土耳其（4.1%）、爱尔兰（3.8%）、印度尼西亚（3.5%）、韩国（3.3%）、墨西哥（3.2%）、智利（3.1%）。

日本经济研究中心也对2050年以前的世界经济进行了长期预测。结果显示，中国GDP将在2020年前超过美国，成为世界上最大的经济大国；不过，由于经济增长速度逐步放慢，到2050年时中国反而将会被美国超过，尽管被超过的幅度很小。印度的经济规模不久将会超过日本，且差距会继续扩大。到2050年时，美国和中国的GDP规模将是日本的7倍，印度的3.8倍。

关于主要机构对全球经济体规模和未来全球经济格局变化的预测见表2–11和表2–12。

表2–11　　　　　　　　全球主要经济体经济规模预测

作者	预测时间	中国	印度	巴西	美国	日本	法国	德国	备注
Sandra Poncet (2006)	2020	4.14	1.26	0.82	17	6.62	1.83	2.61	基于2000年美元价格
	2050	14.0	4.53	1.04	38.60	9.92	2.89	4.12	基于2000年美元价格
Deutsche Bank (2006)	2020	4.00	1.4	0.99	17.71	6.275	1.983	2.41	基于2000年美元价格
World Bank (2006)	2020	4.04	1.417	1.48	16.65	7.933	2.696	3.47	基于2000年美元价格

资料来源：根据Sandra Poncet（2006）、Deutsche Bank（2006）、World Bank（2006）等人的研究成果整理。

国内学者陈江生（2007）估计，到2016年以购买力平价计算的GDP中，中国已经全面超越美国和欧盟，印度超越日本，以汇率计算的GDP中（见表2–13），中国超过了日本。这意味着到2016年美、欧、日主导的世界经济格局开始被打破，即使它们能够继续保持技术优势，这种优势至少在日本这个环节已经被中印等国的数量优势所突破。世界将不得不更多地倾听来自于中、印、巴等发展中国家的声音。如果说21世纪第2个10年的中叶是世界经济格局质变的开始的话,到第3个10年的中叶将是新的世界经济格局的形成阶段,到2026年左右中国以汇率和购买力平价方法计算的GDP都将成为世界第一(陈江生,2007)。

表2-12　　　　主要机构对中长期全球经济格局变化的预测

预测机构	全球经济格局变化
世界银行（2009）	中低收入国家的GDP将从2005年的8万亿美元增长到2015年的12.87万亿美元,2020年的16.04万亿美元;占全球产出的比例从2005年的23%增长到2015年的26.7%,2020年的28.6%（按市场汇率）。
国际货币基金组织（2008）	中国将在2030年成为世界第二大经济体,2050年成为世界第一大经济体,由于亚洲经济的崛起,整个国家政治经济关注的焦点将出现向东方、向亚洲转移的趋势。
美国国家情报委员会（2008）	由于新兴国家日益强大、经济日趋全球化、财富从西方向东方转移、非国家因素影响力增强,到2025年时,国际体系将全面改观。尽管到2025年,美国可能依然是唯一超级大国,但美国的相对实力,哪怕在军事领域的优势,都将江河日下。
美国思科系统公司和英国经济学家情报社（EIU）（2008）	到2020年,中国和印度将成为全球经济增长的发动机,对世界经济增长的贡献将仅次于美国,其中印度对世界经济增长的贡献率将达到12.2%。亚洲地区经济总量在世界经济总量中所占比重将达到43%。
韩国中央银行金融经济研究院（2008）	中国经济规模将在2020年超过日本,2040年与美国持平,届时中国GDP将占全国GDP的1/5,此外,印度经济规模将在2030年超过日本,2050年与欧洲持平,GDP占全球GDP的12%。
德意志银行（2007）	中国GDP将在2020年全国超过日本,居全球第二,美国仍将保持世界第一经济大国的地位。
高盛（2009）	中国将在2027年成为全球最大经济体,届时经济总量将达到21万亿美元（按市场汇率）。到2050年,世界经济格局将会经历剧烈洗牌,全球新的六大经济体将变成中国、美国、印度、日本、巴西和俄罗斯。
日本内阁府（2010）	中国GDP占全球的比重从2009年的8.3%增长到2030的23.9%,成为相当于日本四倍之经济大国,且将取代美国成为GDP占比世界第一的国家。2009年的GDP全球排名依次为美国、日本、中国、德国,预估到了2030年将变成中国、美国、日本、印度,而整个亚洲在世界经济的占比由2009年的25%上升到2030年的40%。
普华永道（2010）	2020年中国经济总量超过美国,到2030年全球十大经济体排名将为:中国、美国、印度、日本、巴西、俄罗斯、德国、墨西哥、法国、英国。到2030年,中国、美国、欧盟和印度占全球GDP的比例将分别为19%、16%、15%和9%。

资料来源:美国国家情报委员会（2004）:《展望2020　描绘全球未来》;美国国家情报委员会（2008）:《全球趋势2025——一个转型的世界》;世界银行（2008）:《全球经济展望（2009）》;韩国中央银行金融经济研究院（2008）:《亚洲经济的未来报告书》;高盛（2009）:《现代世界中的中国》;日本内阁府（2010）:《世界经济潮流报告》;普华永道（2010）:《世界经济报告》。

由于各国经济总量的变化将改变各国在世界经济生活中的发言权,世界经济秩序将会相应调整;世界将会更加开放;世界经济新格局形成后,将会有一个较长的稳定期。

(二) 全球收入格局将产生重大变化,新兴经济体与发展中经济体和发达国家的居民收入会呈现一定程度的趋同

未来新兴经济体与发展中经济体经济相比发达国家以更快的速度增长,同样也将对全球收入分配格局产生重大影响,新兴经济体与发展中经济体和发达国家的居民收入会呈现一定程度的趋同。根据世界银行(2007)的估计,2006年使用购买力平价方法,发展中国家居民平均收入为4 800美元(PPP固定在基期2001年水平),发达国家居民平均收入为29 700美元,发展中国家人均收入只有发达国家居民平均收入的16%,而这一比例到2030年将上升到23%,即12 200美元对54 000美元(PPP固定在基期2001年水平)。

表2-13　　　　　　世界主要经济体经济规模变化　　　　　　单位:亿万美元

国家（地区）	2016年 汇率法	2016年 购买力平价法	2026年 汇率法	2026年 购买力平价法
巴西	—	2.341	2.23	3.23
中国	7.741	21.554	26.6	46.5
印度	—	8.571	10.1	17.7
日本	5.323	5.083	6.2	6.2
韩国		1.669	2	2.41
俄罗斯	—	2.813	2.9	4.58
美国	17.498	17.498	23.5	23.5
欧盟	18.595	12.379	15.85	15.85

资料来源:陈江生:《世界经济格局变化趋势及其全球影响》,载于《现代国际关系》,2007年第9期。

二、国际格局变化趋势与特点

(一) 国际多极化格局将稳步发展,新兴经济体在全球事务中的作用将日趋增强,但是冷战后形成的"一超多强"格局不会根本改变

冷战结束之后,多极化的国际格局并没有实现,实际上是美国一极独大,美

国在政治、经济和军事等方面的地位得到加强。但是，随着近年来发展中国家和转轨国家的发展，特别是"金砖四国"等新型经济体的发展，国家政治格局多极化趋势逐步显现，在未来10~20年，国际政治多极化格局将进一步稳步发展，新兴经济在全球事务中的作用将日趋增强。首先，美国遭受金融危机的重创，未来多年内将处在自我恢复，自我疗伤的阶段，而且金融危机冲击了美国的金融霸权，美国模式对全球发展的吸引力、影响力和标杆意义影响大打折扣，美国对国际事务的控制力进一步下降；其次，以法国为代表的欧洲国家有可能利用这次金融危机的契机，积极推动国际金融体系改革，主张对国际金融体系动"大手术"，建立一个"新的全球金融秩序"，力图削弱美国的金融霸权，为欧盟谋取更有利的地位；第三，以"金砖四国"为代表的新兴经济体的经济实力迅速崛起，"金砖四国"GDP占全球的比重从2001年的8%上升到2007年的16%，这些大国之间对话合作的不断发展，形成了中俄印、"金砖四国"等多国对话机制，将对国际政治格局产生重大影响。

虽然，未来国际政治格局多极化会稳步发展，但是冷战后形成的"一超多强"政治格局不会根本改变，美国将长期保持世界政治经济中一极的地位。这是因为：

一是，美国具有领先的科技水平。借助第二次科技革命的推动，美国经济迅速发展，取代英国成为世界经济霸主。此后，美国长期保持了世界科技强国地位。根据兰德公司的报告，目前美国在科研开发方面的投入占全球的40%，70%的诺贝尔奖获得者在美国受到聘用，全世界排名前40的大学有3/4在美国，美国获得的国际专利（PCT）的数量一直遥遥领先于世界各国，美国获得的国际专利的数量维持在全球国际专利申请量的1/3以上。同时，美国政府长期保持对基础科学的研究资助，以指导美国的科学发展方向并保持相互协调，重点支持了国防、空间、医学、能源等领域的研究开发，为美国在航天、卫星通信、计算机、电信等工业领域的绝对优势奠定了基础。未来仍无人能撼动美国科技全球领先的地位。

二是，美国在主要国际组织中仍具有核心地位。当今对世界经济全局影响最大的3个世界经济组织是世界贸易组织、国际货币基金组织、世界银行。其中国际货币基金组织、世界银行是1945年根据《布雷顿森林协议》建立的。根据《布雷顿森林协议》建立了以美元为中心的国际货币体系。虽然1973年"布雷顿森林体"崩溃，美国的地位相对下降，但仍然在这些组织中保持核心地位。2004年全球贸易68%以美元结算。2007年仍然达到50%以上。美元在全球央行外汇储备中的比例，1973年占84.6%，2007年仍然达到64.2%。

三是，美国是世界最主要的投资目的国，对全球资本仍具有重要吸引力。2002年以前美国吸引外资稳居世界第一位，2003年、2004年、2006年为第二。联合国贸易和发展会议发布的2007年《全球投资报告》显示，美国2007年吸收的外国直接投资又居世界第一。根据美国商务部的报告，2005年美国吸引外资1.21万亿美元，2006年吸引外资1.765万亿美元，2007年美国吸引外资1.99万亿美元。

四是，美国创造了一套政府对市场经济进行有效调控的模式。从罗斯福新政开始，美国创造了一套行之有效的在现代市场经济政府对经济进行调控的模式。如通过法律提高市场竞争程度，保护竞争，健全市场制度；重视基础设施建设；谋求社会公正与建立社会保障体系；等等。

五是，美国通过对外经济全球战略维持其世界经济霸主地位。在国际经济交往中，美国继续倚仗其高科技优势，通过"超级301条款"和"特别301条款"，单方面向对方国提出经济制裁或以制裁相威胁，努力消除美国产品进入各国市场的障碍，迫使贸易伙伴为美国具有竞争力的商品和劳务的输出开放市场。美国加紧利用经济全球化趋势，通过争夺国际多边合作游戏规则的制定权和修改权，以图主导国际经济秩序，建立它在经济、贸易、投资、科技、金融等领域中的全球主导地位。

（二）国际机构的协调作用将日趋加强

在全球化日益加深的背景下，人们对于国际机构的期望和要求愈来愈高，对于国际机构如世界银行和国际货币组织的诟病也越来越多，批评其没有很好地履行其职责，例如世界银行促进发展中国家发展的政策措施不够有效，国际货币基金组织没有很好对经济危机做出预警等等，对于这些国际机构进行改革的呼声很高。未来，随着多极化国际格局的进一步发展，随着全球在经济和金融等领域的进一步融合，国家间需要在贸易、资本流动、货币体制以及国土安全等方面进行更全面和深入的合作。国家间的合作部分通过双边实现，部分通过多边实现，这两种方式无疑都将发挥重大作用，但是通过国际机构的多边协调作用将比以往增强。国家间的交往尤其是经济活动具有很多的共同性，适应统一性的规则，其交易成本比较低；而且由于多个集团的实力接近均衡，国际机构未来被单一势力所左右的难度越来越大，其达成一致的难度虽然也可能扩大，但是其规则也可能由此具有较大的包容性，易于被接受和执行，各个国家可能具有愿望通过国际组织来协调，从而达到其目的。因此，国际机构的协调作用将得到进一步加强。

（三）在经济、政治、文化、宗教和民族等五种影响全球发展的力量中，文化、宗教和民族的力量将在未来发挥更大力量

20世纪90年代以来，由于全球化、技术革命和国际环境的相对和平这三个方面的优势，全球经济进入到一个高增长、低通胀的态势。经济增长成为推动全球格局变化的主要动力，不仅发达国家保持了经济的较快增长，发展中国家尤其是"金砖四国"的发展速度更快，经济方面的相对地位上升较快，这些国家在政治方面的地位也相应上升，例如G20国的峰会以及俄罗斯提出建立国际安全新体系的构想等。在经济发挥了其巨大作用之后，文化、宗教和民族因素将成为影响未来发展格局的重要力量。由于经济实力的增强，不同文化渊源的国家借助经济扩展而实现文化、宗教传播的动机增强。此外，由于这次金融危机所暴露出来的美国模式的缺陷，使原来的那种标准模式不再有效，客观上也为不同的文明和发展模式提供了竞技舞台。因此，在未来的发展模式之中，文化、宗教以及民族这些"软实力"将发挥更大的作用。

本章执笔人：吴三忙、李善同

附录　金融危机背景下不同经济发展模式的表现差异及未来发展趋势

在国际金融危机的冲击下，全球经济面临重大的挑战和转变。因此，正确认识与分析未来全球经济可能的发展趋势，对我们把握"十二五"时期发展的机遇，应对可能出现的挑战具有重要意义。本报告在对全球经济体发展模式进行分类的基础上，重点把握不同发展模式的经济体当前经济形势、主要经济特征，研究金融危机对这些不同经济体冲击的传导方式的差异，展望不同发展模式的经济体在金融危机冲击下未来将可能出现怎样的调整，并对未来5~10年可能的发展趋势进行初步预测。

一、五种经济模式划分标准及其特征

（一）五种经济模式的分类依据

在对当前全球经济进行分析的过程中，分类是一种较为清晰的思路，一种发展模式的国家将对其他发展模式的国家形成一定的互补、共生作用，总体上构成

全球经济的全貌。在众多可选择的经济变量中，本文选取了投入、产出、支出及贸易结构等衡量一国经济的主要方面，并根据实际结果将全球不同国家/地区划分为不同的经济模式。

1. 投入结构。在生产活动的主要投入要素中，劳动力、自然资源和生产技术处于核心的"铁三角"。自然资源是看得见的物质资本。资金可以转化为人力资本和物质资源，是看不见的无形资本。由于发展阶段和资源禀赋的差异，美国、日本和欧洲是典型的资本充裕和技术优势领先的地区，这从全球 FDI、组合投资的流出方向可以看到；亚洲新兴市场是典型的劳动力充裕的地区，这从劳动力人口的全球分布可以看到；而澳洲、非洲、拉美、中东和东欧则是典型的资源充裕地区，从全球的大宗初级商品出口分布可以看到。

2. 产出结构。产出结构主要从全球产业分布来区别。其中，第三产业为主导的国家或地区主要是发达国家（如美国、欧盟、日本等），以及部分转口贸易和金融业发达的小型经济体（如新加坡、中国香港等）；第二产业为主导的国家，包括低端产业制造和高端制造业为主导的国家，前者主要分布于亚洲地区新兴市场，如中国、印度尼西亚、印度等，后者则以传统欧洲国家和日本等较为典型。

3. 支出结构。支出结构体现为国民经济支出法核算中，各国投资、消费和净出口的占比，这是体现各国经济模式最为显著的特征。其中，消费占比高的国家主要是发达国家，其国内投资对 GDP 的贡献相对较小，并且消费的资金主要来源于工薪收入增长、金融业提供的信贷，以及股票与房地产等带来的财产性收入；而以出口为导向的国家，其投资和净出口对 GDP 的贡献相对较大，金融业则相对较不发达，消费在经济中的占比较小。

4. 贸易结构。出口和进口之差构成支出结构中的净出口，但净出口未能反映结构性特征。在以出口为导向的国家中，其贸易产品结构、贸易流向也很重要，因此可以对此进行再细分。其中，中低收入国家主要集中于中低端产品（即技术含量相对较低的产品）的出口；高收入国家主要集中于高端产品（技术含量高的产品）的出口；在初级产品的出口国家中，能源、矿产资源丰裕的国家主要是高收入国家，而农产品出口国家主要是低收入国家。

（二）五种经济模式及其典型特征

通过对各国经济在投入、产出、收入、支出等方面的归类分析，我们选取 G20 成员国加上新加坡、中国香港共 21 个最具代表性的国家/地区作为样本，样本 GDP 占全球 78.5%，出口占全球 65.2%，人口占全球 62.3%。同时，这些国家或地区广泛分布于亚太、欧洲、美洲、中东和非洲等主要经济板块（见表 2-14），在贸易结构、消费结构、金融结构等方面存在较为明显的差异。

表 2-14 代表性国家/地区危机前后基本情况对比 单位：%

地域	国家/地区	GDP占全球 2007年	GDP占全球 2010年	出口占全球 2007年	出口占全球 2010年	人口占全球 2007年	人口占全球 2010年
亚太	中国	6.3	9.3	8.9	9.9	20.1	19.7
	中国香港	0.4	0.4	2.5	2.5	0.1	0.1
	日本	7.9	8.7	5.2	5.1	1.9	1.9
	韩国	1.9	1.6	2.7	3.1	0.7	0.7
	印度	2.1	2.3	1.1	1.4	17.7	17.9
	印度尼西亚	0.8	1.1	0.8	1.0	3.4	3.4
	新加坡	0.3	0.4	2.2	2.3	0.1	0.1
	澳大利亚	1.7	2.0	1.2	1.3	0.3	0.3
欧洲	德国	6.0	5.3	9.7	8.5	1.2	1.2
	法国	4.7	4.1	4.1	3.6	0.9	0.9
	英国	5.1	3.6	3.2	2.7	0.9	0.9
	意大利	3.8	3.3	3.6	3.0	0.9	0.9
	俄罗斯	2.3	2.4	2.6	2.7	2.2	2.1
美洲	加拿大	2.6	2.5	3.1	2.7	0.5	0.5
	美国	25.3	23.6	8.5	8.6	4.6	4.6
	墨西哥	1.8	1.6	2.0	2.0	1.6	1.6
	巴西	2.5	3.3	1.2	1.3	2.9	2.9
	阿根廷	0.5	0.6	0.4	0.5	0.6	0.6
中东非洲	沙特	0.7	0.7	1.7	1.7	0.4	0.4
	南非	0.5	0.6	0.5	0.5	0.7	0.7
	土耳其	1.2	1.2	0.8	0.8	1.0	1.0
合计		78.1	78.5	66.0	65.2	62.7	62.3

资料来源：IMF，WTO；2010年出口为上半年数，GDP、人口为预测数。

我们将这些主要国家/地区分为五种经济模式，分别是金融膨胀与消费主导模式、初级产品生产模式、低端制造业产品生产模式、高端制造业产品生产模式、融资平台型发展模式。

（1）消费主导与金融膨胀模式，以英国、美国和部分西欧国家最为典型，消费支出及金融行业在整个GDP中占比较高，如英、美等国的消费超过了GDP的70%。高消费促进了经济快速增长，提高了对多样化金融产品和商品进口的需求，同时也减少了储蓄的积累，降低了农业、采矿和制造业等实体经济产业的占比（见图2-3）。

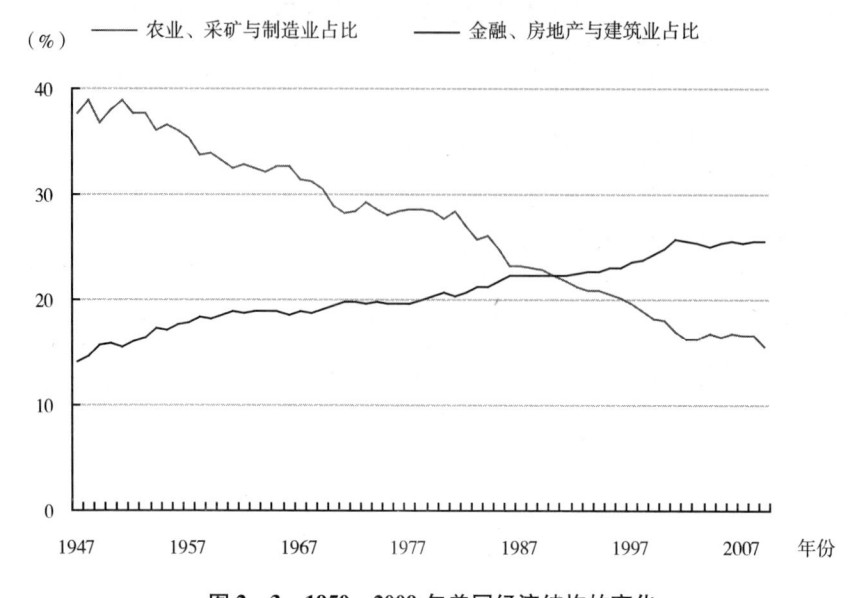

图 2-3　1950~2009 年美国经济结构的变化

资料来源：美国经济分析局。

（2）融资平台型发展模式。包括中国香港、新加坡等经济体，其地位仅次于伦敦和纽约等国际金融中心，充分利用转口贸易、制度和人才环境优势，通过各类金融交易市场，特别是大力发展资本市场，为全球客户提供融资服务、资金交易以及其他综合金融服务。2009 年，中国香港和新加坡股票市值占 GDP 的比例分别 1 095% 和 264%（见图 2-4）。在融资平台型的经济体中，贸易与金融业成为经济增长的主要驱动力。类似的其他经济体还包括瑞士、卢森堡等。

（3）初级产品生产模式，包括东欧、非洲、中东、拉美、澳洲等，这类经济体为全球提供了大部分包括石油、铁矿石、农产品等在内初级生产资料。典型的国家包括俄罗斯、沙特阿拉伯、澳大利亚等，例如澳大利亚原料和矿石产品的出口占其整个出口商品的 50% 以上。这些国家地域广阔、自然资源富裕，对外资和外贸依赖度较高，同时，也容易受国际市场需求波动的影响。

（4）低端制造业产品生产模式，包括中国、印度、东盟、东欧等国家和地区，利用低廉的人力资源、加工制造成本，结合来自全球的直接投资和技术转移，为全球主要消费国家提供消费品，从出口结构来看，中国、印度、日本、德国等国的工业品出口占到了其出口商品的 90% 左右，占据了全球主要工业产品出口市场份额；但从反映制造业水平的版税和专利费用出口情况来看，日本、德国等发达国家在全球市场中的占比则明显高于中国和印度等新兴市场国家。

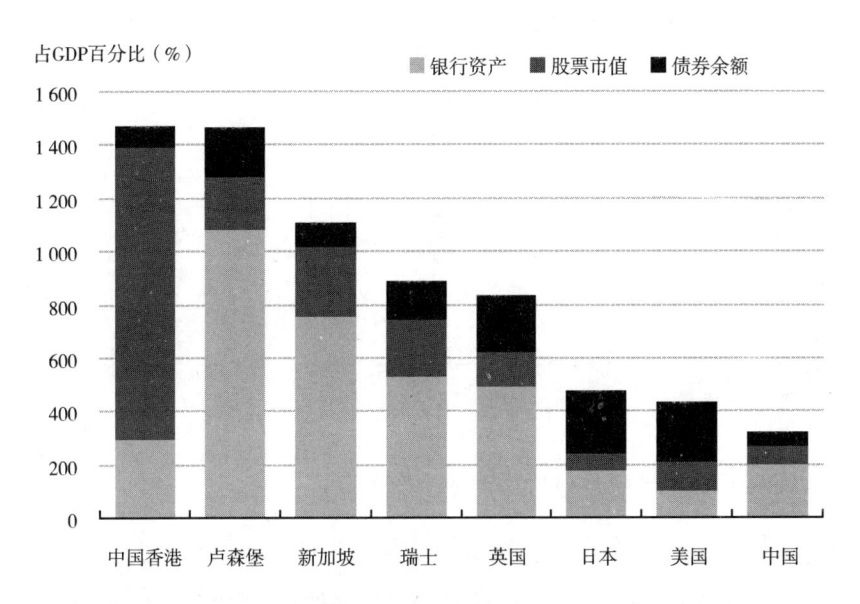

图 2-4　2009 年融资平台型经济体金融规模与主要国家/地区的比较

资料来源：IMF，BIS，中国银行国际金融研究所。

（5）高端制造业产品生产模式，包括日本、德国、法国和韩国等发达国家和新兴工业化经济体，依靠较高的技术研发与装备，为全球提供高端资本品和消费品。表 2-15 简要比较了后三种模式的出口商品结构。

表 2-15　2008 年部分国家/地区主要出口商品的比例　　　　单位：%

国家（地区）	农业产品	原料和矿石产品	工业产品	版税和专利费用
澳大利亚	15.82	50.92	18.49	0.42
加拿大	11.62	29.47	53.58	2.19
中国内地	3.19	3.44	93.19	0.14
德国	5.53	5.70	86.52	0.00
中国香港	1.57	2.15	94.78	0.17
印度	11.02	24.28	63.55	0.00
日本	1.06	3.73	89.91	13.55
韩国	1.70	9.10	88.94	1.38
马来西亚	11.64	15.84	70.94	0.00
挪威	5.51	72.61	18.00	0.45
俄罗斯	6.62	72.54	19.44	0.20

续表

国家（地区）	农业产品	原料和矿石产品	工业产品	版税和专利费用
新加坡	1.99	15.50	75.89	0.49
瑞士	3.48	5.87	90.37	5.18
中国台湾	1.92	8.25	89.30	0.16
土耳其	9.37	9.99	79.64	0.00
英国	6.26	14.82	74.08	0.00
美国	9.76	7.24	78.23	42.05

资料来源：WTO。

二、五种经济模式在危机中所受到的冲击

2007年美国发生次贷危机，特别是雷曼兄弟破产导致全球金融危机爆发以来，世界经济急剧恶化，上述五种类型的国家或地区的经济都受到了强烈冲击。同时，我们的研究发现，不同类型国家/地区在受到冲击的时间、传导路径和冲击程度等方面存在较大不同。

（一）各种经济模式受冲击程度的比较

在危机发展的不同阶段，不同类型的经济体所受的冲击也不尽相同。在危机爆发的早期，如2006年，危机的表现主要是美国房价的下降，以及因房价下降导致的住房投资和整体投资下滑，此时危机尚未传导到其他国家。2007年初，美国次贷危机全面爆发后，美国经济受冲击的程度加剧，消费开始趋向疲软，受此影响，欧洲和日本也受到连带影响。2008年9月，雷曼倒闭后，全球金融危机爆发，全球金融市场流动性随之紧缩，此后世界各国无一幸免，全部受到危机的冲击。

以2008年9月作为金融危机从局部蔓延全球的分界，我们将本次经济和金融危机分为两大阶段：

在第一个阶段，金融危机对实体经济的冲击主要发生在发达国家。从2008年第1季度到2008年第3季度，美国、日本和欧盟经济均出现了两个季度负增长，累计降幅分别为2.3%、5.5%和2.4%，总体上较为温和；主要新兴市场国家经济增长依然较为稳健，中国、印度、俄罗斯和巴西在2008年前3个季度的累计同比增幅分别为9.9%、8.9%、6.8%和6.4%。在这一阶段，发达经济体和新兴市场出现了显著的"脱钩"现象。

在第二个阶段，金融危机对实体经济的冲击蔓延全球。从2008年第4季度

到 2009 年第 1 季度，全球经济大幅衰退。其中，亚洲高端制造业为主导的国家和地区，以及东欧新兴市场的衰退幅度最为显著；其次是欧盟国家。中国、印度、印度尼西亚等人口众多，金融体系较为稳健的新兴市场国家虽然未陷入衰退，但增长幅度下滑显著。

综上所述，尽管世界各国在金融危机中都没有幸免，但所受冲击的程度还是存在显著差别的，这与各国经济模式有很大的关系。例如，尽管金融危机后，全球贸易出现萎缩，但贸易国家所受的冲击却不尽相同。在以高端制造产品出口为主的东亚地区，如日本和亚洲四小龙受到的冲击就要远远超过亚洲的其他国家和地区，这主要是因为危机后欧美国家削减的消费和投资支出，最先发生在需要大量融资支持的高端产品领域，因此以出口高端产品为主的国家所受冲击自然就比较大。相比而言，那些生产和出口生活必需品的国家受到的影响程度就会小一些。

（二）各种经济模式受危机影响的实证研究

我们将在定性分析的基础上，对受金融危机影响的国家进行实证分析，为了测量危机本身的影响，我们在此将采用消除季节变动后的数据，也就是说，我们相信金融危机冲击只会对出口、消费和投资的变化产生影响，而不会对其总水平产生影响。在此，我们采用了向量自回归（VAR）模型来研究消费、投资和出口受到的冲击。

我们通过考察 GDP 恒等式开始：

$$Y = C + I + G + X - M$$

上式中，Y 代表 GDP。它总共包含了 5 个部分，其中：C 代表总消费；I 代表总投资；G 代表政府支出，X 代表出口量（以美元为单位），M 为进口量（以美元为单位）。我们想要估算金融危机冲击 FC_t 对 GDP 每一个组成部分的影响，具体来说就是对 C，I，G，X 和 M 的影响。为了衡量金融危机对每个变量的影响，我们需要建立一个基准，即如果没有金融危机，这些变量的值是多少。其实际值和这个假设预测值之间的差额就会反映出金融危机对 GDP 每个组成部分的总体影响。

为了衡量在消费、投资、出口和进口方面可能的模式性变化，我们建立一个 SUR 模型：

$$c_t = a_{1,0} + a_{1,1}FC_t + u_{1,t}$$
$$i_t = a_{2,0} + a_{2,1}FC_t + u_{2,t}$$
$$x_t = a_{3,0} + a_{3,1}FC_t + u_{3,t}$$

$$m_t = a_{4,0} + a_{4,1}FC_t + u_{4,t}$$
$$g_t = a_{5,0} + a_{5,1}FC_t + u_{5,t}$$
$$RSSE_t = a_{6,0} + a_{6,1}FC_t + u_{6,t}$$
$$m2_t = a_{7,0} + a_{7,1}FC_t + u_{7,t}$$

这里 $g_t = G_t - \bar{G}$ 和 $\bar{G}$ 是2007年1月以前的平均政府支出，$m2_t = M2_t - \overline{M2}$ 和 $\overline{M2}$ 是2007年1月以前的平均货币供给。因此，第五个公式描述了政府对金融危机的反应，第六个公式衡量了金融市场的传导效应，这种传导效应可能是源于总期望的变化，第七个公式反映了中央银行对金融危机的反应。注意到第六个公式与 $\widehat{b_{1,1}}$ 的估算值结合起来就可对财富效应进行估算，而第七个公式与 $\hat{b}_{2,2}$ 的估算值结合起来就反映了信贷紧缩效应，$\hat{a}_{3,1}$ 和 $\hat{a}_{4,1}$ 用来估计危机对进出口的影响。

为了估算金融危机的冲击动态行为，也就是可能的推迟和调整滞后，我们进一步将更多的滞后加进了上述模型，于是有

$$c_t = a_{1,0} + \sum_{i=0} a_{1,i}FC_{t-i} + u_{1,t}$$
$$i_t = a_{2,0} + \sum_{i=0} a_{2,i}FC_{t-i} + u_{2,t}$$
$$x_t = a_{3,0} + \sum_{i=0} a_{3,i}FC_{t-i} + u_{3,t}$$
$$m_t = a_{4,0} + \sum_{i=0} a_{4,i}FC_{t-i} + u_{4,t}$$
$$g_t = a_{5,0} + \sum_{i=0} a_{5,i}FC_{t-i} + u_{5,t}$$
$$RSSE_t = a_{6,0} + \sum_{i=0} a_{6,i}FC_{t-i} + u_{6,t}$$
$$m2_t = a_{7,0} + \sum_{i=0} a_{7,i}FC_{t-i} + u_{7,t}$$

在此我们选取了一组被普遍认为具有代表性的不同经济模式的国家来进行分析，如澳大利亚、加拿大、法国、英国、德国、印度等。实证结果表明，每个国家所受金融危机冲击的影响如下：

Austrilia

$$c_t = -1.8514 - 3.4211\ FC_t$$
$$\quad\ (0.0001)\ \ (0.0001)$$
$$i_t = -1.1659 - 1.9858\ FC_t$$
$$\quad\ (0.0001)\ \ (0.0001)$$

$$x_t = \underset{(0.0001)}{0} + \underset{(0.0001)}{0} FC_t$$

$$m_t = \underset{(0.0001)}{0} + \underset{(0.0001)}{0} FC_t$$

$$g_t = \underset{(0.0001)}{0} + \underset{(0.0001)}{0} FC_t$$

$$RSSE_t = \underset{(0.0001)}{0} + \underset{(0.0001)}{0} FC_t$$

$$m2_t = \underset{(0.0001)}{0} + \underset{(0.0001)}{0} FC_t$$

Canada

$$c_t = \underset{(0.0126)}{0.0195} - \underset{(0.1262)}{0.4233} FC_t$$

$$i_t = \underset{(0.0173)}{0.0195} - \underset{(0.1726)}{0.4151} FC_t$$

$$x_t = \underset{(0.0387)}{-0.0584} - \underset{(0.3870)}{0.6959} FC_t$$

$$m_t = \underset{(0.0274)}{-0.0108} - \underset{(0.2735)}{0.3202} FC_t$$

$$g_t = \underset{(1\,638.1121)}{97\,042.3336} + \underset{(16\,365.7614)}{51\,005.4472} FC_t$$

$$RSSE_t = \underset{(0.1061)}{-0.0456} + \underset{(1.0595)}{3.6918} FC_t$$

$$m2_t = \underset{(0.0099)}{0.0786} + \underset{(0.0988)}{0.3378} FC_t$$

$$c_t = 0.0895 - 0.1619 FC_t$$

$$i_t = 0.0885 - 0.4044 FC_t$$

$$x_t = -0.1017 - 0.4228 FC_t$$

$$m_t = -0.1410 - 0.1865 FC_t$$

$$g_t = 0.0142 + 1.1239 FC_t$$

$$RSSE_t = 2\,806.9356 + 2\,005.0249 FC_t$$

$$m2_t = 0.0143 + 0.1634 FC_t$$

France

$$c_t = \underset{(0.0038)}{0.0064} - \underset{(0.0380)}{0.0550} FC_t$$

$$i_t = 0.1113 - 0.1678\ FC_t$$
$$(0.0133)\quad (0.1329)$$

$$x_t = 0.0062 - 0.6485\ FC_t$$
$$(0.0342)\quad (0.3416)$$

$$m_t = 0.0813 - 0.7123\ FC_t$$
$$(0.0332)\quad (0.3312)$$

$$g_t = 47\,633.2047 + 22\,943.4483\ FC_t$$
$$(601.4087)\quad (6\,008.4474)$$

$$RSSE_t = -0.0102 + 2.8510\ FC_t$$
$$(0.1163)\quad (1.1623)$$

$$m2_t = 0.1491 + 0.2122\ FC_t$$
$$(0.0086)\quad (0.0861)$$

Great Britain

$$c_t = -0.0051 - 0.1876\ FC_t$$
$$(0.0068)\quad (0.0679)$$

$$i_t = 0.0567 - 0.4980\ FC_t$$
$$(0.0213)\quad (0.2126)$$

$$x_t = -0.0794 - 0.0343\ FC_t$$
$$(0.0266)\quad (0.2662)$$

$$m_t = 0.0049 - 0.2848\ FC_t$$
$$(0.0251)\quad (0.2504)$$

$$g_t = 22\,681.7356 + 12\,452.9222\ FC_t$$
$$(313.3161)\quad (3\,130.2227)$$

$$RSSE_t = 0.0486 + 4.6313\ FC_t$$
$$(0.0893)\quad (0.8918)$$

$$m2_t = 0.0945 + 0.4896\ FC_t$$
$$(0.0076)\quad (0.0763)$$

Germany

$$c_t = -0.0018 - 0.1766\ FC_t$$
$$(0.0122)\quad (0.1216)$$

$$i_t = 0.0947 - 0.0681\ FC_t$$
$$(0.0160)\quad (0.1598)$$

$$x_t = 0.0529 - 0.9488\ FC_t$$
$$(0.0328)\quad (0.3273)$$

$$m_t = 0.0802 - 0.5970\ FC_t$$
$$(0.0282)\quad (0.2815)$$

$$g_t = 14\,571.6246 + 2\,198.9282\ FC_t$$
$$(793.9157)\quad(7\,931.7124)$$

$$RSSE_t = 0.0083 + 1.1582\ FC_t$$
$$(0.0233)\quad(0.2324)$$

$$m2_t = 0.0215 + 0.3079\ FC_t$$
$$(0.0103)\quad(0.1029)$$

India

$$c_t = -0.00065 - 0.2579\ FC_t$$
$$(0.0001)\quad(0.0001)$$

$$i_t = 0 + 0\ FC_t$$
$$(0.0001)\quad(0.0001)$$

$$x_t = 0 + 0\ FC_t$$
$$(0.0001)\quad(0.0001)$$

$$m_t = 0 + 0\ FC_t$$
$$(0.0001)\quad(0.0001)$$

$$g_t = 0 + 0\ FC_t$$
$$(0.0001)\quad(0.0001)$$

$$RSSE_t = 0 + 0\ FC_t$$
$$(0.0001)\quad(0.0001)$$

$$m2_t = 0 + 0\ FC_t$$
$$(0.0001)\quad(0.0001)$$

通过以上的实证分析，我们认为，发端于美国的金融危机是通过财富效应、国际资本流动、商品价格波动、进出口以及金融市场信心等途径，向世界各国传导和扩散的。结合上述实证研究结果，我们的结论如下：

（1）财富效应的传导。这一传导路径主要发生在以资产增值的财富效应为支撑、过度负债消费的国家，如美国、英国、加拿大、西班牙和爱尔兰等。由于危机爆发后国内资产价格下降，虚拟财富大幅缩水，这类国家的居民不得不降低消费和投资，并重新开始储蓄。以美国为例，从2006年6月到2008年末，美国房地产价格累计下跌了约20%，美国股票市值从2007年的最高峰的20万亿美元下降到2009年最低时不到10万亿美元；与此同时，美国储蓄率从2007年接近于零的水平提高到目前接近于7%的水平，美国私人消费支出从2008年第2季度最高时的10.2万亿美元降到2009年第1季度的9.988万亿美元，以消费为主导的经济模式受到了冲击。上述的实证研究支持了我们的看法。分析表明，作为消费主导模式典型代表的英国和加拿大，其消费、投资以及金融市场利润都受到了严重的冲击，进而拖累了经济增长。

（2）商品价格的波动。大宗商品价格的巨幅波动是本次金融危机一个独特现象。在爆发金融危机前，受全球超额流动性和旺盛需求的驱动，加上大规模的投机资金炒作，石油、矿产和农产品等商品价格一路上涨。然而，随着全球金融危机爆发，全球流动性不足、实体经济遭受重创以及投机资本的撤离导致全球大宗商品价格暴跌。许多经济结构严重依赖于大宗商品进出口的经济体，如东欧、中东、澳大利亚和拉美等地区的国家受到了空前的冲击。我们对澳大利亚的实证研究支持了这一判断。

（3）国际贸易的传导。由于危机后全球总需求急剧下降，贸易依存度较高的经济体受到了较大冲击，其中尤其以转口贸易和高端商品出口贸易为主导的经济体所受的冲击最为严重。从时间顺序来看，以高端商品出口为主导的经济体，如亚洲四小龙、日本和韩国受到影响的时间最早，程度也最为严重；中低端制造业产品出口主导的国家，如中国、东盟国家等所受的影响次之。我们对法国、德国和印度的实证研究支持了这一结论。例如，对于高端制造业产品生产模式代表的法国和德国来说，金融危机的冲击主渠道主要就是进出口贸易。而对于低端产品出口国，如印度来说，正如我们的分析所见，其所受到的金融危机冲击较小，特别是进出口贸易，并没有受到显著的冲击。

除以上实证分析证实的金融危机传导渠道外，我们发现本次金融危机还有其他一些特殊的传导渠道，比如在全球高度一体化和信息化的时代，金融危机的冲击让金融市场的信心瞬间崩溃并迅速向世界各国传递，导致金融市场和实体经济的波动幅度和波动速度远远超过以往的金融危机。比如，我们很容易观察到，在金融危机期间，欧美金融流动性的高度紧缩迅速传递到全球，导致银行间市场流动性冻结，股票市场暴跌，外汇市场高度动荡和资本外逃。那些对外资依赖度较高的国家，比如韩国、巴基斯坦、东欧新兴市场和一些北欧小国，经济都受到了严重冲击。其中，韩国、匈牙利、冰岛等国家更是发生了汇率暴跌、外汇储备锐减的金融危机。

三、不同经济模式所采取的对策

鉴于对本次金融危机的性质、危害程度和波及范围的认识逐渐加深，各国政府逐步反应过来，充分借鉴了历史上各次金融危机的经验教训，特别是"大萧条"的教训，采取了全球统一行动、积极创新甚至是较为激进的宏观反周期政策。总体来看，各国政府在出台救市举措方面均经历了从提高金融市场流动性→稳定市场→提振宏观经济（见图2-5）的演进逻辑，但由于不同经济体本身增长模式的特点、政策执行的理念和所受冲击程度的不同，各国的政策反应在着眼点和力度方面也呈现一定的差异性。

图 2-5　各国救市措施出台顺序

（一）宽松货币政策及注入流动性刺激着力点不同

全球协调、同步的大幅降息是本次全球金融危机中最为突出的政策，但不同经济模式国家采取宽松货币政策及注入流动性刺激经济的着力点完全不同。2008年10月以来，美国、英国和部分西欧国家央行奉行"量化宽松"是向经济体注入资金的最有效、最快的方式的理念，通过多次降息，将基准利率降至接近于零的历史最低水平；同时，上述地区央行还采取了多次向银行系统注入流动性、政府直接接管金融机构、为居民存款提供一定额度或者无上限担保等措施，其目的就在于稳定饱受流动性困扰的金融市场，防止金融机构大规模倒闭和居民挤兑行为。

等到金融市场得以稳定之后，各国政府才又纷纷推出一揽子的财政支出计划。由于消费对于上述地区经济增长的贡献较大，其经济刺激计划的核心内容几乎完全以提振消费者信心和刺激消费为宗旨，且规模庞大，其最主要举措在于减税，包括减少商品销售增值税、提高家庭所得税的免税额、向工薪阶层提供补贴、激活汽车消费、创造就业岗位等。

与英美等高度依赖金融业和消费支出带动经济增长的国家不同，新兴经济体金融机构受到金融危机直接冲击较小，危机对它们的冲击更多地体现在实体经济方面。因此，尽管这些国家也采取了降息和向市场注入流动性等措施，其救市举措的着力点从一开始就放在扩大出口、加大基础设施建设、促进工业生产等方面，目的在于通过大规模的财政支出，阻止金融危机中实体经济的下滑，保持经济增长。其中，中国政府的财政刺激计划最为积极。从2008年11月以来，中国推出了高达4万亿元人民币的计划，涵盖民生工程、基础设施建设、医疗文化教育事业等多个领域，同时出台了十大产业的调整和振兴规划，力促工业增长。

（二）不同经济模式政府债务水平及其应对危机的能力和力度存在明显的差异

IMF总结了G20国家为应对危机所出台的财政刺激用途及其在危机前后政

府债务水平的对比（见表2-16）。若我们将这些国家按上文所述的分类进行区分，可以发现：不同经济模式政府债务水平及其应对危机的能力和力度存在明显的差异。初级产品生产模式（梯队1）的经济体政府债务大致处于较低水平，但由于财政收入来源相对单一，其扩大支出能力受到限制，危机前后债务水平没有明显增加，部分国家甚至大幅下降（除澳大利亚外）；低端制造业产品生产模式（梯队2）的经济体政府债务水平总体不高，政府扩大支出能力和应对危机力度较上一梯队有明显提升；高端制造业产品生产模式（梯队3）的经济体政府债务水平较高，尽管它们财政收入来源相对多样化，可以保证一定的财政刺激力度，但由于其本身债务水平已经处于高位，增长空间相对有限；金融膨胀与消费主导模式（梯队4）的经济体政府债务也处于较高水平，但由于经济增长的主要动力（金融和消费）在危机中遭受重大打击，通过财政支出提振经济最为紧迫，因而这些国家的财政刺激计划力度最大，政府债务急剧膨胀。例如，到2010年，美国的政府债务水平将几乎与GDP总量相当，大大高于危机前占GDP 63.1%的水平。英国这一比例也从危机前的44.1%大幅上升至2010年的82.2%。总体来说，G20国家中，先进经济体在本身政府债务水平已经较高的情况下，仍出台了大规模经济刺激计划，以期防止消费支出的大幅下滑；而新兴经济体债务水平适中，虽然财政支出增长空间很大，但其规模与先进经济体相比仍有差距。

表2-16　　　　主要经济体在金融危机中政府债务占GDP的比重

梯队	国家	2007年（危机前）	2009年	相比2007年增长	2010年	相比2007年增长
(1)初级产品生产模式	俄罗斯	7.4	7.3	-1.4	7.8	5.4
	澳大利亚	8.5	13.7	61.2	19.1	124.7
	沙特阿拉伯	18.5	14.6	-21.1	12.6	-31.9
	南非	28.5	29.0	1.8	30.5	7.0
	巴西	67.6	70.1	3.7	68.5	1.3
	阿根廷	67.9	50.4	-25.8	50.6	-25.5
(2)低端制造产品生产模式	中国	20.2	20.9	3.5	23.4	15.8
	印度尼西亚	35.1	31.3	-10.8	31.0	-11.7
	墨西哥	38.2	49.2	28.8	50.3	31.7
	土耳其	39.4	46.9	19.0	50.7	28.7
	印度	80.5	83.7	4.0	85.0	5.6

续表

梯队	国家	2007年（危机前）	2009年	相比2007年增长	2010年	相比2007年增长
（3）高端制造产品生产模式	德国	63.6	79.8	25.5	86.8	36.5
	法国	63.8	77.4	21.3	83.8	31.3
	韩国	29.6	35.8	20.9	42.0	41.9
	加拿大	64.2	75.6	17.8	76.6	19.3
	意大利	103.5	117.3	13.3	123.2	19.0
	日本	187.7	217.4	15.8	226.2	20.5
（4）金融与消费主导模式	英国	44.1	68.6	55.6	82.2	86.4
	美国	63.1	88.8	40.7	99.8	58.2
	G20	62.4	76.1	22.0	82.1	31.6
	G20-发达国家	78.8	100.6	27.7	109.7	39.2
	G20-新兴市场	37.5	38.8	3.5	40.2	7.2

四、不同经济模式的反危机政策效果

整体看来，世界各国的联合行动对稳定经济与金融危机起到了一定的效果，但是该政策效果存在一定的滞后性，而且离预期值有一定差距。整体上，全球经济从2009年第2季度开始步入复苏，到2010年3季度为止，连续6个季度实现了环比增长。反危机政策效果在2009年第4季度和2010年第1季度达到最佳效果，随着刺激政策效应的消退，从2010年第2季度开始，全球经济复苏力度趋于疲软（见表2-17）。分区域看，各个经济模式的国家采取的反危机政策效果不一，亚太地区果断有力，美国次之，而欧洲国家的政策效果差异显著。

表2-17　　　　2007~2010年全球GDP增长（季度环比折年率，%）

地区	年/季 国家	2007 Q1	Q2	Q3	Q4	2008 Q1	Q2	Q3	Q4	2009 Q1	Q2	Q3	Q4	2010 Q1	Q2	Q3	Q4
美洲	美国	0.9	3.2	2.3	2.9	-0.7	0.6	-4.0	-6.8	-4.9	-0.7	1.6	5.0	3.7	1.7	2.0	2.0
	加拿大	3.9	1.1	2.6	1.3	-3.3	-0.5	0.6	-1.9	-7.0	-2.8	0.9	4.9	5.8	2.0	3.0	3.0
	墨西哥	3.5	5.9	8.7	1.9	3.6	3.5	0.3	-21	-27	-7.8	27.1	9.1	4.8	3.2	2.0	3.0
	巴西	7.3	4.8	5.4	9.8	6.0	4.8	6.8	-13	-5.9	6.0	9.0	9.3	11.4	4.9	3.5	4.0
	委内瑞拉	2.5	6.7	13.3	4.5	-3.1	14.9	0.2	1.7	-13	1.1	-7.9	-3.7	-2.0	5.2	3.0	2.5
	阿根廷	7.4	9.3	11.6	7.9	4.9	8.4	6.0	-3.4	-3.4	1.6	1.7	9.6	13.4	12.3	4.0	4.0

续表

地区	年/季 国家	2007 Q1	Q2	Q3	Q4	2008 Q1	Q2	Q3	Q4	2009 Q1	Q2	Q3	Q4	2010 Q1	Q2	Q3	Q4
亚太	日本	4.5	1.7	-0.7	1.6	1.3	-2.7	-5.4	-10	-16	9.9	-1.5	4.2	6.6	1.8	3.9	1.0
	澳大利亚	7.0	5.3	1.5	2.9	4.0	0.9	1.6	-2.9	2.9	2.2	1.3	4.2	2.7	4.9	2.5	3.0
	中国	17.4	11.4	10.5	9.1	10.5	11.4	5.5	4.3	9.5	14.5	11.0	11.3	9.8	8.7	9.2	9.0
	印度	7.5	11.0	8.4	5.3	7.0	6.3	8.7	4.9	5.0	8.0	15.0	6.9	9.2	8.5	8.0	9.0
	韩国	6.3	5.7	3.9	7.1	4.8	1.0	-0.4	-17	1.0	9.8	13.4	0.7	8.8	5.7	2.8	3.0
	印尼	6.5	5.0	7.8	6.9	4.5	5.5	6.4	3.0	1.5	4.0	5.8	6.2	3.0	7.5	4.5	5.0
欧非	德国	1.9	1.2	3.0	0.9	5.6	-2.8	-1.6	-9	-13	1.8	3.0	1.2	2.4	2.2	2.8	2.0
	法国	3.3	1.9	2.6	0.8	2.0	-2.6	-0.8	-6.3	-5.8	0.6	1.1	2.3	0.7	2.8	1.6	1.5
	意大利	0.7	0.2	0.8	-1.7	1.7	-2.6	-4.4	-7.8	-11	-1.1	1.7	-0.4	1.6	2.0	1.8	1.5
	英国	3.9	2.3	2.2	1.1	2.0	-1.1	-3.5	-8.1	-9.0	-3.1	-1.2	1.4	1.8	4.7	3.2	1.5
	俄罗斯	12.7	6.7	7.4	13.0	8.0	6.5	-5.0	-12	-20	2.9	7.9	2.7	3.3	4.2	2.5	4.0
	南非	6.1	3.4	5.1	5.7	2.5	5.5	1.3	-0.7	-7.4	-2.8	0.9	3.2	4.6	3.2	3.1	3.5
全球GDP		4.9	3.9	3.6	3.7	3.0	1.5	-1.4	-6.1	-6.4	2.0	3.5	4.2	3.8	2.8	2.8	

深度衰退　温和衰退　基本持平　温和增长　快速增长

资料来源：路透 Ecowin，中国银行国际金融研究所；部分国家季度环比数据为模型测算；2010年第3、4季度部分为预测数。

（一）金融膨胀与消费主导型经济反危机政策效果尚可

自2008年第2季度到2009年第2季度，美国经济连续四个季度负增长，累计降幅达到4.6%。从2009年第3季度至今，美国经济连续5个季度实现增长，特别是在2009年第4季度和2010年第1季度增幅显著。以此来看，美国经济的反危机效果尚可。根据美国总统经济咨询委员会（CEA）公布的美国经济刺激政策成效报告，美国政府为推动经济复苏总计投入7 870亿美元资金产生了一定效果。其中，政府经济刺激政策推动美国2009年第二季度实质GDP上升2.3个百分点，并且推动美国就业人数增多。政府经济刺激政策促进了企业生产活动，缓解了就业压力。经济刺激政策推出的最初6个月间，个人所得税减免及州政府财政支援对经济复苏起了较大作用。但是，随着经济刺激计划效果逐步消退，美国经济再趋疲软，失业率依然居高不下，表明美国刺激政策的规模和持续时间尚未达到推动经济持续复苏的预期效果。

英国经济的复苏从2009年第3季度才开始启动，在2010年第2、3季度表现最为强劲，总体上比美国要滞后一个季度。鉴于英国债务沉重，维持经济的持续反弹走势仍然是一个严峻的挑战。消费者负债沉重、失业率居高不下、银行业持续脆弱以及政府削减借贷的压力，都增加了经济再次恶化的潜在风险。

这表明，由于消费者行为模式受到金融危机的冲击而发生很大变化，即"去杠杆化"和提高储蓄率，对金融膨胀与消费型经济体而言，反危机政策短期有效，而长期内由于财政和经常账户"双赤字"的威胁而面临巨大困难。

(二) 东欧初级产品出口型经济的反危机效果较差

东欧国家因为陷入了严重的经济与金融危机，反危机效果收效甚微。以匈牙利、爱沙尼亚、立陶宛、罗马尼亚和俄罗斯为例，从2008年第3季度开始经济陷入了严重的负增长，到2009年第2季度，上述5个国家的GDP萎缩幅度分别高达7.4%、16.6%、20.4%、8.8%和10.9%。这些国家同时遭受了大宗商品价格暴跌、外资大幅撤出和汇率暴跌的冲击。为了防止货币急速贬值，俄罗斯政府多次向市场注入流动性。但由于利率政策相互矛盾，银行仍不愿意扩大贷款。东欧其他国家同样面临利率政策进退维谷的困境，而在财政方面的捉襟见肘更让他们对救市相对无力，反危机政策无法支撑经济的复苏。

(三) 低端制造业出口与融资平台模式的反危机效果最显著

面对危机，亚洲国家与地区果断地采取了稳定外汇市场、实施宽松的货币政策和积极的财政政策、推出产业振兴计划。在2008年第4季度经济增长大幅探底之后，2009年上半年经济增长出现大幅反弹。当然，政策效果较为显著的另一个原因是，亚洲国家银行体系受到美国次贷危机的影响有限，流动性较为充裕，对支持经济反弹起到了良好的促进作用。在亚洲主要经济体中，经济最先反弹的是中国内地，2009年第1季度GDP环比年率增长比2008年第4季度高出2.5个百分点；其次是中国台湾、印度尼西亚等经济体，从2009年第2季度开始GDP实现了大幅反弹。澳大利亚则在亚太地区表现较为突出，GDP增长在2008年第4季度出现轻度负增长后，较快地实现了正增长，是唯一未陷入经济衰退的发达经济体。

融资平台型经济体，包括中国香港、新加坡、瑞士和卢森堡等，在金融危机中因资本市场低迷而受到较大影响；但是，在全球携手财政刺激计划和低利率的推动下，资本市场从2009年第2季度开始持续较快反弹。因此，这些经济体的复苏也随之而启动。这些经济体总体上受到的冲击比其他发达国家要小，但复苏力度比其他发达国家更强，显示这些经济体一方面自身并不存在"去杠杆化"的要求，另一方面与全球资本市场的复苏趋势高度相关。

(四) 高端制造业出口国家的反危机政策效果表现不一

德国、法国和日本等高端制造业出口模式的经济体，自2008年第2季度开始到2009年第2季度，连续5个季度出现了负增长，累计降幅达到5.0%，远超过美国。而经济复苏从2009年第2季度开始，复苏步伐和力度略优于美国。这些国家经济的表现与美国和亚洲经济的刺激拉动密不可分。但是，西班牙、意大利、希腊和葡萄牙等国家的经济增长持续大幅下滑，并陷入了较严重的债务危机威胁之中，考虑到这些国家此前经历了严重的银行危机和资产价格的暴跌，并且是欧洲主要的贸易逆差国家，因此其表现与其自身的经济结构有很大的联系。

五、不同经济模式的未来趋势

本次金融危机是对全球经济与金融在过去的10年里持续失衡的一次全面爆发和反映。在金融危机爆发前5年里，全球经济出现了20年代70年代以来最快的增长。以中国和美国作为经济增长的火车头，各自代表生产和消费的一方，欧洲和日本受到显著拉动；以"金砖四国"为首的新兴市场享受了前所未有的高速增长。但是，该增长模式因其过度失衡而不可持续，并被认为是造成"大萧条"以来最严重经济和金融危机的原因之一而受到争议。危机之中，全球经济格局加速转变。未来5～10年，各种经济模式的经济增长在居民消费、储蓄和投资变化关系上将会发生重要变化，对外贸易与产业格局也会出现很大的转变。

（一）金融膨胀和消费主导模式风光不再，转向实体产业

以英国和美国为代表的过度金融发展模式在此次危机中遭到质疑。2008年全球金融资产价值缩水50万亿美元；全球股票市场下跌近50%，价值缩水28.5万亿美元，其中有30%的缩水发生在美国和英国；全球银行业资产减记70%发生在美国。2008年美国银行破产数量达到25家；2009年这一数据升至200多家，创1992年以来的最高纪录。

随着华尔街五大投资银行或被兼并收购，或转成银行控股公司，单一投资银行模式彻底瓦解。国有化措施和全球金融监管改革意味着英美金融业将持续萎缩，其贷款能力和规模也不可能回到危机前的高度。在"去杠杆化"过程结束之前，银行信贷紧缩局面必将持续下去，金融业难以续写往日的辉煌。消费对英美经济增长的拉动作用也显著下降。危机中，两国居民遭受巨大的财富损失，同时不确定的经济前景和高涨的失业率使得居民不得不增加预防性储蓄，消费需求有所削弱。目前，美国个人储蓄率已上升到5%以上，为15年来的最高水平。

金融机构和家庭部门的"去杠杆化"促使英美必须重新转向实体产业的发展，力求实现经济结构的改革。2009年，英国逐步出台了"构建英国未来"的总体发展战略，低碳经济、数字经济成为英国后危机时代发展战略的重点。美国政府则将政策重点放在新能源和环保产业上。双方目的均试图通过结构调整和产业重组使得本国在经济增长和产业发展等方面占据未来全球经济的"制高点"。

（二）中低端制造业的国家产业进一步升级，逐步转向注重消费的增长模式

依靠大规模的公共投资和基础设施建设，中国等新兴国家在 2009 年上半年实现了快速的经济复苏，成为全球经济增长的引擎和稳定器。但总体来看，各国原有的经济增长模式并未发生根本变化，结构调整尚未实现。长期来看，各国应关注的是如何解决经济发展中的不平衡性问题，通过减少对发达国家出口需求的单向依赖以及出口产业的升级换代，进一步提高在全球制造业中的地位，最终实现真正的可持续发展。

目前，中国、印度、印度尼西亚、巴西、越南等人口规模庞大的新兴国家正在以稳定的增长势头，对全球经济增长发挥重要的推动作用。未来，随着各国经济的发展、居民消费能力的提高和发展模式的调整，它们不仅会成为国际贸易增长的主力军，并将成为世界重要的消费市场，从而有望改变新兴经济体对欧美消费市场的单向依赖，形成贸易双向平衡流动的新格局。

（三）高端制造业出口的国家发展新兴产业

欧洲和日本受到因人口老龄化、社会与经济结构问题等制约因素而发展乏力；同时，金融危机使得资金成本上升、产能过剩问题更加突出。目前，欧洲和日本均致力于发展新兴产业，力争在后危机时代的全球经济发展和竞争中赢得先机。

与美国新能源产业有相似之处，欧洲重在提高"绿色技术"和其他高技术至全球领先水平。2008 年年底，法国就宣布建立 200 亿欧元的"战略投资基金"，主要用于对能源、汽车、航空和防务等战略企业的投资与入股。欧盟在 2009 年 3 月决定，在 2013 年之前将投资 1 050 亿欧元用于"绿色经济"的发展。荷兰的经济刺激方案中也包含对可持续能源行业的投资和支持。欧洲议会将欧盟 2009 年的预算向科研与创新等方面倾斜，预算增长 10% 以上。

日本则致力于商业航天市场、信息技术应用、新型汽车、低碳产业、医疗与护理、新能源（太阳能）等新兴行业。2009 年 3 月，日本出台了为期 3 年的信息技术发展计划，侧重于促进 IT 技术在医疗、行政等领域的应用；2009 年 4 月为配合第四次经济刺激计划推出了新增长策略，发展方向为环保型汽车、电力汽车、低碳排放、医疗与护理、文化旅游业、太阳能发电等。

（四）融资平台型的小型经济体寻找区域内贸易的融合

融资平台型的小型经济体，由于缺乏必要的自然资源，过去一直以转口贸易作为实体经济的支撑，缺乏更多的产业开发平台。未来，这些小型经济体必须在发挥区域融资平台的优势、为全球资金流动提供持续服务的同时，寻求更多参与区域一体化的整合，使经济的发展有更多的产业支撑。例如，在危机中，新加坡

加强了与中国和印度等国的贸易关系，以此填补西方消费需求萎缩后所留下的空白；同时，更多地转向国内消费者，通过保障就业和提高收入，稳定了消费支出，有效地缓解了经济下滑势头。

（五）初级产品生产模式经济体转向产业多元化

拥有丰富能源和矿产资源的地区，诸如俄罗斯、中东、非洲等地，由于产业结构和出口结构单一，最容易受到资源价格的波动而影响经济稳定。为寻求经济的可持续发展，它们必须优化产业结构，将产业进一步多元化，摆脱对单一产业的依赖性。未来，这些地区须利用知识转移，进一步发展各类制造业和创新型经济，鼓励和促进科技创新，从而形成更为多元化的工业体系；并同时加快发展房地产、金融等第三产业，适应人口增长、落后区域开发和城市化进程的需要。

总体上，未来10年内，全球投资、贸易格局以及经济增长方式都将发生重大变化，并逐步向发达经济体和新兴经济体之间双向平衡的格局转变。新兴经济体对全球经济增长的贡献将持续增加，成为引领世界经济的重要引擎。随着它们高增长势头的延续，不断推动其消费者潜力的提升，并为发达经济体扩大出口提供新的市场。新兴经济体不仅成为全球货物的主要供给方，也将成为增长最快的消费市场，实现其在国际贸易中的角色转换。同时，拥有大规模外汇储备、实力雄厚的新兴经济体对外投资的能力和意愿不断增强，它们将会把积极拓展海外市场作为其长期战略的一部分，在全球FDI的舞台上扮演越来越重要的角色。

本附录执笔人：宗良

参考文献

[1] 世界银行.《全球经济展望（2007）》，北京：中国财政经济出版社，2008。

[2] 世界银行.《全球经济展望（2008）》，北京：中国财政经济出版社，2008。

[3] 联合国协会世界联合会.《2007年未来展望》，北京：科学技术文献出版社，2008。

[4] IFM.《世界经济展望》，北京：中国金融出版社，2009。

[5] OECD.《OECD 2030年环境展望》。

[6] 美国能源信息署（EIA）.《International Energy Outlook 2007》。

[7] 美国能源信息署（EIA）.《International Energy Outlook 2008》。

[8] 国际能源署（IEA）.《世界能源展望（2007）》。

[9] 英国石油公司（BP）.《2009世界能源统计》（Statistical Review of World Energy）。

[10] 联合国贸发组织.《世界投资报告（2009）》。

[11] 荷兰皇家壳牌集团.《壳牌能源远景（2050）》。

［12］波音公司:《2006 年全球民用飞机市场展望》。

［13］麦肯锡全球研究院（MGI）:"Promoting energy efficiency in the developing world",《麦肯锡季刊》, 2009 年 4 月。

［14］美国国家情报委员会（2008）:《全球趋势 2025——一个转型的世界》。

［15］韩国中央银行金融经济研究院（2005）:《亚洲经济的未来报告书》。

［16］德意志银行（2005）:《中国:将改变世界经济版图》。

［17］世界经济论坛（2005）:《中国与世界:展望 2025（China and the World: Scenarios to 2025）》。

［18］米什金.《下一轮伟大的全球化》, 中信出版社, 2007 年。

［19］陈江生.《世界经济格局变化趋势及其全球影响》, 现代国际关系, 2007 年第 8 期。

［20］张宇燕、管清友《世界能源格局与中国的能源安全》, 世界经济, 2007 年第 9 期。

［21］江泽民.《中国能源问题研究》, 上海:上海交通大学出版社, 2008 年。

［22］陈玉刚.《金融危机、美国衰落与国际关系格局扁平化》, 世界经济与政治, 2009 年第 5 期。

［23］国家信息中心经济预测部仿真实验室.《2009～2012 年世界经济发展趋势分析》, 分析预测, 2009 年第 8 期。

［24］吉尔．福斯乐.《2009:全球经济预测与展望》, 国际金融研究, 2009 年第 2 期。

［25］谷源洋.《对当前世界经济形势的几点判断》, 国际问题研究, 2009 年第 2 期。

［26］黄仁伟.《如何把握和延长战略机遇期》, 红旗文稿, 2008 年第 14 期。

［27］王凯宏.《世界经济一体化的发展趋势研究》, 国际问题研究, 2008 年第 8 期。

［28］王建.《未来三年世界经济的四条曲线》, 中国对外贸易, 2009 年第 2 期。

［29］世界银行.《东亚奇迹:经济增长与公共政策》, 中国财政经济出版社, 1995 年。

［30］世界银行.《2009 年世界发展报告——重塑时间经济地理》, 清华大学出版社, 2009 年。

［31］王直.《中国对美国高新技术出口产品的性质》, CCER 简报系列, 第 48 期。

［32］印德尔米特·吉尔、霍米·卡拉斯.《东亚复兴——关于经济增长的观点》, 中信出版社, 2008 年。

［33］Jane Golley and Rod Tyers, 2006, China's Growth to 2030: Demographic Change and the Labour Supply Constraint College of Business and Economics Australian National University, Work paper.

［34］Sandra Poncet, 2006, the Long Term Growth Prospects of the World Economy: Horizon 2050. CEPII.

［35］Wilson, D., and R. Purushothaman, 2003, Dreaming with BRICS: The Path to 2050. Global Economics Paper No: 99.

［36］Jianwu He and Louis Kuijs, 2007, Rebalancing China's Economy-Modeling a Policy Package. World Bank China Research Paper No. 7.

[37] Maurizio Bussolo, Rafael E. De Hoyos, Denis Medvedev and Dominique van Der Mensbrugghe, 2006, Global Growth and Distribution Are China and India Reshaping the World? Research Paper No. 2008/29.

[38] John Hawksworth, 2006, The World in 2050: How big will the major emerging market economies get and how can the OECD compete? Price water house Coopers.

[39] Carsten A. Holz, 2005, China's economic growth 1978 ~ 2025: What we know today about china's economic growth tomorrow.

[40] Maurizio Bussolo, Rafael E. De Hoyos, Denis Medvedev and Dominique van der Mensbrugghe Global Growth and Distribution Are China and India Reshaping the World? Research Paper No. 2008/29.

[41] Policy Council Office of Science and Technology Policy (2006). American Competitiveness Initiative: Leading the World in Innovation [EB/OL]. www. Whitehouse, Gov/state of the union/2006/aci/aci2006 - booklet.

第三章

经济发展水平与经济总体特征变化

第一节 各国发展水平与经济增长的一般规律

从1978年改革开放以来，中国在32年里保持了年均9.7%的GDP增长速度，如果从1969年算起，则中国在40年里保持了年均9.2%的增长速度。从世界范围看，长时期保持这样高经济增长的国家少之又少，根据《增长报告——可持续增长和包容性发展的战略》统计，"二战"后世界范围内只有13个经济体实现了长期超过7%的增长，这13个经济体分别是：博茨瓦纳、巴西、中国、中国香港、印度尼西亚、日本、韩国、马来西亚、马耳他、阿曼、新加坡、中国台湾和泰国。其中在这13个经济体中，除中国和博茨瓦纳外高速经济增长期也都已经结束。由此可见，维持长期的高速增长不是一件容易的事情。因此，为了对中长期中国经济增长的前景进行更科学地展望，有必要对经济增长的一般规律进行进一步分析。根据世界经济学积累的大量经验和理论研究，影响经济增长的因素纷繁复杂，既包括经济增长本身的自然因素，如资本和劳动的积累，也包括大量的政策要素，如基础设施建设、教育、健康、技术转让、竞争和结构变化、劳动力市场、产业政策、汇率政策、金融市场开放等等诸多方面。本节主要从发展水平的角度考察经济增长的一般规律，因为发展水平是一个综合性指标，发展水平与一国的各项发展政策环境之间有着密切的关系，同时发展水平高低也与多项关于经济增长的重要理论，如技术创新与扩散、产业结构转换等因素紧密相连。本节重点总结发展水平较高国家经济增长的一般规律，以便为分析中国中长期经济增长提供借鉴。

一、发展水平较高国家或地区的经济增长情况

从世界主要国家经济增长的经验看，大体可分为三类国家或地区，一类是成熟的工业化国家，指在第二次世界大战前即已经较为发达的，甚至完成了工业化的国家，如美国和英国，还包括欧洲的一些国家，如法国、德国、西班牙、意大利等，这些国家其经济增长大都没有特别高速的时期，而是保持了长期较平稳的增长速度。第二类是战后新发展起来的国家和地区，这些国家在第二次世界大战后，在较短时期内取得了经济的快速发展，包括日本、韩国、中国台湾等；第三类是发展水平介于低收入和高收入国家之间，经济增长速度波动较大，如波兰、匈牙利、巴西等转型国家和其他一些中等收入陷阱的国家，这几类国家或地区的经济增长经验有着显著的差别。

（一）成熟工业化国家的发展

根据数据收集情况，本节所指的成熟的工业化国家主要指除日本和韩国以外的 OECD 国家，以及在 1950 年时人均 GDP 超过 3 000 国际元①的国家，这些国家大多数经历了第一次和第二次工业革命，经济现代化起步早，完成工业化的时间长，也大都处于发达国家的位置。

1. 成熟的工业化国家在不同时期人均 GDP 水平。刻画一个国家的发展水平，我们主要采用人均 GDP 作为衡量指标。人均 GDP 是以一个国家或者地区一定时期国内生产总值（现价）除以同期平均人口所得出的结果。作为衡量一个国家和地区经济发展水平和富裕程度的重要指标，相比 GDP，人均 GDP 不仅考虑了经济总量的大小，而且结合了人口因素，在国际上它能更准确地反映一个国家的发展状况。

表 3-1 显示了成熟的工业化国家人均 GDP 的基本增长情况。1820~1870 年是世界经济现代化第一次浪潮时期，这一期间发生了第一次工业革命、欧洲农业革命和运输革命等主要事件，在这一期间，英国成为欧洲经济增长最为迅速的国家。在工业革命开始时，大多数欧洲国家的人均 GDP 普遍在 1 000 国际元（1990 年不变价）之间，到 1870 的英国已经超过 3 000 国际元。1870~

---

① 1990G-Kdollars 是指按照 Geary 和 Khamis 创造的多边购买力平价比较方法，以 1990 年价格为基准，进行多边国际比较采用的一个货币单位，也称"国际元"。按照 1987 年价格，1 人民币相当于 1.4881 国际元。

1913年是第二次工业革命时期,在此期间,工业革命的中心已经转移到欧洲大陆和北美,而不是英国,因此北美和欧洲的经济发展更为迅速,到1913年第一次世界大战前夕,美国的人均GDP水平已经超过了英国,超过5 000国际元。其他的除葡萄牙、西班牙和意大利以外,人均GDP水平均都已经超过3 000国际元。

表3-1 成熟的工业化国家人均GDP(1990年不变价国际元,按购买力平价法计算)

年份 国家	1820	1870	1913	1918	1938	1950	1973	1990	1998	2008
德国	1 077	1 839	3 648	2 983	4 994	3 881	11 966	15 929	18 029	20 801
法国	1 135	1 876	3 485	2 396	4 466	5 186	12 824	17 647	19 213	22 223
荷兰	1 838	2 757	4 049	3 352	5 250	5 996	13 081	17 262	20 636	24 695
美国	1 257	2 445	5 301	5 659	6 126	9 561	16 689	23 201	26 849	31 178
葡萄牙	923	975	1 250	1 150	1 747	2 086	7 063	10 826	12 939	14 436
西班牙	1 008	1 207	2 056	2 045	1 790	2 189	7 661	12 055	14 236	19 706
意大利	1 117	1 499	2 564	3 392	3 316	3 502	10 634	16 313	17 834	19 909
英国	1 706	3 190	4 921	5 459	6 266	6 939	12 025	16 430	19 023	23 742

资料来源:本书所用数据若未特殊注明,均来自Maddison(http://www.ggdc.net/maddison/)及世界银行的WDI2009,即World Development indicator。

第二次世界大战以后,即1946~1970年间,多种技术领域取得飞速发展,这一期间也是工业化国家黄金时代,许多国家取得了快速发展,战后科技革命的出现,促使世界经济得到了空前的发展。由于科技革命提升了工业的劳动生产率,促进了固定资本投资,开拓了国内和国际市场,西方发达国家的工业发展速度大大提升。同时农业和其他行业受科技革命的影响也加快了发展速度。1950~1973年期间是西方发达国家发展的黄金时期。到1973年第一次石油危机前,许多国家的人均GDP均已经超过1万国际元。而到2008年,成熟的工业化国家的人均GDP基本上都超过了2万国际元,只有葡萄牙的人均GDP为1.4万国际元。

2. 成熟的工业化国家在不同时期的增长速度。总体来看,成熟的工业化国家,特别是英国和美国,一直处于世界发展的前沿,经济发展水平最高,经济增长速度也最为稳定,由图3-1可见,美国和英国长期保持了2%~3%的增长速度。其中美国在1929年大萧条后的1930~1935年间,达到了最高5.9%的增长速度。但其他期间5年平均GDP增长速度都在5%以下。

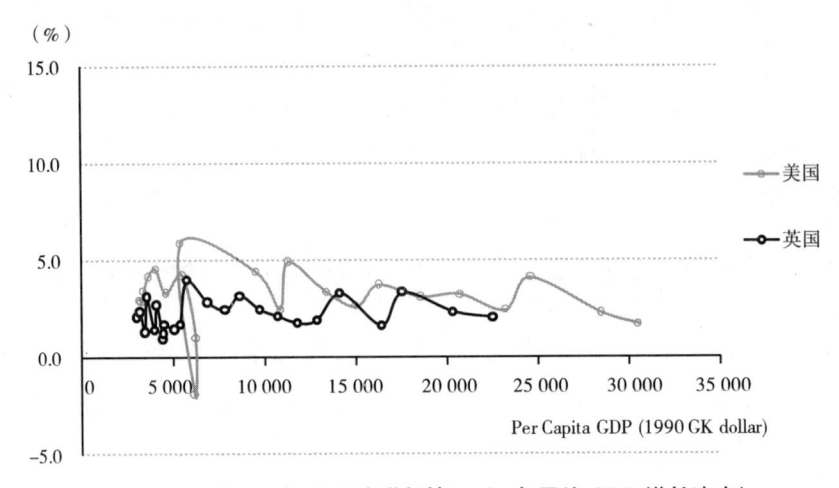

图 3-1 英国和美国的经济增长情况（5 年平均 GDP 增长速度）

注：去除了第一次和第二次世界大战期间的数据点。

欧洲其他成熟的工业化国家的经济增长情形与英美两国有一定差别。总体上呈现增长速度震荡下行的趋势。第一次世界大战以后，世界经济处于战后复苏期，平均增长速度有所提高，部分发展较快国家的增长速度在 5%~6% 之间（如德、法、荷兰、葡萄牙），而在战后黄金时期（1951~1973 年），这些国家人均 GDP 水平大都在 5 000~1 万国际元之间，经济增长速度也较快，有许多国家增长速度接近或超过 5%，第一次石油危机以后，这些国家的平均增长率显著降低，从人均 GDP 水平看，在人均 GDP 超过 1 万国际元以后，增长速度大多降至 1%~3% 左右。

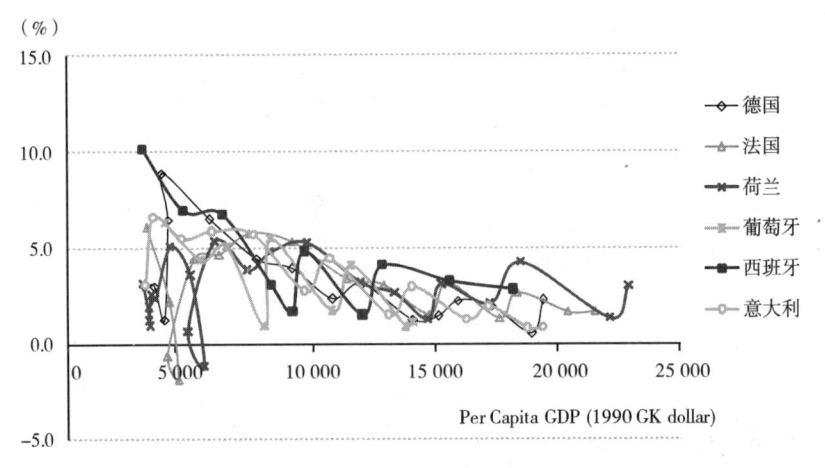

图 3-2 欧洲主要发达国家的经济增长情况（5 年平均 GDP 增长速度）

注：去除了第一次和第二次世界大战期间的数据点。

（二）新兴工业化国家和地区的发展

1. 新兴工业化国家不同时期的人均 GDP 水平。新兴工业化国家主要指在战后取得快速发展的一些国家或地区，特别是马来西亚、泰国、韩国、日本和中国台湾等，在第二次世界大战后初期，这些国家和地区大部分发展水平较低，但利用战后各种技术革命不断发展和世界经济一体化较快发展的机会，取得了较快的发展。到 2008 年，这些新兴经济体中发展水平最高的日本、韩国和中国台湾人均 GDP 已经接近或超过 2 万国际元。

表 3-2 新兴工业化国家或地区人均 GDP（1990 年不变价国际元，按购买力平价法计算）

国家及地区\年份	1820	1870	1913	1918	1938	1950	1973	1990	1998	2008
马来西亚	603	663	900	969	1 361	1 559	2 560	5 131	7 383	10 292
泰国	570	608	841		826	817	1 874	4 633	5 945	8 750
韩国	600	604	869	1 196	1 619	854	2 824	8 704	12 282	19 614
日本	669	737	1 387	1 668	2 449	1 921	11 434	18 789	20 267	22 816
中国台湾	550	550	732	849	1 306	916	3 448	9 938	15 371	20 926
中国	600	530	552		562	448	838	1 871	2 993	6 725

2. 新兴工业化国家或地区不同时期的经济增长速度。从增长速度看，亚洲的马来西亚、泰国和韩国、日本及中国台湾都在战后的某段时期内保持了较高的平均增长速度。例如泰国虽然在战后的黄金时期发展速度较低，但自 1974 年以后一直保持了较快的经济增长速度，而马来西亚与泰国的经济增长情况差不多，自 1974 年以来都保持了超过 5% 的增长率。而日本、韩国和中国台湾更长期保持了超过 5% 的经济增长速度。

3. 韩国、日本和中国台湾的快速发展经验。日本、韩国和中国台湾作为新兴发达国家或地区，在战后短短几十年间经济快速增长，在 1950 年以后人均 GDP 年均复合增长率均超过 5%，在 1973~1998 年期间也远超过其他成熟的工业化国家或地区。在这里，我们有必要考察下这三个国家和地区的发展经历。

（1）日本的战后发展历程。在第二次世界大战以前，日本经济增长较为缓慢，按 Madison 的估计，自 1870 年到 1943 年，人均 GDP 从 737 国际元增长到

2 822 国际元，年均增长 1.85%，在此期间，经济增长速度的波动很大，有很多年份经济增长速度超过了 10%，也有许多年份有低于 5% 的衰退。

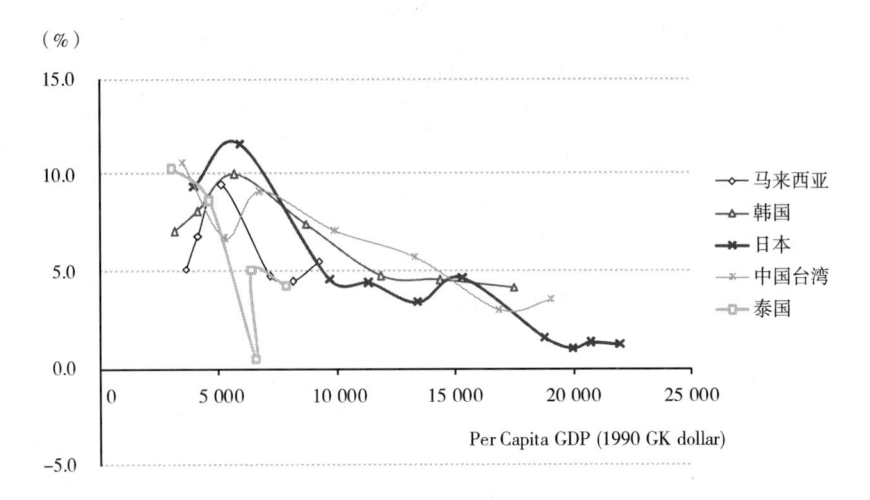

图 3-3　部分新兴国家/地区的经济增长情况（5 年平均 GDP 增长速度）

第二次世界大战重创了日本的经济，1945 年人均 GDP 水平只有 1940 年的 46.8%，但战后日本经济取得了快速的发展，在较短的时间内达到了世界第 2 大经济体的经济规模，战后日本经济大致可划分为 3 个阶段。

1946~1970 年的高速增长时期。在此期间，人均 GDP 从 1945 年的 1 346 国际元增长到 9 714 国际元，在 24 年的时间里保持了年均 8.2% 的增长速度。战争结束后的日本经济处于极度混乱和疲乏状态，工矿业生产水平只相当于 1941 年时的 1/7，严重的粮食危机和通货膨胀遍及全国。当时支配日本的联合国军，以经济的民主化和非军事化为目标，重点实施了解散财阀、分散少数企业对经济的控制权和确立劳动权等三项政策。在经济环境有所改善后，美国开始将重点转向帮助日本重建经济。朝鲜战争爆发后，在日美军的"特需"大大激发了日本企业的生产和投资活动，日本工业的潜在力量得到恢复和发展。到 50 年代中期，日本经济已基本恢复到战前水平。60 年代，日本经济以 10% 左右的速度迅猛发展，经济进入高速增长时期。

1971~1991 年的稳定增长期。在此 20 年里，日本经济保持了年均 3.5% 的稳定增长速度，人均 GDP 从 1970 年的 9 700 国际元提高到 1.93 万国际元，迅速跨入世界先进国家行列，并一跃成为仅次于美国的世界第二大经济强国。不过从 80 年代末至 90 年代初，日本出现泡沫经济，为后期的经济衰退埋下了隐患。

1991年到2001年的10年里，日本经济进入持续衰退期，被称为"失去的十年"，在此期间，人均GDP仅从19 309国际元增长到20 736国际元。1992年度日本经济增长0.4%，1993年度增长0.5%，1994年度增长0.6%；1995年度和1996年度分别增长3%和3.6%，经济出现短暂恢复；1997年度负增长0.1%；1998年度负增长1.9%。

2001年以来，日本经济保持了缓慢的增长，2001~2008年，年均增长率在1.2%左右，其中2008年受国际金融危机影响下降了0.6%。

（2）韩国战后经济增长情况。发展开始于朝鲜战争以后，在半个多世纪的时间里经历了显著的发展，创造了长期经济快速增长的奇迹，短短几十年里跻身发达国家行列。从发展阶段，韩国经济增长大致可以划分为三个阶段：

第一阶段：动荡与恢复阶段（1945~1961年）。韩国摆脱日本殖民统治后，又经历了朝鲜战争，使其刚刚重建的生产设施几近毁灭。1953年停战后，在美国及联合国的经济援助下，经过近三年的恢复，于1956年在很大程度上完成重建工作，控制了恶性通货膨胀。

第二阶段：高速增长阶段（1962~1992年）。70年代是韩国实施第三、第四个经济开发五年计划，继续推进自立经济建设、解决发展不均衡时期，也是重化工业发展时期。这一时期，针对韩国国内外经济条件的变化，提出"各地区均衡发展"、"划时代地扩大出口"、加紧"重化工业建设"等目标，改善了地区间、产业间的不平衡发展。为了继续扩大出口，1973年制订了重化工业发展计划，将造船、汽车、钢铁、石化及有色金属等作为重点发展产业，对重化工业进行大规模投资。在此期间，国民生产总值年均增长率为11.2%，创造了该时期发展中国家经济增长率的最高纪录。同时，产业结构向工业化方向前进了一大步。1976年国民生产总值中，第二产业的比重31%超过了第一产业的比重24.8%。"四五"计划期间（1977~1981年），国民生产总值年均增长仅为5.8%。其原因是多方面的。1979年第二次石油危机、朴正熙总统遇刺，1980年光州事件及粮食的大幅度减产，重化工业投资失控，使国民经济比例失调。尽管如此，应该说整个70年代韩国经济保持了高速增长。政府对产业结构进行了重大调整，重化学工业得到了长足发展。农业生产和农村面貌在"新村运动"的推动下发生了巨大变化。但是，由于当局在宏观调控上的失误，出现了工业投资过猛，工业设备运转率过低等问题。

进入20世纪80年代，韩国政府针对国际经济环境变化及国内经济波动的新形势，提出"稳定、效率、均衡"的方针，对国民经济进行了改革，在经济政策和结构调整中求发展。"五五"计划（1982~1986年）和"六五"计划

(1987～1991年)期间,国内生产总值的平均增长率分别为9.2%和9.3%。80年代上半期,韩国出口增长率超过进口,贸易赤字逐渐减少,1986年终于出现盈余。1984～1985年韩国同其出口市场的发达国家产生贸易摩擦,使得出口增长速度放慢。但是,1986年以后,进入低汇率、低油价、低国际利率的所谓"三低"时期,使出口连续几年大幅度增加(1986年增加14%,1987年36%,1988年28%),经济增长率连续三年达到11%,1991年人均国民生产总值达6 757美元。

第三阶段:调整改革发展阶段(1993年7月至今)。1992年开始实施第七个经济开发五年计划。由于韩国具有的较强的价格竞争力和对日本出口大幅度增加、设备投资增加等因素,1994年实际国内生产总值增长8.6%;1995年也保持了这种良好势头,增长甚至超过1994年,达8.9%,人均国内生产总值突破了1万美元大关(10 037美元)。1996年韩国成为经济合作与发展组织(OECD)成员,这标志着韩国基本上摆脱了发展中国家的地位,进入发达国家行列。然而,1997年10月开始韩货价值暴跌,被卷入亚洲金融危机旋涡之中。以IMF的金融救济为契机,韩国摆脱了全国范围的危机。而受到金融危机洗礼的韩国经济,90年代末进行了多方面的调整和改革。进入21世纪以来,调整改革中的韩国经济,于2000年后显示出有力的增长,但2008年由于受到国际金融危机沉重打击,经济增长只有2.2%。2008年韩国GDP为9 291亿美元,跌至世界第15位。

(3)中国台湾地区战后经济的发展。台湾地区战后经济发展也可分为三个阶段。

第一阶段:内向型发展阶段(1953～1962年)。在1952年台湾经济恢复到战前最高水平后,台湾地区的基本经济政策为实行土地改革,大力发展农业和以非耐用品生产为中心的替代进口工业,同时实行进口管制、保护关税、多层汇率等内向型贸易和财政金融政策。总的来说,在此期间,台湾工业迅速增长,工业消费品在内部市场的销量大增,基本上做到自给,实现了代替进口的工业化,为进一步实现出口工业化和高速度发展台湾地区经济铺平了道路。

第二阶段:促进出口工业化阶段(1963～1973年)。到了50年代末,台湾地区内部市场基本饱和,工业生产进一步发展的需要和省内狭小市场之间的矛盾日益突出。在此形势下,台湾当局把经济迅速转向外向型经济发展道路。为了转向外向型发展道路,台湾当局进行一系列改革,采取有力措施,比如改变限制进口为鼓励出口的政策,制定和颁布了一系列有关投资和技术合作的条例，同时大量引进新技术，建立出口加工区，发展出口加工工业。在此期间，台湾人均 GDP 年均复合增长率已经达到 8.36%，远超过 1952~1963 年期间的 3.6%[①]。

第三阶段：重工业化发展阶段（1973 年以后）。进入 70 年代以后，台湾地区经济因受到 1973~1974 年世界石油危机的影响，增长率曾一度有所下降。但由于台湾当局采取措施，调整经济，遏制通货膨胀，在二十多年来农业和轻工业的发展基础上，重点发展重工业，抓技术和资本密集型工业，并搞"十大建设"和"十二项建设"[②]，使电力、交通运输和柴油、石化、钢铁、造船等工业迅速发展，保证了整个经济的持续高速增长。在 1973~1998 年期间，台湾的人均 GDP 年均复合增长率还保持在 6.16%，仍处于经济高速增长阶段。

总体上看，日本、韩国和台湾地区的经济增长有别于西方成熟的工业化国家或地区，其经济高速增长时期明显较长，在 1950~1973 年和 1973~1998 年这两个发展阶段人均 GDP 增长率均超过 5%。然而从总体规律上看，还是和西方 10 国的人均 GDP 增长规律是一致的，人均 GDP 年均复合增长率呈现先上升后下降的趋势，在 15 000 国际元以后，其人均 GDP 年均复合增长率呈现下降趋势，基本处于 5% 的增长水平。

（三）东欧转型国家和南美等国的经济增长情况

除了英美等成熟的工业化国家和战后快速发展的新兴国家以后，在上中等收入国家中还有许多国家人均收水平较高，但没有达到发达国家水平。这些国家有一个特点，那就是由于各种原因，经济增长速度波动很大，在一定阶段经济保持一定速度的增长，但有时候又出现低速增长、停滞甚至负增长的情况，如图 3-4、图 3-5 和图 3-6 所示。这些国家一类是东欧转型国家，如哈萨克斯坦、捷克、苏联等，还有一些属于一般意义上的"中等收入陷阱国家"，如巴西、南非、哥伦比亚等。

[①] 使用 Maddison（http://www.ggdc.net/maddison/）数据计算得出。
[②] 十项建设是中山高速公路、西部干线铁路电气化、台中港、苏澳港、中正国际机场、北回铁路、一贯作业炼钢厂（成立中国钢铁公司）、大造船厂（成立中国造船公司）、石油化学工业、核能发电厂。十二项建设是完成台湾环岛铁路网、新建东西横贯公路三条、改善高屏地区交通、中钢公司第一期第二阶段扩建工程、继续兴建核电二厂和三厂、完成台中港二期和三期工程、开发新市镇和广建国民住宅、加速改善重要农田排水系统、修建台湾西岸海堤工程及全岛重要河堤工程、拓建由屏东至鹅銮鼻道路为四线高级公路、设置农业机械化基金，促进农业全面机械化、建立县市文化中心，包括图书馆、博物馆、音乐厅。

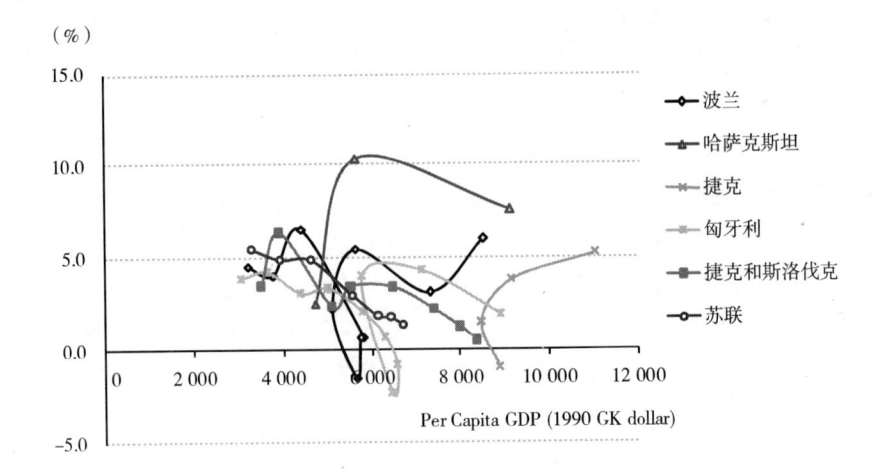

图 3-4 东欧转型国家的经济增长情况（5年平均 GDP 增长速度）

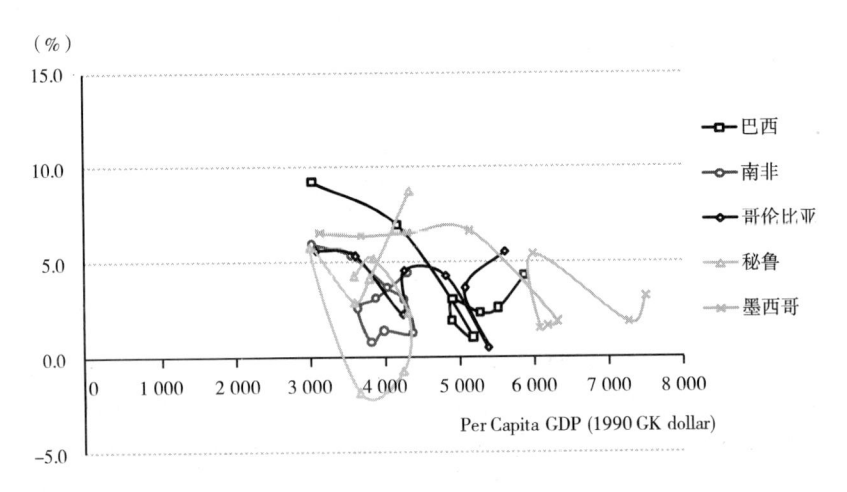

图 3-5 部分南美等国的经济增长情况（5年平均 GDP 增长速度）

二、主要发达国家经济增长与发展水平之间的一般规律

GDP 增长率是衡量一个国家经济增长的重要指标。如图 3-1 到图 3-3 可见，发达国家大多经历了一个 GDP 增长率先提高而后降低的过程，比较各国的发展水平与经济增长速度之间的关系可见，两者之间存在一定的规律性。

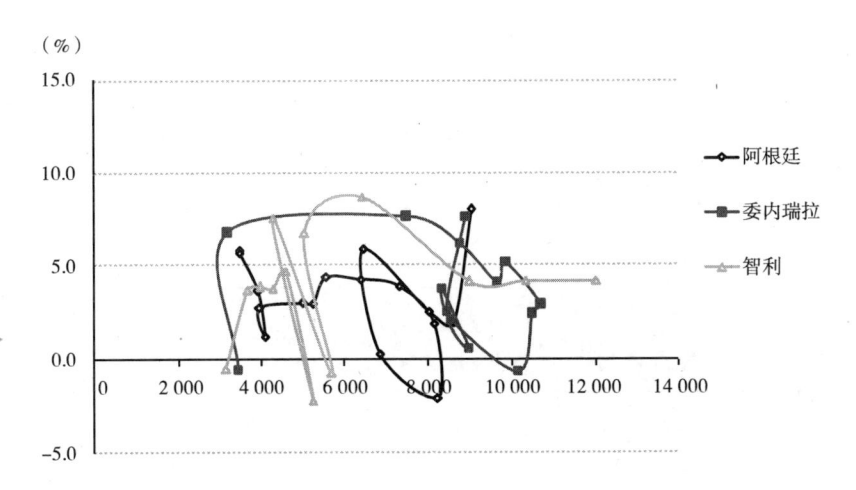

图 3-6　阿根廷、委内瑞拉和智利三国的经济增长情况（5 年平均 GDP 增长速度）

（一）人均 GDP 达到一定水平后很难长期维持较高增长速度

具体来说，从其他国家经验看，人均 GDP 超过 1 万国际元以后，GDP 增长速度很少超过 5%。

由于主要关注各国经济增长与发展水平的一般规律，而短期经济增长速度受多种因素影响，因此这里我们考察 5 年平均 GDP 增长速度与发展水平的关系，图 3-7 显示了各国实际增长情况。

由图 3-7 可见，综合而言，如果以人均 GDP10000 国际元为界线，则在人均 GDP 小于这一水平时，各国人均 GDP 增长率差别较大，但最高增长速度可以较高，很多国家可以实现超过 5% 的增长速度，但当人均 GDP 超过 1 万国际元时，最高增长速度很少有超过 5% 的，也就是说当发展水平较高时，很难继续维持较高的增长速度（以 5% 为标准）。

（二）发展水平较高时很难长期维持较高增长速度的原因分析

综观世界主要国家，进入发达阶段以后很难长期维持较高经济增长速度，这是由多种内在因素所决定的。

1. 经济发展到一定阶段，工业化基本完成，服务业比重显著提高。随着经济不断发展第一产业不断降低，第二产业比重先提高后降低，而服务业比重逐渐提高是一个普遍规律。产业变化主要受三个因素的影响，一是从居民消费需求

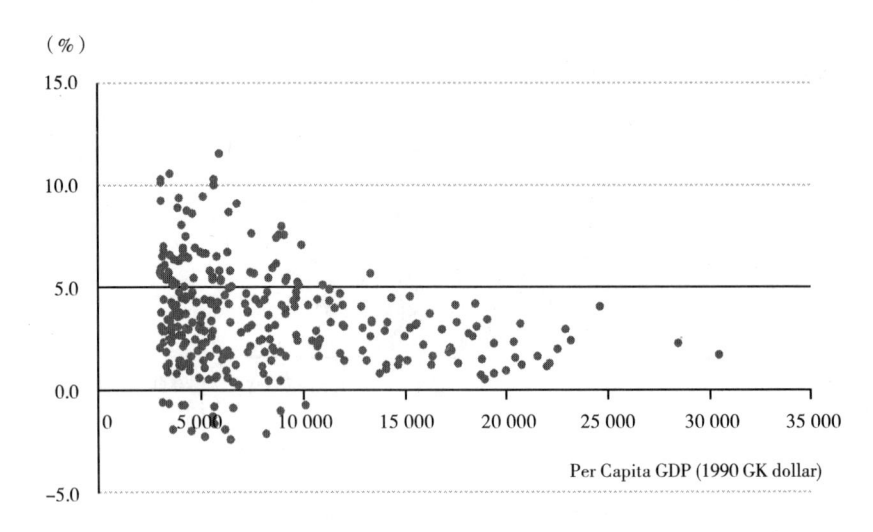

图 3-7 主要国家（或地区）5 年平均 GDP 增长速度与发展水平关系

注：（1）图中的国家（或地区）包括马来西亚（1980~2008）、泰国（1985~2008）、韩国（1975~2008）、日本（1960~2008）、中国台湾（1975~2008）、波兰（1960~2008）、哈萨克斯坦（1995~2008）、捷克（1990~2008）、匈牙利（1955~2008）、捷克和斯洛伐克（1950~1990）、苏联（1955~1990）、德国（1905~2008）、法国（1920~2008）、荷兰（1880~2008）、葡萄牙（1965~2008）、西班牙（1960~2008）、意大利（1935~2008）、美国（1880~2008）、英国（1865~2008）、巴西（1970~2008）、南非（1960~2008）、哥伦比亚（1970~2008）、秘鲁（1965~2008）、墨西哥（1960~2008）、阿根廷（1905~2008）、委内瑞拉（1930~2008）、智利（1925~2008）的数据。

（2）各国均选择人均 GDP 等于大于 3 000 国际元的时间作为开始年份。

（3）去除了第一次和第二次世界大战期间的数据。

看，随着收入水平提高，居民消费中用于食品的比重将逐渐降低，用于工业品，特别是耐用消费品的支出比重将先提高，但随着这些消费品的逐渐普及，其比重到了一定阶段后会有所下降，而服务业比重一般保持持续提高的态势。二是随着经济发展，用于住房、交通、市政和通信等基础设施建设将不断发展，而这些基础设施都主要需要投入工业品，这些投入将引起工业品消费比重提高，但当经济发展到一定阶段，这些基础设施逐步完善，其对工业品的需求也就有所减少。三是受工业化进程的影响，在整个工业化时期，随着劳动分工和产业分工越来越细致，产业链不断加长，生产更加迂回，生产过程中中间投入的比重一般会先提高，从而导致对第二产业的需求增加，但随着工业化的完成，这部分需求将逐步稳定，也导致第二产业比重不会持续提升。

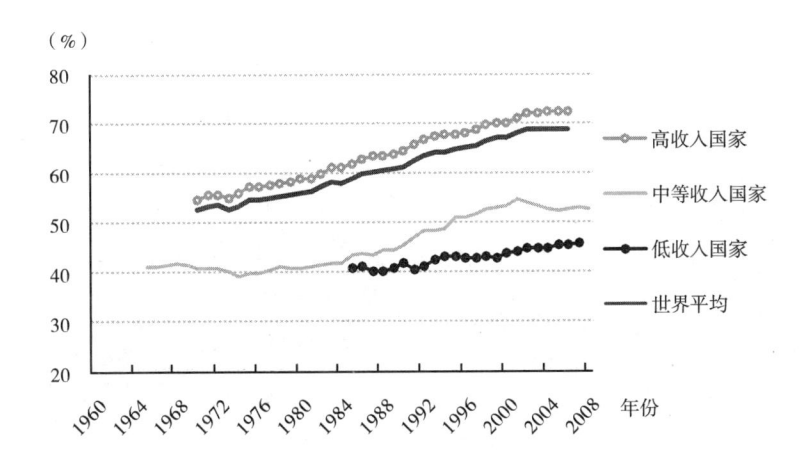

图 3-8 各种发展水平国家平均服务业比重

不同产业的生产方式不同，生产效率提高的速度也有显著差别。一般来说，工业部门由于可以使用资本和机器投入，因此生产效率提高较快，而服务业由于其产品的提供与消费是同时的，而且很多部门需要大要的劳动力投入（例如教育、文化、医疗卫生等行业），其生产效率提高较慢。因此，当经济中工业比重开始下降，而服务业比重开始上升的时候，经济增长速度必然有所相应降低。

2. 经济发展水平较高时很难保持高储蓄率。随着经济发展，社会制度不断趋于完善，住房、教育、医疗等公共服务基本满足需求，居民不再需要过多的储蓄以应付在住房、养老及医疗方面的不确定性支出，因此发展阶段较高时居民不会持续保持较高的储蓄率。从多个国家的经验看，居民储蓄率在不同的发展阶段都有所变化，但到了发展水平较高的阶段普遍有所降低。而居民储蓄是固定资产投资的重要资金来源，储蓄率不高将影响下一期的固定资本积累速度，从而决定了经济发展水平较高时不能维持较高的增长速度。

3. 后发优势减弱，技术创新更为困难。落后国家在经济发展过程中，有可能通过外国直接投资、国际贸易、人才交流等多种手段引进发达国家先进的技术水平，特别是在许多技术发展上可以少走弯路，可以跳过某些不必要的发展过程，实现技术跨越式发展，从而大大提高技术进步率和经济增长速度。第二次世界大战后，日本、韩国和中国台湾等地的经济发展过程中都显著发挥了后挥优势，从而在较短时间内实现了高速增长。

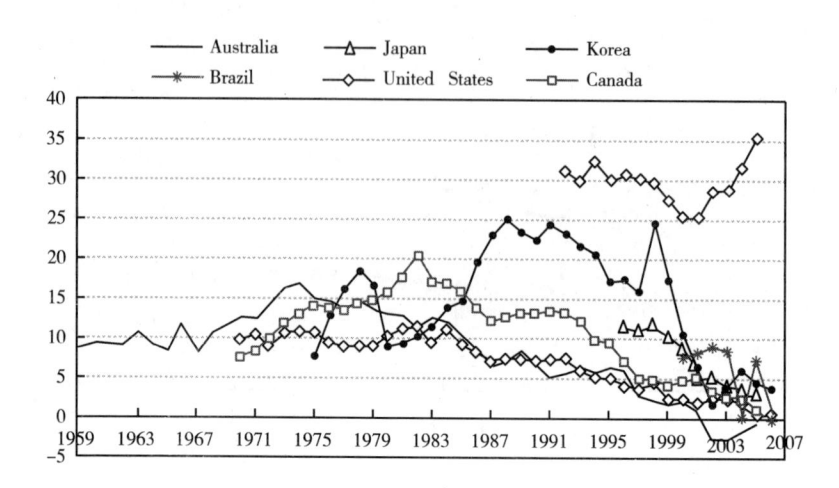

图 3-9 部分国家居民储蓄率变化情况

但当经济发展到较高水平，各个国家之间的技术差距已经较小，这时后发国家通过模仿等手段提高生产效率的空间已经大大降低，技术创新更多依赖于自主研发，而自主研发往往不确定性更大，进步速度更低，由此由于技术进步推动的经济增长较慢。

4. 劳动力增长速度减缓。人力资源投入增长是经济增长的重要动力之一，发展中国家往往有着较为充足的劳动力，特别是在经济发展起始阶段，劳动力由农业向非农产业转移的空间很大，因此有效劳动力增长很快，而且经济发展之初，发展中国家人均受教育水平普遍较低，通过提升劳动力教育水平而提高劳动力素质的空间很大，而且相结合，一是有效劳动力数量的快速增长，一是受教育水平的快速提高，可以使经济发展水平较低阶段的人力资本增长很快，从而有力地推动经济增长。

但到了较高发展阶段，一方面发达国家生育率普遍较低，人口数量和劳动力数量增长缓慢甚至负增长，另一方面，人均受教育水平已经相对较高，继续提高的空间已经有所减小，提高的速度不可能太快，两者相结合，导致经济发展的较高阶段人力资本的增长速度有限，不能支持较高的经济增长速度。

5. 资源和环境约束进一步显现。经济发展离不开对土地、水、能源矿藏等各种资源的投入，经济发展中也会排放各种污染物，虽然随着技术不断进步，可以在一定程度上降低对资源的依赖和污染物排放水平，但往往需要付出较高的成本，这也是制约经济增长速度的一个重要因素。

第二节 经济发展与全要素生产率的变化

全要素生产率（Total Factor Productivity，以下简称 TFP）又称综合要素生产率，是经济增长研究领域的一个重要概念，主要反映资本、劳动力等所有投入要素的综合产出效率。TFP 是衡量经济效率的重要指标，也是衡量经济增长潜力的重要指标。如果 TFP 对一个国家经济增长的贡献小，说明这个国家的经济增长主要依靠要素投入；反之，如果 TFP 的贡献大，说明这个国家的经济增长主要依靠技术进步。如果一个国家的经济增长主要依靠要素投入，由于边际要素报酬递减，经济最终会陷入停滞；只有依靠技术进步，不断提高要素的使用效率，经济才会持续发展。

苏联经济曾经被认为是世界经济发展的奇迹，在很长一段时期内年均发展速度是主要资本主义国家的两倍，是美国年均发展速度的三倍。苏联经济的快速发展引起了当时西方学者的高度关注。有些学者认为，集体主义的、权威型的国家在发展经济方面要优于自由市场经济，甚至预测在 20 世纪 70 年代就要超过美国。但是经济学家提出了一种不同的解释，他们运用经济增长账户分析苏联经济增长后发现，苏联经济增长几乎完全依靠要素投入的快速增长，几乎不存在效率的增长。苏联体制的优势在于具有很强的调动资源的能力，而不在于能有效地利用资源。由于投入驱动的经济增长必定是一个有限的过程，苏联经济增长速度一定会降下来。在苏联经济增长放缓之前很久，经济学家基于增长账户的分析就已经预测到这一点。

关于东亚经济增长的争论，是关于 TFP 研究意义的又一重要例子。克鲁格曼依据其他一些经济学家对亚洲四小龙经济增长的经验研究，于 1994 年在《外交》杂志上撰文指出，东亚的经济增长完全可以用要素投入的增加来解释，全要素生产率对经济增长几乎没有贡献。因此，他推断在东亚经济的增长中没有技术进步的成分，不存在所谓的"东亚奇迹"，并认为东亚经济的增长不可持续。克鲁格曼的观点提出后在国际学术界引起一场争论，但是，1997 年东亚金融危机爆发后，许多人认为克鲁格曼对东亚经济增长模式的批评预见了后来的危机，因而成为国际舆论界的主流观点。尽管这一结论还有争议，但毫无疑问，争论引起了对东亚经济发展模式的反思，促进了东亚国家发展模式的调整和改进。

TFP 在不同的经济发展阶段呈现什么规律？TFP 在我国过去的经济发展中的作用有多大？哪些因素有助于 TFP 的增长？未来我国 TFP 变化的趋势如何？为了分析未来我国经济发展趋势，这些都是需要认真研究的问题。

一、全要素生产率变动的一般趋势

最早提到生产率概念的是 Copeland（1937），以及 Copeland 和 Martin（1938）。Stigler（1947）最早实际估计这个变量，Stigler 在其 1947 年的研究中已独立地提出了全要素生产率的概念与分析方法。Tinbergen（1942）将生产函数方法与生产率联系在一起。总量生产函数的起源是所谓 Cobb – Douglas 生产函数，这一模型最初的目的是揭示生产中的规律并希望利用经济数据来验证这些生产中的理论模型。Tinbergen 首先把这一生产函数用于研究经济增长问题，他在模型中增添了一个时间趋势，并用这一项来表示效率，也就是生产率的概念。

Solow（1957）提出新古典经济增长模型，模型把经济增长中劳动和资本数量增加与技术进步区分开来。这种核算方法可以区分不同因素对增长趋势所起的不同作用，称为增长核算方法。Solow 将总产出定义为国民或国内净产出，可由 GDP（GNP）代替；劳动投入指劳动力存量所提供的服务流；资本投入指资本存量所提供的服务流，但他用资本存量数据代替了资本投入。经过计算，他认为美国的经济增长 80% 来自于全要素增长率。但这一结论并没有得到后人的赞同，现在讨论美国经济的全要素增长率问题，通常强调的是 Solow 的理论贡献，很少提他的经验结论。

Denison（1967）在对经济增长的各种因素进行详尽分析和计量的基础上对美国 TFP 进行了重新估计。他把影响经济增长的因素分为 7 类：就业人数及其年龄、性别构成；包括非全日工作的人在内的工时数；就业人员的教育年限；资本（包括土地）存量的大小；资源配置的改善，如低效率使用的劳动力比重的减少；规模经济实现的程度；知识（包括技术与管理等）的进步及其在生产上的应用。其中，前三项为劳动投入量，第四项为资本投入量，后三项是单位投入量的产出率，即生产率。通过对 1929~1957 年期间美国经济各个增长要素的估计，认为 1929~1957 年期间技术进步对美国经济增长的贡献份额为 32%。

Jorgenson 和 Griliches（1967）认为 Solow 研究结果中 TFP 对经济增长的贡献过大的原因是由于存在对投入要素的计量误差，正是这种误差使得投入要素的贡献被严重低估了。当发现一个国家的 TFP 的贡献过高，很可能只代表对这个国家的投入要素的衡量不准确或是某些投入要素未被包括在内,因此对 TFP 的研究需要对投入要素有准确的衡量。Jorgenson 估计 TFP 的方法的特点是采用超越对数生产函数的形式,将资本投入和劳动投入的增长分解为数量增长与质量增长。他们将劳动和资本投入按不同组成成分交叉分类,并以工资率和资本服务租赁价格作为计算劳动与资本投入不同组成成分的权数。OECD(2001)生产率手册提出的增长核算方法主要基于 Jorgenson 的研究。

许多经济学家对各国的 TFP 进行了研究,根据目前经济学家对各国 TFP 的研究文献,可以总结出 TFP 变化的一些趋势。

(一) 全要素生产率增长的一般趋势

1. 经济发展水平与全要素生产率的水平正相关。世界各国 TFP 的水平存在较大差距。一般来说,经济发展水平与 TFP 的水平呈正相关。图 3－10 展示了 TFP 的水平和人均产出的关系,从图 3－10 中可以清楚地看出,经济发展水平越高,TFP 的水平越高。

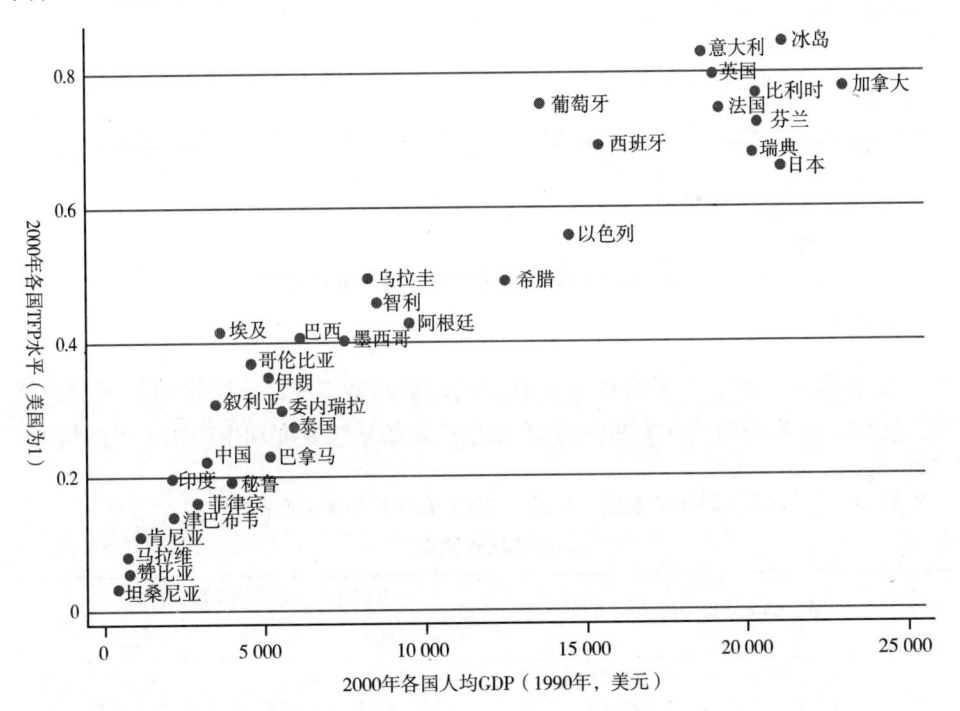

图 3－10 TFP 的水平和人均产出的关系

注:①该图取自 Hall 和 Jones(1999);②图中包含 127 个国家。

一个国家的经济发展水平较高，TFP 的增长率往往也较高。图 3-11 反映的是人均 GDP 与 TFP 的增长率的关系，从图 3-11 中可以看出，人均 GDP 小于 5 000 美元时，TFP 年均增长率均小于 0.5%；人均 GDP 大于 5 000 美元时，TFP 年均增长率均大于 0.5%。

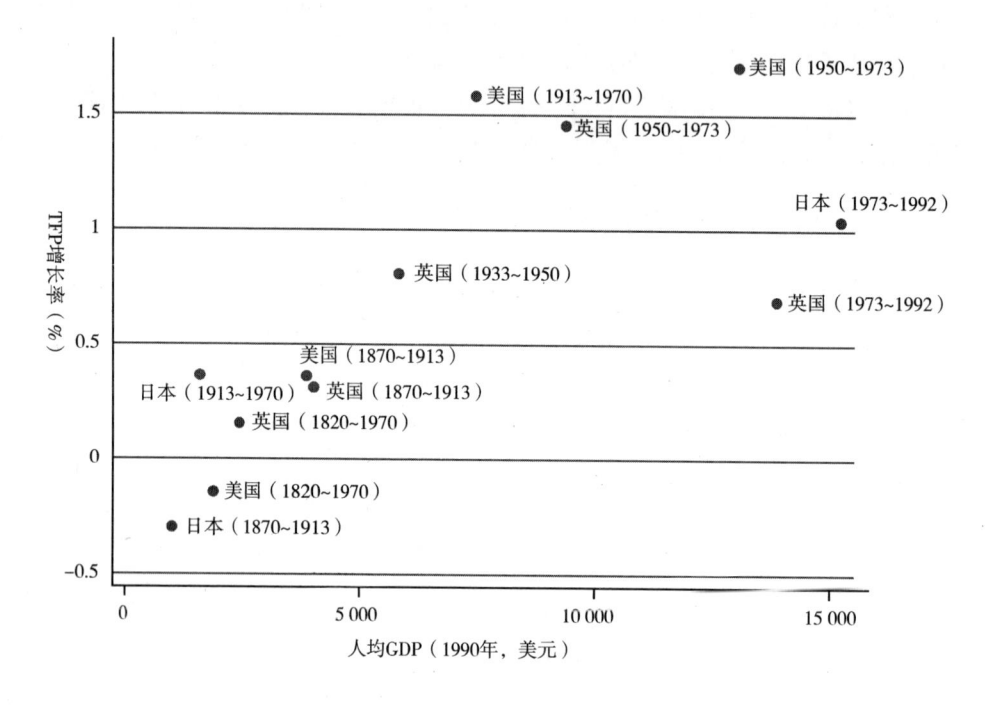

图 3-11　TFP 的增长率和人均产出的关系

资料来源：Maddison（1995）。

2. 各国全要素生产率的水平有收敛的趋势。表 3-3 是反映的是美国、英国、法国、日本等四国在 1890~2006 年生产率的增长速度和生产率水平的情况。

表 3-3　1890~2006 年美国、英国、法国、日本等四国生产率水平和平均增长速度

单位：%

	1890~2006 年平均增长率				各国生产率水平占美国的份额					
					1890			2006		
	法国	日本	英国	美国	法国	日本	英国	法国	日本	英国
劳动生产率	2.7	3.2	1.9	2.2	59.4	23.2	123.3	100.9	69.7	88.6
TFP	1.6	1.8	1.0	1.6	65.9	49.9	203.0	90.8	60.6	105.9

资料来源：Gilbert Cette, Yusuf Kocoglu, and Jacques Mairesse（2010）。

从表 3-3 可以看出，1890 年，在美国、英国、法国、日本等四国中，英国是世界上 TFP 和劳动生产率水平最高的国家，此次分别是美国、法国和日本。而从 1890~2006 年，日本的 TFP 和劳动生产率增长最快，法国和美国次之，英国最低。到 2006 年，美国的 TFP 已接近英国，而劳动生产率则超过英国。一般而言，TFP 水平低的国家，TFP 增长率较快，而 TFP 水平高的国家，TFP 增长率较低，导致各国 TFP 的水平收敛。

3. 随着人均产出的提高，全要素生产率对经济增长的贡献份额增加。图 3-12 反映的是 TFP 对经济增长的贡献份额和人均产出的关系。从图 3-12 可以看出，在经济从较低的人均收入水平提高到较高的人均收入水平的过程中，TFP 对经济增长的贡献份额会增长。

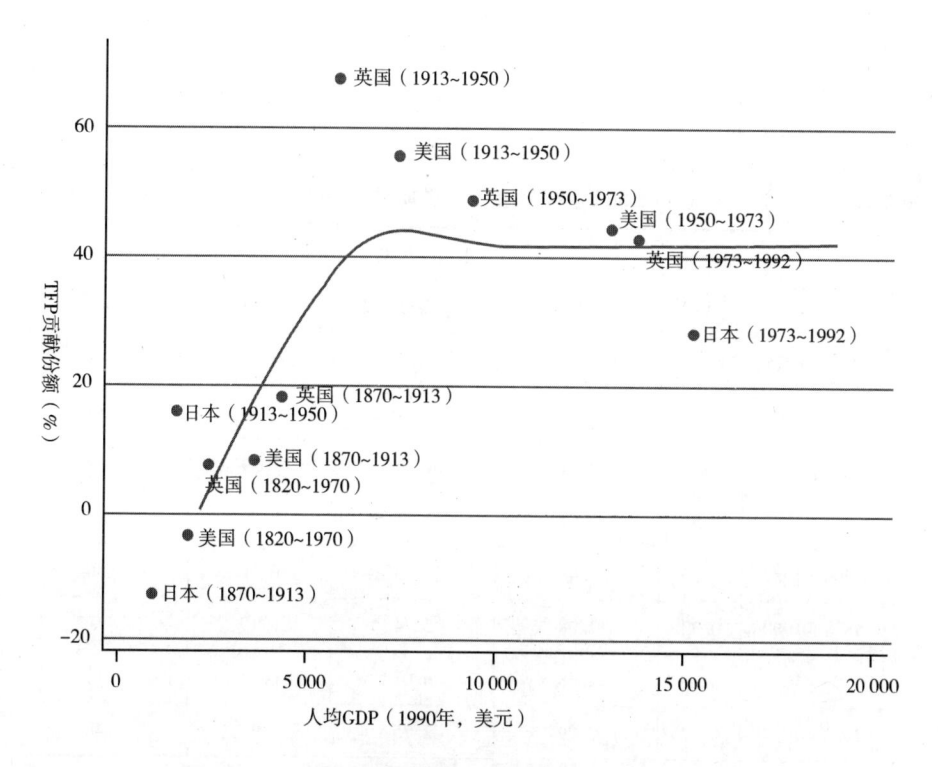

图 3-12　TFP 对经济增长的贡献份额和人均产出的关系

资料来源：Maddison (1995).

一般来说，在工业化早期，TFP 对经济增长的贡献较低，而实物资本积累的贡献较高；随着经济进入成熟阶段，以实物资本积累为基础的增长模式被以效率为基础的增长模式代替 (Abramovitz, 1993)。从表 3-4 和表 3-5 可以看出，美国在1890年之后，TFP在经济增长中发挥巨大的作用；日本在1920年之后，TFP也开始加快增加，对经济增长的贡献开始快速提高。

表3-4　　　　　美国、英国和日本经济增长和TFP的增长　　　　　单位：%

		1820~1970	1870~1913	1913~1950	1950~1973	1973~2003	1820~2003
美国	GDP	4.20	3.94	2.84	3.93	2.93	3.62
	TFP	0.15	0.36	1.62	1.75	0.91	0.70
英国	GDP	2.05	1.90	1.19	2.93	2.15	1.97
	TFP	0.15	0.31	0.81	1.48	0.65	0.61
日本	GDP	0.41	2.44	2.21	9.29	2.62	2.70
	TFP	n.a.	0.21a	0.20	5.12	0.63	1.23b

注释：(a) 1890~1913；(b) 1890~2003；数据来自Maddison (2007)。

表3-5　　　　　日本和美国劳动生产率长期增长的源泉　　　　　单位：%

		资本收入份额	年均增长率			TFP对劳动生产率提高的贡献份额
	时期（年）		劳动生产率	资本劳动比率	TFP增长	
美国	1800~1855	0.34	0.42	0.63	0.20	48
	1855~1890	0.45	1.06	1.54	0.37	35
	1890~1927	0.46	2.01	1.34	1.39	69
	1929~1966	0.35	2.67	1.66	2.09	78
	1966~1989	0.35	1.40	1.75	0.79	56
日本	1888~1900	0.33	2.08	5.74	0.19	9
	1900~1920	0.39	2.68	6.07	0.31	12
	1920~1937	0.43	2.29	2.75	1.11	48
	1958~1970	0.33	8.19	11.60	4.36	53
	1970~1990	0.28	3.78	7.44	1.70	45

资料来源：Hayami和Ogasawara (1999)。

在工业化早期，技术进步高度偏向于实物资本的使用方向。市场的快速扩张鼓励大规模生产，鼓励对厂房和城市基础设施进行大规模投资。因此，对早期工业化阶段经济增长的因素分解会发现资本积累的巨大贡献和较低的 TFP 增长。这个时期资本份额的不断上升是实物资本偏向的技术进步的重要证据。因为如果技术进步是中性的，且资本和劳动的替代弹性小于 1，资本的收入份额应该下降，但实际情况与之相反。从表 3－5 可以看出，在 1800～1855 年、1855～1890 年、1855～1890 年这三个阶段，资本份额分别为 0.34、0.45、0.46，依次增加。

但是，一旦工业化的第一阶段结束，实物资本偏向的技术进步就会减少，技术进步会偏向于无形资本的使用，从而产生较高的 TFP 增长。随着生产结构进入更复杂的水平，要求受到更好教育的高技能的工人和进行更多的 R&D 投资。这种趋势可以从早期工业化阶段之后劳动份额的增长中看出。尽管技术进步仍然是劳动节约型和资本密集型的，但技术进步偏向无形资本的使用，实物资本的边际生产率相对于有形资本减少。由于大部分无形资本是通过教育和知识包含在劳动中，劳动报酬份额开始上升，资本报酬份额下降。从表 3－5 可以看出，1890～1927 年的资本份额为 0.46，而 1929～1966 年的资本份额为 0.35。

（二）发展中国家的全要素生产率变动的特征

影响发展中国家的 TFP 的因素更加复杂，发展中国家 TFP 的变化和发达国家有较大的差异。从发展阶段来看，发展中国家处于工业化早期，技术进步偏向于实物资本的使用方向，TFP 对经济增长的贡献应该不会太高；从技术进步的路径来看，发展中国家可以通过吸收发达国家的先进技术，获得较快的技术进步，但也可能因此形成技术依赖，自身创新能力弱化，而且发展中国家和发达国家的要素供给条件不同，适合发达国家的技术不一定适合发展中国家；从经济发展的环境来看，很多发展中国家政治不稳定，政府治理能力弱，不能为经济发展提高稳定的环境，一些发展中国家为了实现赶超发达国家的目标，对经济采取很多干预政策，通过行政手段调配资源，一些政策会对经济造成扭曲，损害经济的效率。因此，发展中国家 TFP 的变化有一些新的特征，从一些对发展中国家 TFP 的研究结果可以看出发展中国家 TFP 变化的一些趋势。

1. 发展中国家全要素生产的水平和全要素生产率对经济增长的贡献都较低。20 世纪 60 年代到 90 年代，一些发展中国家特别是东南亚的一些国家和地区经济快速发展，引起了经济学家的高度重视，一些经济学家对这些国家和地区经济发展的动力进行了大量研究。表 3－6 是 Collins 和 Bosworth（1996）对东亚和其他几个地区在 1960～1994 年经济增长和 TFP 增长研究的结果。

表3-6　　　东亚和其他地区经济增长源泉（1960~1994年）

国家和地区	人均产出增长	各部分贡献		
		人均资本	人均教育	TFP增长
东亚	4.2	2.5	0.6	1.1
印度尼西亚	3.4	2.1	0.5	0.8
韩国	5.7	3.3	0.8	1.5
马来西亚	3.8	2.3	0.5	0.9
菲律宾	1.3	1.2	0.5	-0.4
新加坡	5.4	3.4	0.4	1.5
泰国	5.0	2.7	0.4	1.8
中国台湾	5.8	3.1	0.6	2.0
南亚	2.3	1.1	0.3	0.8
拉丁美洲	1.5	0.9	0.4	0.2
撒哈拉以南非洲	0.3	0.8	0.2	-0.6
中东	1.6	1.5	0.5	-0.3
美国	1.1	0.4	0.4	0.3
不包括美国的工业国家	2.9	1.5	0.4	1.1

资料来源：Collins 和 Bosworth（1996）。

通过比较可以看出，发展中国家，包括东亚、南亚、拉美等TFP对经济增长的贡献都要明显低于发达国家，说明在此期间发展中国家的经济增长主要是要素驱动的，而不是依靠TFP的增长。南撒哈拉非洲和中东因为经济处于混乱时期，TFP还出现负增长。相比而言，这个时期东亚的经济发展最好，无论是经济增长的速度还是TFP对经济增长的贡献都要高于其他地区。

表3-7是1990年部分国家和地区生产率和资本密度相对于美国的水平。从表3-7中可以看出，东亚国家和地区在1990年不仅TFP水平和美国及其他发达国家相比较低，而且人均资本也要远低于发达国家，因此东亚在这个时期通过高速的资本积累促进经济发展具有一定合理性。

2. 发展中国家在人均收入达到较高水平后，全要素生产率对经济增长的贡献仍然偏低。东亚一些国家和地区，包括日本、韩国、中国台湾等，即使经济发展水平达到较高水平之后，TFP对经济增长的贡献仍然偏低。从图3-12可以看出，在人均GDP超过5 000美元之后，日本的TFP对经济增长的贡献要远低于美国和英国。其中的原因是多方面的。

表 3-7 1990 年部分国家和地区生产率和资本密度相对于美国的水平（美国为 100）

国家和地区	人均产出	TFP	人均资本
中国香港	68.2	81.8	59.5
韩国	29.9	49.0	24.3
新加坡	45.0	55.2	55.6
中国台湾	43.2	66.2	29.5
印度尼西亚	9.9	23.7	8.2
马来西亚	29.9	47.5	26.6
菲律宾	9.8	21.9	9.9
泰国	13.2	28.6	11.1
日本	67.0	71.2	83.8
法国	102.0	97.7	113.0
德国	92.2	89.6	108.6
英国	77.7	85.9	75.1

资料来源：Kim（2001）.

根据产品循环（product cycles）理论，跨国公司一般将产品研发基地选在市场规模很大，而且具有大量高水平人力资源的经济体，如美国；一旦新产品在研发基础被开发出来，通过一系列市场检验，并且生产过程被标准化，大规模生产通常会被转移到发展中的经济体，如 20 世纪 60 年代前的日本和 20 世纪 80 年代前的韩国和中国台湾，在那里具有充足的便宜但相对具有较好教育程度的劳动力；大规模生产基地生产的产品被出口到发达国家。在这个循环中，发达工业化国家大量使用高水平的人力资本从事 R&D 和新产品开发，而新兴工业化国家使用机器设备和廉价劳动力从事标准化的大规模生产；而且，新兴工业化国家使用的含有新技术的机器和其他资本品要从发达国家进口。通过借用发达国家的技术，新兴工业化国家可以节约 R&D 投资，但 R&D 投资主要是付给高素质的科学家和工程师的报酬，不包含在通常的国民经济账户的资本形成中。因此，R&D 投资的节约在基于国民账户统计的增长账户的结果中不表现为具有资本节约效应。新兴工业化国家的实物资本使用偏向与发达国家人力资本使用偏向通过国家间贸易和 FDI 相互强化，后发国家即使在达到相对较高的收入阶段之后，增长模式可能仍然停留在基于要素积累的增长和基于效率的增长之间，而不是迅速地从前者转向后者（Hayami and Ogasawara, 1999）。

发展中国家增长模式转型缓慢还有政策方面的原因。后发国家在赶超过程中，往往强调政府指导和规制的作用，在一些关键行业依靠国有企业进行垄断生产经营，而忽视市场竞争甚至限制市场竞争，在赶超阶段由于产业和技术的发展方向比较明确，这种方式是比较有效的。但在赶超阶段基本完成之后，在赶超阶段行之有效的体制可能成为下一步发展的障碍。要实现增长模式的转变，重要的是建立自由竞争的市场，在市场中企业家要生存和发展，就要进行创新以满足经济进入较高收入阶段后消费者多样化的需求。但利益集团会非常强烈地抵制减少规制和自由化。因此，与新经济和技术需要相适应的制度和组织改革滞后也是增长模式转型放缓的重要原因。

此外，由于发展中国家和发达国家的要素供给条件有很大差异，适合发达国家的技术不一定适合发展中国家。发达国家的很多技术创新是为了优化使用自身的要素供给，这些技术可能不满足发展中国家的需要。虽然发展中国家使用很多在发达国家研发的技术仍可获利，但使用效果不如研发这些技术的发达国家好。如果发展中国家完全依靠发达国家提供技术，即使能够以很低的成本获取发达国家的技术，生产效率仍然比不上发达国家（Basu and Weil, 1998）。

通过资本大量积累的经济增长，会受到日益增长的资源供给约束，是不可持续的。如果发展中国家在完成第一阶段的工业化之后，不及时转变增长模式，由于人口老化、储蓄率下降等，经济增长会面临突然减速的风险。70年代早期的日本和90年代晚期的东南亚国家都证明了这一点。

二、改革开放以来我国全要素生产率的增长

（一）总量层面全要素生产率的增长

1. 研究文献。关于中国TFP国内国外都有大量的研究，表3-8是一些关于中国TFP的研究结果，这些研究的结论存在差距，但比较一致的结论是：改革开放以前我国TFP增长率比较低，而改革开放后我国TFP增长率较高，包括Chow（1993）、李京文等（1996）、Chow和Li（2002）、Maddison（1998）等的研究。也有个别研究认为改革开放后中国TFP增长并不明显。Young（2003）认为，若用官方公布的数据，中国非农部门的TFP在1978~1998年年均增长率为3.0%；若用他自己的调整数据，则对应值仅为1.4%。他认为，中国的改革提高了效率，但收益主要是农业部门。

表 3-8　　　　　　　　　　有关中国 TFP 研究的结果

文献	估计时间	TTFP 增长的估计值	劳动力再分配的贡献	估计方法说明
李京文等（1996）	1953~1995	1.006		采用 Jorgenson 的方法
	1953~1977	-1.19		
	1977~1995	4.36		
Hu 和 Khan（1997）	1979~1994	3.9		对官方收入统计资料进行了调整
Maddison（1998）	1952~1978	-0.78		
	1978~1995	2.23		
Woo（1998）	1979~1993	2.2~2.4	1.1	对官方 GDP 数据进行了修正
	1985~1993	1.6~1.9	1.3	
Wang 和 Yao（2001）	1953~1977	-0.57		考虑了劳动构成；给出了关于劳动收入份额的多种假设
	1978~1999	2.32		
Chow 和 Li（2002）	1978~1998	2.7		
李善同等（2002）	1982~1985	2.35		扩展的 Solow 模型
	1986~1991	0.43		
	1992~1997	1.75		
	1982~1997	1.41		
Young（2003）	1978~1998	1.4		选择其他价格指数修正 GDP
郑京海和胡鞍钢（2005）	1978~1995	4.6		
	1996~2001	0.6		
邱晓华等（2006）	1980~2004	3.5		计量分析方法
Brandt、Hsieh and Zhu（2007）	1982~2004	6.58	1.68	
	1978~1988	6.56	3.36	
	1988~2004	6.59	0.67	
Bosworth 和 Collins（2008）	1978~2004	3.6		
	1978~1993	3.5	1.7	
	1993~2004	3.9	1.2	
王小鲁、樊纲和刘鹏（2009）	1953~1989	1.81		计量分析方法
	1979~1988	4.18		
	1989~1998	2.46		
	1999~2007	1.82		
曹静、HO、Jorgenson、任若恩和岳希明（2010）	1982~2000	2.7		行业 TFP 增长的 Domar 加权和
	1994~2000	0.83		

还有一些学者在增长账户中考虑除资本和劳动力以外的因素对经济增长的贡献,包括人力资本、R&D 投资、农村剩余劳动力向城市转移等。Wang 和 Yao (2001) 在增长账户中考虑了人力资本的作用,发现在中国经济增长中人力资本对经济增长的贡献相当大;而且将人力资本的贡献分离之后,TFP 仍然对经济增长有很大贡献,估计 1978~1999 年间 TFP 年均增长 2.32%,对经济增长的贡献份额为 23.9%,但改革开放前生产率是负增长。作为一个快速城市化的发展中大国,我国每年都有大量农村剩余劳动力向城市转移。传统的农业部门的劳动生产率要远低于非农部门的劳动生产率,当劳动力从农业部门转移到非农部门时,会提高资源的配置效率,促进经济增长。Woo (1998) 认为改革开放以来中国 TFP 的增长大部分来自于农村劳动力的转移,净 TFP(不包含劳动力转移的贡献)的增长率对 1979~1993 年和 1985~1993 年的经济增长的贡献分别为 1.1~1.3 个百分点和 0.3~0.6 个百分点,而劳动力转移对经济增长的贡献在 1979~1993 年和 1985~1993 年分别为 1.1 个百分点和 1.3 个百分点。

2. 改革开放以来我国经济增长核算和全要素生产率增长。改革开放以来,我国经济快速增长,取得了举世瞩目的成绩。1978~2008 年期间,我国经济年平均增长率为 9.8%。但是在我国经济快速增长过程中,各种要素的贡献率分别是多少?这是预测未来我国经济增长的非常重要的问题。为此需要对我国经济增长进行核算,分析各种要素,特别是全要素生产率在我国经济增长中的贡献。我国的经济发展和改革开放具有明显的阶段性,在改革开放的不同阶段生产率增长的速度是不同的。根据我国 30 年经济发展历程的特点和国家的发展战略,我国经济发展大体可以分为三个阶段:第一阶段,1978~1990 年,解决人民温饱问题的阶段;第二阶段,1991~2000 年,实现总体小康的阶段;2001~2008 年,进入全面建设小康社会的阶段。为了更清楚地分析改革开放以来我国经济的增长,需要分析这三个阶段各种要素对我国经济增长的贡献。

这里运用经济增长账户来分析改革开放以来我国的 TFP 的增长。运用经济增长账户分析经济增长,参数选择对结果的影响是很大的。本文尽可能将所有的参数设定都建立在经验数据的基础上,以便更准确估计 TFP 的增长。

(1) 方法。总生产函数设定为 Cobb – Douglas 生产函数形式:

$$Y = AK^{1-\partial}L^{\partial}$$

其中,Y 是总产出,A 是综合技术水平,K 是资本存量,L 是社会就业人数,∂ 是劳动份额。

总产出的增长可以分解为资本积累、就业增长、TFP 增长:

第三章 经济发展水平与经济总体特征变化

$$\frac{dY}{Y} = \frac{dA}{A} + (1-\partial)\frac{dK}{K} + \partial\frac{dL}{L}$$

其中，资本对经济增长的贡献为 $(1-\partial)\frac{dK}{K}$，劳动的贡献为 $\partial\frac{dL}{L}$，TFP 的贡献为 $\frac{dA}{A}$。

(2) 数据。

① 国内生产总值和就业人数。1978～2008 年国内生产总值和就业人员的数据来自 2009 年《中国统计年鉴》。国内生产总值以 1978 年不变价值计算。

② 资本存量。资本存量的估计采用永续盘存法。运用永续盘存法需要得到基期资本、各期投资、折旧率和投资品价格指数等数据。由于固定资产中建筑和设备的性质差别很大，折现率也不同，这里分别计算建筑和机器设备的基期资本存量，然后将它们加总。

资本存量的估计以 1952 年为基期，1952 年的资本存量等于 1953 年的投资除以 1953～1958 年投资的平均增长率加上折旧率，折旧率采用 Wang 和 Wu (2003) 的研究结果，假定建筑的使用年限为 38 年，机器设备的使用年限为 12 年，则建筑的折旧率为 8%，机器设备的折旧率为 24%。按照这种方法估计的以 1978 年价格计算的 1952 年的建筑的资本存量为 339.57 亿元，设备的资本存量为 50.41 亿元，总资本存量合计 389.98 亿元。

由于投资中建筑和机器设备的结构会发生变化，为了得到总投资的折现率，需要对建筑和机器设备的折现率进行加权平均，权重分别为投资中建筑和机器设备的份额。

运用《中国统计年鉴》中固定资产形成总额这个指标衡量投资。国家统计局计算的固定资产形成总额，是在固定资产投资中扣除对土地以及对旧的建筑和设备的支出，然后加上对小规模投资项目的支出。因此和固定资产投资这个指标相比，固定资产形成总额是衡量投资的更准确的指标。但固定资产形成总额这个指标的缺陷是没有分解不同类型的投资，而固定资产投资中有关于建筑和设备投资的数据。为了解决这个问题，假定固定资产形成总额中建筑和设备的份额同固定资产投资中建筑和设备的份额相同。建筑投资还要扣除对房地产的投资。

1990 年之后，国家统计局分别统计了建筑和设备的价格指数。在 1978～1989 年，假定建筑的价格指数等于建筑行业增加值的价格指数，机器的价格指数等于机器行业产出的价格指数。在 1978 年之前，则假定两种投资品的价格指数等于总固定资本形成总额的价格指数，Hsueh 和 Li (1999) 估计了 1978 年之前固定资产形成总额的价格指数。

③ 劳动报酬的份额和资本报酬的份额。为计算劳动和资本对经济增长的贡献，需要得到劳动和资本在国民经济中的报酬份额，统计年鉴中没有运用收入法计算的全国国内生产总值，但有运用收入法计算的各省的国内生产总值，将各省的劳动报酬加总，除以加总的各省GDP，就得到各期全国的劳动报酬份额，然后用1减去劳动报酬的份额得到资本报酬的份额。为检验通过这种方式估计的数据的合理性，运用1987年、1995年、2005年的投入产出表计算当年的劳动报酬份额，结果为49.7%、46.9%、42.3%，与通过上述方式估计的三个阶段劳动报酬的份额非常接近，说明运用上述方式估计的劳动报酬份额是比较可靠的。

（3）估计结果。表3-9给出了估计的结果。

表3-9　　　　　　　　中国经济增长的因素分解　　　　　　　　单位：%

时期		1978~1990	1991~2000	2001~2008	1978~2008
GDP增长率		9.02	10.56	10.46	9.80
各要素的贡献	资本	4.29	5.25	6.02	5.27
	劳动	2.13	0.54	0.36	1.02
	TFP	2.60	4.77	4.08	3.51

从表3-9中可以看出，改革开放以来，资本对我国经济增长的贡献最大，30年平均每年对经济增长的贡献达到5.27个百分点，且资本对我国经济增长的贡献上升较快，在1978~1990年，平均每年资本对经济增长的贡献为4.29个百分点，在1991~2000年，平均每年资本对经济增长的贡献为5.25个百分点，在2001~2008年，平均每年资本对经济增长的贡献上升至6.02个百分点。资本对我国经济增长的贡献较大，是因为我国投资的增长速度一直很快。作为一个发展中国家，我国的人均资本存量较低，特别是还有大量劳动力需要从农村转移到城市，因此投资增长较快具有合理性。近年来，我国城市化步伐加快，这是我国投资迅速增加的重要原因。

过去30年，劳动力每年对经济增长的平均贡献为1.02个百分点。在1978~1990年，劳动力每年对经济增长的平均贡献为2.13个百分点；在1991~2000年，劳动力每年对经济增长的平均贡献为0.54个百分点；在2001~2008年，劳动力每年对经济增长的平均贡献为0.36个百分点，下降趋势明显。这主要是因为改革开放以来我国就业人员增长速度放缓，在1978~1990年，就业人员年均增长4.06%，在2001~2008年，就业人员年均增长1.07%，在1978~1990年，就业人员年均增长0.85%。未来我国每年新增劳动力还将逐渐减少，劳动力对经济增长的贡献还会下降。由于数据条件的限制，这里仅估计了劳动力数量增长对经济增长的贡献，没有估计人力资本提高对经济增长的贡献。

过去30年，TFP平均每年对经济增长的贡献为3.51个百分点，在我国经济增长中发挥了重要作用。在1991~2000年，TFP对经济增长的贡献高达4.77个百分点，在2001~2008年，TFP对经济增长的贡献达4.08个百分点。

3. 改革开放以来全要素生产率增长的主要原因。从上一小节可以看出，改革开放以来，TFP增长对促进我国经济增长发挥了重要作用。结合中国的实际分析，导致改革开放以来中国全要素生产率快速增长的主要因素有：

（1）技术进步。技术进步是影响TFP增长的一个比较核心的因素，技术进步对于经济增长的影响主要体现在技术进步使得同样的投入比以前产出更多。随着经济的发展，要素的积累必将受到各种限制，比如人口增长的限制、资源的限制等，持续的经济增长必将更多地依赖技术的进步。关于过去二十多年，技术进步对于中国经济增长的贡献，李善同等（2002）的研究认为，1982~1997年全要素生产率的增长很大一部分归因于技术进步。

（2）体制改革为全要素生产率的增长提供稳固的制度基础。其中最为典型的就是改革开放初期的农村家庭联产承包责任制的出台。这一时期经济的快速增长主要来源农业的增长，而农业的增长在很大程度上得益于政府对家庭生产的控制的放松导致旧体制被打破所释放的增长潜力，农民的劳动积极性得到很好的发挥。后来的非公有制经济的发展同样对整体的全要素生产率的增长起着十分重要的作用。Jefferson（1993）、Otsuka等（1998）的研究表明非公有制经济存在更高的全要素生产率。世界银行（1997）的研究表明国有企业劳动资源的重新配置对经济增长的贡献达到0.5个百分点。

（3）要素的重新配置对过去二十多年中TFP的增长起着十分重要的作用。这里的要素包括资本、劳动力，也应该包括在我们前面的核算框架中未单独列出的土地等要素。要素的重新配置主要体现在要素由低生产率部门向高生产率部门转移从而提高整体的全要素生产率。对于劳动力转移对于中国的经济增长的作用的研究已经很多了。如Maddison（1998）研究指出1978~1995年劳动力的优化配置对GDP增长的贡献为19%，即导致GDP每年增长1.44个百分点；世界银行（1997）的研究成果表明1985~1994年劳动力的再配置对GDP增长的贡献大约为10%，即每年导致GDP增长1个百分点；胡永泰（1997）研究指出1979~

1993年劳动力再配置导致GDP每年增长1.1个百分点，1985~1993年劳动力优化配置对GDP增长的贡献是每年1.3个百分点。

（4）对外开放与外商直接投资。对外开放不仅扩大了市场范围，也引进了资金和技术，对于提高国内的技术水平起着十分重要的作用。技术先进的外商投资企业对于国内企业起到一定的示范作用，存在很强的技术溢出效应，从而带动全社会整体的技术改进。Fan（1999）利用20个省28个制造业部门的数据研究指出外资企业的TFP要明显高于内资企业，并且对内资企业存在着很强技术溢出效应，尤其是劳动密集型行业；Chen（2002）研究指出在消费品生产领域，外商投资企业比重较高的部门的TFP要明显高于内资企业。同时市场的开放带来的是竞争的加剧，迫使国内企业不断提高自身的生产率。随着WTO影响的不断深入，国际贸易将更加促进我国的比较优势产业的发展，进一步带来要素的合理配置。这些都将对于全要素生产率的提高起着积极的作用。

（5）劳动力素质的提高。过去二十多年劳动力素质得到了明显的提高，特别是90年代以来，随着我国的教育事业的蓬勃发展，人口的整体素质以及劳动力的素质都得到了快速的提高。文盲率逐年下降，1990年我国的文盲人口总数达到18 156万人，人口文盲率为15.88%，2002年文盲人口减少到11 740万人，人口文盲率减少到9.16%；平均受教育年限不断提高，2002年我国6岁及6岁以上人口平均受教育年限达到7.73年，比1990年的6.26年提高了近1.5年，主要由于大学以上文化程度的人口不断增加以及中等教育发展较快，大学以上受教育人口的比重由1990年的1.42%上升到2002年的4.41%。Bosworth和Collins（2008）估计人力资本（主要是教育）平均每年对我国经济增长的贡献是0.3个百分点。随着我国劳动力增速放缓，未来我国应该加快教育投资，积累劳动者的人力资本，增加有效劳动。

（6）基础设施以及服务业的发展。基础设施以及服务业的发展，一方面可以提高生产的效率，另一方面可以更好的优化资源的配置从而提高整体经济的增长水平。改革开放以来，我国基础设施得到很大的改善，促进资源更加合理的配置，从而发挥其最大的效益。现代物流业快速发展，大大缩短了商品流动的时间和成本，从而提高了生产效率。

（7）其他因素。影响TFP增长的因素还非常多，比如宏观经济政策、经济周期波动等等。如果宏观经济增长较快、波动较小，资源利用效率较高，TFP增长就相对较快；如果宏观经济增长停滞、或出现大幅波动，就会出现资源闲置，导致TFP增长较慢。

(二) 分行业全要素生产率的增长

从行业层面上估计 TFP 的增长也具有重要意义。计算行业层次的 TFP 增长，可以让我们具体分析中国经济增长来源，区分不同行业投入要素对经济增长的贡献，发现经济结构中存在的问题。任若恩和孙琳琳（2009）、曹静等（2010）是近期研究分行业 TFP 比较重要的研究成果。

任若恩和孙琳琳（2009）使用 KLEMS 框架测算我国行业层次的 TFP 增长率，见表 3-10。

表 3-10　　　　　　　　分行业的 TFP 增长　　　　　　　　单位：%

行业＼年份	1981~1984	1985~1988	1989~1994	1995~2000
农、林、牧、渔业	4.78	-0.73	2.58	5.17
煤炭采选业	6.91	3.08	-2.74	2.63
金属和非金属采选	-1.82	1.55	-0.01	3.75
石油和天然气开采	-8.81	-17.06	-10.59	-4.73
建筑业	0.34	3.90	0.50	-2.93
食品加工制造及饮料业	0.64	0.94	1.65	-2.03
纺织业	1.68	4.40	0.58	2.34
服装及其他纤维制品制造	5.48	6.63	3.91	-1.99
木材业	-7.44	4.60	5.15	0.14
家具业	-4.73	3.90	5.94	1.90
造纸业	3.55	10.95	3.47	0.79
印刷出版业	2.88	6.05	2.26	-0.28
化学原料及化学制品制造	6.93	2.97	2.45	-0.80
石油加工及炼焦业	7.54	-14.03	0.58	4.58
皮革毛皮羽绒及其制品业	7.01	4.40	1.88	-0.77
非金属矿物制品业	-0.21	3.75	1.02	3.73
金属冶炼及压延加工业	4.28	-0.43	-1.41	6.30
金属制品业	4.19	4.66	3.58	1.04
普通机械制造业	6.46	8.12	2.36	2.59
电气电子机械器材制造业	7.77	9.60	4.89	3.94
汽车制造业	7.45	5.97	2.08	0.00
其他运输设备制造	8.37	6.53	4.09	-1.30

续表

年份 行业	1981~1984	1985~1988	1989~1994	1995~2000
仪器设备业	4.57	4.84	3.99	3.68
橡胶和塑料	7.92	3.73	2.73	-0.29
其他制造业	-2.27	2.70	0.58	-0.55
交通运输业	5.57	6.72	1.44	-4.53
邮电通信业	5.35	5.25	8.48	0.16
电力工业	4.80	1.26	-0.45	-5.22
煤气行业	91.00	-3.72	-1.70	-1.72
商业	6.28	11.63	0.48	-0.92
金融保险业、房地产业	-16.39	-13.26	-4.38	-11.09
其他服务业	0.26	-0.54	2.10	-2.36
政府机构	0.87	3.37	-0.46	-0.30

资料来源：任若恩和孙琳琳（2009）。

表3-10给出了四个时期的各个行业的TFP增长率情况，可以看到大部分行业的TFP增长率在1988年前有迅速增长；而1994年后很多行业的TFP增长率出现了明显回落。1981~1984年期间，TFP增长最快的行业是运输设备行业、电气电子机械器材制造业、普通机械行业和仪器设备制造业，1984~1988年期间，TFP增长最快的行业是造纸业、电气电子机械器材制造业、交通运输业、服装业，1988~1994年期间，TFP增长最快的行业是邮电通信业、木材业、家具业、电气电子机械制造业；1994~2000年期间，TFP增长最快的行业是金属冶炼加工业、农业、电气电子机械制造业。

1981~2000年，TFP增长率平均最高的是电子及通信设备制造业（6.04%）；其他TFP增长率较高的行业还包括邮电通信行业（4.68%）、普通机械制造业（4.29%）、仪器设备制造业（4.16%）、农业（3.05%）。而TFP增长率最低的行业是金融保险房地产业，1981~2000年TFP增长率平均为-10.26%；其次为石油天然气开采业（-9.82%）、煤气行业（-1.72%）、电力行业（-0.76%）、其他服务业（-0.16%）。

曹静等（2010）使用了1982~2000年时间序列的投入产出表，结合家计调查与人口普查数据估计劳动投入数据，以及根据永续盘存法估计的资本投入等数据，对中国经济体制改革后的总量TFP与行业TFP的增长进行了测算，估计结果见表3-11。

表 3-11　部门全要素生产率（TFP）年均增长率　　　　单位：%

部门 \ 年份	1982~2000	1982~1984	1984~1988	1988~1994	1994~2000
Ⅰ.第一产业	2.6	4.1	-1.4	2.2	5
Ⅱ.第二产业	1.4	3	2.1	1.3	0.7
煤炭采选业	0.8	4.9	1.8	-3.1	2.6
金属和非金属采选	1.2	-1.9	0.8	-0.2	3.7
石油和天然气开采	-10	-7.6	-18.1	-10.7	-4.6
建筑业	-0.2	0.2	2.8	0.5	-3.2
食品加工制造及饮料业	0.2	0.8	0.8	1.9	-2
纺织业	1.6	0.9	4	-0.4	2.3
服装及其他纤维制品制造	2.7	5.6	6.4	3.9	-2.1
木材业	2.4	-2.7	4.2	5	0.1
家具业	3.4	1.3	3.3	5.8	1.9
造纸业	4.8	9.5	10.3	3.7	0.8
印刷出版业	2.4	5.1	5.1	2.3	-0.2
化学原料及化学制品制造	1.6	4.7	2.2	2.2	-0.5
石油加工及炼焦业	-1.5	4.9	-15.7	-1.1	5.4
皮革毛皮羽绒及其制品业	2.2	8.2	4.5	1.9	-0.9
非金属矿物制品业	2.2	1.3	2.7	0.8	3.7
金属冶炼及压延加工业	1.6	3.2	-1.6	-1.8	6.5
金属制品业	2.9	4.4	4.1	3.5	0.9
普通机械制造业	4.1	9.1	6.9	2.3	2.5
电气机械器材制造	5.6	6.4	8.6	4.9	4
汽车制造业	2.9	10	5.4	1.8	0
其他运输设备制造业	3.1	9.6	5.4	3.9	-1.3
仪器、设备业	3.9	4.1	3.9	3.8	3.8
橡胶和塑料	2.4	8.1	3.4	2.8	-0.5
其他制造业	0.6	0.8	2.4	0.7	-0.7
电力工业	-2	2	0	-1.4	-5.1
煤气行业	-2.7	-1	-5.2	-2.5	-1.8
Ⅲ.第三产业	-0.6	4.5	1.2	0.1	-3.5

资料来源：曹静、HO、Jorgenson、任若恩和岳希明（2010）。

经过比较，我们可以看出曹静等（2010）的计算结果和任若恩和孙琳琳（2009）非常接近。因此，他们的研究成果能够比较合理地反映中国行业 TFP 的增长。从研究结果来看，可以得出一个总体的结论：改革开放以后，制造业持续有较快的 TFP 增长，而农业的 TFP 增长率也比较高，超过了大部分采选业和服务业，服务业中只有邮电通信业的 TFP 有明显增长。垄断行业如采选业、煤气、电力、政府机构、金融保险地产行业的 TFP 增长率都比较低。

三、未来我国全要素生产率增长的趋势

从 TFP 增长的一般规律来看，在工业化早期，TFP 对经济增长的贡献较低，而实物资本积累的贡献较高；随着经济进入成熟阶段，以实物资本积累为基础的增长模式被以效率提高为基础的增长模式代替。经过改革开放 30 多年的发展，我国农村剩余劳动力已大规模转移到城市就业，近年来出现的"民工荒"，说明农村剩余劳动力已不再是无限供给；我国开始进入老龄化社会，劳动力供给和居民储蓄的增长都会放缓。我国劳动力成本将不断上升，资本的进一步积累面临边际报酬递减。未来我国经济增长不可能像过去一样依靠廉价的劳动力和资本，我国需要转变发展方式，进一步提高 TFP 对经济增长的贡献。

未来我国 TFP 的增长速度，取决于影响 TFP 的一系列因素。就我国而言，未来能够有效提高我国 TFP 的因素有：

首先，科技水平的提高。王小鲁等（2009）通过计量方法估计，1999～2007 年，科技进步平均每年对经济增长的贡献为 0.3 个百分点。我国和国外在科技水平上仍存在很大差距，无论是通过引进吸收还是自主创新，科技进步的空间都很大。未来我国经济的快速增长会促进了国家和企业对 R&D（研究与开发）投入的增加，激励技术创新和进步，R&D 投入的增长反过来又促进经济的增长，形成良性循环。

其次，资源配置效率的改善。例如，加快使劳动力从劳动生产率较低的部门（如农业）转向劳动生产率较高的部门（非农业），由此提高劳动生产率；资本由低效率的产业转移到高效率的产业。2009 年，我国第一产业就业人员比重 38.1%，如果今后平均每年降低 1 个百分点，可对经济增长贡献约 0.5 个百分点。Hsieh 和 Klenow（2009）研究认为，中国制造业资源配置存在很大的扭曲，如果制造业内部的资本和劳动重新优化配置，使边际产出达到美国的水平，中国的 TFP 水平可以提高 30%～50%。如果未来 20 年这种优化能够促进 TFP 增长 20%，TFP 平均每年至少可以增加 0.9 个百分点。

第三，人力资本的积累。从前面的分析中可以看出，在经济发展进入较高阶段之后，人力资本对经济增长的贡献会相应增加。我国要转变经济增长方式，关键也在于提高人力资本。未来我国劳动力数量的增长将显著下降，通过强化教育提高人力资本增加有效劳动就显得尤为必要。政府应该加大对人力资本的投入。Galor 和 Penalosa（1999）认为，当经济发展从资本积累阶段进入到人力资本积累阶段之后，人力资本对经济增长更加重要，但资本市场的不完善会限制低收入家庭对教育进行投资，因此政府通过补贴提高低收入家庭的教育水平，既可以减小差距，又可以促进经济更好发展。2010 年，国家制定了《国家中长期教育改革和发展规划纲要（2010～2020 年）》和《国家中长期人才发展规划纲要（2010～2020 年）》，未来我国人力资本将加快积累，对经济增长的贡献会更高。

第四，基础设施的进一步完善会促进资源更加合理的配置。基础设施对经济增长具有较强的正面效应，能够提高经济整体的效率。王小鲁等（2009）通过计量方法估计，1999～2007 年，基础设施的改善平均每年对经济增长的贡献为 2.5 个百分点。尽管我国基础设施渐趋完善，但还是有很大的改善空间。

第五，经济体制改革继续深化。我国已经进行了 30 多年的经济体制改革，在很多方面取得了很大的进步。但经济体制一些深层次的问题并没有得到根本解决，特别是要素市场改革滞后，不仅降低了资源配置效率，而且造成很多严重的社会问题。改革开放以来又积累了一些新的体制问题，特别是形成一些和政府部门关系密切的利益集团，假借权力阻碍市场竞争，可能会对我国经济的长期发展造成不利的影响。Parente 和 Prescott（1994，1999）认为，经济中的垄断权力的存在是阻碍技术进步、进而阻碍经济发展的主要原因。因此，我国经济体制改革还有很大的潜力可以挖掘。

第六，对外开放进一步扩大。虽然目前我国对外开放已经取得了很大的成绩，但在对外开放中吸收国外技术进步还做得很不够，我国和发达国家在技术上还存在很大差距，未来进一步提高对外开放的水平，积极吸收国外先进技术和先进管理经验，仍是提高我国经济效率的重要途径。

第七，政府行政体制的完善和政府工作效率的提高。政府在我国经济中扮演重要角色，政府能否恰当履行公共职能并提高行政效率直接影响到国民经济的效率。Hansson 和 Henreksson（1994）通过对 1970～1987 年 14 个 OECD 国家和 14 个产业的分析，认为政府消费性支出对 TFP 有很强的负面影响。近年来，我国政府行政管理成本不断上升，造成很大的浪费。如果我国能够在政府行政管理方面有较大的改善，能够显著提高经济效率。

第三节 工业化阶段理论及其对我国的启示

由于在我国各地产业政策制定中广泛应用工业化阶段理论，而早期工业化阶段理论的前提条件已经有了较大变化，由此形成本节所要探讨的问题：沿袭早期理论划分经济阶段是否适宜。理论进展与我国发展的实际情况均表明，机械地照搬早期经济发展阶段理论作为参照系，并由此确定我国或地区的发展阶段，提出产业选择与政策建议可能有不妥之处[①]。本节以钱纳里的工业化阶段理论及其应用为对象进行探讨，全文共分六个部分：第一部分简要概括工业化阶段的相关理论；第二部分以钱纳里理论为代表探讨工业化阶段理论的内涵；第三部分是分析理论的前提条件变化对应用理论的影响，时代变迁致使理论得以确立的前提条件发生了变化，需要重新审视理论应用；第四部分分析工业化阶段理论在我国的应用特征；第五部分总结全文。

一、工业化阶段理论演变

从理论演进过程来看，经济发展阶段理论可划分为两个时期：一是，20世纪80年代及以前，由霍夫曼（1958）、罗斯托（1960）以及钱纳里（1975，1986）等人所构建的工业化阶段理论为代表。经济发展水平是发展中国家判断所处工业化阶段的理论依据，也为选择未来产业发展方向提供指导；二是，20世纪后期及当前的经济发展阶段理论，与以往的区别主要是从要素层面而不是产业层面分析经济发展的驱动力，不仅仅将工业作为经济阶段的重要内容，而是将更多因素纳入分析框架之内。由于早期工业化阶段理论在我国应用更为广泛，因此成为本文分析的重点，为分析方便，对经济发展阶段理论按时序进行回顾。

霍夫曼工业化阶段理论。霍夫曼（1931）将工业部门分为资本品工业、消费品工业和其他工业三类。资本品工业包括冶金及金属制品工业、一般机械工业、运输机械工业和化学工业；消费品工业包括食品工业、纺织工业、皮革工业和家具制造业；其他工业包括橡胶工业、木材加工工业、造纸工业和印刷工业等。若75%的工业品用于消费品，该产业即为消费品工业；反之，若75%的工业品用于资本品，该产业即为资本品工业，消费品工业净产值与资本品工业净产

[①] 为便于探讨，将钱纳里的工业化阶段理论视为相关理论的代表。

值之比,则称为霍夫曼系数。霍夫曼分析了近20个国家消费品工业与资本品工业比例关系的时间序列数据,得出了著名的霍夫曼定律:即随着工业化进程,霍夫曼系数不断下降,其后演绎为霍夫曼系数越小,重工业化程度越高,工业化水平也越高,由此他将工业化过程划分为四个阶段(见表3-12)。

表3-12　　　　　　　　　霍夫曼工业化阶段划分法

工业化阶段	霍夫曼系数	特　征
第一阶段	5（±1）	消费品工业占统治地位
第二阶段	2.5（±1）	消费品工业大于资本品工业
第三阶段	1（±0.5）	消费品工业与资本品工业相当
第四阶段	1	以下资本品工业大于消费品工业

资料来源:Hofmann W. G. . Industrial Economics. Manchesters University Press,1958.

罗斯托经济发展阶段理论。罗斯托(1960)根据投资率和主导部门两项指标将工业化过程划分为五个阶段,其后增加了第六个阶段,依次分别为:传统阶段、准备阶段、起飞阶段、成熟阶段、消费阶段和追求生活质量阶段(见表3-13)。

表3-13　　　　　　　　　罗斯托工业化阶段划分法

阶段划分	基　本　特　征
传统阶段	不存在现代科学技术,生产力水平低下
准备阶段	占人口75%以上的劳动力转移到工业、交通、商业和服务业投资率的提高明显超过人口增长水平
起飞阶段	相当于工业革命时期,投资率在国民收入中所占比率由5%增加到10%以上,有一种或几种经济主导部门带动国民经济增长
成熟阶段	投资率达到10%~20%,经济结构也发生了变化,一系列现代技术有效地应用于大部分资源
消费阶段	工业高度发达,主导部门已经转移到耐用消费品和服务业部门
追求生活质量阶段	提高生活质量的产业成为主导部门,包括教育、保健、医疗、社会福利、文娱、旅游等部门

资料来源:罗斯托.《经济成长的阶段:非共产党宣言》.中国社会科学出版社,2001年.

钱纳里工业阶段理论。钱纳里(1975,1986)等人认为,经济增长是经济结构(产业结构)转变的结果,结构转变与人均收入有着规律性联系,在不同收入水平上经济增长依次通过以消费品工业、重化工业和高科技高附加值工业为不同侧重点的增长阶段。其中,重化工业品的发展又可分为以原材料工业为重点和以加工型工业为重点的两个不同阶段。在上述过程中,经济增长具有加速趋势，而当经济发展完成工业化进入成熟经济以后，增长速度会明显放缓。钱纳里借助多国模型提出的增长模式，将随人均收入增长而发生的经济结构转换过程划分为三个阶段和七个时期（见表3-14）。

表3-14　　　　　　　　　　钱纳里工业化阶段划分法　　　　　　　　　　单位：美元

时期	人均收入 1964年	人均收入 1970年	经济发展阶段	
0	70~100	100~140	初级产品阶段	
1	100~200	140~280		
2	200~400	280~560	初期阶段	工业化阶段
3	400~800	560~1 120	中期阶段	
4	800~1 500	1 120~2 100	后期阶段	
5	1 500~2 400	2 100~3 360	初级阶段	发达经济阶段
6	2 400~3 600	3 360~5 040	高级阶段	

资料来源：H. 钱纳里等. 工业化和经济增长的比较研究. 第71页. 上海：三联书店，1986年.

世界经济论坛标准。世界经济论坛的《全球国际竞争力报告》以未来5~10年的中长期人均GDP的经济增长为基础，建立多因素决定的系统评价体系，其理论基础是新古典学派经济增长理论、技术进步内生化经济增长模型和大量经验性研究文献的综合。经济阶段划分标准与主要特征参见表3-15，表3-16列出了各阶段影响因素的权重。从形式上看，与以往理论有类似之处，都与经济水平有关且经济发展水平是外生的，都强调需求的重要性；从内容上看差异较大，产业仍是重要内容，但分析的层次更为微观，从要素角度指出不同阶段影响经济的主要动力的差异。

表3-15　　　　　　　　世界经济论坛经济阶段划分法

人均GDP（美元）	发展阶段	驱动力
<2 000	要素驱动	制度、基础建设、经济稳定性、个人安全、基础性人力资本
2 000~3 000	要素驱动→效率驱动阶段	
3 000~9 000	效率驱动	高端人力资本、商品市场效率、劳动市场效率、金融市场效率、技术程度、开放性/市场规模
9 000~17 000	效率驱动→创新驱动阶段	
>17 000	创新驱动	企业精细化、创新

表 3-16　　　　　　　　　　各阶段影响因素权重

权重	要素驱动阶段（Ⅰ）	（Ⅰ）转换（Ⅱ）	效率驱动阶段（Ⅱ）	（Ⅰ）转换（Ⅱ）	创新驱动阶段（Ⅲ）
基本需求	50%	50%→40%	40%	40%→30%	30%
效率强化	40%	50%→40%	50%	50%→40%	40%
创新深化	10%	10%	10%	10%→30%	30%

目前我国仍广泛使用以工业化阶段理论为代表的经济阶段理论，而其中对钱纳里理论应用更为普遍。尽管各工业化阶段理论有所差异，但也可看出理论的共同特征：

一是，工业化是通往发达国家的必由之路。完成工业化的国家通常人均收入水平较高，较早时期完成工业化的国家到目前仍是世界上较为富裕的国家。如 19 世纪 70 年代基本完成工业化的英国、19 世纪末 20 世纪初完成工业化的美国、20 世纪 60~70 年代完成工业化的日本等国家仍还保持着现代发达国家的经济技术水平和基本实力。

二是，供给模式变化是工业化的主导力量。工业化阶段理论均指出了需求的作用，随着人均收入水平提高，投资、储蓄和消费的方式将会发生变化，支撑产业结构变迁。但需要指出的是这一逻辑是隐含的，作为背景出现而并未得到清晰的说明。因而可以认为工业化理论实际上描述了生产函数的变化，既包含沿生产函数的移动，也包含生产函数整体的移动，但需求方的收入、消费等因素则是外生给定的。

三是，工业化表现为重化工业化、高加工度化和技术集约化。在初始工业化时期，工业结构是重化工业化，工业结构中由轻工业为主逐步转向重化工业为主。在重化工业化过程中，工业部门的增长对资本的依赖度逐步增大，工业化过程进入资本集约化阶段。随着工业化进一步发展，工业结构又逐步出现以原材料工业为中心转向以加工、装配工业为中心即高加工度化转变趋势。

四是，工业化过程也是产业顺序更替过程。各国工业化经验中隐含了工业化发展阶段的演进过程：沿着清晰的产业路线图由轻工业—重工业依次递进，由世界各国经验而形成的工业化阶段理论也成为后发国家工业化政策的重要基础。每个国家工业化进程的不同阶段总会有一个到几个主导产业在发挥作用，而后又有新的主导产业替代先前的主导产业，主导产业是顺序更替的。例如按罗斯托（1960）的观点，这种更替的大体时序为：以农业为主导的阶段→以轻纺工业为主导的阶段→以原料和燃料动力等基础工业为重心的重化工业阶段→以低度加工组装型重化工业为主导的阶段→以高度加工组装型工业为主导的阶段→以第三产业为主导的阶段→以信息产业为主导的阶段。

二、工业化阶段理论的内涵

钱纳里及其合作者的成果可划分为理论核心及引申假说两个层次。一是理论核心：随着收入水平提高，需求结构变动促使产业结构变化，由收入水平增长引起的需求结构变化促使工业结构演化；二是由此推演出的三个假说：一是工业化发展阶段呈现明显的规律性。按基准人均国民收入水平把从不发达经济向发达经济的演化过程划分为准备阶段到发达经济六个阶段[1]。二是各发展阶段代表性产业明确。大国经历早期、中期和后期三个工业化阶段，早期工业化阶段时以食品、皮革、纺织等产业为代表；中期以非金属矿产品、橡胶制品、木材和木材制品、石油化工、煤炭制品等产业为代表，后期以印刷出版、粗钢、纸制品、金属制品、机械制造等产业为代表。三是收入水平提高促进产业结构变动[2]。人均收入（1982年美元）与初级产品、制造业和非交易部门存在如下关系：人均收入364美元时，三次产业结构为38%、15%和47%；人均1 456美元时，结构为21%、24%和55%；人均5 460美元时，三次产业结构为9%、36%和55%[3]。

显然，收入增加诱致需求结构变迁并促使产业结构演进具有普遍性。无论发达国家还是发展中国家在发展过程的经验或多或少与钱纳里的理论假说一致。然而也有一些国家的发展经验与钱纳里理论的三个假说存在较大差异。

例如在澳大利亚，制造业占GDP比重最高年份是1962~1963年，约为25.5%，此后逐年下降，到2001~2002年已经下降到13%，从未达到过55%的水平。2005财政年度澳大利亚人均GDP达到44 528.84澳元，属于发达国家水平，在其发展经验中按标准形式进行的工业结构转换似乎并未出现。OECD

---

[1] H. 钱纳里等《工业化和经济增长的比较研究》，上海三联书店和上海人民出版社1995年，第70~71页。需要指出的是，钱纳里在《增长的型式：1950~1970》中也划分了阶段，其中他认为200~500美元期间约有90%的国家完成积累、配置、人口和配置三个过程，但更为直观的划分是在《工业化和经济增长的比较研究》完成的。

[2] 此处需要指出美元折算时的技术问题，由于钱纳里使用美元作为计量单位，因此在划分阶段时需要将现在的货币（如人民币）转换为美元，无论把现在的人均GDP换算为1970年美元，或者把发展阶段划分的数量标准调整为近期的美元值，都面临如何进行转换的技术性难题。事实上，H. 钱纳里等人在不同年代发表的文章和著作中一直对阶段判断标准人均国民收入进行调整。关于这一问题的详细讨论参见李善同等人在《我国经济发展阶段特征与"十五"时期产业发展的主要任务》中的论述。

[3] 钱纳里等《工业化和经济增长的比较研究》，上海三联书店和上海人民出版社，1995年，第72~75页。

(1986) 报告指出，澳大利亚产业严重依赖高数量、低附加值商品的出口，而非依赖能最大限度提升制造业部门竞争力的具有高附加值的科技产品与服务的出口。有研究指出（2006），澳大利亚增长较快的制造业部门与其资源禀赋相适应，且所生产产品具有较高技术含量和差异化程度。在澳大利亚并未发现人均收入水平和工业对增长贡献之间的关系，澳大利亚的经验也推翻了财富必须建立在工业基础之上的观点。

另一个例子是爱尔兰。若将钢铁、重化工等产业视为经济发展阶段中必须经历的，爱尔兰显然与之不符。爱尔兰发展与经济全球化下外国直接投资（FDI）密切相关，FDI 企业雇用了 50% 的爱尔兰制造业工人，主要集中在电子产品领域，分布在办公设备（19%）、电子（14%）、医药（11%）、医用器械（11%）、食品烟草等（11%），这也意味着标准型式中所需要出现的占主要地位的产业在爱尔兰的发展中并未出现。相反，现在爱尔兰已经进入服务经济时代，2000 年服务业占 GDP 比重为 49%，工业为 46%，2002 年人均 GDP 达到 3.3 万欧元。

澳大利亚和爱尔兰发展的例子表明钱纳里工业化阶段的理论并不普遍适用。一个直观印象是澳大利亚资源禀赋优势明显、爱尔兰国家规模较小，这表明工业化发展阶段理论不能解释资源禀赋突出国家的发展，以及对小国发展缺乏预见性。钱纳里（1975，1986）在构建其理论中已经指出小国经济发展的不确定性和资源禀赋对工业化过程的重要性，显然他们已经注意到特例的可能性，这意味着工业化过程应当视国情而定，而不是机械地引用。

钱纳里工业化发展阶段的理论核心无疑可供发展中国家所借鉴，但其所形成的假说及其对问题的解释中需要更多关注各个国家的特殊性，这意味着假说所陈述的三个内容并不必然出现。总体上看，钱纳里的工业化发展阶段理论概括了发达国家的历史经验，部分昭示了国家未来产业选择，但完全以钱纳里工业化阶段理论指导产业选择并不合适，这是因为发展是动态的，决定长期增长的技术进步动态变化的，因而以相对静态的理论确定国家未来产业选择有可能形成较大的发展成本。

三、工业化阶段理论前提条件变化及其影响

外部条件变化是应用钱纳里理论时所面临的重要挑战。由于条件变化使得钱纳里理论在用于对现实的解释时受到影响，这些外部条件主要包括三个方面：（1）全球化引起的产业分工模式变迁；（2）知识增长及所引起的技术进步具有

较强的不确定性；(3) 研究方法进步促使对经济增长的认识有所改变。三者在原先工业化阶段理论中被隐含了，事实上三者共同构成了工业化阶段理论的前提条件。在他们的理论中，三者被定义为：(1) 在相对封闭条件下，一国经济发展应按收入增长—需求结构—产业结构的逻辑调整国内资源配置促进经济长期发展，其中收入增长是产业结构转换的前提条件；(2) 技术进步及产业化方向是线性的可预期的，因此新产品和新产业的发展可以预见，而且不会超过所罗列的那些产业部门；(3) 产业结构转换是国家长期发展的关键，只有通过产业结构转换，经济发展才可以维持。在符合这三个假设的条件下，钱纳里的理论核心及其假设将能够完全预见一个国家产业演进的轨迹，然而当前所具有的前提条件与钱纳里所处时代有较大不同，因而应用工业化阶段理论指导产业选择必须充分考虑时代变迁。

全球化程度影响国家产业发展。一方面，当前所引用的工业化阶段理论形成于20世纪60~80年代，当时冷战仍未完全结束，这一时期的全球化程度远不及20世纪90年代后期及其后的发展。早期国家发展历程是在相对较为封闭的条件下进行的，国际贸易也是在布雷顿森林体系所建立的汇率条件下展开；而当前跨国公司主导全球资源配置过程，贸易环境与以往有了较大差异，因而在印度、爱尔兰、以色列等国出现了传统工业化发展阶段理论难以解释的现象，它们通过服务外包、国际服务贸易获得较高收入，购买其他国家的工业产品，服务业成为经济发展的主导产业；另一方面，收入增长—需求转换—产业结构变迁的逻辑也正受到全球化的影响，由于全球化影响深入，财富分配并不在国家内部进行而是在世界范围内由跨国公司主导。价值链分工是解释国际分工及收入分配的主流观点，决定一国价值链位置因素主要是创新、技术、营销等因素。收入分配越来越受制于技术、品牌等因素，对发展中国家来说在产品最终收益分配中所得较少已经限制了需求结构和偏好结构变动。而有研究指出在全球化背景下，一国工业产品出口越集中则该国越贫穷 (Branson et al., 1998)。尽管出现了如钱纳里 (1986) 所言需求结构变动引起的工业结构变动的现象，同时我国国民收入与自身相比有了较大幅度调高，但由于我国制造业处于微笑曲线的底端，劳动要素参与分配时所得收入较少，这将限制工业结构转换。

技术进步的不确定性决定了工业发展的不确定性。首先，技术进步具有较强的不确定性，新产业出现更多依赖于技术进步，因此出现新产业的可能性将会改变不同发展阶段产业的侧重点。可以设想钱纳里 (1986) 等人所处时代很难料想到计算机、通讯等高技术制造业、新能源、互联网、基因技术等产业对20世纪中后期到21世纪初期的经济增长的作用，我国很多地区通讯及电子信息产品制造业已经取代了石化产业成为工业中产值最高的部门,同时我国传统的支柱性产业纺织产业因使用了新设备和新技术而在工业中的比重仍然较高。因此,若仍亦步亦趋地照搬钱纳里理论,显然并不合理。由此可以看出,未来产业演进方向隐含有众多未知因素和偶然性,因此,所谓产业顺序更替即产业路线图也只能是对已有产业的概括和总结,而不是基于对未来的展望;其次,从收入到需求然后到生产结构的逻辑中忽视了供给诱导需求的可能性。通常消费者的偏好结构固定,具有企业家精神的公司开发新产品并开拓市场将诱发消费者需求。最为典型的是原本用于科学研究的计算机及互联网技术进入普通家庭,改变了人们的生活方式和生产方式,所以消费需求并非简单地随着收入水平变化而按过去的规律变化。如果按照钱纳里(1986)的标准将国家资源集中于重工业,仍然生产他们所提及的钢铁、化工等产品,而忽视技术进步所形成的新产品,似乎并非钱纳里等人的本意。最后,忽略技术进步有可能导致制定僵化的产业政策。应分析各种要素在生产中的贡献,并对此设计相应政策。鼓励企业发展并不是因为它属于某个产业,而应看这个企业使用了何种技术。例如使用基因技术、信息技术改进农业生产,将有助于提高农产品产量和质量,但是如果仍按照传统理论中产业结构转换来设计政策,由于工业和服务业的发展被视为更加重要,农业生产不应受到产业政策扶持,应用基因和信息技术生产的农产品仍然是初级产品,所以不应该得到产业政策支持。

  理论发展深化了对经济增长的认识。首先,配置效率是钱纳里等(1995)论述中的重要论据,他们计算的配置效率支持了工业结构转换。然而需要指出的是在他们对经济增长的分解中考察了资本、劳动力、全要素生产率和配置效率,仍然有未能纳入一些对工业结构转换有重要影响的变量,例如并未考察规模报酬递增的影响。规模报酬递增的重要性已经得到充分认识(Grossman and Helpman,1991),Kremer(1993)的实证研究则表明增长中规模效应的存在性。然而工业化阶段理论在增长的分解中并未考察规模报酬递增对经济增长的贡献,在极端情况下,一个国家只要能够不断实现规模报酬递增,那么工业结构转换并非必要,以服务外包、电子信息等高科技产品为主的国家如以色列、爱尔兰等,重化工工业部门对它们的意义可能并不大。其次,经济学理论进展也改变了对经济增长的认识。经济学关注效率与公平,因此尽管经济发展包含了经济增长、收入分配、区域发展等多个方面内容,但其核心仍然是经济增长。从理论发展来看,经济增长理论较之早期的哈罗德(1981)模型有了显著不同,资本和劳动力投入重要性仍然不可忽视,但技术进步的重要性越来越突出,技术不仅通过产品创新改变消费偏好结构,也在很大程度上决定了收入分配。钱纳里(1975)的论著中技术进步或者全要素生产率探讨较少，而在钱纳里（1986）的著作中更多关注了全要素生产率，这一变化也表明理论是不断发展和变化的，即便是经济阶段划分也不存在单一的、始终不变的标准[①]。

从理论所处的时代背景来看，工业化阶段理论是对发达国家早期经验的概括和提炼，尽管如此，这一理论的核心收入增长——消费变动——产业结构调整的逻辑仍然成立，但这一理论所推演的假说受时代限制较大，对现有发展经验的解释以及未来区域发展的预见力受到影响，因此需要在全球化、知识经济的背景下，运用新的研究技术和方法重新分析工业化发展阶段，以期更好地为产业发展提供指引。

四、工业化阶段理论在我国的应用

我国广泛使用罗斯托（1960）、霍夫曼（1958）等、钱纳里（1975，1986）的理论判断发展阶段，其中钱纳里（1986）工业化发展阶段理论简明扼要，在我国得到广泛应用。判断所处发展阶段、选择主导产业方向是我国区域制定产业政策时常见的思路。由于发展阶段判断常常会影响国家或地区产业选择和产业政策导向，因此划分发展阶段具有较强的政策意义。若理论表明各区域均处于相同或相近的发展阶段时，它们产业选择和产业政策也就具有一致性，将促使要素向同一方向流动，这种微观层面的产业选择将累积成巨大的宏观后果，因此，应用理论所形成的偏误，将有可能形成巨大的发展成本。目前我国应用工业化阶段理论两个显著特征：

一是，各级政府普遍使用工业化阶段理论。各级政府的发展政策中经常见到"我国处于工业化中后期或者某省、某市处于工业化中后期，因此重化工业应当是产业结构调整方向"的观点，而且所设计产业政策激励要素向重化工业领域流动。但是，对一个地区使用工业化阶段理论本身是错误的。即使假设工业化阶段理论完全适用，它的使用也应当符合这样一个逻辑：（1）工业化阶段理论是对工业化国家的经验概括和提炼；（2）应用理论的对象应当是一个国家；（3）只有在国家层面上使用工业化阶段理论才是有意义的。因此，工业化发展阶段理论适用于国家而不是一个地区，钱纳里以国家为对象归纳出的经验性规律，当然他的理论也只能应用于国家，而不能用于地区发展，然而我国各地普遍使用工业化发展阶段理论，例

[①] 钱纳里（1986）书中指出标准型式是依据15个有投入产出表的国家进行的，本文认为在当时能够有投入产出表的国家应当是较为富裕的国家，因此标准型式就是早期发达国家的发展历程。

如在安徽部分城市发展的指导性文件中均可发现相关观点：滁州处于工业化初期阶段向工业化中期阶段升级（2009，滁州经济社会发展系列分析报告之三）、合肥处于工业化的中后期阶段（2006，合肥工业布局规划）、安庆处于工业化初期向中期转变阶段（2009，统计局对安庆市经济发展所处阶段的认识）、芜湖处于工业化后期阶段（2008，芜湖市城镇体系空间利用总体规划）、蚌埠处于工业化中级阶段初期水平［2006，蚌埠市城市总体规划（2005～2020）］、淮南处于工业化中期阶段（淮南市委中心组理论学习会议，2010）。

二是，地方发展重化工业产业的理论依据。由于钱纳里理论清晰简洁且有清楚的产业路线图，因此我国一些地方政府经常简单地使用工业化发展阶段理论指导产业选择，将政府激励与产业项目选择联系起来，如许多地区简单地照搬钱纳里理论，意在通过判断其仍处于重化工业化阶段，因而需要发展大型石化、钢铁等项目。此时，钱纳里理论成了促进地方经济发展而发展大项目的"理论依据"。显然，地方政府选择工业化阶段中所揭示的那些产业，其结果是资源错误配置。例如国内某一地区资源禀赋特征较为适合发展农业，而且长期以来农业生产规模也较大，当使用工业化阶段理论时可以得出该地处于工业化前期，因此大力发展食品、皮革、纺织等工业，以提高工业比重。如果所有适宜发展农业的地区均采用该理论，其后果至少可形成两个显而易见的问题：一是产业政策引导资源配置流向非农产业，这将损害农业生产，从宏观上看极易导致农产品供给不足；二是非农产业集中在特定领域，也容易使得这些产业领域的产品供给过剩。因此从适用前提来看，地区发展均不应生硬照搬工业化阶段理论。

微观上以工业化发展阶段理论为指导进行产业选择和产业政策设计，直接的宏观后果是我国经济发展的重工业化趋势十分明显：一是在重工业占工业总产值比重2009年达到70.5%，与大跃进时期工业结构相似。二是从时间序列来看，近年来重工业在工业中的比重不断增加。1991～2000年期间，重工业企业总产值占工业总产值由53.7%升至60.2%，10年增长了6.5个百分点；而2000～2009年间则由60.2%升至70.5%，9年增长了11.1个百分点[1]。重化工业化快速发展已使得我国经济可能过度的重化工业化，集中表现重化工产业产能过剩[2]，以钢铁产业为例，从2003年开始进行调控，以遏制钢铁产能过剩，然而到2005年底已形成炼钢能力4.7亿吨，还有在建能力0.7亿吨、拟建能力0.8

---

[1] 我国统计中重工业指为国民经济各部门提供物质技术基础的主要生产资料的工业，包括采掘（伐）工业、原材料工业、加工工业。

[2] 产能过剩这一概念仍需进一步研究。

亿吨，全部建成后我国炼钢产能将突破 6 亿吨；而到了 2008 年我国粗钢产能 6.6 亿吨，需求仅 5 亿吨左右，约 1/4 的钢铁及制成品依赖国际市场。2009 年上半年全行业完成投资 1 405.5 亿元，目前在建项目粗钢产能 5 800 万吨，多数为违规建设，如不及时加以控制，粗钢产能将超过 7 亿吨，产能过剩矛盾将进一步加剧[①]。2009 年我国钢材出口为 905 美元/吨，而进口则为 1 104 美元/吨，我国钢铁产业产品附加价值仍偏低，更多依靠产出规模扩大。

简单重复发达国家以往的经验将导致较为负面的宏观后果，继续沿用工业化阶段理论仍可得出我国仍有很多地区迫切需要发展重化工业的结论，但在资源环境约束越来越强的情形下，这种局部的、微观的理论应用将伤害我国宏观经济。在使用钱纳里理论指导国家发展时，必须考虑我国所处发展环境的特殊性，主要表现在三个方面：

一是，从我国发展实践的角度来看，机械照搬早期的理论而制定发展政策所可能导致较大的发展成本。在 GDP 规模最大化的激励下，地方政府主导产业发展方向选择更倾向于高投入高产出的大项目，当地方政府均采取类似行动时，便形成较为难以改变的宏观后果。有学者指出，我国有时不是按照经济合理性来决定是否开展重化工业，而是用扭曲的、拔苗助长的方式，通过低息的银行贷款和扭曲的土地价格，甚至是零地价的方式来支持这方面的投资。在目前的投融资体制之下，这样一哄而起的投资很可能变成新一轮银行的呆账和坏账，造成的代价将会非常大（林毅夫，2005）。

二是，处于全球分工价值链的低端环节，国内的产业结构转换受制于跨国公司主导的全球产业分工，且有陷入路径依赖的可能。在工业化阶段理论指导下，地方政府以简单地扩大生产规模实现重化工业化，但也形成"中国生产什么，什么便宜"的格局，所得收入较少，限制了需求结构转换；工业化阶段理论中产业发展路线图束缚了地方选择支柱产业的视角。

三是，能源日益成为制约经济发展的瓶颈因素。2009 年中国 GDP 为 34.05 亿元，比上年增长 8.7%，按现行汇率测算，合 51 700 亿美元，约占世界 GDP 的 8%。与此同时，能源消耗占世界的比重不断提高。2009 年中国能源消费总量达 31 亿吨标准煤，比 2005 年高出 8.7 亿吨（国际能源署认为已经达到 32.2 亿吨，且超过美国 31.1 亿吨标准煤）。其中，煤炭消费量为 25.58 亿吨，约占世界煤炭消费的 46.9%，相比 2008 年增长 9.6%；原油 4.05 亿吨，约占世界原油消

---

① 引自 2010 年《关于抑制部分行业产能过剩和重复建设引导产业健康发展的若干意见》。http://www.gov.cn/zwgk/2009-09/29/content_1430087.htm。

费的10.4%，相比2008年增长6.4%；天然气887亿立方米，约占世界天然气消费的3%，相比2008年增长9.1%[①]。国家发展和改革委员会发布的有关数据显示，2010年一季度全国有12个地区单位地区生产总值能耗上升；电力、钢铁、有色、建材、石化、化工等六大高耗能行业增长19.6%，同比加快17.3个百分点，全国单位国内生产总值能耗上升3.2%[②]。能源消费持续增加不仅增加了对外部能源的依赖，也造成节能减排压力不断增大。在新能源尚未大规模投入使用时，重化工业化的能源需求已经成为我国未来发展的关键，由此引发的能源领域投资规模也日益增长，形成了重化工业化投资增长——能源领域投资增长的正反馈过程，所积累的投资规模越来越大，一旦出现市场需求萎缩，这种重化工业化模式将放大宏观经济风险。

五、结论

钱纳里工业化发展阶段理论内核仍具有现实意义。在理论中包含了需求诱导供给的思想，收入增长诱使需求偏好结构变化最终改变产业结构的思路仍然值得借鉴（钱纳里，1975；库兹涅茨，1989）。他们从跨国比较中得到工业化阶段和收入之间的关系，计算了结构转换的配置效率，论证了工业结构转换的合理性，确立了收入增长、需求结构变动、生产结构变动的逻辑关系，这一逻辑可为发展中国家产业政策制定提供指引。

然而，我国有些研究将钱纳里的标准型式作为理想状态下的参照系并据此提出政策建议，这会导致对工业化阶段理论的误用，突出表现在两个方面：一是地方政府经常引用工业化阶段理论制定产业政策。工业化阶段理论以国家为研究对象，其分析框架也只能应用于国家；局部地区不宜使用工业化阶段理论判断发展阶段并制定产业发展政策，否则将对整体宏观经济带来较大的负面影响。二是宏观研究中简单化照搬工业发展阶段理论。只是简单将人民币换算成美元，而极少考虑全球化、产业垂直分工及收入分配等前提条件的变化及其对工业化阶段理论的影响，因而结论也可能是有偏的。

如果仍需要判定我国所处的经济发展阶段并由此推演产业政策，我们认为可继续遵循工业化阶段理论的逻辑和分析思路，但应当注意以下几个方面：（1）应深入研究外部条件变化对理论的影响，由于理论得以成立的前提条件已

---

① 根据BP发布《BP statistical Review of World energy》june 2010，见 www.bp.com.cn。
② http：//www.clii.com.cn/news/content-309275.aspx。

经有了重大变化，使用早先的结论要谨慎；（2）改变对产业发展路线图的认识，产业演进并不是顺序递进关系，而应当是平行关系，因此任何产业不断提高生产效率和产品品质，都可成为支撑区域发展的支柱产业；（3）对收入—需求结构—产业结构关系进行跟踪并开展更细致的研究，观察我国消费升级的影响因素以及趋势，充分考虑国际产业分工对产业演进的制约以及对消费需求的影响。

本章第一节执笔人：许召元；本章第二节执笔人：刘明、李善同；本章第三节执笔人：高春亮、李善同。

参考文献

[1] 原著为 Rostow, W. W, The Stages of Economic Growth: a Non – Communist Manifesto, Cambridge U. 1960, 中译本为［美］W. W. 罗斯托. 经济增长的阶段［M］. 北京：中国社会科学出版社. 2001.

[2] H. 钱纳里等：《工业化和经济增长的比较研究》，上海三联书店和上海人民出版社1995年版。

[3] 罗伊·哈罗德：《动态经济学》，北京：商务印书馆1981年版。

[4] 林毅夫：重化工业化道路与南北经济转型之辩。

[5] 西蒙·库兹涅茨著：《现代经济增长——速度、结构与扩展》，北京经济出版社1989年版。

[6] 格罗斯曼，赫尔普曼：全球经济中的创新与增长. 何帆等译. 中国人民大学出版社2003年版，原作发表于1991年。

[7] 转引自 B. 沙玛；朱竹颖；徐一珊，研发战略与澳大利亚制造业：重点与效率的实证调查报告，经济资料译丛，2004年第4期。

[8] 李京文、乔根森、郑友敬、黑田昌裕：《生产率与中美日经济增长研究》，北京：社会科学文献出版社1993年版。

[9] 郑玉歆："全要素生产率的测算及其增长的规律——由东亚增长模式的争论谈起"，《数量经济技术经济研究》1998年第10期。

[10] 王小鲁、樊纲：《中国经济增长的可持续性》，北京：经济科学出版社2000年版。

[11] 李善同等：《生产率与我国经济增长的可持续性》，国务院发展研究中心调研报告，2002年第108号。

[12] 张军、施少华：《中国经济全要素生产率变动：1952～1998》，载于《世界经济文汇》，2003年第2期，第17～24页。

[13] 易纲、樊纲、李岩：《关于中国经济增长与全要素生产率的理论思考》，载于《经济研究》，2003年第8期，第13～20页。

[14] 郑京海、胡鞍钢：《中国改革时期省际生产率增长变化的实证分析（1979～2001年）》，《经济学（季刊）》，2005 年第 4 卷第 2 期，第 263～296 页。

[15] 邱晓华、郑京平、万东华、冯春平、巴威、严于龙："中国经济增长动力及前景分析"，《经济研究》，2006 年第 5 期，第 4～12 页。

[16] 林毅夫、任若恩，"东亚经济增长模式相关争论的再探讨"，《经济研究》，2007 年第 8 期。

[17] 段文斌、尹向飞，"中国全要素生产率研究评述"，《南开经济研究》，2009 年第 2 期。

[18] 任若恩，孙琳琳，"我国行业层次 TFP 估计：1981～2000"，《经济学（季刊）》，2009 年第 3 期。

[19] 曹静、Mun S. Ho、Dale W. Jorgenson、任若恩、孙琳琳、岳希明，"中国分行业全要素生产率及加总测算：1982—2000"，Review of Income and Wealth，2010。

[20] Chenery H, Taylor L. "Development Patterns: Among Countries and Over. Time." Review of Economic and Statistics 50, no. 4 (1968): 391 - 416.

[21] FDI and Irish Economic Development over Four Stages of European Integration Frank Barry University College Dublin January 2006 http: //www. iadb. org/.

[22] Kremer, M., Population growth and technological change: One million B. C. to 1990 [J], Quarterly Journal of Economics, 1993, 108, 681 - 716.

[23] Jean Oi, 1996, The Role of the Local State in China's Transitional Economy, Andrew Walder, ed China's Transitional Economy, New York, Oxford University Press, pp. 170 - 187.

[24] unstats. un. org/UNSD/energy/Workshops/mexico2008/Presentations/Session%207%20-%20 Energy-Efficiency-Indicators%20IEA. ppt.

[25] Trends in Australian Manufacturinghttp: //www. pc. gov. au/research/ commissio research /tiam.

[26] William H. Branson, Isabel Guerrero, . Bernhard G. Gunterm, 1998mPATTERNS OF DEVELOPMENT, 1970 - 1994: "A country's export product concentration is higher, the poorer the country is."

[27] http: //www. e-economic. com/info/3303 - 1. htm.

[28] Borensztein, Eduardo and Jonathan Ostry, "Accounting for China's Growth Performance", American Economic Review, 1996, May.

[29] Bosworth Barry and Susan M. Collins, "Accounting for Growth: Comparing China and India", Journal of Economic Perspectives, 2008, Vol. 22.

[30] Bart van Ark, Mary O'Mahony, and Marcel P. Timmer, "The Productivity Gap between Europe and the United States: Trends and Causes", Journal of Economic Perspectives, 2008, Vol. 22, Pages 25 - 44.

[31] Caselli Francesco and James Feyrer, "The Marginal Product of Capital", Quarterly Journal

of Economics, 2007.

[32] Chow Gregory, "Capital Formation and Economic Growth in China", Quarterly Journal of Economics, 1993, August.

[33] Chow, Gregory C., and Kui-Wai Li, "China's Economic Growth: 1952 – 2010", Economic Development and Cultural Change, 2002, vol. 51 (1): 247 – 256.

[34] Chang-Tai Hsieh and Peter J. Klenow, Misallocation and Manufacturing TFP in China and India', Quarterly Journal of Economics, 2009, Vol. CXXIV (4).

[35] Collins Susan M. and Bosworth Barry P., "Economic growth in East Asia: accumulation versus Assimilation", Brookings Papers on Economic Activity, 1996.

[36] Denison, E. F, Why Growth Rates Differ, Brookings, Washington, D. C, 1967.

[37] Fan Shenggen, Zhang Xiaobo, and Sherman Robinson, "Structural Change and Economic Growth in China", Review of Development Economics, 2003, Vol. 7 (3).

[38] Hansson, Par and Magnus Henrekson, "A New Framework for Testing the effect of Government Spending on Growth and Productivity", Public Choice, 1994, Vol. (81).

[39] Gollin Douglas, "Getting Income Share Right", Journal of Political Economy, 2002, Vol. 110, No. 2: 458 – 474.

[40] Gilbert Cette, Yusuf Kocoglu, and Jacques Mairesse, "Productivity Growth and Levels in France, Japan, the United Kingdom and the United States in the Twentieth Century", Banque de France working paper 271, 2010.

[41] Hall Robert and Charles Jones, "Why Do Some Countries Produce So Much More Output per Worker than Others?", Quarterly Journal of Economics, February 1999, 114 (1), pp. 83 – 116.

[42] Hayami Yujiro and Junichi Ogasawara, "Changes in the Sources of Modern Economic Growth: Japan Compared with the United States", Journal of the Japanese and International Economies 13, 1 – 21, 1999.

[43] Hu, Z., and M. Khan, "Why is China Growing So Fast ?", IMF Statistic Papers, 1997, Vol. 44, 103 – 131.

[44] Huang Y., and X. Meng, "China's Industrial Growth and Efficiency : A Comparison between he State and TVE Sectors", Journal of the Asia Pacific Economy, 1997, 2 (1).

[45] Holz, Carsten A., "Measuring Chinese Productivity Growth, 1952 – 2005", Unpublished paper, http: // ihome. ust. hk/socholz/Chinaproductivity-measures-web-22 July06. pdf, 2006.

[46] Jorgenson D. W. and Z. Griliches, "The Explanation of Productivity Change", Review of Economic Studies, 1967, Vol. 34, No. 3, 249 – 283.

[47] Knight John and Li Shi, "Educational Attainment and the Rural-Urban Divide in China", Oxford Bulletin of Economics and Statistics, 1996, 58 (1): 83 – 117.

[48] Krugman Paul, "The Myth of Asia's Miracle", Foreign Affairs, 1994, Vol. 73 (6).

[49] Kim Jong-il, "Total Factor Productivity Growth in East Asia: Implications for Futrue

Growth", Department of Economics, Dongguk University, working paper, 2001.

[50] Lawrence J. Lau and Jungsoo Park, "the Sources of East Asian Economic Growth Revisited", working paper, 2003.

[51] Maddison Angus, "Contours of the World Economy: 1 - 2030AD", Oxford, 2007.

[52] Robinson Sherman, "Sources of Growth in Less-Developed Countries: a Cross - Section Study", Quarterly Journal of Economics, 1971, Vol. 85: 391 - 408.

[53] Susanto Basu and David N. Weil, "Appropriate Technology and Growth", The Quarterly Journal of Economics, Vol. 113, No. 4, 1998, pp. 1025 - 1054.

[54] [39] Stephen L. Parente and Edward C. Prescott, "Barriers to Technology Adoption and Development", Journal of Political Economy, 1994, Vol. 102 (2).

[55] Stephen L. Parente and Edward C. Prescott, "Monopoly Rights: Barrier to Riches", American Economic Review, 1999, May.

[56] Woo, Wing Thye, "Chinese Economic Growth: Sources and Prospects", in M. Fouquin and F. Lemoine (eds.) The Chinese Economy, London, 1998.

[57] Young Alwyn, "Gold into Base Metal: Productivity Growth in the People's Republic of China during Reform", Journal of Political Economy, 2003, Vol. 111 (6).

第四章

经济发展水平与经济结构变化

第一节 现代产业发展趋势与结构特征[①]

配第—克拉克最早提出的三次产业结构演化规律,描述的主要是劳动力在三次产业间转移与分布的规律,劳动力转移的动因是产业间收入的相对差异。事实上,真正从国民收入角度研究产业结构演化规律的是享有"GNP之父"的S.库兹涅茨。他通过收集19世纪末到20世纪50年代20多个欧美主要发达国家的庞大数据,从时间序列和横截面两方面分析了20世纪50年代以前的三次产业结构演化规律,得出结论是:无论是从时间序列还是从横截面上分析,第一产业在国民收入中的相对比重都是下降的,第二产业的相对比重都是上升的,而第三产业从时间序列上分析是不确定的,但从横截面上分析却是相对稳定,并略有微升[②]。

后来有学者又补充了20世纪70年代前后的资料,并进一步指出:第一产业的劳动力和国民收入相对比重在60年代西方主要发达国家仍然保持下降趋势,但进入70年代后这种趋势似有减弱,第二产业的两个相对比重进入60年代后都趋于下降,唯独第三产业的两项指标均保持向上势头,且都在50%以上,亦即

[①] 本章中所用的产业数据绝大多数都是20世纪70年代以后的,因此特地加上"现代"以示突出。
[②] 宫泽健一:《产业经济学》第57页。转引自:杨治:《产业经济学导论》,中国人民大学出版社1985年版,第46页。

出现"经济服务化"现象①。

H. B. 钱纳里和 M. 塞尔昆（1975）进一步将研究对象拓展到低收入的发展中国家，运用 130 个变量的 2 万个观察值，比较分析了 101 个国家（地区）在 1950~1970 年间产业结构转变的全过程，并使用三个基本回归方程对发展型式进行拟合，得出了一个"标准结构"。按照标准结构的预测，当人均 GNP（以 1964 年美元价格计算）从 100 美元上升到 1000 美元以上时，初级产业增加值占 GDP 比重会从 52% 下降到 13% 左右，工业（供水、电和气等公用事业）会从 18.9% 上升到 38%②，而服务业会从 30% 上升到 48.8%③。

毫无疑问，20 世纪 70 年代以前的世界经济发展状况与今天不可同日而语，今天的世界经济发展水平、科技发展水平、社会分工水平都远不是以前那个年代所能比拟的。产业分工不仅不断深化，深化到产业内、产品内、工序内、任务内，而且分工还日益泛化，泛化全国、更大区域直至全球。不仅如此，科技日新月异，新兴产业层出不穷。因此，基于 20 世纪 70 年代以前数据而分析得出的三次产业演化规律在今天是否还客观存在，抑或有什么新的发展与变化，这需要作进一步的分析。

事实上，不仅三次产业结构是如此，工业结构、服务业结构都存在着同样的问题。比如前几年在国内引起激烈争论的重化工业化阶段问题，其主要理论依据是工业化阶段理论。该理论认为，整个工业化过程分为前期、中期和后期三个阶段：（1）重（化）工业化阶段，即工业由轻工业为中心的发展向重工业为中心的发展推进的阶段④；（2）高加工度化阶段，即在重工业化过程中，工业结构表现出以原材料工业为中心的发展向加工、组装工业为中心的发展演进；（3）技术集约化阶段，即在工业结构"高加工度化"过程中，科学技术日益成为工业资源结构的最重要部分⑤。

工业化阶段理论在我国现行的产业经济学教科书中基本上都是作为"公理"而写进去的，似乎罕见有人提出过质疑，而且从 20 世纪 80 年代中期出版的教材，到今天出版的教材一直都是这样引用的。但是，作为重工业化主要依据的

---

① [H] 中本博皓：《现代产业经济论的发展》，税务经理协会，1978 年，第 86 页。转引自：杨治：《产业经济学导论》，中国人民大学出版社 1985 年版，第 55 页。

② 这里的工业，包括了公用事业。在原书中公用事业是单独列示的。

③ 钱纳里和塞尔昆：《发展的型式：1950~1970》，经济科学出版社 1988 年版，第 27~32 页。

④ 一般属于重工业的部门包括钢铁工业、有色冶金工业、金属材料工业和机械工业。由于化学工业在近代工业中居于十分突出的地位，往往把它从工业结构中独立出来，但常有人将重工业与化学工业放在一起，称为重化工业，与轻工业相对。

⑤ 杨治：《产业经济学导论》，中国人民大学出版社 1985 年版，第 58~59 页。

"霍夫曼定理",实际上只是一种预言,它并没有得到先行工业化国家在工业化后期实践的证实(吴敬琏,2005)。事实上,在产业分工日益细化的今天,不仅新兴产业不断涌现,重工业本身面临越来越多难以明确界定的难题,而且不少当初具有资本密集、技术密集双重特征的重工业,现在已经不再属于技术密集型产业,因而并不是今天产业发展追求的方向。因此,如果今天仍然笼统地讲重化工业化,不仅不合时宜,而且可能会误导政策走向,影响产业界的实际工作。

鉴于此,本文基于WDI等数据库提供的最近三十多年的国际统一口径数据,将时间序列与横截面分析相结合,进一步研究现代产业发展所具有的阶段趋势与结构特征,一方面进一步验证、拓展和深化早期学者提出的产业结构演化规律,另一方面也为产业政策的制定提供一定的理论依据。

一、产业结构变化的总体趋势与特征

如前所述,库兹涅茨(1957,1966)曾利用20世纪60年代以前的数据分析了欧美主要发达国家的产业结构变化趋势。但是今天的经济社会发展状况与那时已经不可同日而语,因此,那时发现的趋势与现代产业发展规律肯定会有很大不同。这可以从世界银行的WDI数据库中关于世界、高收入经济体、上中等收入经济体、下中等收入经济体以及低收入经济体的数据分析中得以验证。

首先,世界产业结构变化的总体趋势。如图4-1所示,自20世纪70年代以来,伴随人均GNI提高,世界经济服务化趋势日趋明显。与库兹涅茨早期发现的规律相对照可以看出,只有农业增加值占GDP的比重延续了他当初发现的变化趋势,而工业比重变化趋势刚好跟他的发现相反,服务业则有了新的变化趋势。具体而言,农业比重已经由1970年的9%左右下降到2006年3%以下;工业比重并不是上升,而是下降,即由1970年的38%下降到2006年的28%,下降了10个百分点,制造业的变化情况也类似,只不过制造业比重比工业低11个百分点左右;服务业比重也不是早期发现的稳定中微升,而是持续上升,并且在1970年初已经占到GDP的50%以上,到2006年世界平均水平已经接近70%。

再其次,高收入经济体的状况。从图4-2中可以看出,高收入经济体产业结构变化的总体趋势跟世界总体趋势是一致的,不同的只是各产业增加值占GDP比例的具体水平。其中,高收入经济体的服务业比重稍微高一点,工业和农业比重稍微低一点,制造业的变化情况跟工业类似,只不过制造业比重比工业低10~11个百分点左右。2006年高收入经济体服务业比重比世界平均水平高出3个多百分点,达到72.5%,工业低了2个百分点,为26%,农业比重则更低,

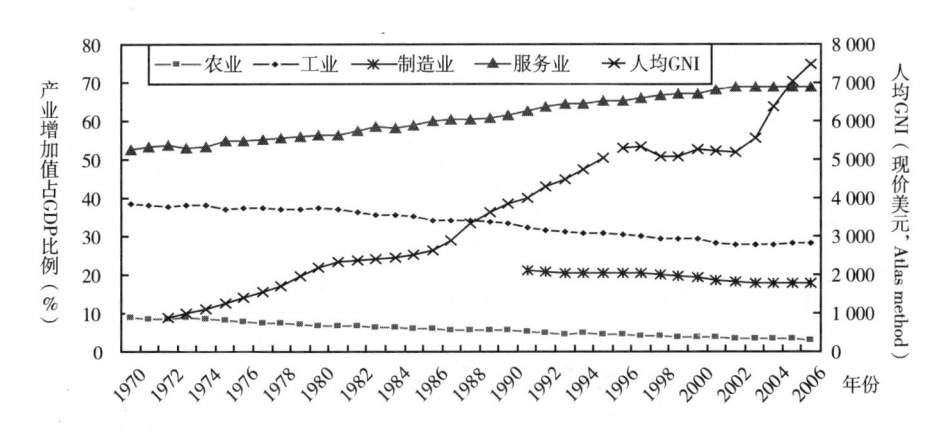

图 4-1 世界人均 GNI 与产业结构变化

注：本文中除非特别说明，数据均来源于世界银行 WDI2009 年数据库。

只有1.4%，比世界平均水平低了1.5个百分点。由此可以初步看出，经济发展水平（这里以人均 GNI 反映）高低与产业结构之间有一定的联系。一般说来，经济发展水平越高，服务业比重越高，工业和农业比重越低。以下可通过高、中、低三种收入水平经济体的产业结构比较作进一步的印证。

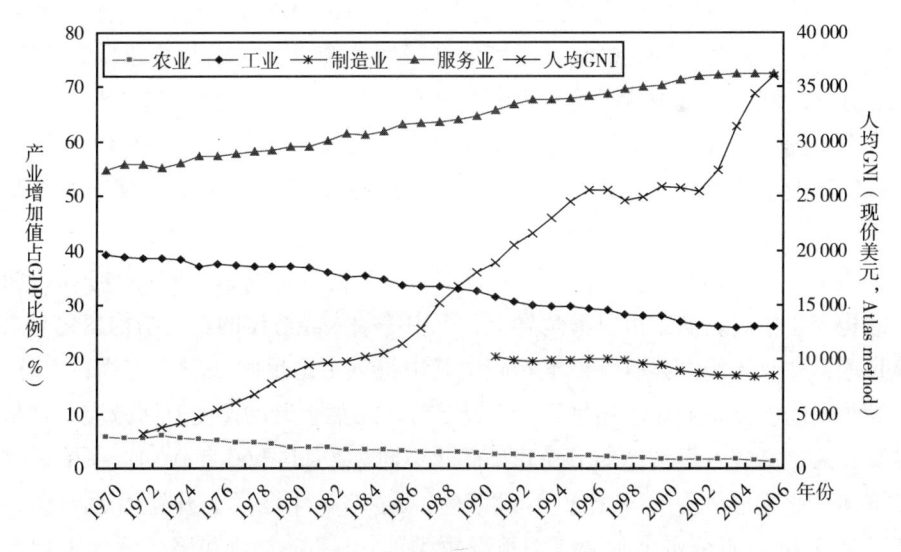

图 4-2 高收入经济体人均 GNI 与产业结构变化

图 4-3 反映的是上中等收入经济体自 20 世纪 60 年代后期以来的人均 GNI 和产业结构变化状况。从中可以看出，尽管上中等收入经济体各产业增加值占 GDP 比重的总体变化趋势与高收入经济体是一致的，但是，有三个方面与高收

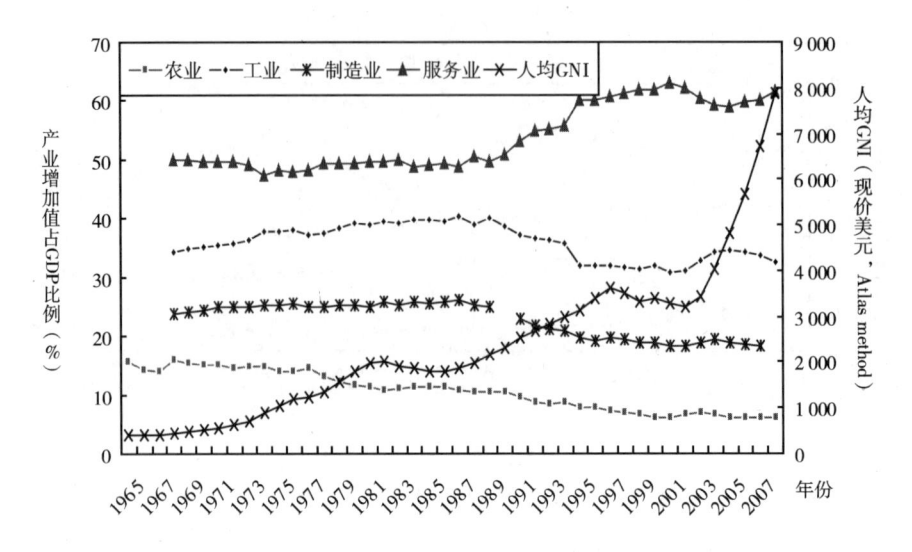

图4-3 上中等收入经济体人均GNI与产业结构变化

入经济体有着明显区别：（1）中等收入经济体国民收入增长和产业结构变化都没有高收入经济体那么平稳。（2）各产业所占比重有较大差异。2008年上中等收入经济体服务业增加值占GDP比重为61%，比2006年高收入经济体低了11个百分点；工业比重则比高收入经济体高了约6个百分点，制造业低了约1~2个百分点；农业比重则高了约4.5个百分点。（3）工业比重与制造业比重相差的水平不同。高收入经济体工业与制造业比重相差稍微小一些，在10个百分点左右，而上中等收入经济体则相差了15个百分点左右，而且从长期来看差距是由小变大，尽管变化的速度较小。

图4-4反映的是下中等收入经济体自20世纪60年代以来的人均GNI和产业结构变化情况。从中可以清楚看出，下中等收入经济体的产业结构变化与上中等收入、高收入经济体有着根本不同。其中最突出地反映在三个方面：（1）下中等收入经济体工业比重还呈稳步上升趋势，虽然上升的速度有所减缓，这与上中等收入、高收入经济体的下降趋势截然不同。20世纪60年代初，下中等收入经济体工业增加值占GDP比重不到27%，到2008年已经上升到接近41%，提高了将近14个百分点。制造业的情况也类似。（2）农业和服务业比重相差较多，尽管二者的变化趋势与上中等收入、高收入经济体是一致的。其中农业比重尽管一直在降低，但是到2008年仍然占到GDP的13.7%，比高收入经济体2006年水平高出了近12个百分点；而服务业比重虽然也在持续上升，但比重仍然较低，到2008年也不到46%，比高收入经济体2006年水平还低了27个百分

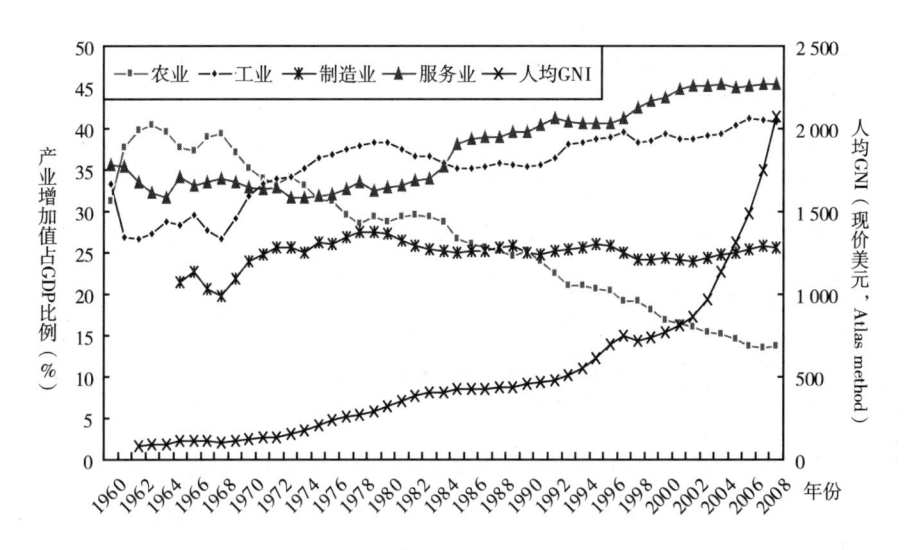

图 4-4 下中等收入经济体人均 GNI 与产业结构变化

点。(3) 工业比重与制造业比重的差距呈逐渐扩大趋势。1965 年二者只相差约 7 个百分点，到 2008 年已经扩大到 15 个百分点，差距增加了 8 个百分点，而上中等经济体同期只增加了 4 个百分点。

低收入经济体的情况跟下中等收入经济体的情况非常相似。图 4-5 反映的是 1985 年以来低收入经济体的人均 GNI 增长与产业结构变化情况。从中可以看出，明显不同于高收入和上中等收入经济体，低收入经济体的农业比重尽管也在下降，但是比重仍然比较高，到 2007 年还占到 GDP 的 25%，而 1985 年则高达 38%；虽然服务业比重也在稳步上升，但服务业比重还没占到主导地位，到 2007 年也只有 46%；工业情况与下中等收入经济体类似，工业比重还呈逐步上升趋势，这与库兹涅茨早年发现的欧美主要发达国家在 20 世纪 50 年代以前的情况是一致的。制造业比重的变化情况与工业类似，但是跟下中等收入经济体相仿，制造业比重与工业比重还在逐渐拉大，1985 年二者只差约 7 个百分点，到 2007 年则已经扩大到近 15 个百分点。

综合起来可以发现，就总体趋势而言，当经济发展达到一定水平以后，随着经济发展水平的提高，服务业增加值占 GDP 的比重会上升，工业和农业比重会降低，这无论是从时间序列数据，还是从横截面数据分析中都可以得到这一结论。其中，2006 年高、中、低收入经济体的横截面对比数据还可以参见表 4-1。

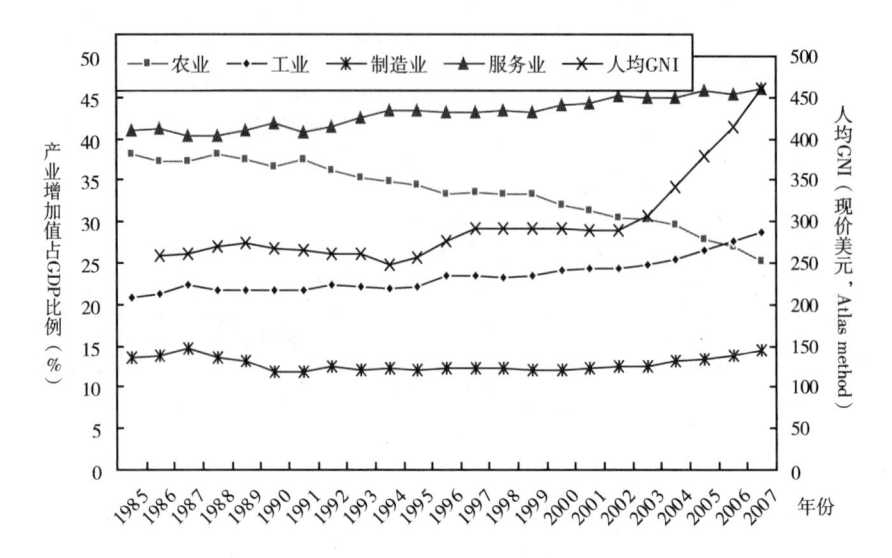

图 4-5 低收入经济体人均 GNI 与产业结构变化

表 4-1　　　　不同收入经济体 2006 年人均 GNI 与产业结构比较　　　单位：%

	高收入经济体	上中等收入经济体	下中等收入经济体	低收入经济体
人均 GNI（现价美元，Atlas 法）	35 995.84	5 658.76	1 492.08	413.55
农业比重	1.40	5.98	13.67	26.97
工业比重	26.08	34.22	41.16	27.54
制造业比重	16.95	18.57	25.40	13.80
服务业比重	72.52	59.82	45.17	45.50

注：数据来源于本部分的对应各图。

不仅如此，经济发展水平越高，经济服务化程度越高；经济发展水平越低，农业比重越高；在由经济发展水平较低的时期转向中等发展水平过程中，工业和制造业比重的变化会发生转折。在经济发展水平非常低的阶段，工业和制造业比重是上升的，而且二者的差距也会扩大，而当经济发展水平进入上中等收入之后，工业和制造业比重则呈下降趋势，而且二者之间的差距也会发生变化，即先是缓慢扩大，然后保持基本稳定。

以上是从总体上来看现代产业发展的阶段趋势与结构特征。那么，各个国家的情况是否也如此？以下两部分分别选取部分发达国家和发展中国家的数据来做进一步的分析。

二、部分发达国家产业结构变化趋势与特征：以工业七国为例

以工业七国为代表的发达国家，不仅经济发展水平高，而且产业发展的历史也比较长，因此，用它们的数据来分析现代产业发展的阶段趋势与结构特征，对后发国家来说，更具有借鉴与启示意义。

工业七国都属于高收入国家，因此，它们的产业结构变化趋势应该具备高收入经济体的特征，即农业比重、工业比重都比较低（其中农业尤其低），并随着经济发展而逐步降低，而服务业比重则比较高，且随着经济发展而进一步上升，从而呈现明显的经济服务化特征。这从图4-6至图4-12所示的工业七国人均GNI与产业结构变化趋势图中可以得到验证。

虽然工业七国同属发达国家，但是它们之间还是有一定的差异。从三次产业结构看，大致可以分为四个类别。美国和英国属于一类，代表的是现在和过去的顶级工业强国；日本和德国属于一类，属于第二梯队的工业强国；法国较为特殊，单独列为一类；加拿大和意大利比较相似，在工业七国中也稍微弱一些，列为第四类。

首先，看第一类国家：美国和英国。美国现在是世界上发展水平最高的经济大国，它的产业结构变化趋势与特征最具代表性。从图4-6可以看出，虽然自20世纪70年代以来，美国的农业比重已经很低，不到4%，但是仍然还在逐渐降低，到2006年已经降到1%左右；而工业比重在20世纪70年代初还高达35%，之后一路下降，到2006年已经降低到22%，其中制造业只有14%；服务业则是持续增长，从1970年的61%上升到2006年的77%，在国民经济中占据绝对主导地位。事实上，自1990年，美国服务业增加值占GDP比例已经上升到70%以上，之后一直在高位持续运行。

英国虽然经济发展水平现在不及美国，但是它毕竟也是老牌工业强国，因此，它的产业结构变化趋势与美国极为相似，只不过在20世纪70年代初的时候，它的工业更强一些，占到GDP的44%，比美国高出7个百分点，而服务业则低了近8个百分点。如今它们的产业结构已经极为相似，具体可参见图4-7。

如果说美国和英国分别代表了现在和过去的一流工业强国的话，那么，日本和德国可算是第二梯队的工业强国，因此，它们的产业结构状况与变化趋势也惊人的相似。20世纪70年代初，它们的工业和服务业增加值占GDP的比重都不到50%，在46%~48%左右，此后伴随经济增长，工业比重不断降低，服务业比

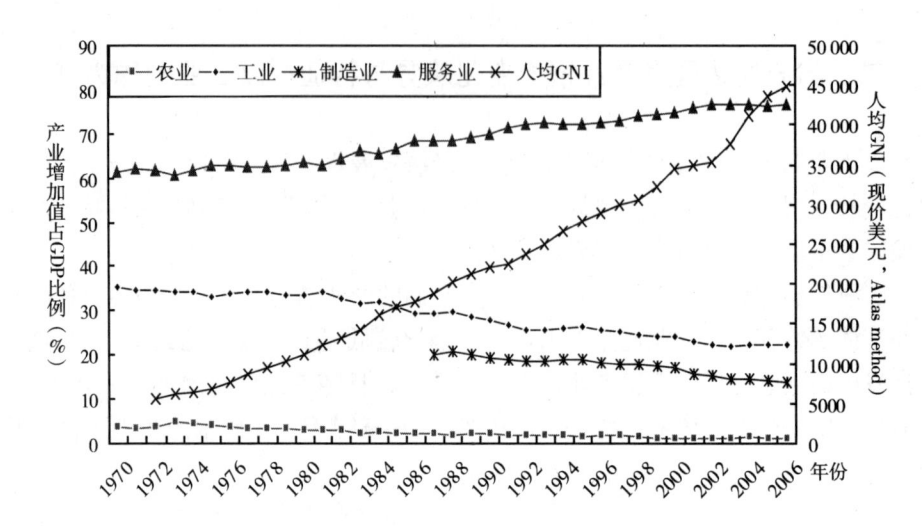

图 4-6 美国人均 GNI 与产业结构变化

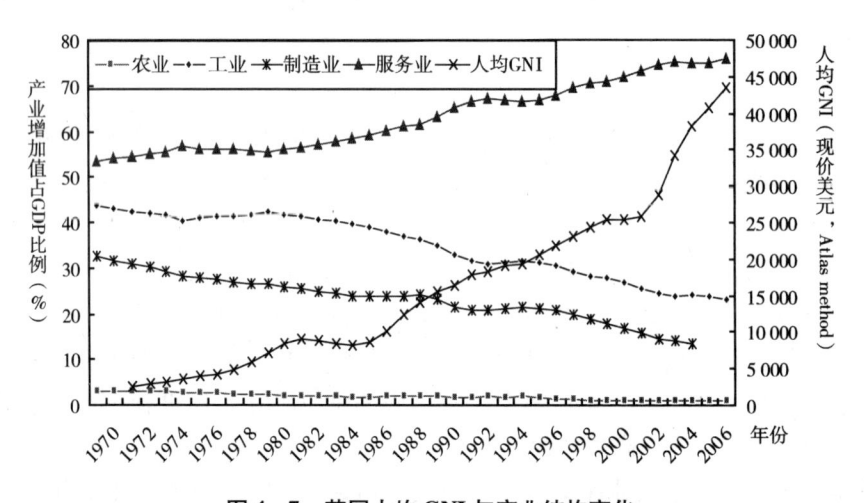

图 4-7 英国人均 GNI 与产业结构变化

重则持续提高，到 2006 年、2007 年，工业比重已经降至 30%，服务业比重已经上升到 70% 左右，虽然经济服务化特征明显，但服务业水平却没有美国和英国高。而农业比重都比较低，在 1% 左右，日本由于农业市场的国内保护，农业比重稍微高一些，在 1.5% 左右。

法国的情况在工业七国中算是比较特殊的，其农业更像第四类型的加拿大和意大利，而服务业更像第一类型的美国和英国。（1）法国的农业比重比前两个梯队的工业强国高，无论是 20 世纪 70 年代初，还是现在，农业比重都比美、

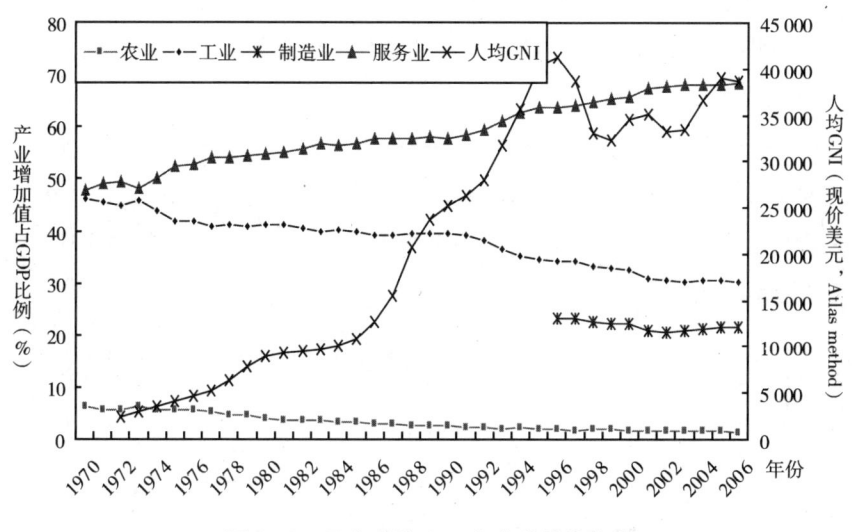

图4-8 日本人均GNI与产业结构变化

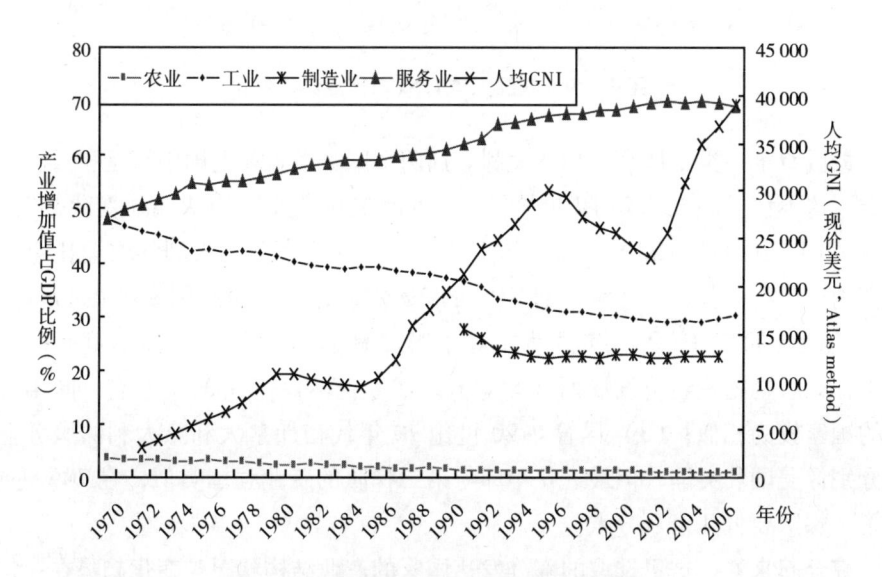

图4-9 德国人均GNI与产业结构变化

英、德等国高,而且基本上都是它们的2倍,如今其农业比重仍然高达2.2%,跟加拿大和意大利差不多,而美、英、德等国都在1%左右;(2)法国的工业比重一直不高,无论是过去还是现在都是如此,2007年其工业比重还不到21%,比美英等第一梯队工业强国略低一点,而比第二梯队的日德等工业强国则低得更多,比它们低了10个百分点左右;(3)法国服务业比重一直都比较高,1970年为56%，高于英国的53%，略低于美国的61%，此后则持续稳步增长，如今甚至比美、英两国都略高一点，2007年法国为77.2%，英国为76%，美国2006年为76.5%。

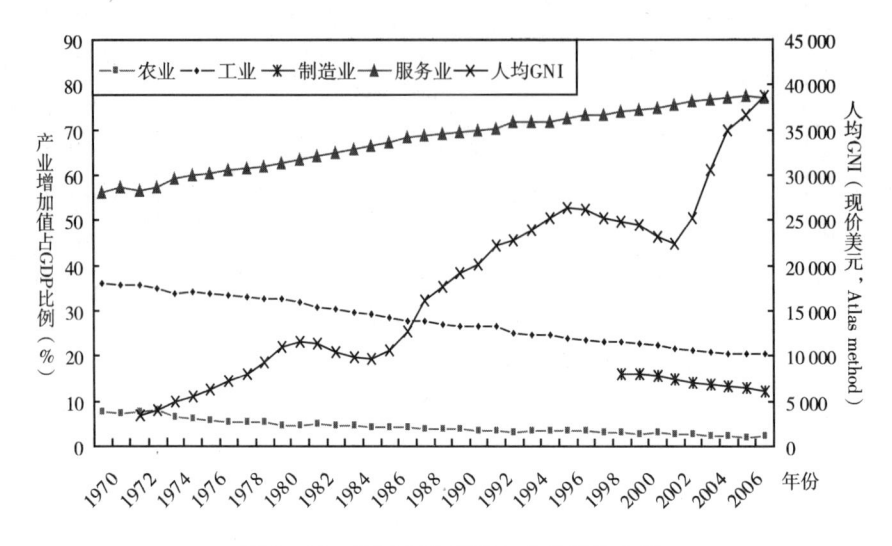

图4–10　法国人均GNI与产业结构变化

最后看第四类：加拿大和意大利。这两个国家在工业七国中算是相对落后的一类，这不仅反映在人均GNI水平上，也反映在产业结构状况与变化趋势上。(1) 不同于第一梯队和第二梯队的工业强国，加拿大和意大利的农业比重相对而言则稍微高一些，近几年占到GDP的2%左右，而前两类国家则在1%左右；(2) 工业比重在1970年初虽然相对于第二梯队工业强国来说不算高，不到40%，此后则随着经济发展而逐渐降低，如今仍然保持在30%左右，同第二梯队的国家较为相似；(3) 尽管在20世纪70年代初加拿大和意大利的服务业比重分别像美国和英国，但最近几年却与第二梯队的工业强国类似，在70%左右，比第一梯队要低几个百分点。

综合起来看，这里选取的部分发达国家的产业结构状况与变化趋势在一定程度上确实反映了经济发展水平与产业结构之间的相关性。(1) 美英两国作为现在和过去的一流工业强国的代表，如今的经济发展水平是最高的，其农业比重都比较低，工业虽然都还有，但是比重已经较低，只有GDP的20%多一点，而服务业比重已经占据绝对主导地位，达到75%以上。(2) 日本和德国经济发展水平处于第二层次，工业比较强，所占比重比较高，而服务业比重则稍微低一些。(3) 加拿大和意大利，作为工业七国中经济发展水平最低的一类，一是农业仍

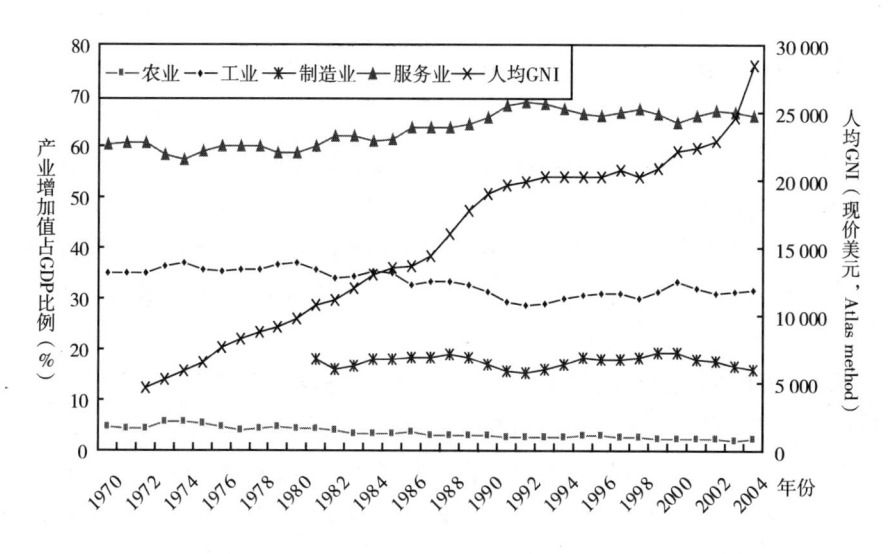

图 4-11　加拿大人均 GNI 与产业结构变化

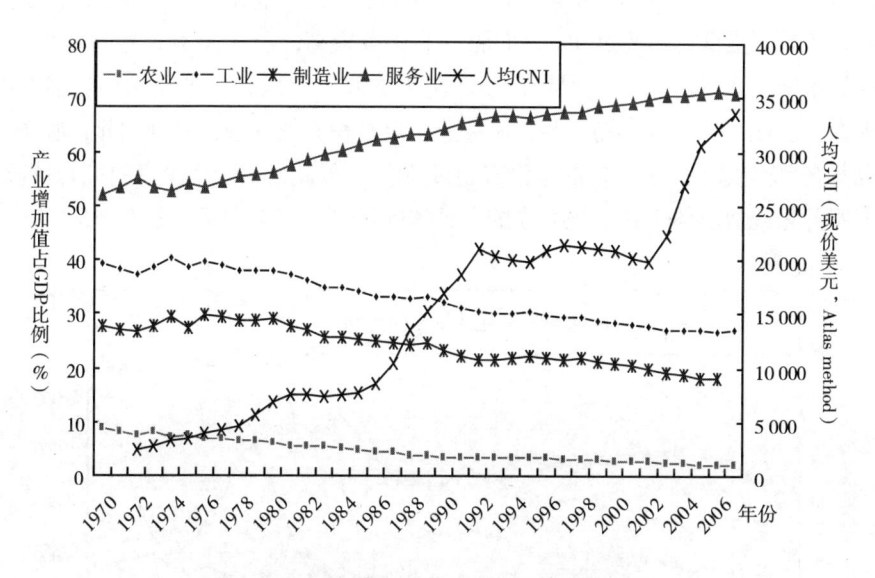

图 4-12　意大利人均 GNI 与产业结构变化

然保持相对高的比例，而工业比重仍然不低，接近第二梯队的日本和德国，如今的服务业比重和第二梯队接近，而20世纪70年代初则分别像美国和英国，这在一定程度上反映了经济发展没有跟上、因而现在相对落后的结果。

三、部分发展中国家产业结构变化的趋势与特征：以 BRICS 五国为例

工业七国作为高收入经济体的代表，其内部四类国家的产业结构变化趋势反映了产业结构状况与经济发展水平之间的相关性。以下再选取部分发展中国家来分析中等收入经济体内部是否也存在类似的产业结构变化规律。为了保证分析结果的代表性，这里选取五个大国，即巴西、俄罗斯、印度、中国、南非，简称 BRICS 五国。

BRICS 五国虽然都是发展中国家，同属于中等收入经济体，但是从人均 GNI 反映的经济发展水平上看，仍然是有区别的。巴西、俄罗斯和南非属于上中等收入经济体，而中国和印度属于下中等收入经济体，这从图 4-13 至图 4-17 所示的各国人均 GNI 与产业结构变化趋势中也能反映出来。

巴西、俄罗斯和南非的经济发展水平较高，因而农业比重和工业比重是下降的，服务业比重是上升的。从现在的发展水平上看，农业比重已经很低，都不超过10%，南非则更低，不超过3%，而服务业比重较高，巴西和南非达到65%左右，工业比重则在30%左右。俄罗斯由于历史上的政治原因，重工业基础较强，因而体现在工业比重上，则更高一些，服务业比重则稍微低一些；尽管如此，服务业比重也都在50%以上，高一些的也没有超过70%。因此，从三个国家的综合情况看，经济服务化趋势总体上是客观存在的，具体则可参见图 4-13 至图 4-15。

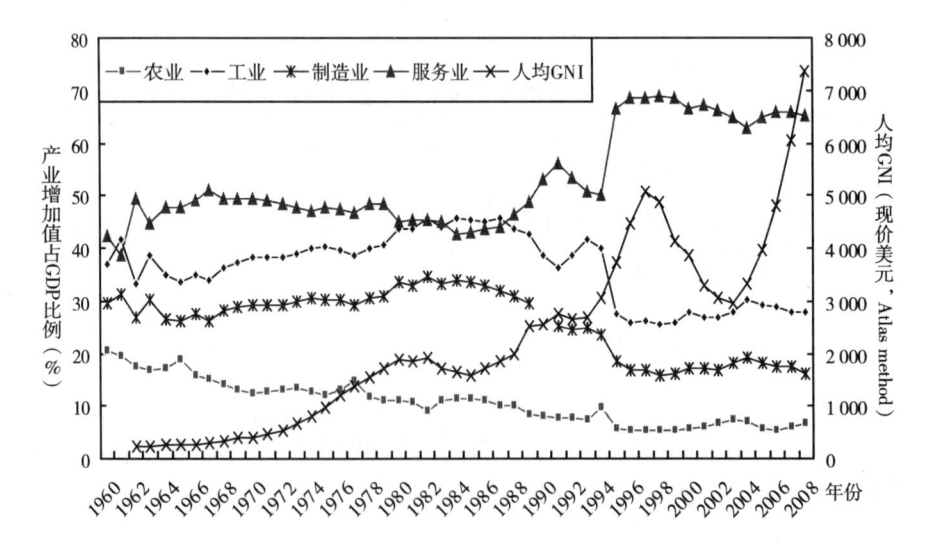

图 4-13　巴西人均 GNI 与产业结构变化

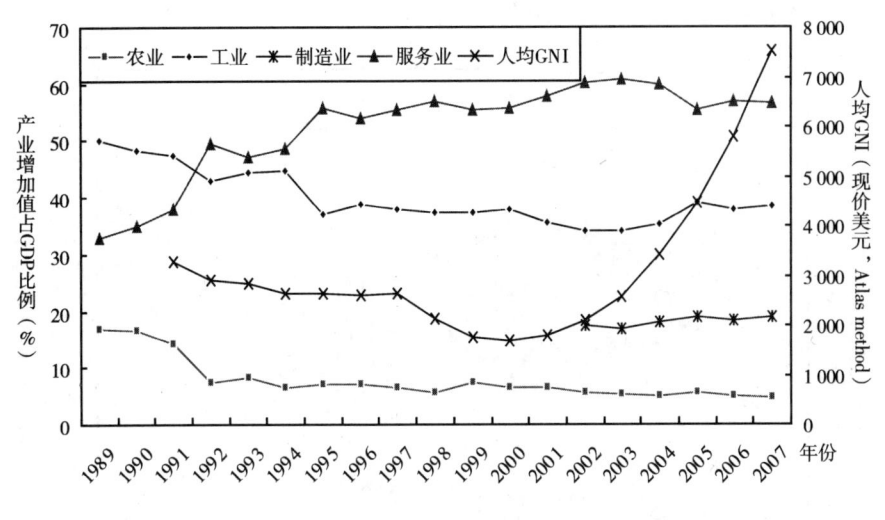

图 4-14　俄罗斯人均 GNI 与产业结构变化

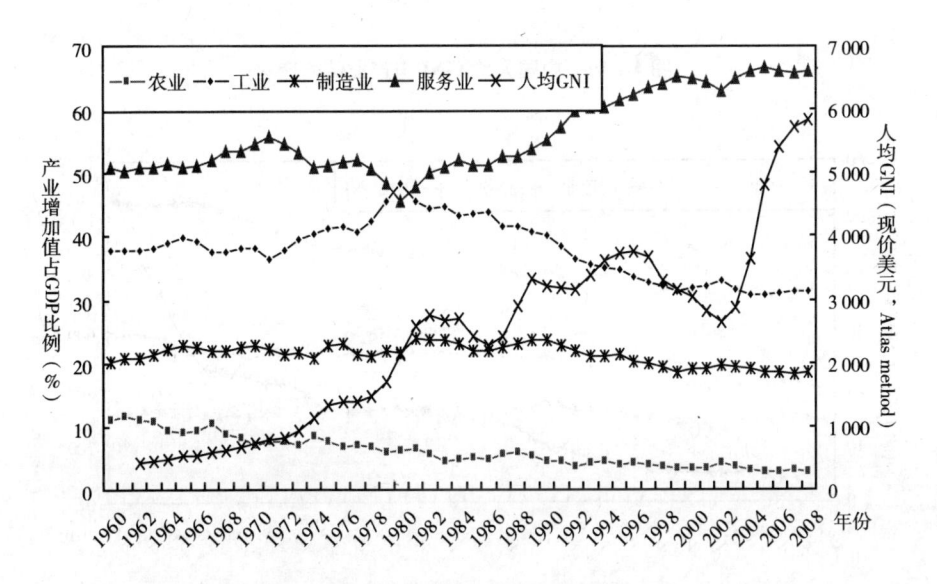

图 4-15　南非人均 GNI 与产业结构变化

中国和印度由于经济发展水平相对较低，因而农业比重尽管也在降低，但如今仍然高达 10% 以上，印度由于经济发展水平更低，农业比重则更低，达到 18% 左右，此其一。其二，工业比重总体上是上升的，中国由于历史上的政治原因和近些年的国际分工原因，工业比重更高一些。其三，服务业比重尽管都在上升，但现在仍然不高，印度尽管在国际分工中承接了较多的服务外包，但服务业比重也只不过刚过50%一点，并不算高。

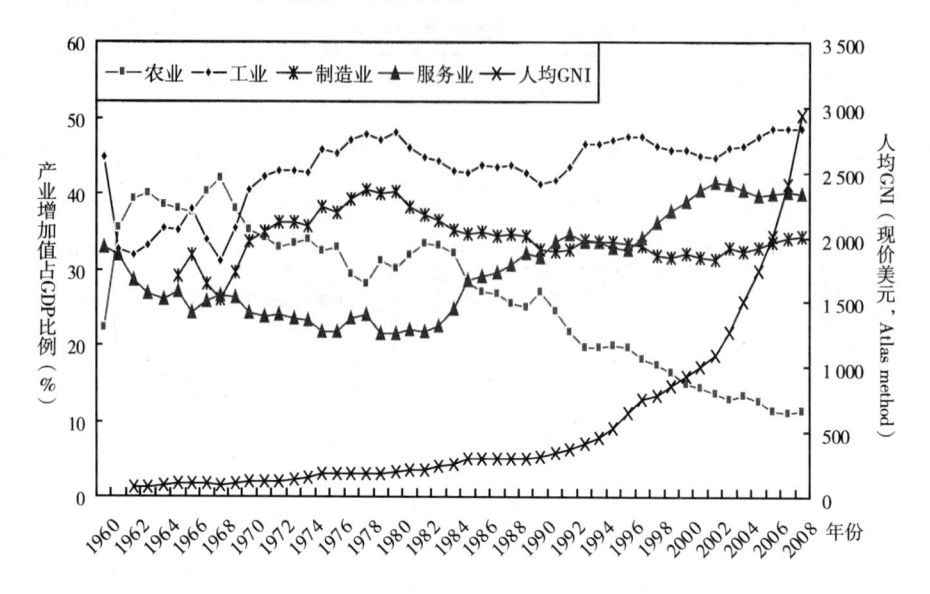

图4-16 中国人均GNI与产业结构变化

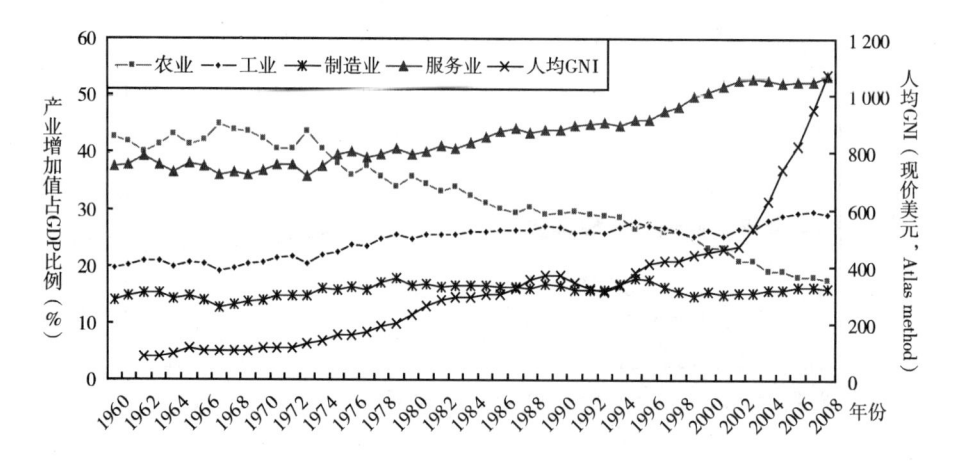

图4-17 印度人均GNI与产业结构变化

因此，基于BRICS的国别数据分析，进一步验证了经济发展水平不同的中等收入经济体的产业结构变化趋势与特征，符合第一部分总结的规律。

四、制造业内部结构变化趋势与阶段特征：以工业七国为例

前面的分析已经发现，上中等收入水平以上的国家其工业比重是下降，而下中等收入水平以下的国家其工业比重仍然还是上升的。那么，工业，特别是制造业内部结构又是如何变化的？这里仍然选择工业七国自20世纪70年代以来的长期数据加以分析。

自20世纪70年代以来，美国劳动密集型的纺织服装类制造业增加值占全部制造业增加值的比重是持续稳步下降的，资源消耗型的基础金属（包括金属冶炼业）及金属制品业则在波动中逐步走低，运输装备制造业尽管包含了寡头垄断行业航空航天制造业，但仍然由于汽车等运输制造业的能耗太高、国际竞争力下降的拖累而不断下降；增长趋势比较明显的主要包括石油化学工业、造纸与纸制品生产、印刷、出版业以及机器设备制造业，其中，石化工业的持续增长可能源于石油化工产品消费的持续高增长、精细化工产业技术密集性的增强和制药等优势产业的强劲增长，而机器设备制造业自21世纪以来则下滑了许多，甚至于2007年的比重只比1971年高出不到1个百分点。具体则可参见图4-18。

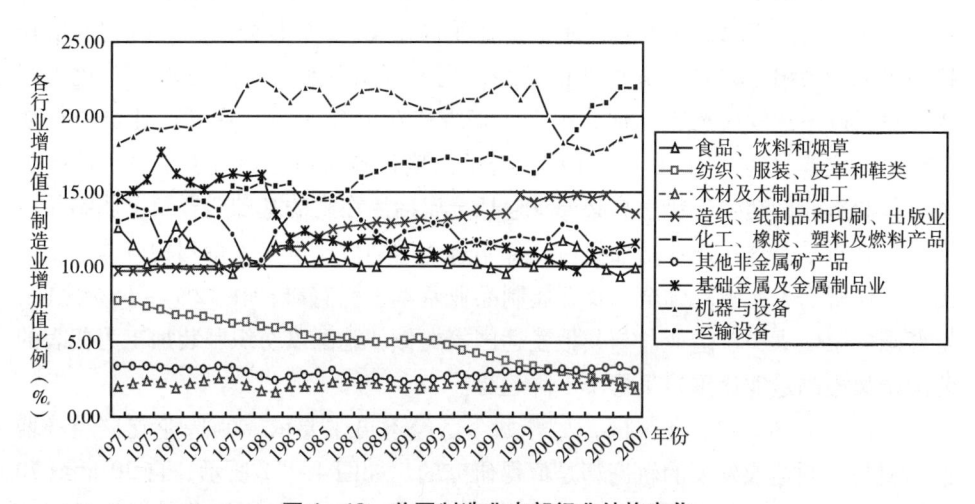

图4-18 美国制造业内部行业结构变化

注：本部分数据均来源于OECD。

日本的情况与美国既有相似的，也有不同的。日本增长趋势非常突出的是机器设备制造业，这主要源于日本的数码产品、电子电气产品以及光学、医用和精密仪器等技术密集型产品的国际竞争优势明显；而其石化工业则基本保持平稳发展，劳动密集型的纺织服装产业、资源消耗型的基础金属及金属制品业都在逐渐

下降。尽管日本的汽车工业在国际上竞争力较强,但运输设备制造业占制造业的比重却上升趋势并不明显。

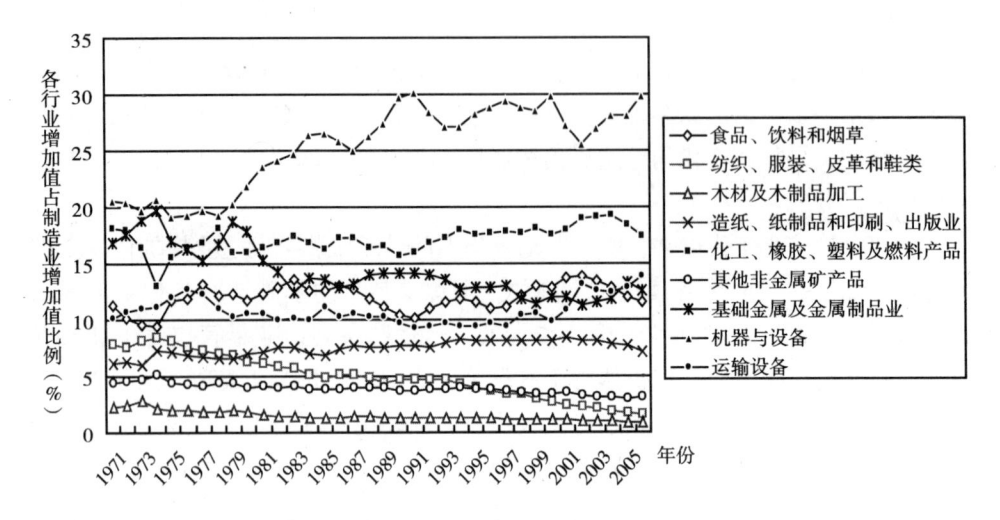

图 4-19 日本制造业内部行业结构变化

德国作为世界上重要的制造业强国,其制造业当中机器设备制造业不仅比重最高,而且比处于第二位的其他制造业比重高出 10 多个百分点,同时它的增长趋势也最为突出,2007 年其增加值已经占到全部制造业增加值的 31%;化工产业一直保持平稳发展态势,且其比重一直维持在 16% 上下,在制造业当中长期占据第二位,只到 2007 年才被持续上升的运输设备制造业追赶上。由于德国机械设备制造业的超强优势,势必要求包括金属冶炼在内的基础金属及金属制品业保持较高水平,这在产业增加值占全部制造业增加值比重上也得到相应体现。如图 4-20 所示,德国基础金属及金属制品业基本上一直维持在 12%~15% 之间,是德国的第四大类制造业。与其他发达国家类似,德国以纺织服装加工为代表的劳动密集型制造业比重也呈稳步下降趋势。

英国是最早的制造业强国,尽管如今已经不再主要依靠制造业支撑经济增长,但是其制造业发展的轨迹却是值得研究的。如图 4-21 所示,自 20 世纪 70 年代以来,一直在英国全部制造业增加值中占据比重最高的都是机器设备制造业,尽管近几年其比重有所下滑,并被不断增长的石化产业逐渐逼近,这充分说明技术知识密集型的机器设备制造业不仅是发达国家的优势,而且会持续发展。石化产业基本上一直是英国的第二大类制造业,而且增长趋势也最为明显。下降趋势最为明显的则是劳动密集型的纺织服装制造业、资源消耗型的基础金属及金属制品业。值得一提的是,食品、饮料和烟草工业一直位于英国制造业的第三

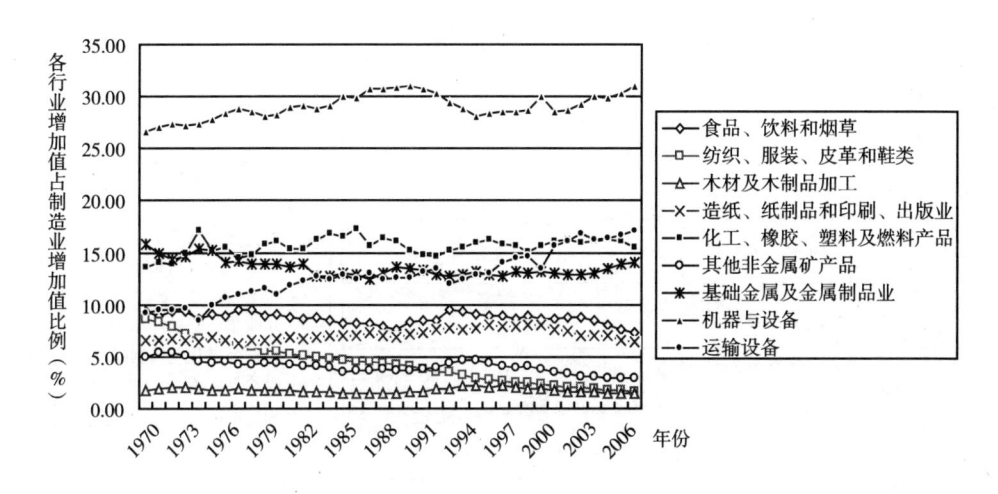

图 4-20　德国制造业内部行业结构变化

注：本部分涉及的德国数据，在1990年以前是西德数据。

位，可见最传统的产业也有做强、做优、做精的可能。长期以来，造纸、纸制品生产、印刷与出版业的增长趋势也非常突出，尽管其比重现在仍然只占到第四位。

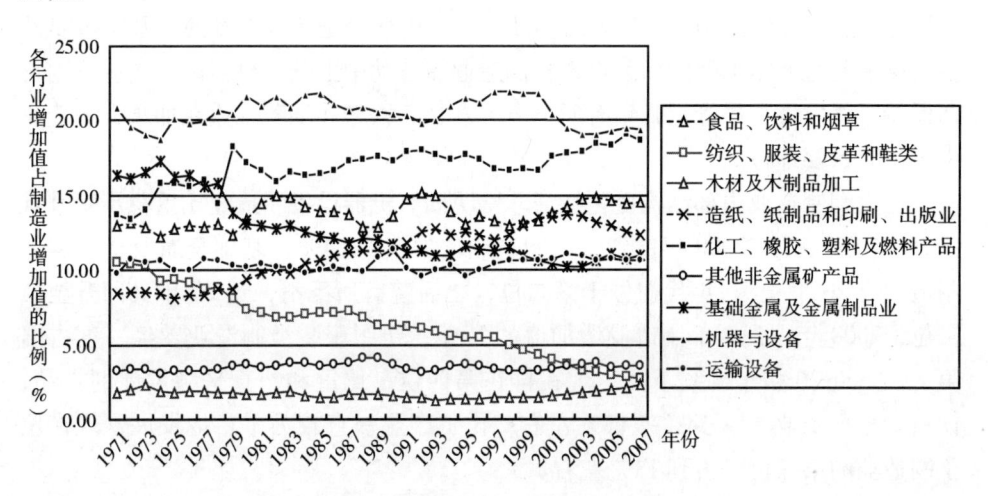

图 4-21　英国制造业内部行业结构变化

法国的制造业结构与英国有几分相似，占据第一位、第二位的都是机器设备制造业、石化工业，食品、饮料和烟草工业也居于十分重要的地位，尽管其比重与基础金属及金属制品业比较接近，且这两类制造业都呈稳步增长态势。占据第五位的运输设备制造业在波动中微升，本世纪初曾上升到最高点，近几年又有所回落。劳动密集型的纺织服装产业则同样呈稳步下降趋势。

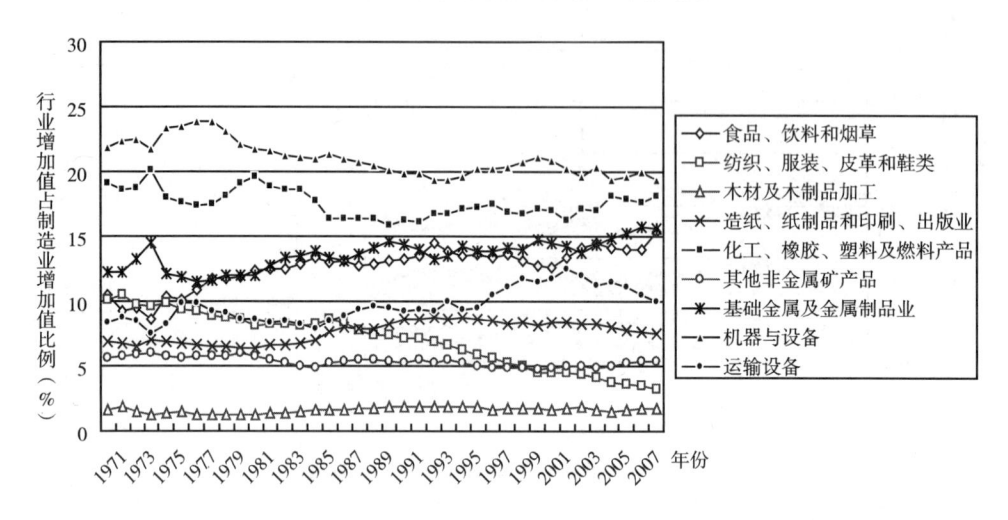

图4-22 法国制造业内部行业结构变化

加拿大制造业内部结构的重要特点就是主导产业不突出。除了木材及木制品加工和比重持续下降的纺织服装产业、其他非金属矿产品工业比重较低外，其他6类制造业比重都在10%~17%之间波动，其中化工是持续上升的，基础金属及金属制品制造业是下降的，运输设备制造业在波动中上升，机器设备制造业则长期保持平稳发展，尽管近几年有所下滑。食品、饮料和烟草工业在加拿大制造业中也占有重要地位。

意大利制造业内部结构变化特征非常明朗。机器设备制造业比重稳步攀升且一直位于第一位，2008年占到全部制造业增加值的24%；基础金属及金属制品制造业在20世纪70年代初位于第二位，之后曾有所下滑，近20年又回升至第二位，2008年占到全部制造业增加值的18%；纺织服装类制造业曾经一度占据第二位，近20多年持续下滑，现在排在第四位，比重和一直平稳发展的食品、饮料和烟草工业差不多，在11%左右；化工产业一直较为平稳地发展，现在位于制造业的第三位，占到13%左右。

综合起来看，工业七国近40年制造业发展的趋势有共同之处：（1）机器设备制造业在这些国家中都是位置突显，且在绝大多数都位居首位（除加拿大之外），尽管各国的变化趋势有所差异。（2）石油化工产业在制造业中也都占有较高比重，尽管比重变化趋势有所不同，比如美国则持续上升直至跃居第一位，有的则一直稳步发展，如日本、德国、意大利，有的则是稳中微降；需要指出的是，石油化学工业在工业发达国家仍然占有极其重要的地位，主要原因在于它们

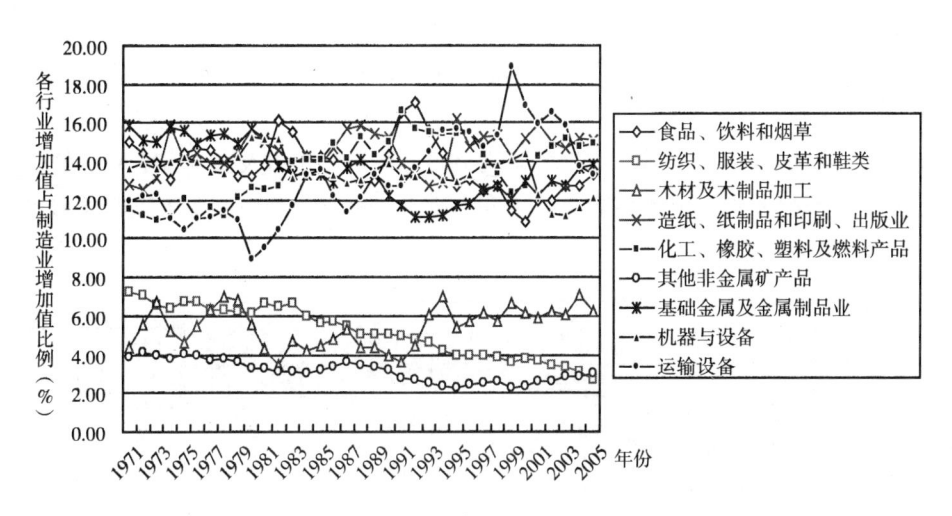

图 4-23 加拿大制造业内部行业结构变化

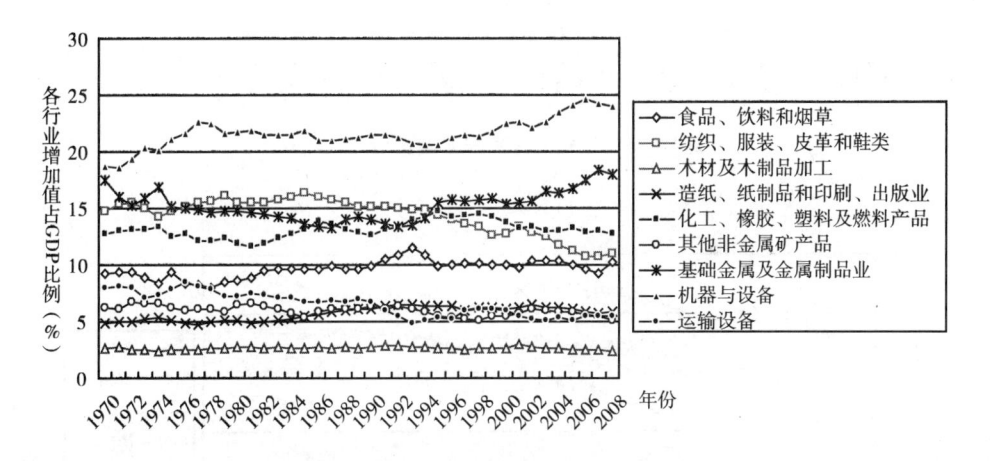

图 4-24 意大利制造业内部行业结构变化

的化工产业的精细化率比较高，因而增加值也比较高。比如，美国、西欧和日本等发达国家，其化工产业的精细化率达到60%~70%，比我国高出20~30个百分点。我国化工产业的技术水平仅相当于发达国家20世纪80年代末、90年代初的水平，精细化率不到40%。（3）劳动密集型产业，如纺织服装加工业，都呈稳步下降趋势。（4）食品、饮料和烟草工业虽然是最传统的制造业，但在大多数国家中都仍然占据重要地位，尽管其占全部制造业增加值的比重只在极个别国家中位列前三位，如英国。

进一步从技术水平上看，中高技术制造业①所占比重呈逐渐上升态势，而低技术制造业趋于下降的趋势则已经开始显现，这从图4-25所示的工业七国高技术制造业在全部制造业增加值中所占比重变化、图4-26所示的工业七国高技术和中高技术制造业在全部制造业增加值中所占比重变化以及图4-27所示的工业七国低技术制造业在全部制造业增加值中所占比重变化趋势图中可以明显看出。

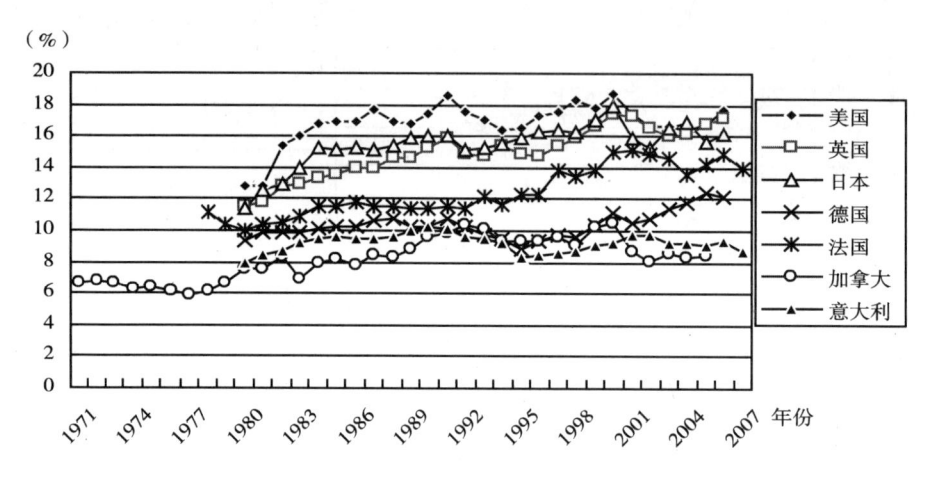

图4-25 工业七国高技术制造业占比变化

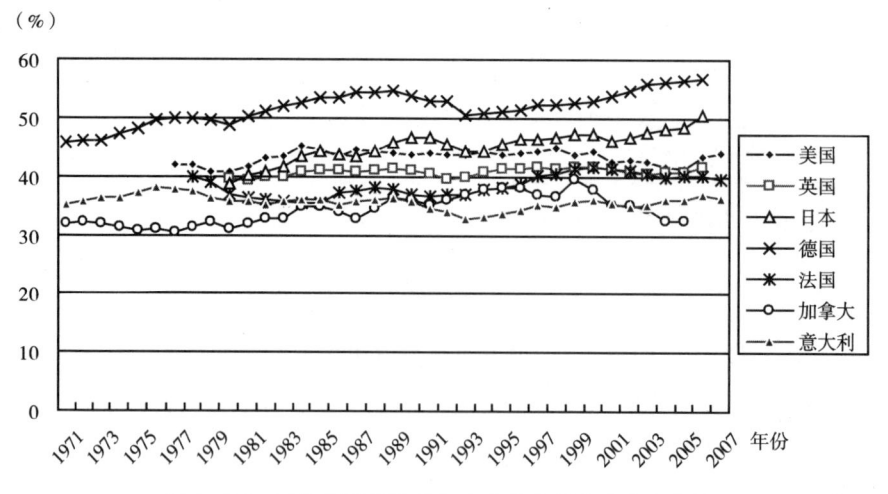

图4-26 工业七国高技术和中高技术制造业占比变化

---

① OECD组织将制造业按技术水平分为四类，即低技术制造业、中低技术制造业、中高技术制造业和高技术制造业。其中，高技术制造业主要包括制药，办公、会计和计算机器，药用、精密和光学仪器，以及航天航空制造业。中高技术以上制造业则稍微广泛一些，包括化学制品和化学产品制造、机器设备制造和运输设备制造等。

图 4-27 工业七国低技术制造业占比变化

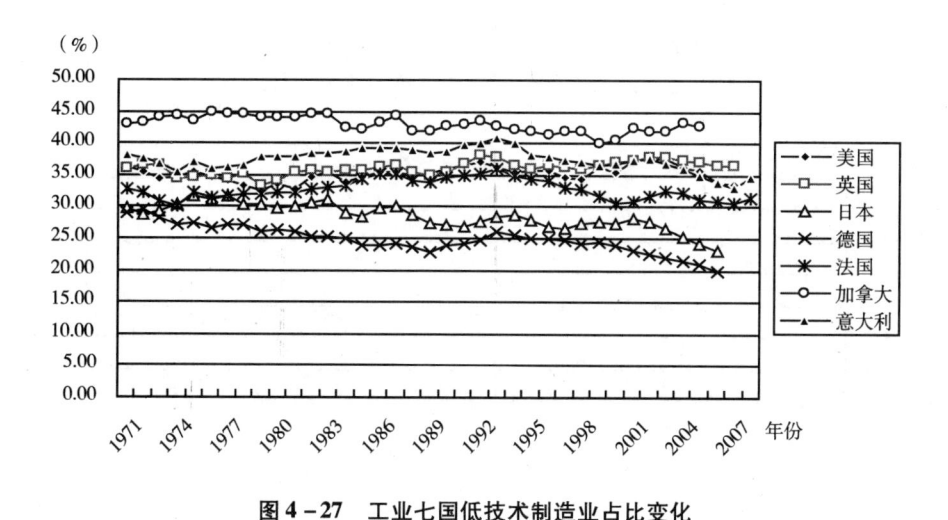

五、服务业内部结构变化趋势与特征：以工业七国为例

如前所述，经济服务化是一种世界客观趋势，那么，服务业内部结构到底如何演变，这正是本部分要解析的问题。由于受数据可获得性的限制，本部分仍然以工业七国20世纪70年代以来的服务业发展数据为分析对象。通过分析发现，工业七国的服务业发展大致可以分为四类，美国、英国和德国的情况比较接近，归为第一类；日本和法国都比较特殊，各代表一类；加拿大和意大利的情况比较相似，归为第四类。

首先是第一类国家，即美国、英国和德国。这三个国家的情况比较相似，具体体现在：（1）运输仓储与通信服务业所占的比例最低，并且呈缓慢下降趋势；（2）批发零售餐饮住宿服务业比较低，且呈明显的下降趋势；（3）20世纪70年代初期社区、社会和个人服务在服务业中都位于第一位，但由于其处于下降通道中，因而后来均被持续增长的金融保险、房地产和商务服务业超越，并被拉开一段距离，2007年前后，差距已达10个百分点，社区、社会和个人服务比重则维持在30%左右，而金融保险、房地产和商务服务业比重已经奔向45%的目标。

日本和法国的情况都比较特殊。与美、英、德三国不同，在20世纪70年代初日本服务业当中比重处于第一位的不是社区、社会和个人服务，而是批发零售餐饮住宿服务业。此后，批发零售餐饮住宿服务业的比重持续下降，因而被不断增长的金融保险、房地产和商务服务业超越，而后者此后仍然保持持续增长态

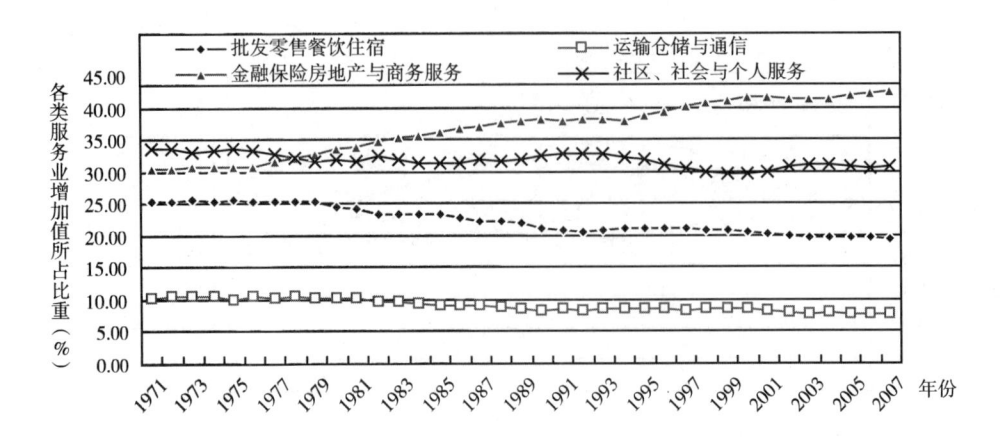

图 4-28 美国服务业内部结构变化

注：本部分数据来源于 OECD 的统计数据库。

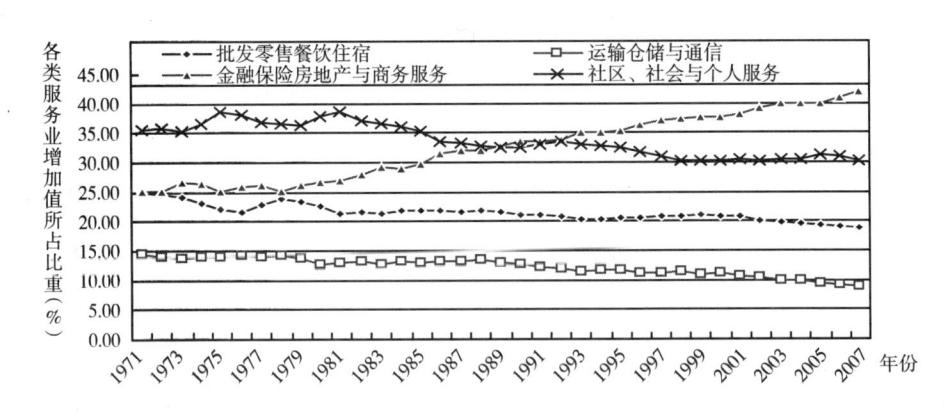

图 4-29 英国服务业内部结构变化

势，但到 2006 年其比重仍然没有超过 40%，比美、英、德三国已经奔向 45% 的水平略低一些，此其一。其二，日本的社区、社会和个人服务水平比美、英、德三国都低，一直维持在 25% 上下，与其他三个国家最低水平 30% 仍然相差 5 个百分点左右。第三，日本的批发零售餐饮住宿服务业的比重比较高，不仅在 20 世纪 70 年代位列服务业当中第一位，而且在持续下降多年后，最近仍然维持在 25% 的水平，比美、英、德三国高出 5 个多百分点。

法国的情况比较特别，主要体现在两个方面：（1）金融保险、房地产和商务服务业比重一直在高位运行，不仅比重一直处于第一位，而且还呈不断上升趋势，20 世纪 70 年代初已经占到全部服务业增加值的 37% 左右，到 2008 年已经增长到 44%，和美、英、德三国接近；（2）其社区、社会和个人服务业比重一

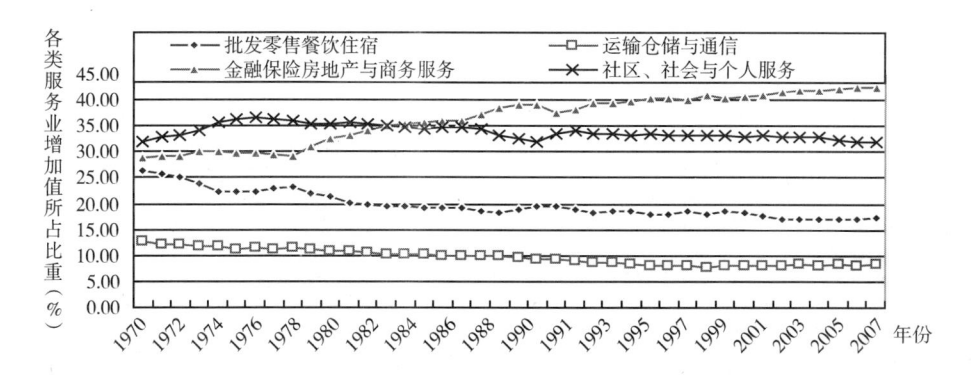

图 4-30　德国服务业内部结构变化。

注：1991 年以前的德国数据是西德数据。

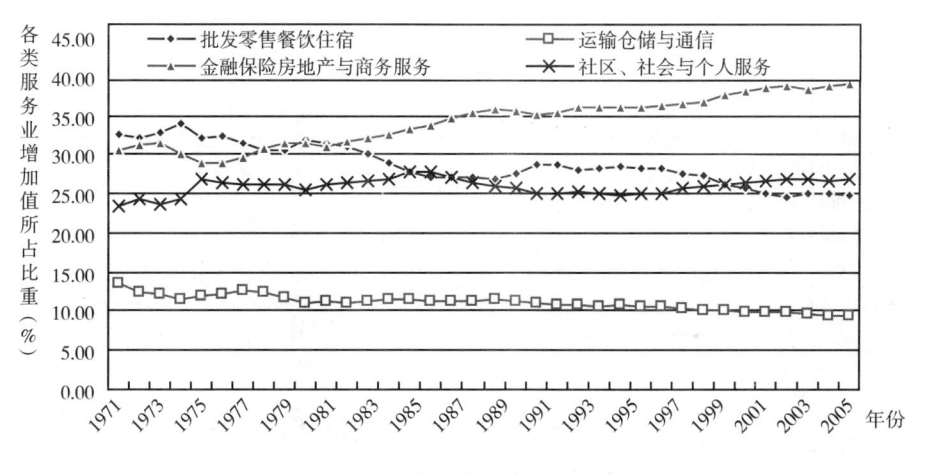

图 4-31　日本服务业内部结构变化

直维持在 30%~35% 之间，在全部服务业增加值中处于第二位；批发零售餐饮住宿和运输仓储通信等传统服务业的发展趋势与美、英、德三国类似，都呈稳步下降态势。

加拿大和意大利的情况最为相似。(1) 在服务业当中，运输仓储与通信服务业增加值所占比重一直最低，且下降趋势非常平缓；(2) 批发零售餐饮住宿服务业比重次低，且在不断下降；(3) 20 世纪 70 年代初期，社区、社会和个人服务业比重较高，但随着经济社会发展则在缓慢下降，后来被日益增长的金融保险、房地产和商务服务业超越，近几年二类服务业的比重分别在 30% 和 40% 左右，社区、社会和个人服务业比重和美、英、德、法四国接近，而金融保险、房地产与商务服务业比重跟日本接近。

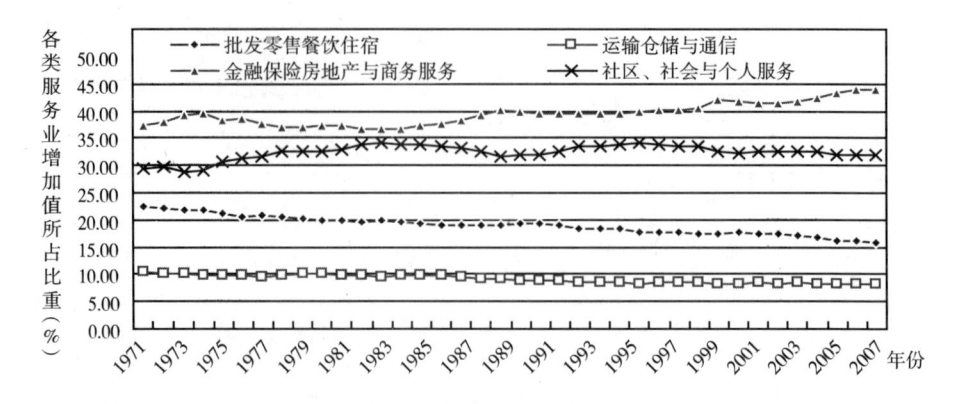

图 4-32　法国服务业内部结构变化

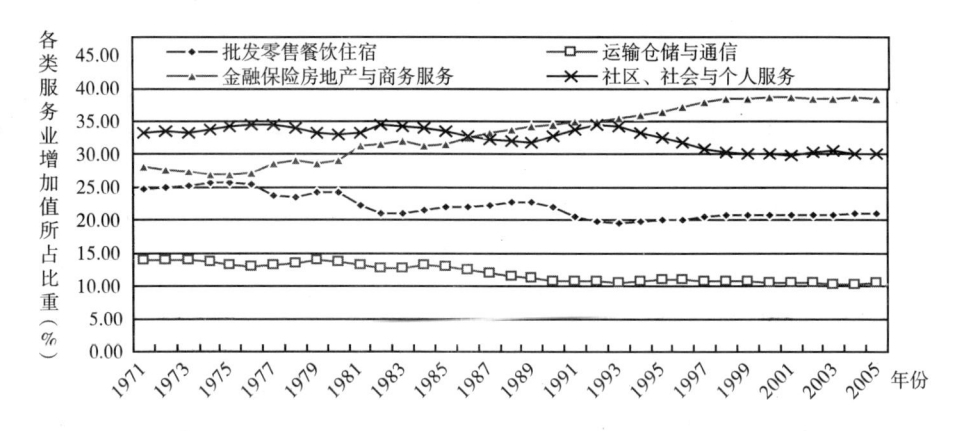

图 4-33　加拿大服务业内部结构变化

综合起来看，工业七国服务业内部结构变化有一些共同之处：（1）运输仓储与通信服务业所占比重自 20 世纪 70 年代以来呈缓慢下降趋势，2007 年前后已经降至 10% 以下，基本上是历史最低水平。（2）大多数国家的批发零售住宿餐饮服务业所占比重都比较低，只有日本例外。在 2000 年之前，日本的批发零售住宿餐饮服务业所占比重都在 25% 以上，在服务业中位居第二位，只是近些年才被社区、社会和个人服务业超过，但其比重仍然维持在 25% 左右，比其他国家高出 5 个百分点左右。（3）金融保险、房地产和商务服务业所占比重上升趋势最为突出，2007 年前后已经上升至 40% 以上，美国、英国、德国和法国等发展水平更高的国家已经升至 45% 左右，足见这些主要面向生产者的服务业在经济发展中的重要作用。（4）这些发达国家的社区、社会和个人服务业在服务业当中都占有重要地位，这在一定程度上也反映了伴随经济发展水平的不断提

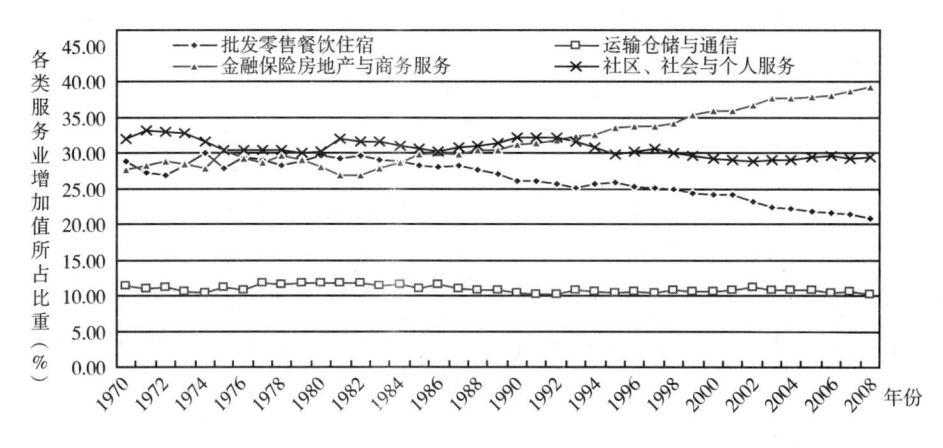

图 4-34 意大利服务业内部结构变化

高，社会公共服务和主要面向消费者的个人服务业对整个社会经济发展的重要性，毕竟，经济社会发展的最终目的是为民服务，以人为本是世界共同趋势。

六、结论与进一步思考

早期学者提出的产业结构演化规律，主要依据的是20世纪70年代以前的产业发展数据。如今科技进步日新月异，社会分工不断深化，新兴产业层出不穷。鉴于此，本文基于20世纪70年代以来的现代产业发展的时间序列数据，进一步分析三次产业结构、制造业内部结构和服务业内部结构的变化，得出以下一些重要结论与启示：

1. 在三次产业结构变化方面。通过分析发现的主要趋势与特征包括：（1）经济服务化是世界大趋势，无论是发达国家，还是发展中国家，皆是如此；（2）经济服务化程度与经济发展水平具有高度相关性，经济发展水平越高，往往服务业比重越高，农业比重越低；（3）按照世界银行的划分标准，工业比重在下中等收入水平和低收入水平发展阶段都是上升的，但是当进入上中等收入水平发展阶段后则转而向下。

中国目前正处于下中等收入水平发展阶段，在"十二五"期间将迈向上中等收入水平发展阶段。因此，我们一方面面临着如何加快实现工业转型升级，提高工业发展水平、质量和效率，进而继续推进工业化的问题，另一方面又面临着如何全面提高服务业发展水平，在工业发展的整体水平还有待提升的背景下，破解经济服务化中国悖论的难题。

2. 在制造业内部结构变化方面。通过对工业七国的时间序列数据的分析，发现具有如下的趋势与特征：（1）技术集约化是主要趋势，这主要体现在两大产业发展上：一是机器设备制造业的持续发展与比重提高；二是石油化学工业的稳步甚至持续发展。工业七国这两类产业的发展，在一定程度上反映了制造业发展的技术集约化特征与趋势。这是因为，一方面这七个发达国家基本上主导了世界装备工业的发展，是世界上重要机器设备与装备的主要提供国，另一方面它们的化学工业具有较高的精细化水平，代表了化学工业的世界最高水平。（2）传统工业方面亦有两大特征，一是劳动密集型的纺织服装制造业比重的持续走低，二是食品、饮料与烟草工业在部分发达国家仍然占有重要地位。后一特征说明，即使是最传统产业也可以做强、做优和做精，做出品牌，提高增加值。

工业七国制造业内部结构变化的趋势与特征，对中国具有重要启示。一方面，中国需要加快制造业转型升级，努力提高制造业的高技术化程度，突破在机器设备制造业和化学工业等中高技术制造业方面的弱项，而不应该盲目追求所谓的重化工业化。在国际环境压力日益增大、国内资源能源日趋紧张的新形势下，中国不能继续走传统工业化的老路，盲目发展资源能源消耗较多、对环境影响较大而增加值率却比较低的低技术重化工业，而应该遵循技术集约化大趋势，着力发展中高技术制造业，推进制造业升级，优化制造业内部结构。另一方面，中国仍然可以积极寻求在传统制造业上做出新文章，其中包括食品饮料工业和劳动密集型的纺织服装制造业，其关键在于提高产品质量和档次，争创自主品牌，构建并掌控战略性营销渠道与网络，努力提高产品增加值率。

3. 在服务业内部结构变化方面。通过对工业七国的时间序列数据的分析，发现具有如下的趋势与特征：（1）金融保险、房地产和商务服务业等主要生产者服务业在服务业中所占比重呈持续上升趋势，并最终居于首位；（2）在20世纪70年代初占有最高比重的社区、社会和个人服务业尽管比重有所下降，但仍然一直占据举足轻重的地位；（3）批发零售住宿餐饮等传统服务行业所占比重在稳步下降；（4）运输仓储和通信等对社会交易成本影响较大的基础性服务业所占比重一直都比较低，而且还在缓慢下降。

工业七国服务业内部结构变化趋势与特征对中国具有不少重要启示。第一，对产业发展与转型升级具有重要支撑与引领作用的生产者服务业，是中国未来必须要重点发展的服务业类别。没有这些生产者服务业发展水平的提高，不仅工业比重难以下降，而且工业转型升级与发展水平的根本性提升也得不到保证。第二，切实加强社会公共服务供给，努力提高消费者服务业水平，满足人们不断增长的服务消费需求，不仅是顺应国际大趋势的客观需要，而且也是真正实现以人为本、建设和谐社会的必然举措。第三，中国批发零售等传统分销服务业在服务业中所占比重较高，在一定程度上反映了中国产业间利益分配的不均。这不仅会影响工农业等物质生产部门的发展积极性，而且会抑制它们的发展后劲，原因在于利益分配过多地流向分销部门会直接导致物质生产部门缺乏足够的财力从事研发创新，最终会影响产业发展的后劲与空间。第四，降低运输仓储和通信等对社会交易成本影响较大的基础性服务业成本与价格，是中国服务业发展需要解决的又一重要任务。

4. 进一步说明。上述产业结构变化趋势与特征只是根据时间序列数据分析后得出的结论。需要指出的是，统计数据并不能反映产业发展的全部内容，比如产业技术进步与创新、产业发展顺序以及产业发展的影响因素等，都难以在数据中得到全面反映。

事实上，三次产业发展趋势与特征，除了包括上述方面的内容之外，还有不少值得关注的内容。比如说，三次产业发展具有从农业向工业再到服务业为主导的演化规律，但是在此过程中并不排除各产业各自进行创新。1997 年在亚洲生产力组织（APO）的一次研讨会上，印度学者 GSKrishnan 即提出了内发式创新（Inclusive Innovation，后来亦被翻译为包容式创新），即鼓励印度国内的个人、企业、组织都投入知识创新过程，后来世界银（2007b）也积极倡导"包容式创新（inclusive innovation）"。之所以强调包容式创新，因为这种创新不仅鼓励有利于经济弱势者的各项创新活动，开发满足其需求的产品和服务，创造相关的商业机会和利润，而且主张积极提高经济弱势者吸收知识的能力，增强其创新能力，扩大其经济机会。因此可以说，创新应该是无处不在、人人有责的（Masahisa Fujita, 2010）。具体到三次产业上面来，就是主张农业、工业和服务业发展都应该根据特定经济发展阶段与发展水平下的社会需求状况不断进行创新。

比如，在人们生活水平不断提高下的农业，可以根据人们的需求变化而发展绿色农业、品牌农业、休闲旅游观光农业，等等。也就是说，即使是经济发展进入很高水平的阶段，并不是就不需要发展农业，关键是用什么方式发展什么样的农业才能更好地切合民众的需求。美国、日本和欧洲发达国家，都仍然还在发展农业，而且它们的农业现代化水平都非常高，农业甚至还是出口部门。

再比如工业。即使是经济发展进入较高水平的阶段，也需要发展我国通常所说的最传统的工业，如食品饮料服装等制造业，因此，关键问题同样是用什么方式去生产什么样的食品、饮料和服装，上述发达国家的经验已经给我们很好的说明。

服务业的情况也非常类似。在现代条件下，我们也不是不需要发展所谓的传统服务业，比如住宿餐饮服务业，关键是要根据民众的实际需求状况，通过更为先进的管理方式来提供价廉物美、物超所值的服务，要通过对传统服务业的现代化改造，来提升这些传统服务业的质量与水平。正如我们在前面所看到的，发达国家这些所谓的传统服务业都还存在，因为民众有需求，但是其所占比重却并不高，其中的部分原因则在于这些"传统"服务业的价格通常并不高，特别是在非需求高峰的时候。

至于产业发展的影响因素与顺序，Nobuya Haraguchi 和 Gorazd Rezonja （2009）的最新研究揭示了一些规律。他们的研究发现，相比于供给方面，对产业的需求方面更容易预测一些，因为需求主要是随收入水平而变化的。据此，他们进一步分析了产业发展的时间顺序。通常一个国家总是从农业经济开始，那时的收入水平比较低，因而主要部门是食品、饮料和烟草；当收入水平提高后，劳动密集型产业（如纺织业）和以自然资源为基础的产业（如木材加工、橡胶和塑料制品业）开始迅速增长，当然，后者还取决于资源禀赋状况，而且小国不同于大国；当人均购买力平价（PPP）达到3 000美元左右，民众需求会日益多样化，因而产业也应该是多样化发展，这时非金属矿物质、炼炭、炼油、基础金属材料生产等部门应运而生；当人均购买力平价达到5 000美元左右，国内有足够的需求以支撑资本品和耐用消费品生产，诸如机器设备、电动机械与仪器、医疗器械和光学仪器、汽车、等等。因此，在不同发展阶段，政府应该出台有针对性的政策措施，以支撑相关产业的发展壮大。

第二节　居民消费结构变化趋势与特征分析

居民消费是国内生产总值的组成部分，对国民经济发展具有举足轻重的作用。居民消费结构，不仅是居民消费的重要维度，也是经济结构的重要内容。进一步讲，居民消费结构对一国经济社会发展的作用有：第一，居民消费结构的优化升级是产业发展的强大拉力；第二，生产与消费互为依存，共同组成国民经济再循环的必要环节。而消费结构的合理与否影响着产业结构的分布，影响着积累与消费的比例，是国民经济顺利再循环的基础，是经济平稳运行的保证。当前，扩大内需对于促进中国经济持续增长意义重大，因此，深入研究居民消费结构演变趋势具有重要的现实意义。

一、发达国家居民消费结构的现状及变动趋势

(一) OECD 国家各种消费品比重的现状及变化趋势

1. OECD 国家食品消费支出比重不断下降。恩格尔定律是指随着经济的发展，收入水平的增加，一国或地区居民的食品支出占总消费支出的比重将会不断下降。该定律主要表述的是食品支出占总消费支出比例随经济发展和收入增长的变化趋势，国际上常常用恩格尔系数来衡量一个国家和地区居民生活水平的高低。众所周知，食品消费是人类生存的第一需要，在收入水平较低时，居民会将其大部分收入都花费在食品方面。随着收入的增加，在食物需求基本满足的情况下，消费的重心才会开始向穿、住和精神需求等其他方面转移。因此，一个国家或地区居民收入水平越低，恩格尔系数就越大，生活就越贫困；反之，恩格尔系数就越小，生活就越富裕。

表 4-2　　　　　　　　OECD 各国食品支出比重的变化

国家	起始年	终止年	国家	起始年	终止年
澳大利亚	16.1 (1988)	13.7 (2006)	墨西哥	32.1 (1988)	26.9 (2004)
奥地利	19.2 (1988)	15.2 (1999)	荷兰	16.5 (1995)	13.8 (2006)
比利时	17.5 (1995)	16.6 (2006)	新西兰	16.0 (1988)	17.2 (2006)
加拿大	16.5 (1988)	13.3 (2006)	挪威	22.5 (1988)	17.7 (2005)
捷克	29.1 (1995)	23.3 (2006)	波兰	38.1 (1995)	27.5 (2006)
丹麦	21.2 (1988)	25.6 (2005)	葡萄牙	25.0 (1995)	19.7 (2005)
法国	19.2 (1990)	16.1 (2007)	西班牙	20.4 (1995)	16.5 (2006)
德国	18.2 (1991)	14.4 (2006)	瑞典	19.0 (1995)	16.8 (1999)
芬兰	24.6 (1988)	17.3 (2006)	英国	22.3 (1988)	12.7 (2005)
希腊	25.8 (1988)	21.4 (1999)	美国	11.3 (1988)	9.0 (2006)
冰岛	27.6 (1990)	16.0 (2006)	瑞士	15.1 (1995)	14.0 (2006)
爱尔兰	24.4 (1990)	10.8 (2006)	土耳其	30.2 (1998)	25.8 (2007)
意大利	23.2 (1988)	17.3 (2007)	斯洛伐克	34.6 (1995)	22.7 (2006)
日本	19.9 (1990)	17.5 (2006)	卢森堡	20.6 (1995)	19.4 (2006)
韩国	29.4 (1988)	17.0 (2007)	匈牙利	27.3 (2000)	25.8 (2006)

注：(1) 数据来自 OECD 数据库。(2) 括号内的数字为年份。

从现状看，在表 4-2 中，30 个 OECD 国家的恩格尔系数在终止年的水平均低于 30%，这些国家居民的生活水平均属于最富裕的。从变化趋势看，与起始

年的恩格尔系数比较，除了丹麦和新西兰之外，其余28个国家终止年的恩格尔系数都变小了，这说明OECD国家居民的生活水平随着时间是不断提高的。此外，美国居民的恩格尔系数在2006年只有9.0%，食品支出占总支出比重不到1/10。

2. OECD国家住房支出比重呈不断上升的趋势。住房消费在居民的消费品中，属于大宗的耐用消费品，占有举足轻重的地位。在表4-3中，与起始年的水平相比，有26个国家的住房支出比重在终止年上升了。但是，不论是在起始年，还是在终止年，除了瑞典之外，29个OECD国家的住房支出比重均没有超过30%。

表4-3　　　　　　　　OECD各国住房支出比重的变化

国家	起始年	终止年	国家	起始年	终止年
澳大利亚	20.4（1988）	20.5（2006）	墨西哥	7.9（1988）	13.4（2004）
奥地利	16.9（1988）	19.7（1999）	荷兰	21.4（1995）	23.0（2006）
比利时	22.7（1995）	22.8（2006）	新西兰	19.5（1988）	17.9（2006）
加拿大	22.8（1988）	22.9（2006）	挪威	22.3（1988）	20.3（2005）
捷克	20.7（1995）	22.7（2006）	波兰	19.6（1995）	23.7（2006）
丹麦	26.7（1988）	23.2（2005）	葡萄牙	10.7（1995）	14.2（2005）
法国	21.4（1990）	25.1（2007）	西班牙	14.7（1995）	16.7（2006）
德国	20.1（1991）	24.4（2006）	瑞典	32.5（1995）	30.6（1999）
芬兰	21.1（1988）	24.9（2006）	英国	16.3（1988）	19.8（2005）
希腊	16.6（1988）	17.1（1999）	美国	18.7（1988）	17.4（2006）
冰岛	18.9（1990）	21.2（2006）	瑞士	23.3（1995）	23.5（2006）
爱尔兰	15.0（1990）	20.0（2006）	土耳其	10.8（1998）	18.9（2007）
意大利	16.0（1988）	20.6（2007）	斯洛伐克	17.3（1995）	26.3（2006）
日本	20.6（1990）	24.6（2006）	卢森堡	23.1（1995）	22.5（2006）
韩国	10.5（1988）	16.9（2007）	匈牙利	18.4（2000）	18.5（2006）

注：(1) 数据来自OECD数据库。(2) 括号内的数字为年份。

3. OECD国家医疗保健支出的比重也不断上升。医疗保健消费，从经济学意义看，属于奢侈品。只要条件允许，人们对健康的投入可以说是不计成本，从这一角度看，医疗保健消费具有无限的收入弹性。因此，财富和收入是影响医疗保健消费的最主要因素。或者可以说，人均医疗保健消费与人均GDP呈正相关关系。

进一步，近50年来，经济合作与发展组织（OECD）所有成员国的医疗保健支出均以超过 GDP 增速两个百分点的速度增长，其波动极小。因此，医疗保健支出在这些国家的经济中所占比重已远超往日。进一步，OECD 成员国在过去几十年间的医疗保健支出占 GDP 的比重不断提高。

随着经济的发展和收入的增加，OECD 各国医疗保健支出不断上升，且增速快于 GDP 的增速，反映在居民消费结构中，就是医疗保健支出占总消费支出的比重不断上升。在表 4-4 中，与起始年的水平相比，有 24 个国家的医疗保健支出比重在终止年呈现上升趋势。

表 4-4　　　　　　　　OECD 各国医疗保健支出比重的变化

国家	起始年	终止年	国家	起始年	终止年
澳大利亚	3.8（1988）	3.2（2006）	墨西哥	3.6（1988）	4.7（2004）
奥地利	2.6（1988）	3.2（1999）	荷兰	3.5（1995）	2.2（2006）
比利时	3.4（1995）	4.3（2006）	新西兰	5.7（1988）	3.7（2006）
加拿大	3.0（1988）	4.3（2006）	挪威	3.0（1988）	3.0（2005）
捷克	1.7（1995）	2.0（2006）	波兰	3.3（1995）	4.0（2006）
丹麦	2.3（1988）	2.2（2005）	葡萄牙	7.7（1995）	5.5（2005）
法国	3.3（1990）	3.4（2007）	西班牙	3.3（1995）	3.5（2006）
德国	3.2（1991）	4.8（2006）	瑞典	2.1（1995）	2.4（1999）
芬兰	3.0（1988）	4.2（2006）	英国	1.0（1988）	1.6（2005）
希腊	4.1（1988）	5.8（1999）	美国	14.0（1988）	19.0（2006）
冰岛	1.9（1990）	2.9（2006）	瑞士	12.6（1995）	14.8（2006）
爱尔兰	2.8（1990）	3.8（2006）	土耳其	2.6（1998）	4.0（2007）
意大利	2.1（1988）	3.1（2007）	斯洛伐克	3.9（1995）	2.8（2006）
日本	3.2（1990）	4.2（2006）	卢森堡	1.5（1995）	2.2（2006）
韩国	7.4（1988）	5.4（2007）	匈牙利	3.2（2000）	3.6（2006）

注：（1）数据来自 OECD 数据库。（2）括号内的数字为年份。

4. OECD 国家教育经费财政拨款比例很高，居民教育支出比重不大。20 世纪 60 年代，美国经济学家舒尔茨和贝克尔创立了人力资本理论，指出资本是经济发展中极为关键的因素，人力资本的作用大于物质资本的作用。1995 年，世界银行首次公布了用"扩展的财富"指标作为衡量全球或区域发展的新指标。扩展的财富中包含了自然资本、生产资本、人力资本、社会资本四大要素。教育是提高和积累人力资本最主要的途径和方式，其重要性不容置疑。

在表 4-5 中，OECD 各国居民的教育支出呈普遍上升的趋势。与起始年相比，有 23 个国家的教育支出比重在终止年提高了。这说明，OECD 国家的居民在人力资本方面的投资有不断加大的趋势。

表 4-5　　　　　　　　OECD 各国教育支出比重的变化

国家	起始年	终止年	国家	起始年	终止年
澳大利亚	1.7（1988）	0.6（2006）	墨西哥	2.1（1988）	3.9（2004）
奥地利	0.5（1988）	0.6（1999）	荷兰	0.6（1995）	0.5（2006）
比利时	0.4（1995）	0.6（2006）	新西兰	—	—
加拿大	0.4（1988）	1.4（2006）	挪威	0.5（1988）	0.6（2005）
捷克	0.5（1995）	0.6（2006）	波兰	1.0（1995）	1.3（2006）
丹麦	0.8（1988）	0.7（2005）	葡萄牙	1.5（1995）	1.2（2005）
法国	0.6（1990）	0.8（2007）	西班牙	1.7（1995）	1.4（2006）
德国	0.6（1991）	0.7（2006）	瑞典	0.1（1995）	0.2（1999）
芬兰	0.2（1988）	0.4（2006）	英国	0.8（1988）	1.5（2005）
希腊	1.5（1988）	1.9（1999）	美国	2.1（1988）	2.6（2006）
冰岛	1.8（1990）	1.3（2006）	瑞士	0.4（1995）	0.5（2006）
爱尔兰	0.9（1990）	1.2（2006）	土耳其	0.7（1998）	1.3（2007）
意大利	1.0（1988）	0.9（2007）	斯洛伐克	0.6（1995）	1.4（2006）
日本	2.15（1990）	2.19（2006）	卢森堡	0.3（1995）	0.5（2006）
韩国	4.4（1988）	6.3（2007）	匈牙利	1.1（2000）	1.3（2006）

注：(1) 数据来自 OECD 数据库。(2) 括号内的数字为年份。

需要说明的是，OECD 各国居民教育支出占总消费支出的比重并不高，并不能反映 OECD 各国居民对教育的消费不足。事实上，居民教育支出比重的高低很大程度上取决于教育经费的来源结构。国外教育经费来源通常包括两方面：一是政府拨款，亦即"财政性教育拨款"；二是私人出资（含家庭支出和非政府性组织捐助等，亦即"私费"）。在表 4-6 中，从平均水平来看，OECD15 国教育经费超过 80% 都来自政府财政拨款，从而减轻了居民在教育方面的消费支出。在发达国家，政府财政拨款已经成为教育经费的主要来源。但在许多国家，尤其是欠发达国家，学校教育的各种费用主要还是依靠学生所在的家庭和社区支付，比如学费、教材和校服费用等。联合国教科文组织统计研究所发布的《2007 年全球教育摘要》表明，美国的公共教育预算接近于 6 个地区的总和，包括阿拉伯地区、中东欧、中亚、拉美及加勒比海地区、西南亚以及撒哈拉沙漠以南非洲地区；而印度中小学阶段，28%的教育费用需要由家庭承担，智利、印度尼西亚和老挝的私人教育支出比例也很高，分别为31%、25%和21%。可见，教育经费来源的不同就会影响到家庭在教育方面的支出比例。

表4-6　　　　　　　　OECD国家教育经费来源结构

国家	1995年 财政拨款(%)	1995年 私费负担(%)	2000年 财政拨款(%)	2000年 私费负担(%)	2005年 财政拨款(%)	2005年 私费负担(%)
澳大利亚	78.9	21.1	—	—	73.4	26.6
加拿大	81.2	18.8	79.9	20.1	75.5	24.5
丹麦	96.5	3.5	96	4	92.3	7.7
法国	—	—	91.2	8.8	90.8	9.2
德国	82.3	17.7	81.9	18.1	82	18
意大利			90.9	9.1	90.5	9.5
日本	75.5	24.5	71	29	68.6	31.4
韩国	—	—	59.2	40.8	58.9	41.1
墨西哥	82.6	17.4	85.3	14.7	80.3	19.7
荷兰	90.2	9.8	90.4	9.6	91.4	8.6
新西兰	—	—	—	—	78.4	21.6
西班牙	84.2	15.8	87.4	12.6	88.6	11.4
瑞典	98.3	1.7	97	3	97	3
英国	87.3	12.7	85.2	14.8	80	20
美国	71	29	67.3	32.7	67.3	32.7
15国平均	84.4	15.6	83.3	16.7	81	19

注：数据来自OECD数据库。

（二）美日德三国居民消费结构的现状及变动趋势

1. 美国居民消费结构中，医疗保健支出比重持续上升。1988年，美国人均GDP为27 362美元，2006年增加到37 267美元。随着人均GDP的上升，美国居民消费结构也发生了相应的变化。具体来说，食品消费支出的比重从1988年的11.3%，下降到2006年的9.0%；衣着消费支出的比重从1988年的6.1%，下降到2006年的4.6%；住房消费支出的比重从1988年的18.7%，下降到2006年的17.4%；家庭设备用品及服务支出的比重从1988年的5.7%，下降到2006年的4.8%；医疗保健支出的比重从1988年的14.0%，上升到2006年的

19.0%；交通通信支出的比重从1988年的14.1%，下降到2006年的13.0%；教育文化娱乐支出的比重从1988年的16.6%，上升到2006年的17.8%；杂项商品及服务支出的比重从1988年的13.6%，上升到2006年的14.4%（见图4-35）。

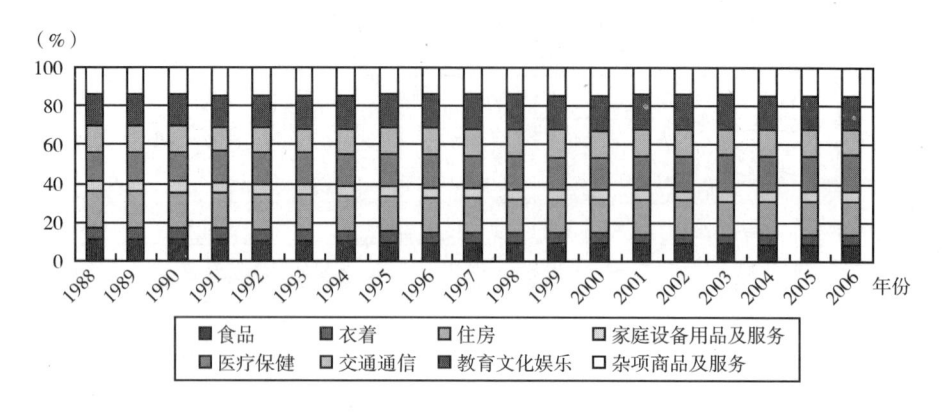

图4-35 1988~2006年美国居民消费结构的变化

注：数据来自OECD数据库。

在1988年，美国居民消费支出比重排在前三位的依次是：住房、教育文化娱乐和交通通信；到2006年，美国居民消费支出比重排在前三位的依次则是：医疗保健、教育文化娱乐和住房。在美国居民的八大类消费品中，在1988~2006年间消费支出比重下降的有：食品、衣着、住房、家庭设备用品及服务和交通通信，其中，下降幅度最大的为食品，达到2.3个百分点；消费支出比重上升的有：医疗保健、教育文化娱乐支出和杂项商品及服务，其中，上升幅度最大的为医疗保健，达到5个百分点。

事实上，美国居民医疗保健费用支出的急剧上升，已经成为过去几十年美国居民消费结构变化的最显著特征。麦肯锡全球研究院（MGI）使用来自13个OECD国家的数据，制定了一个指标，称作"相对于财力的估计支出"（简称ESAW），这一指标根据人均GDP来调整医疗保健支出。根据美国的财力以及经济合作与发展组织（OECD）其他成员国的医疗保健情况，与ESAW指标相比，美国在医疗保健方面的支出比其应有水平高出6 500亿美元。

2. 住房、教育文化娱乐和食品是日本居民的三大消费支出。1990年，日本人均GDP为33 280美元，到2005年增加到39 075美元。随着人均GDP的上升，日本居民的消费结构也发生了相应的变化。具体来说，食品消费支出的比重从1990年的19.9%，下降到2005年的17.9%；衣着消费支出的比重从1990年的7.9%，下降到2005年的3.6%；住房消费支出的比重从1990年的20.6%，上升到 2005 年的 24.6%；家庭设备用品及服务支出的比重从 1990 年的 5.4%，下降到 2005 年的 3.7%；医疗保健支出的比重从 1990 年的 3.2%，上升到 2005 年的 4.3%；交通通信支出的比重从 1990 年的 12.5%，上升到 2005 年的 14.0%；教育文化娱乐支出的比重从 1990 年的 20.0%，上升到 2006 年的 20.8%；杂项商品及服务支出的比重从 1990 年的 10.3%，上升到 2005 年的 11.1%（见图 4-36）。

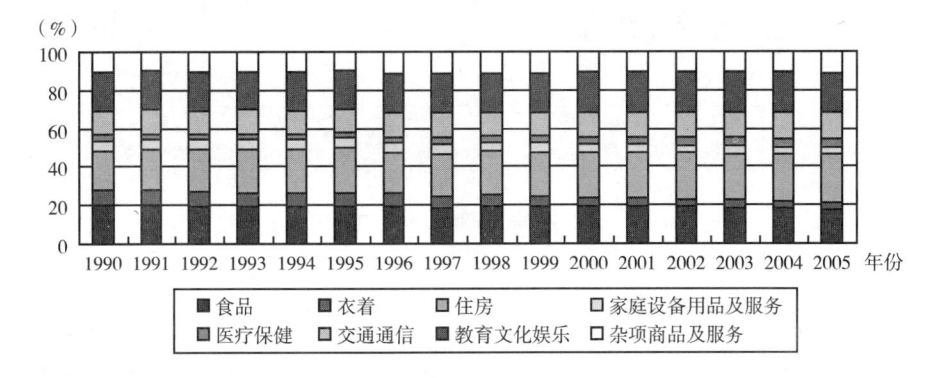

图 4-36　1990~2005 年日本居民消费结构的变化

注：数据来自 OECD 数据库。

在 1990 年，日本居民消费支出比重排在前三位的依次是：住房、教育文化娱乐和食品；到 2005 年，日本居民消费支出比重排在前三位的仍然是：住房、教育文化娱乐和食品。在日本居民的八大类消费品中，在 1990~2005 年间消费支出比重下降的有：食品、衣着、家庭设备用品及服务，其中，下降幅度最大的为衣着，达到 4.3 个百分点；消费支出比重上升的有：住房、医疗保健、交通通信、教育文化娱乐支出和杂项商品及服务，其中，上升幅度最大的为住房，达到 4 个百分点。考虑到日本的老龄化问题，医疗保健的支出比重在未来可能会继续提高。

3. 德国居民的三大消费支出为住房、交通通信和教育文化娱乐。1991 年，德国人均 GDP 为 20 272 美元，到 2006 年增加到 23 906 美元。随着人均 GDP 的上升，德国居民的消费结构也发生了相应的变化。在图 4-37 中，食品消费支出的比重从 1991 年的 18.2%，下降到 2006 年的 14.4%；衣着消费支出的比重从 1991 年的 7.9%，下降到 2006 年的 5.2%；住房消费支出的比重从 1991 年的 20.1%，上升到 2006 年的 24.4%；家庭设备用品及服务支出的比重从 1991 年的 8.1%，下降到 2006 年的 6.9%；医疗保健支出的比重从 1991 年的 3.2%，上升到 2006 年的 4.8%；交通通信支出的比重从 1991 年的 17.3%，下降到 2006 年的 16.8%；教育文化娱乐支出的比重从 1991 年的 16.3%，下降到 2006 年的 15.3%；杂项商品及服务支出的比重从 1991 年的 9.0%，上升到 2006 年的 12.1%。

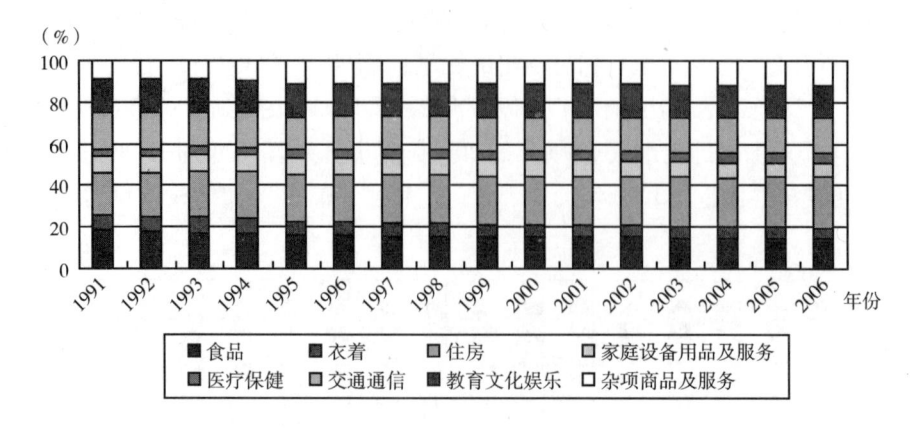

图 4-37　1991~2006年德国居民消费结构的变化

注：数据来自 OECD 数据库。

在1991年，德国居民消费支出比重排在前三位的依次是：住房、食品和交通通信；到2006年，德国居民消费支出比重排在前三位的是：住房、交通通信和教育文化娱乐。在德国居民的八大类消费品中，在1991~2006年间消费支出比重下降的有：食品、衣着、家庭设备用品及服务、交通通信和教育文化娱乐支出，其中，下降幅度最大的为食品，达到3.8个百分点；消费支出比重上升的有：住房、医疗保健和杂项商品及服务，其中，上升幅度最大的为住房，达到4.3个百分点。

（三）OECD 国家按人均 GDP 分组的居民消费结构变化

本文依据 OECD 国家各国 2005 年的人均 GDP（2000 年不变价美元），将26个 OECD 国家分为四组：第一组，10 000 美元以下的国家（波兰、土耳其和斯洛伐克）；第二组，10 000~15 000 美元的国家（韩国）；第三组，15 000~25 000 美元的国家（意大利、新西兰、西班牙、澳大利亚、比利时、捷克、法国、德国、荷兰、葡萄牙、美国和匈牙利）；第四组，25 000 美元以上的国家（加拿大、芬兰、爱尔兰、英国、丹麦、冰岛、日本、挪威、瑞士和卢森堡公国）。

在表4-7中，10 000 美元以下的国家居民消费支出比重排在前三位的依次是：食品、住房和交通通信；10 000~15 000 美元的国家居民消费支出比重排在前三位的依次是：教育文化娱乐、食品和住房；15 000~25 000 美元的国家居民消费支出比重排在前三位的依次是：住房、教育文化娱乐和食品；25 000 美元以上的国家居民消费支出比重排在前三位的依次是：住房、教育文化娱乐和食品。

表4-7　　　　　2005年OECD国家按人均GDP分组的居民消费结构

2005年	10 000美元以下的国家	10 000~15 000美元的国家	15 000~25 000美元的国家	25 000美元以上的国家
食品	25.75	17.96	17.05	16.73
衣着	5.15	4.27	5.45	4.68
住房	21.95	17.21	20.13	22.24
家庭设备用品及服务	5.83	4.12	6.63	5.34
医疗保健	4.12	5.04	5.09	4.33
交通通信	14.36	16.69	16.13	16.43
教育文化娱乐	13.57	20.85	18.59	19.69
杂项商品及服务	9.27	13.86	10.92	10.56

注：数据来自OECD数据库。

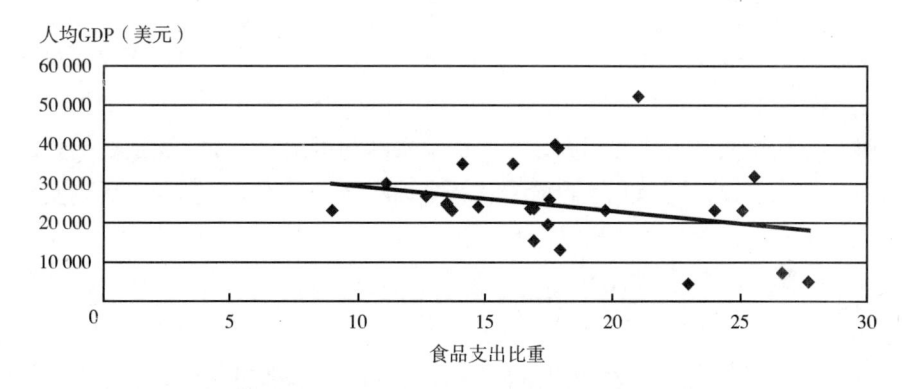

图4-38　2005年OECD国家人均GDP与食品支出比重的散点图

通过对比分析OECD国家各组居民消费结构的变化，可以发现：第一，在八大类支出中，食品、住房、教育文化娱乐和交通通信是各组居民主要的消费支出。第二，随着人均GDP的提高，存在着消费升级的趋势，食品支出比重不断下降，而住房和教育文化娱乐支出比重则不断上升。在图4-38中，2005年OECD国家人均GDP与食品支出比重呈负相关关系，表明人均GDP越高的国家，食品支出比重越低。在图4-39中，2005年OECD国家人均GDP与住房支出比重呈负相关关系，表明人均GDP越高的国家，住房支出比重越高。

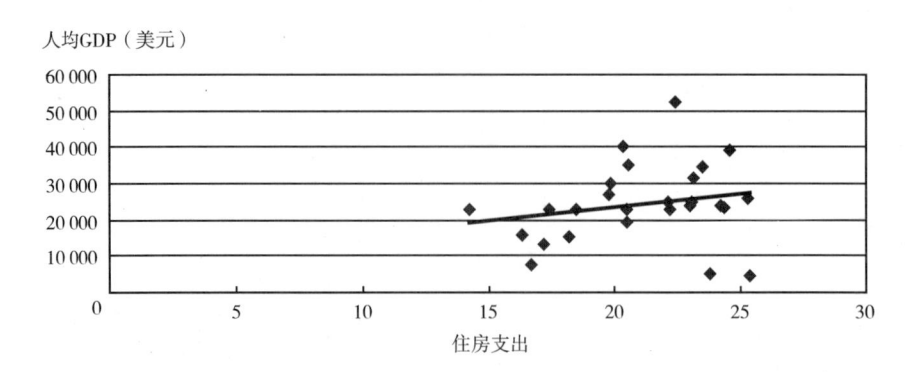

图 4-39 2005 年 OECD 国家人均 GDP 与住房支出比重的散点图

二、中国居民消费结构的变动状况

(一) 中国城乡居民消费结构的变化

1981年,中国人均GDP为289美元,2001年,中国人均GDP突破1 000美元,达到1 042美元,2010年中国人均GDP突破4 000美元。伴随着中国经济的高速增长和居民收入的大幅提高,居民的消费结构也发生了翻天覆地的变化,城乡居民生活水平连续跨越几个台阶,从基本消除贫困,到解决温饱,再到实现总体小康,正在向全面建设小康社会目标迈进。

1. 中国城镇居民消费结构呈现出消费升级的趋势。在图4-40中,中国城镇居民的消费结构发生了巨大的变化。具体来说,食品消费支出的比重从1981年的56.66%,下降到2009年的36.52%;衣着消费支出的比重从1981年的14.79%,下降到2009年的10.47%;居住消费支出的比重从1981年的4.65%,上升到2009年的10.02%;家庭设备用品及服务支出的比重从1981年的9.56%,下降到2009年的6.42%;医疗保健支出的比重从1981年的0.92%,上升到2009年的6.98%;交通通信支出的比重从1981年的1.44%,上升到2009年的13.72%;教育文化娱乐服务支出的比重从1981年的8.43%,上升到2009年的12.01%;杂项商品及服务支出的比重从1981年的3.53%,上升到2009年的3.87%。

在1981年,中国城镇居民消费支出比重排在前三位的依次是:食品、衣着和家庭设备用品及服务;到2009年,中国城镇居民消费支出比重排在前三位的依次则是:食品、交通通信和教育文化娱乐服务。在中国城镇居民的八大类消费品中，在1981～2009年间消费支出比重下降的有：食品、衣着、家庭设备用品及服务，其中，下降幅度最大的为食品，达到20.14个百分点；消费支出比重上升的有：住房、医疗保健、交通通信、教育文化娱乐支出和杂项商品及服务，其中，上升幅度最大的为交通通信，达到12.28个百分点。

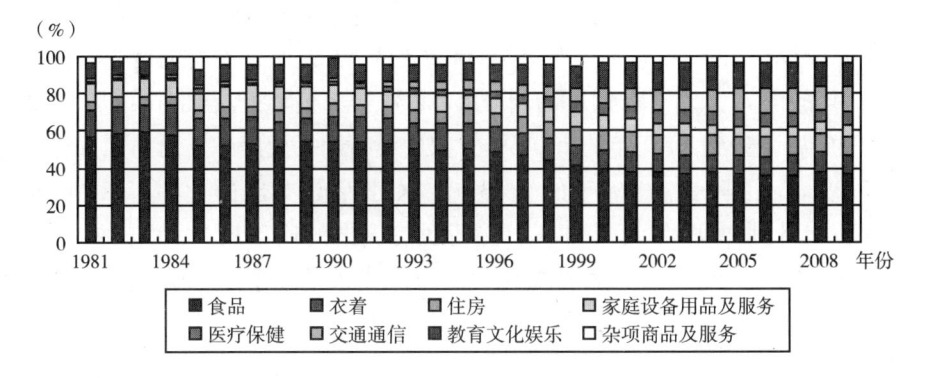

图4-40 1981～2009年中国城镇居民消费结构的变化

注：数据来自《中国统计年鉴》。

仔细观察中国城镇居民消费结构的变迁，并结合改革开放的实践，可以发现中国城镇居民的消费结构可以分为以下几个阶段：

第一阶段为1981～1984年。在该阶段，食品的支出比重呈上升态势。随着收入水平的提高，食品消费支出的比重不降反升，似乎与恩格尔定律相矛盾。事实上，改革开放使得中国摆脱了计划经济长期的束缚，居民生活水平开始从"贫困"中走出，首先就反映在最基本的生存需求——食品，即充分地满足食品需求并改善营养状况。

第二阶段为1985～1997年。在该阶段，食品支出的比重持续下降，且在1994年首次低于50%。在基本的生存需求满足后，城镇居民的消费中心开始转向居住和家庭设备用品及服务，呈现消费升级的态势。其中，城镇居民对家庭耐用消费品的消费表现出集中性和一致性的特点，使得对家庭设备用品及服务几乎达到饱和，家庭设备用品及服务的支出比重在此期间也呈现为先上升后下降的倒"U"形曲线。

第三阶段为1998～2009年。在该阶段，食品支出的比重继续下降，在2000年首次低于40%。居住、医疗保健、交通通信和教育文化娱乐服务的支出比重不断上升，其原因主要有：第一，随着居民收入水平的提高，消费结构不断升级，居民对发展和享受方面的消费不断增加；第二，20世纪90年代中期开始的住房、医疗和教育等方面的改革，打破了传统体制下城镇居民的福利制度，使得他们在这些方面的支出增加。

总之,改革开放以来,立足于中国经济的高速发展,城镇居民的消费结构不断升级,生活质量得到极大的改善。

2. 食品和居住支出始终是中国农村居民最主要的消费支出,占比高达60%以上。在1990~2009年之间,中国农村居民消费结构的变化为:食品消费支出的比重从1990年的58.80%,下降到2009年的40.97%;衣着消费支出的比重从1990年的7.77%,下降到2009年的5.82%;居住消费支出的比重从1990年的17.34%,上升到2009年的20.16%;家庭设备用品及服务支出的比重从1990年的5.29%,下降到2009年的5.13%;医疗保健支出的比重从1990年的3.25%,上升到2009年的7.20%;交通通信支出的比重从1990年的1.44%,上升到2009年的10.09%;教育文化娱乐服务支出的比重从1990年的5.37%,上升到2009年的8.53%;杂项商品及服务支出的比重从1990年的0.74%,上升到2009年的2.11%(见图4-41)。

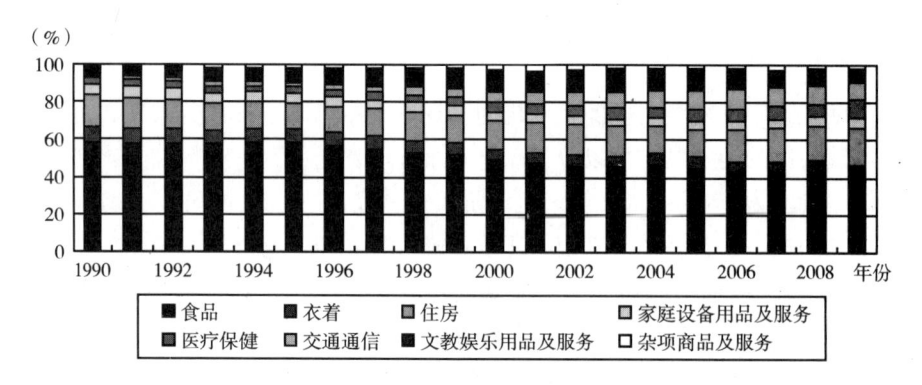

图 4-41　1990~2008 年中国农村居民消费结构的变化

注:数据来自《中国统计年鉴》。

在1990年,中国农村居民消费支出比重排在前三位的依次是:食品、居住和衣着;到2009年,中国农村居民消费支出比重排在前三位的依次则是:食品、居住和交通通信。在中国农村居民的八大类消费品中,在1990~2009年间消费支出比重下降的有:食品、衣着、家庭设备用品及服务,其中,下降幅度最大的为食品,达到17.83个百分点;消费支出比重上升的有:住房、医疗保健、交通通信、教育文化娱乐支出和杂项商品及服务,其中,上升幅度最大的为交通通信,达到8.65个百分点。

纵观中国农村居民消费结构的变化,有如下几个值得注意的几点:第一,食品支出的比重在2000年首次低于50%,但直到2009年,食品支出的比重仍然没有降到40%以下。第二，食品支出和居住支出始终是农村居民最主要的消费支出，二者合计占农村居民支出比重在1990~2009年一直维持在60%以上。这就表明农村居民的生活水平还存在巨大的提升空间，仍然没有从小康型过渡到发展享受型。

（二）城乡居民消费结构的变化特征

第一，城乡居民的恩格尔系数不断下降，消费结构不断升级。改革开放以来，随着经济的发展与人民生活水平的提高，不论是城市居民还是农村居民，其在食品方面支出的比重均不断下降，在居住、医疗保健、交通通信和教育文化娱乐服务等方面的支出比重呈上升趋势，居民的消费结构不断升级。在图4-42中，1978年，城镇居民家庭的恩格尔系数为57.5%，农村居民家庭的恩格尔系数为67.7%。2009年，城镇居民家庭的恩格尔系数下降为36.5%，农村居民家庭的恩格尔系数下降为41.0%，分别下降了21个百分点和26.7个百分点。

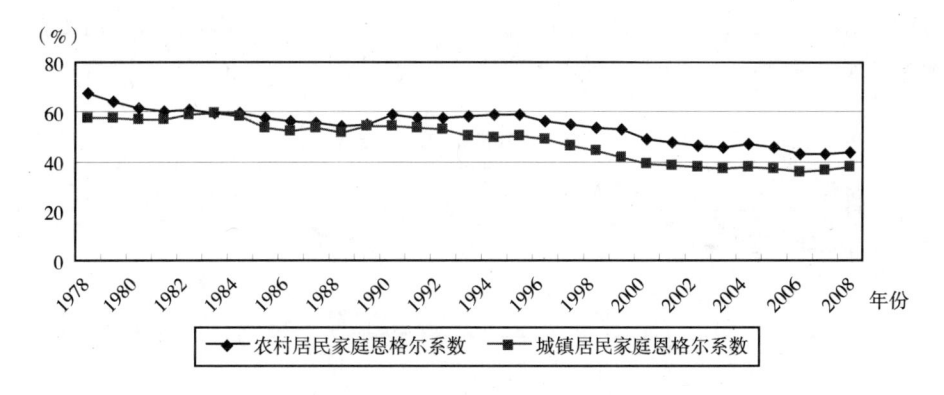

图4-42 中国城乡居民的恩格尔系数

第二，城乡居民的消费开始从衣食向住行、教育文化娱乐服务等方面升级。随着改革开放以来居民收入水平的提高，在基本的衣食生存需求满足后，居民的消费开始转向住行、教育文化娱乐服务等方面升级，呈现消费升级的态势。1981年中国城镇居民在衣食方面的支出为71.45%，2009年则下降到24.46%，下降了24.46个百分点；相应的，在居住和交通通信的支出比重则从1981年的6.09%上升到2009年的23.74%，增加了17.65个百分点；在医疗保健和教育文化娱乐服务的支出比重则从1981年的9.35%上升到2009年的18.99%，增加了9.64个百分点。居住、医疗保健、交通通信和教育文化娱乐服务的支出比重不断上升，其原因主要有：其一，随着经济发展和社会进步，居民开始加大对人力资本的投入，对自身精神层面的需求也更加重视，对发展和享受方面的消费不断增加；其二，20世纪90年代中期开始的住房、医疗和教育等方面的改革，打破了传统体制下的福利制度，使得他们在这些方面的支出增加。

第三，城乡居民的服务性消费将不断增加。改革开放以来，服务业有了很大发展，服务业从业人员由改革开放初期的4890万人增加到2008年的25717万人。家庭服务社会化的趋势带动了社会性服务需求的增长，服务性消费在消费支出中的比重迅速提升。从表4-8来看，在1987~2007年间，农村居民和城市居民消费的农产品均呈下降趋势；对于工业品来说，农村居民和城市居民都是稍有下降；服务均呈上升趋势。总之，随着中国经济的发展和社会的进步，经济服务化的程度不断上升，中国居民在服务方面的消费支出比重将会增加。对于服务的消费来说，城镇居民比农村居民的需求更大，农村居民更多比重的服务需求是自给性的。随着中国城市化进程的加快，城镇居民的比重不断上升，其对服务的需求相应地会拉动服务消费的增加，从而导致服务消费支出比重上升。2007年城市居民农产品消费所占的比重比农村居民低13个百分点。而对于服务的消费城市居民则比农村居民高8个百分点。这表明，随着城市化的发展，居民对服务的需求会上升。

表4-8　　　　　　　　农村和城市居民的消费结构　　　　　　　单位：%

年 份	农村居民			城市居民		
	农产品	工业品	服务	农产品	工业品	服务
1987	45	38	17	24	52	23
1992	43	39	18	24	49	27
2002	30	31	39	15	38	47
2005	26	35	39	11	40	49
2007	21	37	42	8	42	50

资料来源：历年中国投入产出表。

第四，生活能源消费量的增加，将改变居民的消费结构。随着人们生活水平的提高，生活能源消费量已经成为能源消费总量的重要组成部分。1990年生活能源消费量为15799万吨标准煤，2008年增加到31898万吨标准煤。人均生活能源消费量也会相应增加。1983年中国平均每人生活消费能源为106.61千克标准煤；2008年平均每人生活消费能源增加为240.80千克标准煤。

在图4-43中，生活性石油消费占石油消费总量的比重从1981年的1.6%上升到2008年的7.8%；生活性电力消费占电力消费总量的比重从1981年的3.5%上升到2008年的12.7%。人均生活能源消费量的增加及生活性能源消费比重的增加，将影响居住和家庭设备用品及服务等方面的支出，进而改变居民的消费结构。

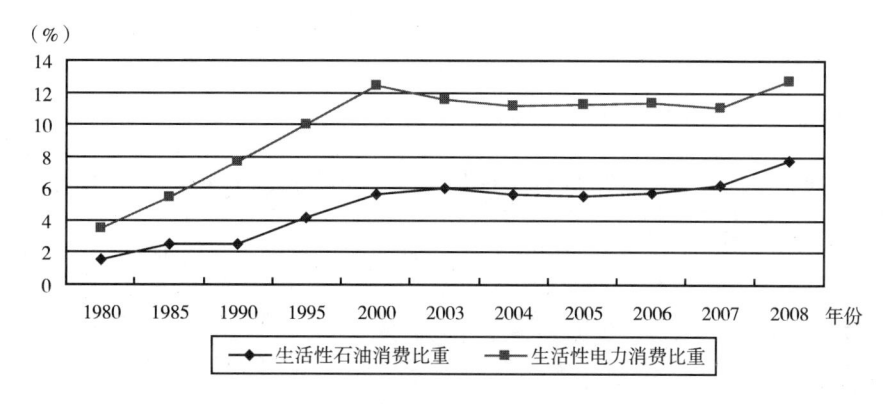

图 4-43　生活性能源消费占能源消费的比重

第五，城乡居民在耐用品的消费方面不断升级。在表 4-9 中，城镇居民家庭平均每百户年底耐用消费品拥有量在洗衣机、电冰箱、彩色电视机和空调器等方面基本饱和，而在组合音响、照相机、家用电脑和摄像机等方面还有很大的空间。这说明，今后城镇居民在耐用品方面的升级将使得家庭设备用品及服务支出的比重相对稳定。

表 4-9　城镇居民家庭平均每百户年底耐用消费品拥有量

年份 项目	1990	1995	2000	2005	2008	2009
洗衣机（台）	78.41	88.97	90.5	95.51	94.65	96.01
电冰箱（台）	42.33	66.22	80.1	90.72	93.63	95.35
彩色电视机（台）	59.04	89.79	116.6	134.8	132.89	135.65
组合音响（套）		10.52	22.2	28.79	27.43	28.21
照相机（架）	19.22	30.56	38.4	46.94	39.11	41.68
空调器（台）	0.34	8.09	30.8	80.67	100.28	106.84
家用电脑（台）			9.7	41.52	59.26	65.74
摄像机（架）			1.3	4.32	7.12	7.77
微波炉（台）			17.6	47.61	54.57	57.18
健身器材（套）			3.5	4.68	3.95	4.13
家用汽车（辆）			0.5	3.37	8.83	10.89
移动电话（部）			19.5	137	172.02	181.04
固定电话（部）				94.4	82.01	81.86

注：数据来自《中国统计年鉴》。

在表4-10中，农村居民家庭平均每百户年底耐用消费品拥有量在彩色电视机和自行车等方面基本饱和，而在洗衣机、电冰箱、空调机、照相机和家用电脑等方面仍有很大的空间。今后，随着农村居民生活水平的提高，农村居民在家庭设备用品及服务支出的比重将会稳中有升。

表4-10　　　　农村居民家庭平均每百户年底耐用消费品拥有量

年份 品名	1990	1995	2000	2005	2008	2009
洗衣机（台）	9.12	16.90	28.58	40.20	49.11	53.14
电冰箱（台）	1.22	5.15	12.31	20.10	30.19	37.11
空调机（台）		0.18	1.32	6.40	9.82	12.23
抽油烟机（台）		0.61	2.75	5.98	8.51	9.75
自行车（辆）	118.33	147.02	120.48	98.37	97.58	96.45
摩托车（辆）	0.89	4.91	21.94	40.70	52.45	56.64
电话机（部）			26.38	58.37	67.01	62.68
移动电话（部）			4.32	50.24	96.13	115.24
彩色电视机（台）	4.72	16.92	48.74	84.08	99.22	108.94
照相机（台）	0.70	1.42	3.12	4.05	4.43	4.76
家用计算机（台）			0.47	2.10	5.36	7.46

注：数据来自《中国统计年鉴》。

三、未来中国居民消费结构的变动趋势

在前面分析了世界各国和中国自改革开放以来居民消费结构的变迁，考虑到中国未来城市化进程的加快，居民收入水平的提高，服务业比重的提高，此处将对中国未来的居民消费结构变化趋势做出简要分析。

第一，中国居民在食品方面的支出比重将不断降低。2009年，中国城镇居民家庭的恩格尔系数为36.5%，农村居民家庭的恩格尔系数为41.0%。而30个OECD国家的恩格尔系数在终止年的水平均低于30%，美国居民的恩格尔系数在2006年更是只有9.0%（见表4-11）。随着中国经济的发展，居民收入水平的提高和消费结构的升级，中国城乡居民在食品方面的消费支出比重会不断降低。

表 4-11　　　　　　　　　　中外居民消费结构对比

	韩国	德国	美国	日本	中国城镇	中国农村
食品	18.0	14.7	9.0	17.9	36.5	41.0
衣着	4.3	5.3	4.6	3.6	10.5	5.8
住房	17.2	24.2	17.4	24.6	10.0	20.2
家庭设备用品及服务	4.1	6.9	4.8	3.7	6.4	5.1
医疗保健	5.0	4.7	18.8	4.3	7.0	7.2
交通通信	16.7	16.5	13.3	14.0	13.7	10.1
教育文化娱乐	20.9	15.5	17.7	20.8	12.0	8.5
杂项商品及服务	13.9	12.2	14.4	11.1	3.7	2.1
人均GDP（2000年不变美元）	13 210	23 906	23 039	39 075	—	—

注：数据来自 OECD 数据库和《中国统计年鉴》。

第二，中国居民在居住方面的支出比重将不断上升。根据发达国家城市化的历史，城市化率从 40% 上升到 60% 的过程，是城市化进程最为迅速的阶段，国际上称之为城市化峰速发展阶段。城市化进入峰速发展阶段之后，随着城市人口的大幅增加和城市规模的急速膨胀，居民对住房的消费支出也将不断增加。目前，中国的城市化率已经从 1978 年的 18%，提高到 2008 年的 46%，正处在从城市化起飞阶段向城市化峰速阶段转变的拐点上。这意味着未来几十年，中国都将处在城市化峰速发展阶段，庞大的人口规模以及城市化高速发展所带动的巨大住房需求，会推动居民在住房消费方面的支出，从而深刻影响居民的消费结构。此外，从国际经验看，在表 4-3 中，与起始年的水平相比，有 26 个 OECD 国家的住房支出比重在终止年上升了。这说明住房消费在居民的消费品中，占有举足轻重的地位。

第三，中国居民在医疗保健方面的支出比重也将不断上升。参考 OECD 近 50 年来的发展经验——医疗保健支出均以超过 GDP 增速两个百分点的速度增长，且医疗保健产品具有无限收入弹性的特征，随着收入水平的提高，中国居民在医疗保健方面的支出也将不断上升。目前，中国的医疗体制改革相对滞后，医疗保障覆盖率不高，导致了看病贵、药价高的问题。高价位的药品，高额的医疗服务费使居民家庭的医疗支出加大，看病已成为居民的沉重负担。老龄化也会增加居民在医疗保健方面的支出。

第四，中国居民在交通通信方面的支出比重也将不断上升。改革开放前，中国居民出行主要使用的是公交车、自行车等交通工具，交通支出占消费比重很低。改革开放后，随着经济的快速发展，人民生活节奏的加快，交流和沟通成为城乡居民生活中必不可少的需求，交通通信消费在消费支出中开始占据重要地位，并且传统的交通通信方式已不能满足居民越来越迫切的出行和沟通需求，人们追求更加方便、快捷的交通通信方式。家用汽车、摩托车、电动车、手机和固定电话已经进入普通家庭。可见，中国居民在交通通信方面的消费比重将会上升。此外，居民在交通方面支出的增加，也会引致能源消费的增加，从而影响到整个居民消费结构的变动。

第五，中国居民在教育文化娱乐的支出比重也将不断上升。其一，随着经济的发展、社会的进步，对人力资本的培育和积累需求会更加突出。这将诱发居民在教育方面的支出。其二，中国的公共财政长期以来对教育的投入力度仍需加强，目前政府投入教育的经费占GDP仍然不足4%，低于世界平均水平。公共投入的不足势必会导致居民教育支出的增加。在"十二五"期间乃至2030年，随着经济的发展和居民收入的增加，中国居民将会增加对数码产品的消费，从而导致文化娱乐支出比重的上升。

第六，中国居民的服务性消费将不断增加。其一，从世界范围来看，随着人均收入的持续增长，服务业比重和水平不断提高，经济服务化程度日益凸显，居民服务消费（消费者服务）也会日益增多。OECD国家居民消费结构的变化也证实了这一点。其二，随着中国城市化进程的推进，更多的农村居民转变为城市居民。城市居民不仅比农村居民有更多的服务需求；而且城市居民的服务需求更大比重是市场购买性的。这就会增加中国局面的服务性消费。

第三节　中间投入率变化趋势与特征分析

经济部门之间相互直接或间接的投入与使用，是部门之间经济联系变得错综复杂的一个重要原因。而中间投入率是反映各产业部门在自己的生产货物或提供服务的过程中，消耗和使用所有原材料、燃料动力等货物和各种服务的价值占该产业部门总产出的比重，中间投入率越高，则该产业的增加值率越低。对于国民经济的大多数部门而言，中间投入往往占部门总产出的一半以上，中间投入变动所产生的结构变化效应有时甚至比初始投入和最终消费的作用更大（段志刚等，2006）。一般来说，部门中间投入率的变动与一个国家的产业结构变化、技术进步和管理水平等因素有关，而并不完全是一个效率指标。正确把握中间投入率的变动规律，对于理解一个国家未来经济结构的发展趋势非常重要。本节将分别从国外中间投入率的变化趋势、中国在 1987～2007 年期间的中间投入率变动状况以及中国未来的中间投入率变化趋势三方面对中间投入率的变化趋势和特征展开分析。

一、国外的中间投入率变化趋势

部门间消耗水平的提高是经济系统内各部门间专业化分工的必然结果，也是经济发展由初级向中高级阶段、技术由低端向高端、产品由简单向复杂阶段的一个过程。在工业化进程中，处于不同经济发展阶段的经济体的中间投入率变动趋势会呈现不同的特征。本部分主要讨论发达国家，尤其是日本在经济发展过程中的中间投入率变化趋势，从而为认识未来我国中间投入率的变化规律提供借鉴。

（一）发达国家的中间投入率变动趋势

对于大多数发达国家来说，由于已进入后工业化发展阶段，近年来这些国家的中间投入率变化趋于稳定。比如，在 1995～2005 年之间，匈牙利、捷克、葡萄牙、斯洛文尼亚、西班牙、意大利、德国、法国、荷兰、奥地利、芬兰、英国、日本、瑞典、美国、丹麦等发达国家的全社会中间投入率大部分均处于 45%～55% 之间。[①] 其中，我们重点选取了"八国集团" 1995～2005 年的全社会中间投入率进行分析，如表 4-12 所示。[②]

表 4-12　　　1995～2005 年"八国集团"的中间投入率变动趋势　　　单位：%

年份\国家	美国	英国	法国	德国	意大利	加拿大	日本	俄罗斯
1995	46.28	50.81	46.12	46.55	50.25	49.77	47.01	47.23
2000	46.02	51.19	47.65	48.3	52.59	49.42	46.64	46.56
2005	46.23	50.27	48.83	48.7	51.39	—	47.54	—

资料来源：各国的历年投入产出表。

从表 4-12 我们可以看出，八大工业国的全社会中间投入率在从 1995～2005 年的 10 年间变化较为平稳，均处于 46%～53% 之间。除了法国和德国外，其他国家的全社会中间投入率变化还呈现出缓慢下降的趋势。接下来，我们将一

---

① 该数据来自于各国的历年投入产出表。
② "八国集团"的成员国包括美国、英国、法国、德国、意大利、加拿大、日本和俄罗斯。

些主要发达国家2005年的人均GDP和全社会中间投入率进行进一步的横向比较，如表4-13所示（以人均GDP排序）。

表4-13　主要发达国家的人均GDP与全社会中间投入率（2005年）

国　家	人均GDP（美元）	中间投入率（%）
匈牙利	10 030	57.13
捷克	10 710	62.62
葡萄牙	16 170	50.48
斯洛文尼亚	17 350	54.34
西班牙	25 360	51.07
意大利	30 010	51.39
德国	34 580	48.7
法国	34 810	48.83
荷兰	36 620	51.33
奥地利	36 980	49.65
芬兰	37 460	51.96
英国	37 600	50.27
日本	38 980	47.54
瑞典	41 060	50.87
美国	43 740	46.23
丹麦	47 390	46.79

资料来源：世界银行的《2007年世界发展报告》与各国的历年投入产出表。

从表4-13和相应的散点图4-44我们可以发现：当发达国家人均GDP处于1万~2万美元之间时，全社会中间投入率大多处于55%~60%之间；而人均GDP在3万~5万美元之间的阶段时，全社会中间投入率大多处于45%~50%之

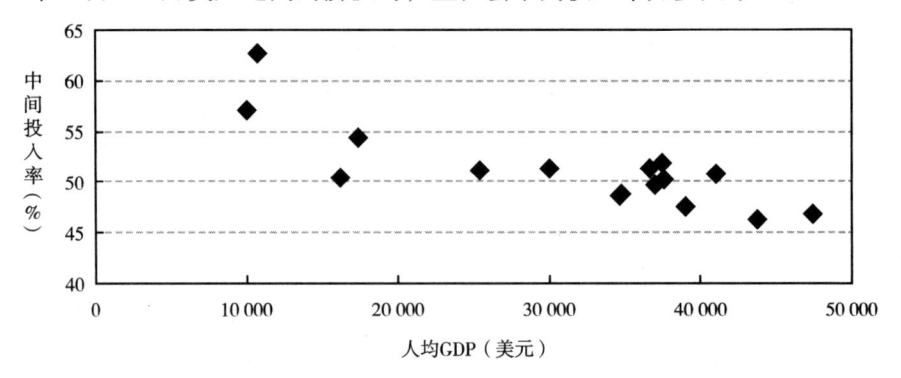

图4-44　主要发达国家的人均GDP与全社会中间投入率之间的关系（2005年）

间。两者之间的简单相关系数为 -0.81，说明人均 GDP 和全社会中间投入率之间可能具有负向的相关关系。上述结果表明，当经济发展到一定阶段，进入后工业化阶段以后，随着投入产出效益的提高，一个国家的中间投入率可能会呈现出下降并趋于平稳的趋势。

（二）以日本为例：日本的中间投入率变动趋势（1970~2005年）

接下来，我们以日本为例对其在1970~2005年间的中间投入率变动趋势进行进一步的比较分析，从而能更清楚反映出发达国家在不同发展水平下的中间投入率变动趋势。我们选择日本作为分析对象的原因在于：日本和中国均为亚洲国家，在社会经济等诸多方面均较为类似。同时，日本从1970~2005年期间的发展历程与中国的某些阶段较为类似，可以为中国的经济发展提供借鉴。具体地，日本从1970~1980年期间仍然保持较快的经济增长速度，这一阶段与中国目前的经济高速增长阶段较为接近。而自20世纪80年代初日本开始经济由高速增长逐渐向中低速增长转变，这一转变过程可能与中国进入21世纪后经济增长速度将逐渐放慢具有相似之处（潘文卿、李子奈，2001）。

如表4-14和图4-45所示，从整体来看，从1970~2005年日本的全社会中间投入率呈逐渐下降的趋势。其中，在1970~1980年期间中间投入率呈现出缓慢增长的趋势，但自20世纪80年代开始，日本的中间投入率开始缓慢下降，至2005年下降到47.54%。其原因可能在于，1970~1980年期间日本经济仍然保持一定的增长速度，而至20世纪80年代初日本已完成基本工业化，并开始步入后工业化阶段（潘文卿、李子奈，2001）。

表4-14　　　　1970~2005年日本的全社会中间投入率变动趋势

年　份	1970	1975	1980	1985	1990	1995	2000	2005
人均GDP（1990年美元价格）	9 715	11 349	13 429	15 332	18 789	19 857	28 490	23 826
全社会中间投入率（%）	54.07	53.37	54.86	51.63	49.46	47.01	46.64	47.54

资料来源：Maddison（2001）和日本的历年投入产出表。

从日本三次产业的中间投入率来看（如表4-15和图4-46所示），第二产业的中间投入率最高，第一产业次之，第三产业的中间投入率最低。从整体的变动趋势上看，从1970~2005年日本的第一产业中间投入率呈现出上升的趋势，而第二、三产业的中间投入率呈现出先升后降的趋势。由此可见，造成日本自1980年以来全社会中间投入率下降的主要原因之一在于，第三产业占国民经济的

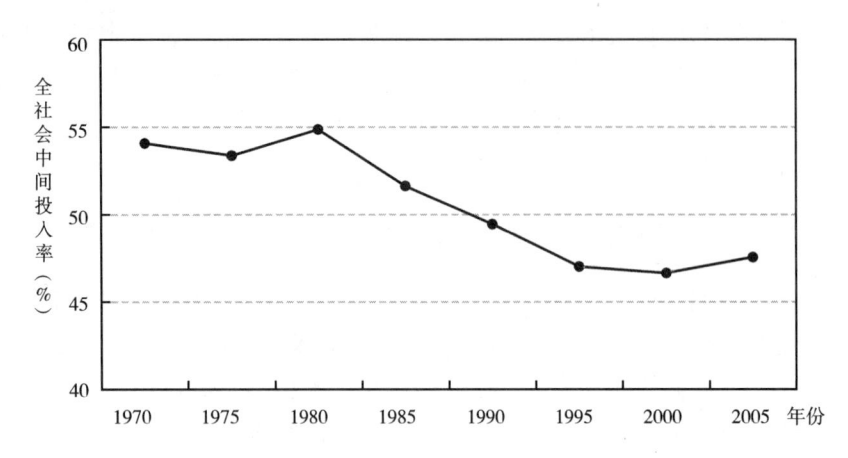

图 4-45　1970～2005 年日本全社会中间投入率变动趋势图

资料来源：日本的历年投入产出表。

比重较大且上升较快，从 1980 年的 58.7% 上升至 2005 年的 71.8%，而与此同时第三产业的中间投入率比第一产业和第二产业低，并且呈现出下降的趋势。①

更具体地，1970～1980 年间三次产业的中间投入率基本上都呈现上升的趋势，其中第一产业的中间投入率上升最快，而第三产业的上升幅度总体大于第二产业。1980～2000 年期间第一、二产业的中间投入率则开始下降，其中第二产业的中间投入率下降尤为明显，而第三产业的中间投入率继续保持平稳且稍有下降的趋势。从 2000 年开始，日本第三产业的中间投入率又略有上升。

从 1970～2005 年间日本各细分部门的中间投入率来看（如表 4-16 所示），大多数细分部门的中间投入率均呈现出先上升再下降的趋势。具体来说，各细分部门的中间投入率呈现出以下变动趋势：

表 4-15　　　　　　1970～2005 年日本三次产业中间投入率　　　　　单位：%

年　份	1970	1975	1980	1985	1990	1995	2000	2005
第一产业	39.01	37.63	45.49	45.58	42.75	44.85	45.56	49.01
第二产业	65.69	67.41	68.72	65.50	62.74	61.63	61.67	63.82
第三产业	37.53	36.97	38.69	37.06	36.26	35.61	36.21	36.54

资料来源：日本的历年投入产出表。

---

①　自 1980 年以来，日本第一、二产业所占比例逐渐下降，分别从 1980 年的 3.6% 和 37.8% 下降到 2005 年的 1.6% 和 26.5%。所有的三次产业构成数据来自于《日本统计年鉴 2007》。

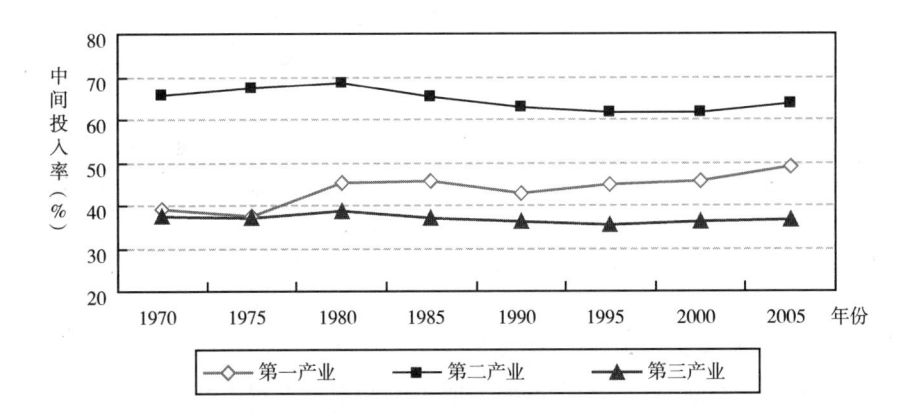

第四章 经济发展水平与经济结构变化

图 4-46　1970~2005 年日本三次产业的中间投入率变动趋势图

资料来源：日本的历年投入产出表。

（1）第一产业（农、林、牧、副、渔、业）的中间投入率基本保持上升的趋势，尤其是 2005 年上升至 49.01%。

（2）采掘业的中间投入率基本上呈现出上升的趋势，其中在 20 世纪 90 年代期间略有下降，而后又大幅上升。这可能是由于日本属于矿产资源稀缺型国家，大量矿产资源依赖进口，从而导致原材料成本所占比例较高。

（3）制造业中轻工业部门（如纺织服装业、木材加工与家具制造业等）的中间投入率在 1980 年后均呈现出下降的趋势。

（4）1980 年以前重工业部门中化学工业、非金属矿物制品业、钢铁业都呈现明显上升的趋势，而 80 年代中期以后这些部门的中间投入率也开始处于下降态势。

（5）服务业中的大多数部门的变动表现为平稳上升的趋势。其中，商业与公共服务业一直呈现下降的趋势，而通信业则呈现明显的上升趋势。

表 4-16　1970~2005 年日本各个部门中间投入率　　　　单位：%

序号	部门	1970	1975	1980	1985	1990	1995	2000	2005
1	农林牧渔业	39.01	37.63	45.49	45.58	42.75	44.85	45.56	49.01
2	采矿	38.53	50.82	50.77	55.41	52.32	52.72	59.14	61.53
3	食品制造	58.16	67.19	63.39	61.59	63.12	59.89	57.36	58.82
4	纺织服装	66.10	69.13	67.86	70.14	66.59	63.44	63.14	67.11
5	木材加工与家具制造	69.99	67.82	69.03	64.31	63.70	64.89	61.74	62.25
6	造纸印刷	66.68	65.70	69.21	65.15	60.54	58.59	58.18	56.08

续表

序号	部门	1970	1975	1980	1985	1990	1995	2000	2005
7	化学工业	66.29	70.59	73.21	69.97	65.92	63.64	66.01	70.25
8	石油和煤炭产品	57.00	83.91	86.25	76.41	64.43	51.49	59.28	66.75
9	橡胶塑料制造	67.45	68.12	72.09	65.72	61.88	59.00	57.69	58.16
10	非金属矿物制品	52.67	54.48	60.85	56.07	55.61	53.55	56.02	56.18
11	钢铁	78.57	81.10	79.45	79.36	75.13	72.31	72.81	73.37
12	金属制品	66.57	63.86	69.46	64.32	62.60	61.33	59.65	63.73
13	通用、专用设备制造	60.45	60.22	63.76	61.85	59.46	60.52	60.28	61.63
14	电气电子	65.43	63.14	66.92	65.80	60.70	61.02	61.54	64.06
15	办公室及计算器材制造业	65.62	65.08	65.46	65.48	70.30	69.88	74.67	65.36
16	交通设备	69.84	72.09	73.00	68.89	75.26	74.27	74.03	73.44
17	其他制造业	65.44	61.47	65.47	62.71	64.50	64.03	63.85	64.86
18	建筑	63.73	58.03	59.25	56.21	52.19	54.35	53.10	54.37
19	电力、燃气及水	39.90	56.44	59.11	50.13	45.68	47.07	47.46	53.41
20	商业	40.31	37.30	39.24	40.92	38.22	36.14	36.58	36.68
21	金融保险	27.68	29.10	29.22	33.06	27.51	33.74	34.11	29.69
22	房地产	14.21	14.00	13.83	13.51	15.60	14.69	15.36	15.68
23	运输存储	35.15	42.76	48.38	45.32	43.25	42.69	44.38	47.17
24	通信业	21.96	17.31	21.15	21.46	21.70	27.71	44.11	44.72
25	公共服务	54.07	51.93	48.33	45.17	47.24	41.19	40.59	36.80
26	教育文化体育卫生	33.54	29.17	31.89	33.27	35.27	34.94	34.75	35.66
27	其他公共服务	43.53	30.34	33.61	26.41	27.84	33.32	31.81	33.99
28	社区、社会及个人服务	57.19	48.09	50.13	46.45	48.97	51.00	50.92	55.04
29	其他	63.49	80.27	81.84	63.55	57.16	47.98	58.29	63.62

注：上述数据由作者根据日本独立行政法人经济产业研究所（RIETI）的《JIP 数据库2009》计算得到，http://www.rieti.go.jp/cn/database/JIP2009/index.html#04-1。

二、中国的中间投入率变动分析

在本部分，我们将利用中国的历年投入产出表（1987年、1992年、1997年、2002年和2007年）来分析在1987~2007年间中国的中间投入率变动状况。[①]

---

① 由于延长表的部门划分与统计口径等与每隔5年国家统计局所编制的正式投入产出表存在较大差异，为了方便比较中间投入率的变化，我们并未将1990年、1995年、2000年和2005年的延长表数据包括进来。

（一）中国的中间投入率总体变动趋势

如图 4-47 所示，除了 2002 年稍有下降外，20 年来我国全社会中间投入率总体上呈现上升趋势：全社会总产出的中间投入率从 1987 年的 55.48% 上升到 2007 年的 67.51%，20 年间提高了 12.03 个百分点，增长了 21.68%。

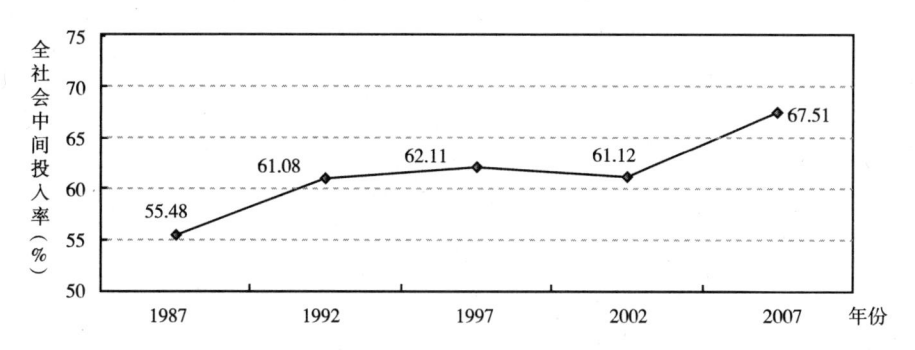

图 4-47　1987~2007 年全社会中间投入率变动趋势图

资料来源：中国的历年投入产出表。

从三次产业来看（如表 4-17 所示），1987~2007 年间中国的中间投入率呈现出以下变动趋势：首先，第一、二次产业的中间投入率均呈上升趋势，其中第一产业的中间投入率上升幅度最大，从 1987 年的 31.52% 上升到 2007 年的 41.38%，提高了 9.86 个百分点，增幅达 31.28%，且主要发生在 1987~1997 年之间，1997 年之后第一产业中间投入率变动趋于平稳；第二产业的增幅次之，从 1987 年的 66.62% 上升到 2007 年的 76.71%，提高了 10.09 个百分点，增幅达 15.15%。其次，第三产业的中间投入率的变动表现为先上升后下降的趋势，其中 1987~1997 年期间从 40.96% 上升到 49.69%，然后缓慢下降至 2007 年的 46.52%。最后，第二产业的中间投入率远高于第一、第三产业，其中第一产业的中间投入率最低。从三大产业中间投入率变动图（如图 4-48 所示）我们可以明显看出，第一、第二产业的中间投入率呈现平稳上升趋势，而第三产业则表现为波段式上升。

表 4-17　　　　　　1987~2007 年三大产业中间投入率　　　　　单位：%

年　份	1987	1992	1997	2002	2007
第一产业	31.52	35.58	40.26	41.81	41.38
第二产业	66.62	71.32	70.16	71.08	76.71
第三产业	40.96	49.14	49.69	46.83	46.52

资料来源：中国的历年投入产出表。

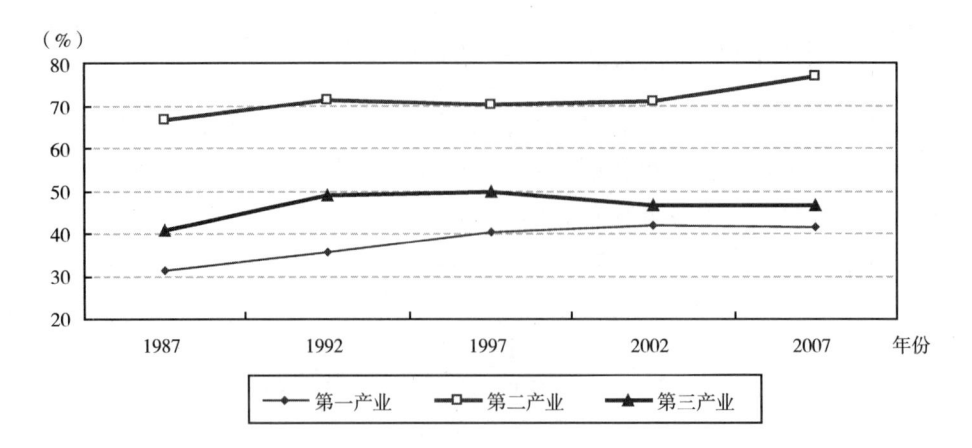

图 4-48　1987~2007年三大产业中间投入率变动趋势图

资料来源：中国的历年投入产出表。

为了将投入系数的变化和产出结构的变化对中间投入率变化的影响区分开来，我们对全社会中间投入率的变动进行分解。我们用 u 表示中间投入，X 表示总产出，R 表示中间投入率，相应的分解公式如下：

$$R_{总} = \frac{u_{总}}{X_{总}} = \frac{u_1 + u_2 + u_3}{X_{总}} = \frac{u_1}{X_{总}} + \frac{u_2}{X_{总}} + \frac{u_3}{X_{总}} = \frac{u_1}{X_1}\frac{X_1}{X_{总}} + \frac{u_2}{X_2}\frac{X_2}{X_{总}} + \frac{u_3}{X_3}\frac{X_3}{X_{总}}$$
$$= R_1 T_1 + R_2 T_2 + R_3 T_3$$

其中：R_1、R_2 和 R_3 分别表示三大产业的中间投入率，T_1、T_2 和 T_3 分别表示三大产业总产值占社会总产值的比重（产业结构）。

因此，我们可以得到全社会中间投入率的变动（$\Delta R_{总}$）为：

$$\Delta R_{总} = R_{总}^t - R_{总}^0 = (R_1^t T_1^t + R_2^t T_2^t + R_3^t T_3^t) - (R_1^0 T_1^0 + R_2^0 T_2^0 + R_3^0 T_3^0)$$
$$= (R_1^t T_1^t - R_1^0 T_1^t) + (R_2^t T_2^t - R_2^0 T_2^t) + (R_3^t T_3^t - R_3^0 T_3^t) + (R_1^0 T_1^t - R_1^0 T_1^0)$$
$$+ (R_2^0 T_2^t - R_2^0 T_2^0) + (R_3^0 T_3^t - R_3^0 T_3^0)$$
$$= (R_1^t - R_1^0) T_1^t + (R_2^t - R_2^0) T_2^t + (R_3^t - R_3^0) T_3^t + R_1^0 (T_1^t - T_1^0) + R_2^0 (T_2^t - T_2^0)$$
$$+ R_3^0 (T_3^t - T_3^0)$$
$$= \Delta R_1 T_1^t + \Delta R_2 T_2^t + \Delta R_3 T_3^t + R_1^0 \Delta T_1 + R_2^0 \Delta T_2 + R_3^0 \Delta T_3$$
$$= \sum_{i=1}^{3} \Delta R_i T_i^t + \sum_{i=1}^{3} R_i^0 \Delta T_i = A + B$$

其中：上标为 t 的即为报告期数据，上标为 0 的即为基期数据；A 部分为三大产业中间投入率的变动对全社会中间投入率的影响，B 部分为产业结构变动对全社会中间投入率的影响。

接下来，我们利用1987~2007年投入产出表中的数据分别计算A、B，其中：1987~2007年三次产业的中间投入率（R）数据见表4-18，1987~2007年三大产业总产出比例（T）如表4-18所示：

表4-18　　　　　　1987~2007年三次产业的总产出比例　　　　　　单位：%

年 份	1987	1992	1997	2002	2007
第一产业	18.22	13.27	12.35	9.12	5.97
第二产业	63.3	61.95	66.42	60.8	70.54
第三产业	18.48	24.78	21.24	30.08	23.49

资料来源：中国的历年投入产出表。

通过公式计算，我们得出以下结论：1987~2007年间我国全社会中间投入率上升的12.03个百分点中，由三大产业中间投入率变化引起的变动是9.02个百分点，所占比例为74.94%，由产业结构变化引起的变动是3.01个百分点，所占比例为25.06%，其中，由第一产业中间投入率变化引起的变动是0.59个百分点，由第二产业中间投入率变化引起的变动是7.12个百分点，由第三产业中间投入率变化引起的变动是1.31个百分点。因此，第二产业中间投入率变化对全社会中间投入率变化的贡献最为突出，全社会中间投入的变化主要是由第二产业中间投入的变化引起的，第三产业次之，第一产业贡献较小。这说明，我国正处于工业化发展过程中，虽然产业结构调整已经取得一定成绩，但仍然需要进一步产业结构优化升级和不断提高发展水平。通过借鉴上一部分中我们所提到的日本自1970年以来中间投入率的变动规律，我们可以预计，随着第三产业所占比重的不断上升，中国未来的全社会中间投入率将呈现出先上升后逐渐下降的趋势。

（二）中国不同部门的中间投入率变动趋势

接下来，我们进一步考察1987~2007年间不同细分部门的中间投入率变动趋势。不过，由于行业改革和统计核算方法的发展以及投入产出表本身技术因素等原因，各年投入产出表的部门分类标准并不完全一致。为了利用投入产出表按时间进行纵向对比分析，必须统一投入产出表中的部门分类标准，将属性相近的部门进行拆分或合并。

参照投入产出表部门分类解释及当年国民经济部门分类标准，我们将各年投入产出表的部门统一为以下20个细分部门：(1) 农业；(2) 采掘业（主要包括煤炭开采和选洗业、石油和天然气开采业、金属矿采选业和非金属矿采选业）；

(3) 食品制造及烟草加工业；(4) 纺织及皮革制品业（主要包括纺织业和纺织服装鞋帽皮革羽绒及其制品业）；(5) 木材加工及家具制造业；(6) 造纸印刷及文教体育用品制造业；(7) 石油加工、炼焦及燃气的生产与供应业（主要包括石油加工业、炼焦业、煤气的生产和供应及燃气的生产与供应业）；(8) 化学工业；(9) 非金属矿物制品业；(10) 金属产品制造业（主要包括金属冶炼及压延加工业和金属制品业）；(11) 机械设备制造业（主要包括通用、专用设备制造业、交通运输设备制造业、电气机械及器材制造业、通信设备、计算机及其他电子设备制造业、仪器仪表及文化办公用机械制造业、机械设备修理业等）；(12) 其他制造业（主要包括工艺美术品的制造业、其他工业）；(13) 电力、热力、水的生产和供应业；(14) 建筑业；(15) 运输邮电业（主要包括交通运输业、邮政业及信息传输、计算机服务和软件业）；(16) 商业饮食业（包括批发和零售贸易业、住宿餐饮业等）；(17) 金融保险业；(18) 文教卫生科研事业（包括科学研究事业、综合技术服务业、教育、卫生、社会保障和社会福利业、文化、体育和娱乐业等）；(19) 公用事业、居民服务业及其他服务业（主要包括房地产业、租赁和商务服务业、旅游业、环境资源与公共设施管理业、居民服务业和其他服务业）；(20) 行政机关（即公共管理与社会组织）。

表4-19　　　　　1987~2007年各细分部门中间投入率水平　　　　　单位：%

序号	部门	1987	1992	1997	2002	2007
1	农业	31.52	35.58	40.26	41.81	41.38
2	采掘业	35.26	51.45	47.74	42.17	52.71
3	食品制造业	73.7	74.3	72.26	68.94	75.64
4	纺织及皮革制品业	73.7	79.23	70.63	75.31	79.32
5	木材加工及家具制造业	68.16	74.67	72.06	72.71	76.23
6	造纸印刷及文教体育用品制造业	66.45	73	68.53	66.34	76.18
7	石油加工、炼焦及燃气的生产与供应业	59.73	72.82	77.94	82.8	82.08
8	化学工业	67.59	72.14	73.14	73.07	79.69
9	非金属矿物制品业	59.02	65.32	68.41	67.12	72.53
10	金属产品制造业	67.64	72.94	78.47	75.81	80.18
11	机械设备制造业	67.18	72.73	71.81	75.11	80.78
12	其他制造业	67.55	76.23	68.08	71.88	75.05

续表

序号	部门	1987	1992	1997	2002	2007
13	电力、热力、水的生产和供应业	42.37	51.24	56.75	51.14	71.63
14	建筑业	71.39	70.41	71.25	76.56	76.86
15	运输邮电业	37.21	43.98	44.15	49.71	50.53
16	商业饮食业	51.94	54.17	51.6	49.88	47.54
17	金融保险业	—	47.84	38.96	36.06	31.05
18	文教卫生科研事业	53.48	46.49	52.2	44.74	53.39
19	公共事业、居民服务和其他服务业	28.08	41.5	51.32	44.42	43.28
20	行政机关	36.05	52.19	54.9	49.16	45.09

资料来源：中国的历年投入产出表。

由表4-19我们可以得到以下关于我国细分部门的中间投入率变化趋势：

(1) 1987~2007年间，大多数部门的中间投入率均有所上升。其中，农业、采掘业、石油加工、炼焦及燃气的生产与供应业、非金属矿物制品业、机械设备制造业、电力、热力、水的生产和供应业、运输邮电业、公共事业、居民服务和其他服务业和行政机关的中间投入率上升较快，增加幅度均超过20%。以农业为例，从1987~2007年农业部门对化学工业、石油化工和机械设备等部门的直接消耗增加较快。这反映出近20年来农业部门的机械化程度、技术装备水平大幅度提高，导致其对制成品投入量的增加。其他上述部门也呈现出类似的趋势。

(2) 1987~2007年间，在第二产业中除了采掘业、电力、热力的生产和供应业和水的生产和供应业之外，其他部门（制造业、建筑业）的中间投入率均高于全社会的平均水平，但2007年电力、热力的生产和供应业的中间投入率也首次超过了当年的全社会平均水平。与之相对照的是，第一、第三产业各部门的中间投入率水平普遍低于全社会的平均水平。

(3) 从中间投入率的绝对数值来看，制造业的中间投入率最高，其次为建筑业。虽然电力、热力的生产和供应业在20世纪90年代的中间投入率并不高，但由于其增长速度较快，到2007年也已上升至71.63%。

(4) 从中间投入率的增长幅度来看，公共部门的中间投入率增幅最大。其中电力、热力、水的生产和供应业表现突出，增幅达69.06%，公共事业、居民服务业和其他服务业的增幅也达到54.13%。采掘业次之，中间投入率的上升幅度达49.49%，石油加工、炼焦及燃气的生产与供应业的中间投入率也增加了

37.42%。同时，运输邮电、信息产业的中间投入率也增长明显，达到35.80%。

另外，考虑到工业品在全社会消耗中的侧重不同，我们将工业品部门重新划分为消费品、中间投入品和资本品部门，以便能更清楚地反映部门中间投入率的变化趋势。也就是说，将上述20个部门粗略划分为8个部门：消费品部门包括食品制造、纺织及皮革制品、木材加工及家具制造、造纸印刷及文教体育用品制造、其他制造业；中间投入品部门包括石油加工、炼焦及燃气的生产与供应、化学工业、非金属矿物制品业；资本品部门包括金属产品制造、机械设备制造业；服务业包括运输邮电、商业饮食、金融保险、文教卫生科研事业、公共事业、居民服务和其他服务业、行政机关；而农业、采掘业、公用事业、建筑业则分别对应原20个部门中的相关部门。于是，我们可以得到相应的各部门历年中间投入率的变化，如表4-20所示。

从消费品、中间投入品和资本品部门的变动趋势我们可以看出：

(1) 消费品部门的中间投入率整体变化较为平稳，在1987~2007年这20年期间基本处于72%~77%之间：从1987年的72.36%上升至1992年的76.36%，然后开始下降，直到2007年又升至77.1%。

(2) 与消费品部门不同的是，中间投入品和资本品部门的中间投入率一直保持上升的趋势。其中，中间投入品部门从1987年的65.15%上升至2007年的79.32%，增幅达21.75%；资本品部门从1987年的67.23%上升至2007年的80.6%，增幅达19.9%。

表4-20　　　　　1987~2007年八大部门的中间投入率水平　　　　　单位：%

序号	部门	1987	1992	1997	2002	2007
1	农业	31.52	35.58	40.26	41.81	41.38
2	采掘业	35.26	51.45	47.74	42.17	52.71
3	消费品	72.36	76.36	70.91	71.31	77.10
4	中间投入品	65.15	70.54	73.82	74.37	79.32
5	资本品	67.23	73.21	72.60	75.25	80.60
6	公用事业	42.37	51.24	56.75	51.14	71.63
7	建筑业	71.39	70.41	71.25	76.56	76.86
8	服务业	40.96	49.14	49.69	46.83	46.52

资料来源：中国的历年投入产出表。

为了进一步了解各部门中间投入率变化的原因，我们接下来考察1987~2007年期间各部门对其他部门直接消耗系数的变动规律，如表4-21所示。

表4-21　1987~2007年八大部门的直接消耗系数变动趋势

单位：%

行业	农业 1987	1992	1997	2002	2007	采掘业 1987	1992	1997	2002	2007	消费品 1987	1992	1997	2002	2007	中间投入品 1987	1992	1997	2002	2007
农业	14.72	13.93	16.06	16.22	14.07	1.56	0.85	0.99	0.39	0.27	24.44	22.34	21.27	16.57	19.53	4.31	2.18	2.09	1.95	1.52
采掘业	0.08	0.23	0.21	0.34	0.07	2.56	5.77	7.60	3.41	7.50	0.64	0.84	0.66	0.46	0.46	10.82	10.22	13.18	15.05	17.58
消费品	4.47	4.02	7.17	6.14	9.97	2.58	1.48	1.28	1.48	1.75	28.12	27.89	30.01	28.06	33.99	7.66	4.38	4.71	2.91	3.35
中间投入品	7.37	9.08	8.51	8.03	8.58	6.85	12.27	10.60	6.70	8.79	5.76	8.11	6.63	8.33	9.36	23.95	29.30	32.56	30.24	35.68
资本品	0.81	2.13	2.07	1.79	1.38	12.49	13.94	11.50	11.08	14.97	2.33	4.01	3.35	3.56	3.75	5.57	6.05	7.16	4.93	4.99
公用事业	0.42	0.21	0.73	1.16	0.96	4.33	6.06	4.88	6.53	8.42	0.67	0.99	0.95	1.68	1.71	3.68	4.17	4.13	4.53	4.73
建筑业	0.00	0.01	0.20	0.17	0.02	0.00	0.19	0.22	0.14	0.09	0.00	0.03	0.06	0.05	0.02	0.00	0.03	0.09	0.05	0.04
服务业	3.65	5.97	5.31	7.94	6.33	4.89	10.9	10.66	12.45	10.92	10.39	12.16	8.15	12.61	8.27	8.24	14.20	9.91	12.34	8.40

行业	资本品 1987	1992	1997	2002	2007	公用事业 1987	1992	1997	2002	2007	建筑业 1987	1992	1997	2002	2007	服务业 1987	1992	1997	2002	2007
农业	0.18	0.53	0.61	0.02	0.01	0.04	0.01	0.01	0.07	0.00	0.49	0.35	0.41	8.13	0.41	2.40	1.47	1.77	1.63	1.33
采掘业	3.10	0.91	1.05	3.39	4.91	22.07	18.71	20.02	16.60	12.72	4.93	3.74	2.62	2.50	1.42	0.69	1.00	0.46	0.40	0.22
消费品	3.50	2.48	2.98	1.74	2.02	1.37	0.76	0.54	0.69	0.98	4.58	2.86	2.58	4.29	3.03	8.93	7.19	7.97	7.20	7.30
中间投入品	9.09	24.16	23.30	8.87	8.88	7.31	7.91	7.01	5.30	4.56	26.91	34.39	38.23	17.15	27.19	8.41	8.75	6.78	5.44	7.95
资本品	41.16	29.99	32.18	46.77	53.69	4.75	8.97	13.29	9.86	9.56	27.14	15.30	14.53	25.90	27.45	5.45	8.62	10.49	8.33	7.30
公用事业	2.11	1.22	1.64	2.71	2.69	1.82	2.23	3.48	5.09	34.73	0.47	0.07	0.70	1.49	1.37	0.94	1.14	1.21	1.78	1.64
建筑业	0.00	0.03	0.11	0.05	0.02	0.00	0.15	0.28	0.09	0.03	0.00	0.69	0.06	0.12	0.95	0.00	1.05	2.01	1.76	0.64
服务业	8.21	14.12	9.02	11.78	8.36	5.02	12.49	12.19	13.46	9.04	6.87	13.00	12.12	16.99	15.03	14.13	19.92	18.99	20.30	20.13

数据来源：中国的历年投入产出表。

在1987~2007年期间，各部门间直接投入系数的变动趋势如下：

(1) 农业部门对大多数部门的直接投入水平都有所提高，尤其是对消费品制造业、资本品、公用事业和服务业。

(2) 采掘业对中间投入品、资本品、公用事业、服务业和自身部门的投入比重均有所上升。

(3) 消费品制造业除对包括消费品、中间投入品和资本品在内的制造业以及对公用事业部门的投入率有了一定程度上升外，对其他部门的投入比重均有不同程度的减少。

(4) 中间投入品部门对采掘业、自身部门、公用事业的投入水平提升较多，而对服务业、农业和消费品制造业的投入水平有所降低，对其他部门的消耗水平变化不大。

(5) 资本品部门对采掘业、自身部门和公用事业的投入率有所上升，对农业、消费品的投入率下降较大，而对其他部门的投入比重变化不大。

(6) 公用事业对资本品、服务业和自身部门的投入比重上升较快，而对其他部门的投入比重均有不同程度的下降。

(7) 建筑业部门对公用事业部门、服务业部门和自身部门的投入比重上升较快，对农业、采掘业和消费品制造业的投入水平有所下降，而对其他部门的投入比重变化不大。

(8) 服务业部门对资本品、公用事业、建筑业部门和服务业部门的投入份额增加较多，而对农业、中间投入品部门、采掘业和消费品制造业的投入率有所下降。

事实上，部门间消耗系数的变化以及部门中间投入率的变化往往是部门间技术水平、管理水平、生产规模水平和产业结构等因素综合作用的结果，反映了生产技术特征决定的投入结构（段志刚等，2006；李善同、翟凡，1996）。结合上述结果，影响我国各部门中间投入率变动的原因主要可归结为：

(1) 部门内部技术水平的变化。中间投入使用的增加在一定程度上反映了部门内部的技术变化，随着我国生产力的发展，科学技术水平的上升，机械化程度的提高，从而导致资本、技术对劳动力的替代程度增加，制成品对初级产品的替代程度增加，从而可能导致中间投入率的上升。

(2) 产业结构升级。在工业化过程中，特别是像我国这种中低收入国家一般都会经历沿着符合自身要素禀赋优势的轨迹发展，从劳动密集型结构向资金密集型与技术密集型的结构转换，由此而导致中间投入的增加。

(3) 规模效应。规模生产会使部门产出成本急剧下降，从而改变部门投入要素间的相对价格，尤其是工业产品与其他初级投入和产品的相对价格变化，从而导致最终产品生产中中间产品对初级产品的替代程度增加,从而引起全社会中间投入率的提高。

(4) 部门对自身中间使用的持续增加。我国中间投入变动的重要特点之一是,不论从三大产业的角度出发还是从各个部门的方向考察,随着专业化分工的日益深化和部门内产业链的逐渐延长,部门对自身中间使用程度均在持续增加。

三、中国的未来中间投入率变化趋势

随着经济发展和技术进步,各产业的中间投入率也会发生相应的变化。部门间消耗水平的提高,是经济系统内各部门间专业化分工的必然结果,也是经济发展由初级向中高级阶段、技术由低端向高端、产品由简单向复杂阶段的一个过程。不过,部门中间投入率水平的提高并不是一个无止境的过程。许多发达国家的经验都表明,一个国家从不发达经济阶段到准工业化阶段,再到工业化和成熟工业化阶段,在经济转型过程中,部门间的消耗系数,尤其是对制造业和基础能源行业的消耗系数,大多会经历一个先逐步上升随后再缓慢下降的过程(段志刚等,2006)。通过参考国外发达国家的中间投入率,特别是日本1970~2005年中间投入率变动趋势,以及中国1987~2007年中间投入率的变动状况,作为一个发展中的大国,中国未来的中间投入率可能会呈现以下变动趋势:

1. 虽然中国的全社会中间投入率已经处于较高的水平,但从工业化发展阶段来看仍会有一定程度的上升,当人均国民收入达到中等发达国家的水平后中间投入率变动可能会趋于平稳,并伴有小幅下降。

2. 农业部门的中间投入率会继续提高。这是因为随着农业规模化经营程度的增加以及农业生产效率的提高,农业对其他部门,尤其是化肥等中间投入品以及农业机械等资本品的投入会继续增加。

3. 劳动密集型部门(如消费品部门)的中间投入率在小幅上升后会有一定程度的下降,技术密集型产业(如资本品部门)和服务业的中间投入率仍会有一定上升。日本等发达国家自1980年以后也表现出明显的类似趋势。

4. 虽然在未来一段时期内中间投入品的中间投入率整体会有所上升,但其中能源和资源部门的中间投入率会有所降低。随着能源资源价格的逐渐提高,对资源的利用更加节约,因此以不变价计算的中间投入率会有所降低。

5. 随着中国工业化进程的发展,未来服务业的大多数部门中间投入率会保持一个平稳增长的趋势。其中,生产性服务业在中间投入中所占比重会有所提高,这主要是考虑从各国的发展经验看,工业部门对服务业的使用率都会有一定

程度的上升。

第四节 城市化道路的国际比较

建立在近代工业化基础上的约260年的世界城市化过程展现出多种多样的发展模式，有着丰富的经验和教训。2008年世界城市化水平已达50%，标志着人类城市化进程已经过半，并进入最为重要的发展时期。

一、世界城市化的三大发展阶段

从城市的起源、发展动力和推进规模的角度，可以将人类城市化进程大体上可分为三大发展阶段：一是工业革命前建立在传统农业基础上的人类城市化发展阶段；二是工业革命后建立在早期工业化基础上的世界局部城市化发展阶段；三是"二战"后建立在现代工业化基础上的世界全球城市化阶段。

1. 工业革命前人类城市化发展阶段。指工业革命前建立在传统农业基础上的人类城市化发展阶段，从城镇的起源（或人类文明的起源）到18世纪中叶工业革命兴起。从最一般的意义上讲，城市是人类文明诞生的标志之一，人类城市化进程几乎与人类文明史一样悠久。众所周知，人类是群居动物，人类的群居体被统称为人类聚落，城镇就起源于原始的人类聚落。如果纯粹从经济角度来分析，早期人类聚落主要是农村聚落，由于农业人口承载能力低下，农村聚落规模都很小。随着农业效率逐步提高，农业剩余产品增多，再加上手工业和商业兴起，这些人类活动的人口承载力较大，因此人类聚落随之不断扩大，当规模大到一定的程度，城镇就开始形成了（目前这仍然是城镇形成的模式之一）。

当然，由于工业革命之前，建立在传统农业基础上的传统手工业和商业难以支撑较大规模的城镇人口，因此在这个漫长的人类发展历史时期，人类的城市化进程十分缓慢。如果从5500年前世界4大古代文明，也就是城镇文明，相继诞生开始算起，到18世纪中叶工业革命兴起，在这5250多年的历史长河中，人类城市化水平仅增长了3个百分点，即从零增加到1750年的3%左右，世界城镇人口估计只有250万人。期间又经历了城镇起源及扩散阶段、中世纪商业城镇发展阶段和文艺复兴工业革命酝酿阶段，产生了古埃及都城、两河流域古城、印度古城邦、中国古都，还有中美洲的玛雅古城；出现了40万人口的雅典古城、100万人口的罗马古城、100万人口的西安古城和70万人口的北京元明都城等人类农业文明时期的最具代表性的城市。

2. 世界局部城市化发展阶段。指工业革命后建立在早期工业化基础上的世界局部城市化发展阶段，从18世纪中叶到第二次世界大战结束。工业革命开启了工业化推进人类城市化的历程。相对于农业生产而言，机械化大工业生产具有手段先进、土地占用少、周期短、效率高、产量大以及产品丰富等一系列特点，这些特点归根到底，就是使得工业生产具有巨大人口承载能力，能使人类城市聚落发展得更大，空间分布得更广，让更多的人得以在城镇中生活和工作，从而真正开启了人类城市化不断发展的进程。

由于工业化对社会制度、人口素质以及技术知识水平要求的门槛比较高，早期由工业化推进的城市化进程主要发生在西欧和北美等世界的局部地区。这个时期世界城市化进程虽然比工业革命以前快得多，但是城市化原发和早期国家不可避免地在探索城市化正确道路过程中付出了不少的代价、走了不少的弯路、也有过不少的教训，再加上当时世界城市化毕竟只是发生在很小的局部地区，而且起点也不高，因此，这一时期世界城市化进程速度还不是太快。据统计，从1750~1950年200年的世界城市化水平仅提高了26个百分点，仅从3%提高到29.2%。这个时期最大的成就是，西欧和北美少数国家完成了高度城市化的历史任务，成为世界发达国家。如1950年，城市化原发国家英国城市化率已高达82%，美国为64%，当时整个发达国家为53%。这一阶段又可细分为工业化兴起阶段、西方国家基本完成城市化阶段以及两次大战期间的全球城市化酝酿阶段，其中工业化兴起阶段从1750~1850年，这一时期主要是城市化原发国家英国在唱独角戏，世界城市化水平只提高到6.4%，而英国则提高到50%（1861年）；西方国家基本完成城市化阶段从1850~1914年（"一战"爆发），世界城市化水平提高到15%，而英国城市化水平达到70%，美国达到50%（1920年）；两次大战期间的全球城市化酝酿阶段从1914~1945年，世界城市化水平提高到29.2%（1950年），西方发达国家城市化水平过半。

3. 世界全球城市化发展阶段。指第二次世界大战后建立在现代工业化基础上的世界全球城市化阶段，从第二次世界大战结束到现在。两次世界大战，将西方工业化和城市化的先进理念传播到了世界各地，第二次世界大战结束后整个世界开始了全球工业化和城市化发展的进程，世界城市化更是以前所未有的发展速度向前迈进。从1945~2008年，在短短的50多年中世界城市化水平提高了23个百分点，竟从27%左右提高50%，完成了世界城市化过半的伟大历史创举，人类世界从此正式走进了普遍繁荣的城镇时代。这一时期世界城市化的伟大成就主要表现在三个方面，一是发达国家城市化继续深化，成为新型的主要靠第三产业推动的后工业化时期的城市化先驱;二是一大批新兴工业化国家的快速崛起,成为这个时期城市化的最主要的推动者;三是广大的发展中国家也积极地参与到了世界城市化的进程中来,并发挥着越来越大的作用。这个时期又可细分为冷战城市化时期和全球化城市化时期,其中冷战城市化时期从1945年到1991年,在两大社会阵营中世界城市化都得到较大的发展,世界城市化水平提高到42.6%(1990年),年均提高0.34个百分点;全球化城市化时期从1991年到今天,世界城市化在全球统一的世界市场条件下迅速推进,到2008年世界城市化水平已经提高到50%,年均提高近0.44个百分点,世界城市化进入快速发展的时期。

二、当前世界城市化发展的主要特点

2008年世界城市化已达50%,进程已经过半,进入发展最重要的阶段,标志着人类城市化进入一个新的时期,一个以城镇为主的人类历史发展时期。在这样一个关键时期,探讨一下目前世界城市化的基本特点是十分必要的。

1. 城市化速度不断加快,已经进入城市化最快的发展时期。众所周知,城市化水平在30%~70%之间为城市化的快速发展阶段,进一步分析表明,45%~55%之间是城市化最快的发展时期,或称为城市化的高峰发展阶段。1996年世界城市化水平达到45.2%,2008年过半,预计到2020年世界城市化水平将达55%左右,这一段时期将是世界城市化发展最为关键的时期。这个时期,世界城市化的进程将进一步确立城镇经济在整个世界经济中的主导地位,明确城镇生活在人类生活中的主导地位,并为世界生态环境的改善和人类可持续发展创造更加有利于的条件。

2. 城镇群和城镇绵延带成为推进城市化的主要形式。随着城市化不断扩张,以及城镇郊区化的兴起,城镇与城镇之间关系越来越密切,当相互邻近的几个城镇或母城与卫星城经济交往与联系达到一定的程度时,城镇群和城镇绵延带就产生了。由于世界市场日益一体化,世界地域分工在不断深化,地区与地区之间、城镇与城镇之间经济联系日益频繁,城镇之间的集团发展和集群发展比较好地适应了这种世界经济一体化和区域分工合作发展的要求。目前国际公认的城镇群和城镇绵延带有美国的3大城镇绵延带、欧洲4大城镇群,日本、韩国、中国、巴西和印度都出现了一些城镇群和城镇绵延带。这些城镇群和城镇绵延带已经成为推进城市化的主要形式。

3. 工业化和第三产业成为推进城市化的共同动力。发达国家已经基本完成工业化和城市化的历史任务,未来经济的发展主要靠第三产业的推动。在这个后工业化时代,发达国家虽然工业化和城市化水平不会有太大的变化,但是工业化和城市化质量的提高是没有穷尽的,这主要靠大力发展第三产业来推动;另外,城镇的可持续发展是未来城市发展的一个重要的内容,也需要第三产业的推动,这些都会使未来发达国家的城市发展效率越来越高、环境越来越生态、条件越来越宜居。而发展中国家则仍然处在工业化城市化的快速发展时期,是世界城市化水平的主要推动力量,特别是新兴市场国家,如中国、巴西、印度等。在不久的将来,一些最不发达国家也将逐步进入工业化和城市化的行列,成为未来带动世界城市化继续发展的动力。

4. 世界城市化的不平衡性。从 1850 年之后,世界城市化的进程在地域上逐步表现出很大的不平衡,欧洲国家得益于工业化的快速兴起,城市化水平远远超过了亚洲。以 2008 年的城市化水平来看,世界各地的城市化水平仍然差异很大,例如最高的北美地区约为 80%,而比较低的南亚和次撒哈拉地区,其城市化率只有 35% 左右,相差 1 倍以上。城市化发展的不平衡性还体现在不同收入水平的国家之间,在 1960 年到 2008 年这 40 多年间,高收入国家的城市化水平高于中等收入国家的城市化水平,而中等收入国家的城市化水平高于低收入国家的城市化水平,以 2008 年的数据为例,世界的平均水平为 49.9%,其中高收入国家城市化水平为 77.7%,中等收入国家为 48.1%,低收入国家为 28.7%。

三、不同地区和国家的人口和土地城市化的发展方式

由于各国人口、土地资源以及发展历程不同,人口城市化和土地城市化的发展方式也有较大区别,就发达国家而言,基本上可以集约模式、分散模式和大多数介于两者之间的中间模式。一般而言,随着工业化和城市化水平的提高,城镇用地总量和人均城镇用地量也随之不断提高。

1. 人口和土地城市化的集约模式。以西欧和日本为代表,由于这些国家人多地少,西欧城市化起步早,发展历程长,而作为后起国家的日本工业化和城市化追赶速度最快,从而形成了目前这些国家人口和土地城市化的集约模式。2005 年西欧和日本城市化率分别达到了 76% 和 66%,城镇用地分别为 18.1 万平方公里和 10.4 万平方公里,分别占其土地总面积的 16.6% 和 28.6%,人均城镇用地分别为 1 269 平方米/人和 1 235 平方米/人(远低于所有发达国家平均水平)[①]。

2. 人口和土地城市化的分散模式。以北美(美国和加拿大)和大洋洲(澳大利亚和新西兰)为代表,由于这些国家相对而言人少地多,城市化起步也晚

---

① 资料来源:United Nation (2007),Urban and Areas, http://www.unpopulation.org.

一些，交通手段发达一些，从而形成了人口和土地城市化的分散模式。2005年北美和大洋洲镇化率分别达到了81%和70%，城镇用地分别为89.6万平方公里和5.1万平方公里，分别占其土地总面积的4.8%和0.6%，人均城镇用地分别为3 300平方米/人和2 096平方米/人（高于所有发达国家平均水平）。

3. 界于人口和土地城市化集约和分散之间的中间模式。以北欧（如丹麦和芬兰等）和南欧（如意大利和西班牙）等为代表。这些国家地处发达国家的边缘地带，人口和土地面积适中，工业化和城市化发展比较协调，从而形成了这种中间模式。2005年北欧和南欧城镇化率分别达到了84%和66%，城镇用地分别为18.5万平方公里和19.6万平方公里，分别占其土地总面积的9.6%和15.1%，人均城镇用地分别为1 953平方米/人和1 957平方米/人（与所有发达国家平均水平基本接近）。

四、影响世界城市化水平的因素

从现代城市化的历史来看，工业化是影响世界城市化进程的主要因素，但是，促使世界不同地区启动城市化的因素还是略有些差异。例如，在欧美发达国家，城市化进程同工业化进程紧密相关，英、法、德、美等国是世界上最早完成工业化的国家，又是最早启动城市化的国家，这些国家在不到100年的时间内使其城市人口占总人口的比例达到50%以上。亚非拉大多数国家的城市化基本上不是以工业化为起点的，而是为了方便与西方宗主国之间的贸易而发展起来的。

为了较为定量地考察影响城市化水平的因素，通过多元回归的方法分析城市化水平与经济发展水平、产业结构、人口密度、用地类型、城乡医疗卫生条件、城乡饮用水条件和农村人口拥有的耕地面积等指标之间的关系。采用世界银行2004年关于各个国家的截面数据进行估计，结果表明城市化水平与人均GDP的水平、非农产业的比重、农村人口拥有的耕地面积等指标有显著的正相关关系，但与人口密度、耕地面积占国土面积的比例、城乡医疗卫生条件、城乡饮用水条件等指标没有显著关系。从政策的角度看，如果要促进城市化的进程，土地变化的作用可能要比其他方面的作用大。但是，由于城市化是一个复杂和综合的过程，这些因素还不能全面解释各个国家间城市化水平的差异。

如果用四个象限的方法观察城市化与经济发展水平之间的关系，可以将各个国家的城市化率和人均GDP的水平标准化之后，再将不同的国家分配到各个象限中（见图4-49）。按照城市化与经济发展水平的关系（根据2005年的数据计算与分类），通常将城市化的发展模式划分为同步城市化、过度城市化、低水平同步城市化和滞后城市化。

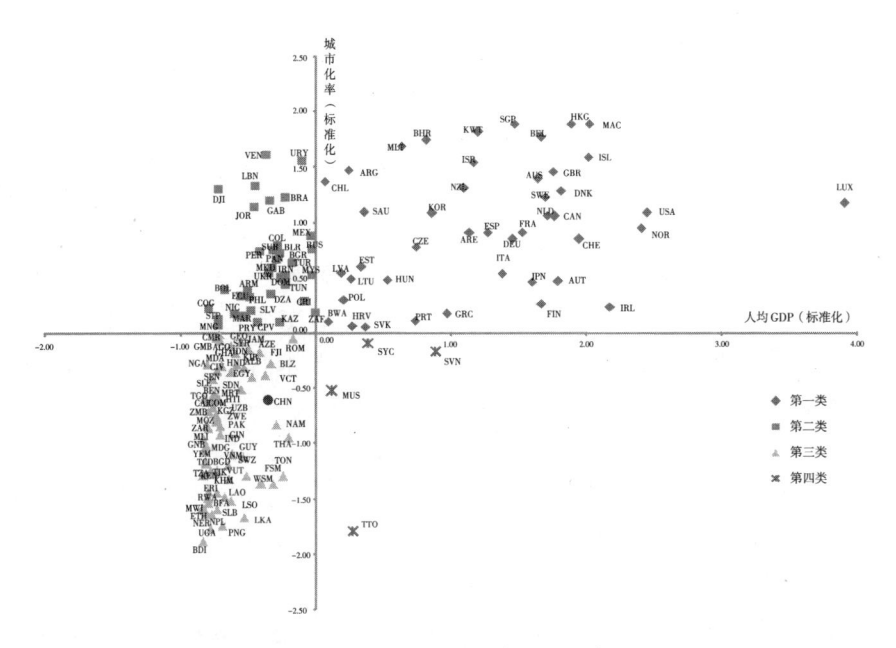

图 4-49　城市化与经济发展水平象限图

注：图中代码含义如下，ARE：阿拉伯联合酋长国；ARG：阿根廷；AUS：澳大利亚；AUT：奥地利；BEL：比利时；BHR：巴林；BWA：博茨瓦纳；CAN：加拿大；CHE：瑞士；CHL：智利；CZE：捷克共和国；DEU：德国；DNK：丹麦；ESP：西班牙；EST：爱沙尼亚；FIN：芬兰；FRA：法国；GBR：英国；GRC：希腊；HKG：中国香港；HRV：克罗地亚；HUN：匈牙利；IRL：爱尔兰；ISL：冰岛；ISR：以色列；ITA：意大利；JPN：日本；KOR：韩国；KWT：科威特；LTU：立陶宛；LUX：卢森堡；LVA：拉脱维亚；MAC：中国澳门；MLT：马耳他；NLD：荷兰；NOR：挪威；NZL：新西兰；POL：波兰；PRT：葡萄牙；SAU：沙特阿拉伯；SGP：新加坡；SVK：斯洛伐克共和国；SWE：瑞典；USA：美国；ARM：亚美尼亚；BGR：保加利亚；BLR：白俄罗斯；BOL：玻利维亚；BRA：巴西；COG：刚果（布）；COL：哥伦比亚；CPV：佛得角；CRI：哥斯达黎加；DJI：吉布提；DOM：多米尼加共和国；DZA：阿尔及利亚；ECU：厄瓜多尔；GAB：加蓬；IRN：伊朗伊斯兰共和国；JOR：约旦；KAZ：哈萨克斯坦；LBN：黎巴嫩；MAR：摩洛哥；MEX：墨西哥；MKD：马其顿；MNG：蒙古国；MYS：马来西亚；NIC：尼加拉瓜；PAN：巴拿马；PER：秘鲁；PHL：菲律宾；PRY：巴拉圭；RUS：俄罗斯联邦；SLV：萨尔瓦多；STP：圣多美和普林西；SUR：苏里南；TUN：突尼斯；TUR：土耳其；UKR：乌克兰；URY：乌拉圭；VEN：委内瑞拉；ZAF：南非；AGO：安哥拉；ALB：阿尔巴尼亚；AZE：阿塞拜疆；BDI：布隆迪；BEN：贝宁；BFA：布基纳法索；BGD：孟加拉国；BLZ：伯利兹；CAF：中非共和国；CHN：中国；CIV：科特迪瓦；CMR：喀麦隆；COM：科摩罗；EGY：阿拉伯埃及共和国；ERI：厄立特里亚；ETH：埃塞俄比亚；FJI：斐济；FSM：密克罗尼西亚联邦；GEO：格鲁吉亚；GHA：加纳；GIN：几内亚；GMB：冈比亚；GNB：几内亚比绍；GUY：圭亚那；HND：洪都拉斯；HTI：海地；IDN：印度尼西亚；IND：印度；JAM：牙买加；KEN：肯尼亚；KGZ：吉尔吉斯共和国；KHM：柬埔寨；KIR：基里巴斯；LAO：老挝；LKA：斯里兰卡；LSO：莱索托；MDA：摩尔多瓦；MDG：马达加斯加；MLI：马里；MOZ：莫桑比克；MRT：毛里塔尼亚；MWI：马拉维；NAM：纳米比亚；NER：尼日尔；NGA：尼日利亚；NPL：尼泊尔；PAK：巴基斯坦；PNG：巴布亚新几内亚；ROM：罗马尼亚；RWA：卢旺达；SDN：苏丹；SEN：塞内加尔；SLB：所罗门群岛；SLE：塞拉利昂；SWZ：斯威士兰；SYR：阿拉伯叙利亚共和国；TCD：乍得；TGO：多哥；THA：泰国；TJK：塔吉克斯坦；TON：汤加；TZA：坦桑尼亚；UGA：乌干达；UZB：乌兹别克斯坦；VCT：圣文森特和格林纳丁斯；VNM：越南；VUT：瓦努阿图；WSM：萨摩亚；YEM：也门；ZAR：刚果（金）；ZMB：赞比亚；ZWE：津巴布韦；MUS：毛里求斯；SVN：斯洛文尼亚；SYC：塞舌尔；TTO：特立尼达和多巴哥。

1. 同步城市化类型。位于第一象限（经济发展水平和城市化水平都比较高，可以称之为高水平同步城市化的模式）的国家，主要是欧美等发达国家，如美国、英国、法国、意大利、德国、加拿大、日本、韩国等。这类国家又可以根据经济发展水平划分为经济发展高水平和经济发展较低水平两种类型。

2. 过度城市化类型。位于第二象限（经济发展水平比较低，但城市化水平比较高，可以称之为过度城市化的模式）的国家，主要是拉美等地区的国家，如阿根廷、委内瑞拉、巴西、哥伦比亚、墨西哥、马来西亚、菲律宾、阿尔及利亚、土耳其、南非等。

3. 低水平同步城市化类型。位于第三象限（经济发展水平和城市化水平都比较低，可以称之为低水平同步城市化的模式）的国家，主要是亚非地区的发展中国家，如印度、印度尼西亚、泰国、巴基斯坦、孟加拉国、斯里兰卡、埃及、苏丹、尼日利亚、加纳等，中国也位于第三象限。

4. 滞后城市化类型。位于第四象限（经济发展水平比较高，但城市化水平比较低，可以称之为滞后城市化的模式）的国家和地区很少，只有两个小国。

此外，从时序变化来看，各个国家经济发展水平对于城市化的影响作用是在逐步减弱的，如人均GDP的水平对城市化水平的弹性系数在1965年、1975年、1985年、1995年、2005年分别为0.46、0.39、0.32、0.25、0.22，愈来愈小。

五、城市化的发展速度和城市化峰值的比较

发达国家都经历了一个城市化快速发展的时期，这个时期的城市化速度对评价和确定我国的城市化速度具有较为重要的意义。据研究，日本1946~1973年间为其快速城市化阶段，年均增长0.96个百分点；英国1805~1877年间为其快速城市化阶段，年均增长0.67个百分点；德国1835~1912年间为其快速城市化阶段，年均增长0.55个百分点；法国1919~1956年间为其快速城市化阶段，年均增长1.2个百分点；美国1848~1945年间为其快速城市化阶段，年均增长0.45个百分点。可见，发达国家进入快速城市化阶段的时间不同，其在快速城市化阶段城市化的速度也有较大差异。

城市化水平的峰值是一个国家城市化水平可能达到的最大值，这个值受到多种因素的影响，如国土面积、产业结构、生活习惯甚至城市或者城市化定义的影响，例如，按照人口享受的基础设施水平来定义城市与按人口密度来定义城市相

比，其最终的城市化水平或者城市化水平的峰值就有可能要高。通常有两个角度来确定一个城市化水平的峰值，一种是观察一个高收入国家或地区多年来的城市化率变动状况，将城市化率变化较小国家当前的城市化水平作为峰值，如卢森堡、芬兰、比利时、德国、奥地利、希腊、瑞典和英国的城市化率在过去30年中变化幅度相对而言较小，这些国家2005年的城市化率依次为82.8%、61.1%、97.2%、75.2%、66%、59%、84.2%和89.7%，最低的是希腊的59%，最高的是比利时的97.2%，可以将其视为城市化水平的峰值。另一种就是根据一个国家或地区城市化水平的历史数据，直接估计所谓Logistic曲线，从而得到城市化水平的峰值，例如根据王建军等采用Logistic曲线进行的一项研究表明，日本城市化水平饱和值为88.1%，英国为83.9%，德国为73.2%，法国为76.8%，俄罗斯为76.1%，美国为82%。如果要对各个国家城市化水平的峰值进行分类的话，可分为：

1. 低峰值国家。城市化水平拐点（峰值）在65%以下，如希腊、芬兰等国家。

2. 中峰值国家。城市化水平拐点（峰值）在65%～80%之间，这包括了较多的欧洲大陆国家，如德国、法国、俄罗斯、奥地利等。

3. 高峰值国家。城市化水平拐点（峰值）在80%以上，如英国、美国、比利时等国家。

六、世界城市化未来发展的基本趋势

（一）世界城市化将继续保持较快的发展速度

按照联合国经社理事会的估计，2008年是人类历史上第一次城市化水平超过50%，当然发达国家在1950年的时候，其城市化水平就达到了53%，而欠发达国家将要到2019年，城市化水平才可能达到50%。未来世界城市化将仍然保持较快的发展速度，据估计到2050年，世界城市人口将从2007年的33亿上升到64亿，也就是说接近2004年的世界总人口，世界的城市化率也将由2007年的49.4%上升到2050年的70%（见表4-22）。而且据估计2007～2025年世界的城市化水平将以年均0.82个百分点的速度增加，其中，发达国家为0.33个百分点，欠发达国家为1.08个百分点，亚洲国家为1.24个百分点，非洲国家为1.1个百分点，是未来城市化速度最快的两个地区。

表4-22　　　　　　世界城市化率（1950~2050年，%）

年　份	世界城市化率	发达国家城市化率	欠发达国家城市化率
1950	29.1	52.5	7.3
1960	32.9	58.7	9.5
1970	36.0	64.6	13.1
1980	39.1	68.8	17.3
1990	43.0	71.2	21.0
2000	46.6	73.1	24.8
2005	48.6	74.0	27.0
2010	50.6	75.0	29.4
2015	52.7	76.2	32.1
2020	54.9	77.5	35.0
2025	57.2	79.0	38.1
2030	59.7	80.6	41.5
2035	62.2	82.1	44.9
2040	64.7	83.5	48.4
2045	67.2	84.8	52.0
2050	69.6	86.0	55.5

资料来源：United Nation（2008）。

（二）大城市和城市群的地位将会更加突出

大都市带或城市群成为全球经济竞争的重要空间单元，当今世界一些最为发达国家的大城市地区已经成为世界经济、贸易、金融中心，例如美国的纽约——波士顿——华盛顿城市带，人口约占美国的25%，它不仅是美国最大的商业贸易中心，还是世界最大的国际金融中心，加拿大、美国西海岸的城市带也成为很重要的经济中心区，城市发展呈现区域内城市优势互补、联动发展的态势，形成更大范围、更高层次的都市圈甚至跨国的城市圈。如果以人口规模100万以上的城市人口占城市总人口的比重来衡量城市人口的集中程度，在亚洲地区除韩国在1995年达到最高值，近年来略有下降外，日本、印度和中国都是呈现集中趋势，美洲国家包括美国、巴西、墨西哥和阿根廷，也都是呈现集中趋势，欧洲国家的情形较为复杂，俄罗斯呈现集中趋势，而像英国、法国和德国则首先经历了一个由集中到分散的过程，然后保持稳定或略有上升的趋势。如果从单个大城市的发展来看的话，城市规模增大的趋势更加显著，近10多年来国家最大城市的规模变化，基本表现为扩大的态势。

据联合国经社理事会的研究，未来将会有更多的城市人口居住在 50 万以上人口的大城市中（见表 4-23），尤其是 500 万以上人口的城市占比将有一个较大的提高，从 2007 年的 15.2% 上升到 2025 年的 17%，其中城市规模在 500 万~1 000 万的城市数目将从 30 个上升到 48 个，城市人口规模超千万的城市由 19 个上升到 27 个，这些巨型城市将主要分布在亚洲、拉丁美洲和北美地区（见表4-24）。同时，随着大城市的不断扩张，使若干个城市之间的边缘逐渐靠近，最终连成一片，在世界的一些地区形成巨大的"城市带"。

表 4-23　　　　　　　　　　世界城市人口的规模分布

		城市人口（百万）			人口占比（%）		
		1975 年	2007 年	2025 年	1975 年	2007 年	2025 年
全球	总体	1 519	3 294	4 584	100.0	100.0	100.0
	1 000 万人口以上	53	286	447	3.5	8.7	9.7
	500 万~1 000 万	117	214	337	7.7	6.5	7.3
	100 万~500 万	317	760	1 058	20.9	23.1	23.1
	50 万~100 万	167	322	390	11.0	9.8	8.5
	50 万以下	864	1 712	2 354	56.9	52.0	51.3
发达国家	总体	702	910	995	100.0	100.0	100.0
	1 000 万人口以上	42	89	103	6.1	9.8	10.3
	500 万~1 000 万	50	49	69	7.1	5.4	6.9
	100 万~500 万	137	202	203	19.6	22.2	20.4
	50 万~100 万	71	83	90	10.2	9.1	9.0
	50 万以下	401	487	531	57.1	53.5	53.4
欠发达国家	总体	817	2 384	3 589	100.0	100.0	100.0
	1 000 万人口以上	11	197	344	1.3	8.3	9.6
	500 万~1 000 万	67	165	268	8.2	6.9	7.5
	100 万~500 万	180	558	855	22.0	23.4	23.8
	50 万~100 万	96	239	300	11.8	10.0	8.4
	50 万以下	463	1225	1823	56.7	51.4	50.8

资料来源：United Nation (2008)。

表 4-24　　　　　世界的巨型城市（2007 年和 2025 年）

序号	2007 年 城市	人口规模（百万）	序号	2025 年 城市	人口规模（百万）
1	东京	35.7	1	东京	36.4
2	纽约	19.0	2	孟买	26.4
3	墨西哥城	19.0	3	德里	22.5
4	孟买	19.0	4	达卡，孟加拉国	22.0
5	圣保罗	18.8	5	圣保罗	21.4
6	德里	15.9	6	墨西哥城	21.0
7	上海	15.0	7	纽约	20.6
8	加尔各答	14.8	8	加尔各答	20.6
9	达卡，孟加拉国	13.5	9	上海	19.4
10	布宜诺斯艾利斯	12.8	10	卡拉奇，巴基斯坦	19.1
11	洛杉矶	12.5	11	金沙萨，刚果	16.8
12	卡拉奇，巴基斯坦	12.1	12	拉格斯，尼日利亚	15.8
13	开罗	11.9	13	开罗	15.6
14	里约热内卢	11.7	14	马尼拉	14.8
15	大阪	11.3	15	北京	14.5
16	北京	11.1	16	布宜诺斯艾利斯	13.8
17	马尼拉	11.1	17	洛杉矶	13.7
18	莫斯科	10.5	18	里约热内卢	13.4
19	伊斯坦布尔	10.1	19	雅加达	12.4
			20	伊斯坦布尔	12.1
			21	广州	11.8
			22	大阪	11.4
			23	莫斯科	10.5
			24	拉霍尔，巴基斯坦	10.5
			25	深圳	10.2
			26	马德斯，印度	10.1
			27	巴黎	10.0

资料来源：United Nation (2008)。

(三) 多极多层次的世界城市体系将进一步形成

随着国际贸易的增加和国际地域分工的形成以及跨国公司的成长，经济全球化在未来还将持续，而且，由于信息和交通技术的进一步发展和运用，城市的发展潜力与其现有规模间的关系逐步减弱，反倒更加取决于该城市与全球其他城市的相互作用强度和协同作用的强度，从而有可能使若干全球信息节点城市发展成为世界城市或国际性大都市，越来越控制全球的经济活动，而规模较小的城市也可以通过联系网络，利用相互作用和相互协同，在特定的领域内依靠专业化优势获得更大的发展活力。这种通过信息和交通网络分享知识和技术的过程将最终促成多极多层次的世界城市网络体系的形成，出现世界级城市、跨国级城市、国家级城市、区域级城市和地方级城市的分工协作。而且从过去的发展历程看，一个国家首位城市的作用将在形成世界城市体系的过程中发挥很大的作用，例如，自从20世纪80年代电信业被广泛应用之后，纽约、伦敦、东京、法兰克福、圣保罗、香港、悉尼等城市的中心商务区或国际商务中心得到极快的发展，对所在国经济乃至全球经济发挥了积极的作用。

(四) 城市进一步向低碳生态型发展

城市是二氧化碳的高排放地区，快速城市化带动城市能源消费量的增加，城市未来将以低碳模式为发展方向。建设低碳城市，减少城市的二氧化碳排放量，保护城市环境，是当今世界各国的城市发展方向，正在成为世界城市化发展过程中的新亮点，影响城市在全球范围内的竞争。低碳城市就是在城市实行低碳经济，包括低碳生产和低碳消费，在经济高速发展的前提下，保持能源消耗和CO_2排放处于较低水平，建设一个良性的可持续的能源生态体系。从国内外的实践看，低碳生态城市发展的主要途径和措施有：构建紧凑型的城市空间格局，发展公共交通和轨道交通，提倡低碳建筑和公共住宅，转变居民消费观念，促进科技创新能力，提高城市能源的利用效率，增加可再生能源比例，实现人口、资源、经济、环境和社会的协调可持续发展。其中，发展紧凑型城市是使城市的增长从粗放转变为集约，既强调资源的节约又重视提高城市的宜居度，形成能够使经济、环境、社会等多方面平衡发展的城市空间模式，建设节地、节水、节能、节材型的城市，与此相伴的是，发达国家加强了城市中心区的改造和复兴，为城市的发展提供活力，同时大力发展公共交通，建设高效、低污染的立体城市交通网络，并通过实行时间和空间方便快捷的联系和转换，提高城市交通的效率。

(五) 城市治理的法制化和透明化

城市治理的法制化和透明化即"依法治市",从目前的实践看,通常要求城市政府本身是一个法人,每个城市管理部门在建立前先立法,充分体现管理机构的法律权威性,以法律形式规定执行机构的权限等。按照联合国人居署的研究,城市政府管理的透明化意味着信息的共享和以开放的方式采取行动,是建立良好的城市治理结构的核心,有助于减少城市贫困,提高市民的参与度,是促进城市良性发展的重要途径。在过去多年里,由于缺乏一个较为透明的城市治理结构,导致了城市各阶层之间的分隔(exclusion)、较低的城市财政收入、城市的财政支出不能有效惠及贫困人口等城市化进程中的诸多问题,未来解决这些问题的一个重要办法就是提高城市治理的透明度。此外,对于大城市以及大都市区的治理,在西方国家出现了建立大都市联合管理机构的现象,形成地方城市政府自治与大都市联合政府的双重机构,也有可能成为一种趋势。

七、对中国城市化进程的基本判断

中国2009年的城市人口达到6.2亿人,城市化率46.59%,分别比1978年增加了4.5亿人和28.7个百分点,比2000年增加了1.6亿人和10个百分点,中国的城市化在过去30多年里一直保持着较快的发展速度。

1. 城市化与经济发展关系不属于城市化水平和经济发展水平明显不相适应的区间。可以说,近十多年来,滞后论、基本协调论和超前论的观点都存在,而且其依据也都从国际经验的比较出发。从国际比较的角度看,借鉴象限图的办法,可以看到中国实际上是处于第三象限,是经济发展水平和城市化水平都比较低,并没有较为明显的不一致。据此,还可以构造一个单位城市化水平所承载的经济发展水平指标(人均GDP/城市化率),根据世界银行2005年对全球158个国家和地区的统计,中国该指标的值为148.8,最小值为17.6,平均值为103.8,最大值1 064.9,如果按该指标由低到高将158个国家和地区划分为4个区间,中国位于第三个区间,划分为5个区间的话,则位于第四区间,都不属于城市化水平和经济发展水平明显不相适应的区间内[①]。

2. 未来我国城市化速度将先快后慢。关于中国目前城市化的速度,对照其他国家在快速城市化时期的城市化速度看,例如日本快速城市化阶段(约保持

---

① 运用聚类分析的结果也与此相同。

了 30 年）年均增长 0.96 个百分点，英国（约保持了 70 年）年均增长 0.67 个百分点，德国（约保持了 70 年）年均增长 0.55 个百分点，法国（约保持了 40 年）年均增长 1.2 个百分点，美国（约保持了 100 年）年均增长 0.45 个百分点等。我国近 30 年来的城市化水平年均提高约 0.92 个百分点，接近日本快速城市化 30 年的水平，比英国、美国和德国要快，但低于法国，考虑到中国 2009 年的城市化水平已经达到 46.59% 的水平，按照 Logistic 曲线，城市化速度最快时期已过，而且由于中国人口多、面积大，城市化的时间会比较长，不会像日本和法国那样在较短的时间内快速城市化，因此，未来的城市化速度有可能向英国、德国和美国的速度靠近。

3. 我国城市化水平的峰值在 65%~75% 之间。对于中国未来可能达到的城市化拐点水平，一个方法是参考其他发达国家的城市化过程，例如从经济发展水平、国土和人口等方面进行比较，以期获得未来可能达到的一个较为稳定的城市化水平，多数发达国家的城市化率水平在 75%~85% 之间，因此，这一区间也很可能是中国未来较为稳定的城市化水平。估算中国城市化水平的另一种方法是直接估算 Logistic 曲线的饱和值参数，根据目前已有的研究看，由于估算所使用的数据和方法的差异，关于中国城市化水平未来的饱和值在 65%~75% 之间[1]。

4. 以城市群为人口集中的主要方式，并重点发展 100 万~200 万人的中等规模城市。从 20 世纪 70 年代以来，世界各国城市群发展十分迅速，已经成为世界城市化的主要形式之一。城市群能够覆盖更多的国土面积，有利于国土的全面开发。城市群是城市化的高级形式，也是城乡一体化、郊区化和中心城区改造有机结合和中心城区人口有机疏散的最佳地域组织形式，既能有利于人口的集中，有助于"三农"问题的解决，又有利于疏散大城市的人口压力，有助于"大城市病"的缓解。事实上，城市与其腹地之间、城市与城市之间是密切地相互联系的，这种紧密的联系关系可以用城市圈和城市群来描述。目前，我国城市群已经开始起步，未来发展将会越来越快，成为推进城镇化和集中人口的主要方式。

与发达国家相比，我国城镇体系的一个突出问题是位于中间层次的城市数目和人口都比较少，中间层次的城市功能不足，严重影响了整个城镇体系正常功能的发挥。未来重点之一就是要大力发展这类城市，同时也可以为大中小和小城镇协调发展找到一个具体的抓手和突破口。根据众多的关于城市人口规模与经济社

---

[1] 对于 Logistic 曲线参数的估计在很大程度上取决所选择的样本数据，这也导致了对于城市化率饱和值的估计差异比较大。

会效益关系的研究成果,考虑到城市人口规模过大和过小都有可能存在的明显弊端,结合我国的具体国情,建议今后我国城镇化和城镇建设应当主要以100万~200万人的中间规模的城市为发展和建设重点。

本章第一节执笔人:高传胜;本章第二节执笔人:张少军、李善同;本章第三节执笔人:胡枫;本章第四节执笔人:刘云中

参考文献

[1] 李善同,翟凡. 应正确认识中间投入率的变化趋势. 国务院发展研究中心调研报告,1996,第106号.

[2] 段志刚,李善同,王其文. 中国投入产出表中投入系数变化的分析 [J]. 中国软科学,2006,8:58-64.

[3] 李善同,翟凡. 应正确认识中间投入率的变化趋势. 国务院发展研究中心调研报告,1996,第106号.

[4] 潘文卿,李子奈. 中日消耗系数变动趋势的比较研究 [J]. 统计研究,2001,5:25-30.

[5] 钱纳里等著. 《发展的型式1950—1970》,经济科学出版社,北京,1988年.

[6] 张颖、赵民,论城市化与经济发展的相关性,《城市规划会刊》2003年第4期.

[7] 刘云中,刘勇. "城市化道路的国际比较及对中国的启示",国务院发展研究中心2009年招标课题研究成果.

[8] 王建军、吴志强(2009),城镇化发展阶段划分,《地理学报》第64卷第2期.

[9] 陈明星等(2009),中国城市化与经济发展水平关系的国际比较,《地理科学》第28卷,第2期.

[10] 李善同,高传胜. 中国生产者服务业发展与制造业升级 [M]. 上海:上海三联书店,2008年.

[11] Maddison, Angus (2001): *The World Economy: A Millennial Perspective* (OECD Development Centre Studies), Paris: OECD Publishing.

[12] United Nation (2008), World Urbanization Prospects, The 2007 Revision.

[13] Deaton, A. and J. Muellbauer. An almost ideal demand system [J]. The American Economic Review, 1980.

[14] Liuch, C. and R. Williams. Consumer Demand Systems and Aggregate Consumption in the U. S. A.: An Application of the Extended Linear Expenditure System [J]. Canadian Journal of Economics, 8, 1974.

[15] Deaton, A. and J. Muellbauer. An almost ideal demand system [J]. The American Economic Review, 1980.

[16] Diana M. Farrell、Eric S. Jensen and Bob Kocher. 美国人缘何要支付较高的医疗保健费用 [J]. 麦肯锡季刊, http://china.mckinseyquarterly.com/Why_Americans_pay_more_for_health_care_2275。

[17] Jean P. Drouin, Viktor Hediger, and Nicolaus Henke. 医疗保健成本: 从市场视角解读 [J]. 麦肯锡季刊, http://china.mckinseyquarterly.com/Public_Sector/Economic_Policy/Health_care_costs_A_market-based_view_220。

[18] Liuch, C. and R. Williams. Consumer Demand Systems and Aggregate Consumption in the U.S.A.: An Application of the Extended Linear Expenditure System [J]. Canadian Journal of Economics, 8, 1974.

[19] Scherer, F. M. Firm Size, Market Structure, Opportunity, and the Output of Patented Inventions [J]. The American Economic Review, 1965.

第五章

人口数量及结构变化对中国经济社会的影响

第一节 人口增长与经济发展的一般规律探讨

马尔萨斯（Thomas Malthus）于1798年出版了《人口原理》一书，认为人口增长速度将超过食品供给的增长速度。如果不对人口进行控制，地球将不堪重负、无法承载更多的居民。他将欧洲人口的低增长率归因于"预防性制衡"，特别强调西欧特有的晚婚和不婚模式的"道德制约"。他认为其他预防性制衡措施，比如计划生育、流产，都是非道德的。他相信：如果忽视控制人口增长的"道德制约"，将不可避免地遭遇战争、饥荒和瘟疫等所谓"积极抑制（positive check）"。马尔萨斯理论并没有得到实证数据的支持，被证明具有很大的误导性。Boserup（1965）提出了与马尔萨斯理论完全相反的观点，她在《农业增长的条件》一书中指出，在某些条件下，人口增长的压力可成为技术进步的催化剂。她论证了在这些情况下，马尔萨斯所谓的人口增长与食物供给之间不可调和的冲突论并不存在。

马克思主义理论认为，由劳动者创造、却被资本家剥削的剩余产品应该归还给劳动者本人，这样才能消灭贫穷。因此，人口增长并非贫穷的根源。事实上，马克思比马尔萨斯更关心穷人的境况，但对如何改善穷人的现状有着截然不同的观点。马尔萨斯的解决方式是通过个人的晚婚、不婚、少育或不育，如做不到，则通过战争、饥荒和瘟疫等所谓"积极抑制"；而马克思的解决办法是革命性地颠覆不合理的社会制度，实现社会主义和共产主义。

毛泽东主席在20世纪五六十年代的观点结合了马克思主义的相关要点。他的指导方针是"人多力量大"，因为人不仅有一张口要吃饭，更要通过双手养活自己。他认为五六十年代人口迅速增长有利于中国的社会经济发展、综合实力的提高和国防力量的增强。著名经济人口学家、北京大学老校长马寅初先生，基于在中国各地深入的田野调查，于1957年发表了《新人口论》，对毛主席的理论提出质疑。马寅初提出，鉴于当时中国的生育率极高（平均每对夫妇生育约6个孩子）、人均自然资源匮乏、资本极端短缺、生产效率低下，中国应该适时实行计划生育，减缓人口增长速度，促进经济发展。他提出"两个孩子有奖，三个孩子纳税，以税作奖，国家没有负担"（见"光明日报"，1957年4月27日），但是马寅初的《新人口论》不仅没有得到重视和采纳，反而受到有组织和不公正的批判，直到1978年才得到平反。

令人感慨的是，20世纪50年代后期在中国受到猛烈批判的《新人口论》中的主要观点，却在大洋彼岸的研究中得到了呼应和认同。Ansley Coale 和 Edgar Hoover（1958）的一本极具影响力的著作《低收入国家的人口增长与经济发展》，以及美国科学院1971年关于"人口的快速增长：后果与政治含义"报告和一系列其他文章，均表达了与马寅初《新人口论》相似的观点。这些研究认为发展中国家人口的快速增长对经济发展有负面影响。这一观点在六七十年代得到了多数学者和官员的一致认同。在这一理论框架下，许多发展中国家于六七十年代严格执行计划生育政策。最突出的例子是：中国在20世纪70年代推行了被周恩来总理概括为"一个不少，两个正好，三个多了"、卓有成效的晚、稀、少计划生育政策；这一政策自1979年末开始被进一步收紧，转变为只允许大多数夫妇生一孩的现行生育政策。

但是，20世纪70年代后期以来，很多学者的研究发现：尽管人口增加，很多发展中国家的人均收入、识字率和人均预期寿命还是保持了史无前例的高增长率。更有趣的是，"亚洲四小龙"（韩国、新加坡、中国台湾和香港）都同时经历了经济（包括人均收入）和人口的高速增长。各国大量的统计数据分析表明，人口增长率与人均收入增长率之间并没有统计上的显著关系。Simon 在1981年出版了题为《根本的资源（The Ultimate Resource）》一书，提出一项更具挑战性的理论，认为：通过更新生产技术、加速发明进程、扩大市场潜能和加大政府投资，人口是经济增长的一种重要的、长远的根本性资源。同时，强烈反对Simon观点的学者也大有人在，例如著名的"罗马俱乐部"成员以及"低水平均衡陷阱理论"的倡导者等。

辩论仍在激进的人口决定论者、人口增长促进经济发展论者和其他持适中观点的学者间延续。因此,美国科学院专门成立了一个由 11 名杰出人口经济学家组成的工作团队,组织了一系列研讨会。经过严谨的实证研究,包括对大量国别数据的深入分析和理论探讨,这一工作团队在 1986 年发布了一部有广泛影响力的专著报告,题为《人口增长与经济发展:政策问题》。这一研究仔细考察了人口增长放缓对经济发展各要素的影响,包括不可再生资源、可再生资源、健康、教育和环境。该报告得出结论:在生育率高、经济落后的发展中国家,人口增速放缓对经济发展有正面影响,其影响力度随市场的质量、政府政策的性质和自然环境的特征而不同。该报告还指出,人口快速增长的很多初始效应是负向的,但在长期发展进程中,如果能合理地调整经济结构和相关政策,这一负向影响会削弱甚至逆转(Preston et al., 1986:88)。《人口增长与经济发展:政策问题》报告在最后总结时指出,即使那些不受害于甚至受益于人口适当增长的国家,也都希望推广安全、便捷、低廉、有效的节育措施。这份报告建议继续推行计划生育,因为它有助于改善发展中国家人民的生活和健康水平(Preston et al., 1986:93)。

上面概述的 20 世纪 70 年代以来国际人口经济学家们关于人口增长经济发展的一般规律的探讨是否能在新中国成立以来的人口数量、结构和经济发展的轨迹中找到支持或否定的证据?我们将在下一节展开讨论。

第二节 新中国成立以来中国人口特征及其对经济社会发展的影响

一、新中国成立 60 年来人口数量与结构特征及其对经济社会发展的影响

在 50~70 年代计划经济体制下,中国人口高速增长伴随着经济发展缓慢与人民生活水平低下。在新中国成立后 20 年内,我国的总和生育率保持在平均每个妇女生育 5~6 个孩子的高水平,平均零岁期望寿命却从 1950~1954 年的 40.8 岁大幅度快速提升到 1970~1974 年的 63.2 岁。高生育率加上死亡率的大幅快速下降导致了我国人口从 1950 年的 5.45 亿快速增长到 1970 年的 8.16 亿,比新中国成立初增长近 50%(见表 5-1)。70 年代,我国实行由周恩来总理概括的"一个不少,二个正好,三个多了"的晚婚晚育加间隔的高效率计划生育工作,创造了生育水平十年间下降一大半的人类历史奇迹,人口增长速度显著下

降,很快实现了从"高出生率、较低死亡率、高增长率"向"低生育率、低死亡率、低增长率"的转化。然而,在此期间,我国的经济运行状况仍然十分糟糕,人均GDP在很低水平下有所增长,但人民生活水平低下,食品短缺,不但主食而且主要副食品都要定量配额供应,许多其他日常生活用品也因短缺而实行定量配额供应。

表 5 – 1　中国的人口数量与结构特征以及人均 GDP 和人均可支配收入指数

年份	总人口（亿）	劳动年龄人口 人数（亿）	劳动年龄人口 (%)	65+岁老人 人数（亿）	65+岁老人 (%)	80+岁高龄老人 人数（亿）	80+岁高龄老人 (%)	人均GDP 1952=100	城镇可支配收入指数 1978=100	农村可支配收入指数 1978=100	年份	总和生育率	0岁期望寿命
1950	5.45	3.38	62.0	0.25	4.5	0.016	0.3				1950~1954	6.11	40.8
1952	5.66	3.42	60.5	0.26	4.5	0.017	0.3	100.0			1952	6.10	40.8
1955	5.98	3.49	58.3	0.28	4.6	0.018	0.3	120.3			1955~1969	5.48	44.6
1960	6.46	3.64	56.3	0.31	4.8	0.026	0.4	174.5			1960~1964	5.61	49.5
1965	7.16	3.97	55.4	0.32	4.4	0.029	0.4	170.3			1965~1969	5.94	59.6
1970	8.16	4.57	56.0	0.35	4.3	0.041	0.5	208.1			1970~1974	4.77	63.2
1975	9.11	5.11	56.1	0.40	4.4	0.046	0.5	247.5			1975~1979	2.93	65.3
1978	9.39	5.41	57.6	0.42	4.5	0.043	0.5	280.5	100.0	100.0	1978	2.90	65.4
1980	9.81	5.87	59.8	0.46	4.7	0.039	0.4	317.1	127.0	139.0	1980~1984	2.61	66.4
1985	10.53	6.76	64.2	0.55	5.2	0.063	0.6	492.2	160.4	268.9	1985~1989	2.63	67.4
1990	11.42	7.55	66.1	0.63	5.5	0.080	0.7	665.5	198.1	311.2	1990~1994	2.01	68.8
1995	12.11	8.04	66.4	0.73	6.0	0.085	0.7	1 105.1	290.3	383.6	1995~1999	1.80	70.4
2000	12.67	8.55	67.5	0.86	6.8	0.114	0.9	1 580.2	383.7	483.4	2000~2004	1.77	72.0
2005	13.12	9.24	70.4	1.00	7.6	0.157	1.2	2 418.6	607.4	624.5	2005~2009	1.77	73.0
2008	13.29	9.44	71.0	1.04	7.8	0.170	1.3	3 273.5	815.7	793.2	2008	1.77	73.1

资料来源:(1)总人口、劳动年龄人口、65+岁老人、80+岁高龄老人、总和生育率和0岁期望寿命数据来自联合国人口互联网数据库(http://esa.un.org/unpp);2010年9月25日下载。

(2)城镇与农村收入指数(1978=100)来自国家统计局,2009,数字中国三十年——改革开放30年统计资料汇编,中国统计出版社2009年2月。

(3)人均GDP(1952=100)来自国家统计局国民经济综合统计司编,新中国60年统计资料汇编,中国统计出版社,2010年1月。

1978年召开的十一届三中全会揭开了由邓小平设计的改革开放伟大征程的序幕,中国摒弃了50~70年代实行的自我封闭、效率低下的计划经济体系,而开始不断探索和大规模实践社会主义市场经济的改革开放发展道路。虽然由于人口惯性的作用，我国2009年总人口（13.46亿）比1978年总人口（9.54亿）增长了41.1%；但是，我国目前的生育率（1.6%~1.7%左右）已大大低于更替生育水平[①]，甚至比美国总和生育率（2.09%左右）低15%~20%！我国的人均期望寿命已接近发达国家，人口增长率已处于发展中国家最低水平，已大大提前实现了向"低生育率、低死亡率和低增长率"的转化。同时，按可比价格计算的我国2008年人均GDP等于1978年的11.7倍，年均增长率为8.5%，而1978年人均GDP只等于1952年的2.8倍，年均增长率只有4.0%；我国1978年实行改革开放以来每年人均GDP的增长率等于1952~1978年期间的2.13倍。而且按可比价格估算的我国2008年城乡人均可支配纯收入分别等于1978年的8.2倍和7.9倍（见表5-1）。改革开放30年来，我国城乡居民生活水平和生活质量巨幅提升，确实发生了天翻地覆的变化；然而，我国70年代末人均GDP虽然等于50年代初的2.8倍，但人民生活水平的改善却很有限，尤其是当时居民日常食品和生活必需品的短缺甚至比50年代还要严重！

为什么我国成立60年来的前30年和改革开放后30年都经历了人口规模的大幅度增长，但经济发展的规模和速度以及人民人均收入和生活水平改善程度却有如此之大的天壤之别？林毅夫（2004，2010）和其他学者们的理论与实证分析可以为我们提供启示和答案。林毅夫认为，从1953年开始到1978年改革之前，我国推行的是重工业优先发展战略，投资很多，创造的就业机会很少，人浮于事，效率很低。这样人多不仅不是好办事，而且，事实上是社会的一个很大的负担。可是在我国现代化的过程中，人多是否必然就是坏事？从改革开放这些年的经验来看，发展最好、最快的却是山东、江苏、浙江、福建、广东这些自然资源相对贫乏，人口密度最高的地区。而且，从国际的经验来看，第二次世界大战以后，日本和亚洲"四小龙"（韩国、新加坡、我国台湾和香港）经济高速发展。这些地区的人口密度都非常高，甚至比我国大陆还高。比如2000年我国大陆的人口密度是每平方公里135人，而日本则是337人，韩国是479人，台湾地区是616人，这些都属全球人口密度最高的经济。中国沿海五省市（广东、江苏、浙江、福建、上海）改革开放30多年来GDP年均增长12%，·显著高于亚洲"四小龙"鼎盛发展时期，而中国沿海五省市地域总面积和人口总数分别等于亚

[①] "更替生育水平"指新出生一代活到生育年龄的妇女人数与上一代生育年龄妇女人数相同所对应的生育水平。考虑到死亡率影响，我国的更替生育水平为平均每对夫妇生育2.1个孩子。如果忽略国际人口迁移影响，长期保持低于、等于或高于更替生育水平的人口将最终实现人口的持续负增长、零增长或正增长。

洲"四小龙"的4倍和5倍,人口密度比亚洲"四小龙"高25%。如何解释我国在改革开放以来出现的这一与人口分母决定论截然相反的客观现实?为什么人多在改革开放以后的我国沿海五省却反而成了优势?林毅夫认为,其原因在于改革开放以来,这些人多地少资源贫乏的沿海省份,大力发展劳动密集型产业,充分利用了我国劳动力多、劳动力便宜的比较优势,产品在国内和国际市场都非常有竞争力。在早期人多资金少时,就以发展劳动密集型的产业为主,随着资金的积累,劳动力由相对丰富变为相对稀缺,资金由相对稀缺变为相对丰富,产业才逐渐升级,发展资金、技术比较密集的产业。这样看来,只要按照比较优势来发展经济,发展劳动力相对密集的产业,人口多就会成为一种优势,经济发展得好,资金就能得到较快的积累,产业升级得快,收入水平也就提升得快(林毅夫,2010)。

蔡昉和王德文(1999)的研究结果表明:1978~1998年,GDP增长率中有21%来自于劳动力从农业向非农产业转移的贡献。中国人口转变的提早完成,使中国1980年至今一直处于劳动年龄人口比例逐年上升的阶段(见表5-1),劳动力供给丰富,储蓄率持续攀高,而生育率大幅度下降和老年抚养比仍然较低,为经济增长提供了人口红利。凭借丰富的劳动力资源,改革开放后被赋予腾飞翅膀和动力的中国企业得以克服资本报酬递减规律的作用,以低廉的劳动密集型产品在国际市场获得竞争优势,实现了改革开放30年以来连续30年的高速经济增长。

因此,我国改革开放前30年和后30年人口数量、结构和经济发展的轨迹实际上验证了第一节谈到的由著名人口经济学家组成的专家委员会关于《人口增长与经济发展:政策问题》报告中的结论:人口快速增长的很多初始效应是负向的,但在长期发展进程中,如果能合理地调整经济结构和相关政策,这一负向影响会削弱甚至逆转(Preston et al., 1986)。其实,20世纪90年代以来很多其他学者们关于亚洲"四小龙"以及中国沿海5省市经济腾飞的研究也验证了这一结论(Barlow, 1994; Alexandratos, 2005; Chamon and Kremer, 2006)。

二、近30年来我国出生性别结构异常日趋严重的严峻现实

改革开放30年来,我国在取得生育率、死亡率大幅度下降,人口快速增长得到十分有效控制,经济社会发展取得举世震惊的伟大成就的同时,我国却面临着出生性别结构异常日趋严重的严峻现实。全世界有关科学家公认的没有婴儿性别选择情况下的正常出生性别比(指平均每100个新出生女孩所对应的男孩数)

是105～106左右。根据国家统计局公布的数字，我国五六十年代及70年代的出生性别比属正常范围，80年代初开始偏高，且持续快速上升，从1982年的107.1上升到2000年的116.9，与2009年的119.5，高出正常水平14个百分点！所有相关研究一致认为，产前性别鉴定与流产女婴是我国出生性别比大幅度偏高的最主要直接原因。

《国家人口发展战略研究总报告》指出，已经发生的出生性别比偏高将导致2020年时20～45岁婚龄男性比女性多3 000万。如果当前我国出生性别比在120左右高位波动的趋势得不到遏制，2020年以后婚龄男性多于女性数字将大大超出3 000万，未来可能的四五千万婚龄男子难以找到妻子的问题将更加严重，将祸及社会经济的稳定和千千万万群众的福祉。因此，我国政府与人民必须高度重视这一重大人口安全问题。

国家人口计生委自2003年开始在全国开展"关爱女孩行动计划"大规模的试点工作，至今早已在所有县市全面铺开。人口计生委各级领导干部与广大群众对此付出了十分辛勤的劳动，作出了十分积极的努力。但是，2003年以来出生性别比均值比2000年不但没有下降，反而显著上升，已高达120左右。这一严峻的现实迫使我们不得不认真思考：在多年极大努力治理下，我国出生性别比至今仍然居高不下，除了重男轻女传统观念影响之外，是否还有当初未曾想到的现行生育政策负面影响的原因？

根据人口普查与国家人口计生委生育政策地区分类数据的研究表明，我国占总人口52.9%、执行一孩半（即只允许独女户生二孩）政策地区2000年出生性别比为124.7。占总人口9.6%、执行在生育间隔前提下普遍允许生二孩政策地区的2000年出生性别比为109.0。这些数据告诉我们：执行一孩半政策地区产前性别鉴定与流产女婴比例比二孩政策地区高很多。到底高多少？简单的人口数学公式和实证数据分析表明，在排除女婴漏报比男婴更严重的影响之后，我国一孩半政策地区，大约有19.0%的第一孩为女孩的夫妇做性别鉴定而"流女保男"，而二孩晚育政策地区的这一比例只有4.6%（曾毅，2009）。

政府的一孩半政策实际上是在告诉群众：第一胎生了男孩，够了，不要再生了；第一胎生了女孩，不够，可以再生一个。这在客观上告诉农民：生一个女孩的价值远远够不上生一个男孩的价值，需要再补生一个。这一理论上可称为心理暗示"一男孩价值二女孩"导向副作用的政策影响使得重男轻女观念更难消除，很多农民利用已经很普及的B超技术手段做产前性别鉴定，"流女保男"。当然，传统的重男轻女、养儿防老、传宗接代等观念是最根本的内在原因。

实证数据和常理都说明：一孩为男孩而生二孩的夫妇不存在性别鉴定问题，

其生下的孩子出生性别比正常。但是，在一孩半政策地区，这些约占总数51.5%、一孩生了男孩、将对出生性别比趋于正常作出贡献的夫妇却不被允许生二胎，而很可能做性别鉴定"流女保男"、一孩生了女孩的夫妇（占夫妇总数48.5%左右）却被允许生二胎，于是导致女孩总数与比例结构性减少。因此，即使假定上述一孩半心理暗示"一男孩价值二女孩"导向副作用不存在，即假定在一孩半与二孩政策地区第一孩为女孩的夫妇做性别鉴定"流女保男"的比例完全相同，一孩半政策地区出生性别比偏离正常幅度将因政策本身导致的二胎女孩出生数结构性减少，而大大高于二孩政策地区出生性别比偏离正常幅度。为了用定量数据来说明这一问题，我们做了相应的数值模拟，用假定的二孩政策与一孩半政策地区完全相同的第一孩为女孩夫妇中做性别鉴定、流产女婴保胎男孩的比例0.05，0.1，0.2，0.3，…，1.0，以及前面提到的简单的人口数学公式，模拟计算结果表明，即使假定产前性别鉴定"流女保男"比例完全相同，一孩半政策地区的出生性别比偏离正常幅度比二孩政策地区高出至少1/3以上（曾毅，2009；第56页，表1）。

上述分析令人信服地说明：（1）一孩半政策"一男孩价值二女孩"的心理暗示导向作用在客观上助长了重男轻女、产前性别鉴定与流产女婴；（2）一孩半政策本身造成了显著助长出生性别比升高的二胎女孩出生数结构性的减少。（1）与（2）两方面的副作用，共同助长了一孩半政策地区出生性别比大幅度偏离正常水平，使其远比二孩政策地区严重得多。

第三节　未来中国人口数量和结构的变动趋势及其对经济社会发展可能的影响

一、数据、方法和主要参数假定

本节将讨论的未来中国人口数量和结构的变动趋势及其对经济社会发展可能的影响应用了已在国内外发表和应用的多维家庭人口预测方法，2000年人口普查数据，2005年1%人口调查，2001年、1997年生育调查等数据。关于家庭人口预测方法及相关人口数据的处理与估计过程不属本文讨论范围，故从略（有兴趣的读者可参阅本文所引用的相关文献）。我们将主要讨论2010~2050年人口数量与结构的变动趋势及其对经济社会发展可能的影响，同时也报告2060~2080年人口家庭预测的一些主要结果，以供长期战略研究分析参考。

一个国家未来人口数量和结构的变动趋势主要直接取决于该国当前的人口基数数量与结构以及未来的生育率、死亡率和国际迁移率的变动。2000年人口普查为我们的人口家庭预测提供了分城乡、年龄和性别的详细基础数据。我国死亡率的继续逐渐下降是不可改变的趋势，而国际迁移对中国人口数量和结构的影响是十分有限的，因此，我们将采取国内研究机构、学者们和联合国通常采用的中死亡率以及国际净迁移率（即负迁出率与正迁入率之和）为零的假定方案。

2000年人口普查给出的总和生育率为1.22，显然是偏低的估计。在其他同仁们研究成果的启发下，我们估计2000年实际的时期总和生育率为1.63，城乡分别为1.15与1.9；排除生育年龄提高的影响之后，现行政策下的妇女终生生育子女数，城镇为1.2，农村为1.98，城乡合一为1.7左右。我们设计了两组不同生育政策假定条件下的城乡家庭人口预测方案。

第一组方案（二孩晚育软着陆）假定从2011年开始逐步平稳过渡，至2015年前后在城乡实现普遍允许28岁及以后生二孩。在二孩晚育软着陆方案下，假定城镇平均每对夫妇终生生育1.8个孩子；这一假定隐含着如果有大约5%的妇女终生不孕的话，城镇将有大约10%的妇女主动选择只生一孩。同时，考虑到一些农村少数民族及边远地区允许生三孩与个别超生现象，我们的二孩政策方案假定农村平均每对夫妇终生生育2.27个孩子。同时，由于社会经济发展促使年轻人晚婚晚育以及后面将要讨论的政府鼓励晚育的政策效应，我们假定从2015年到2030年的15年中，一、二孩平均生育年龄每年分别增加0.05岁与0.1岁。于是，这15年间每一年的一、二孩时期总和生育率分别比妇女一、二孩终生生育子女数下降5%与10%。这就是郭志刚（2000）、曾毅（2004）等介绍、应用与评述的邦戈茨—菲尼公式估计的结果。假定2030年后生育年龄不再增加，至2035年时，城乡时期总和生育率回升到与城乡终生生育子女数相同，然后保持不变。2015~2030年城乡终生总和生育率与时期总和生育率列在表1中。假定2015年、2030年、2050年、2080年城镇人口比例为48%、55%、75%、90%左右。在二孩晚育软着陆方案下，尽管假定城镇与农村妇女平均终生生育子女数为1.8与2.27，由于人口城镇化，2015年、2020年、2050年、2080年全国城乡合一终生生育子女数分别为2.04、2.01、1.92与1.85。

第二组方案简称"现行政策不变"方案。在这个方案下，假定由于一些省区允许双方为独生子女的夫妇生二胎和少数省区允许一方为独生子女的农村夫妇生二胎，农村、城镇时期总和生育率由2000年的1.9与1.15略增至2012年的1.98与1.2，然后保持不变（见表5-2）。两组方案关于中死亡率、初婚、离婚、再婚、子女离家、城镇人口占总人口比例、老年父母与成年子女一起居住的观念变化等参数假定全部相同。

表 5-2　不同生育政策模拟预测方案的终生总和生育率与时期总和生育率

政策模拟预测方案	总和生育率（TFR）	2000年 农村	2000年 城镇	2000年 合计	2015年 农村	2015年 城镇	2015年 合计	2030年 农村	2030年 城镇	2030年 合计	2035年 农村	2035年 城镇	2035年 合计	2080年 农村	2080年 城镇	2080年 合计
二孩晚育软着陆	终生TFR	1.98	1.20	1.70	2.27	1.80	2.05	2.27	1.80	1.98	2.27	1.80	1.96	2.27	1.80	1.85
二孩晚育软着陆	时期TFR	1.9	1.15	1.63	2.09	1.67	1.89	2.09	1.67	1.83	2.27	1.80	1.96	2.27	1.80	1.85
现行政策不变	终生TFR	1.98	1.20	1.70	1.98	1.20	1.61	1.98	1.20	1.50	1.98	1.20	1.47	1.98	1.20	1.28
现行政策不变	时期TFR	1.9	1.15	1.63	1.98	1.20	1.61	1.98	1.20	1.50	1.98	1.20	1.47	1.98	1.20	1.28

注：城乡合计总和生育率是按 2000 年、2015 年、2030 年、2035 年、2080 年城镇人口占总人口的 36%、48.0%、61.7%、65% 与 90% 分别估算的加权平均值。这 5 个年份之间的总生育率通过线性内插估得。

需要说明的是，本文的家庭人口预测结果不可能很准确，因为不确定因素太多，譬如两个方案下生育与其他参数的假定与人口普查及调查的数据就不一定准确。但是，关于死亡率、初婚、离婚、再婚、子女离家、城镇人口占总人口比例、老年父母与成年子女一起居住的观念变化等参数假定完全相同的二孩晚育软着陆与现行政策不变两个方案的生育率差异，所反映的"如果"、"那么"的巨大利弊差异与政策方案对比分析则是可信的。

二、老年人口比例与独居老人比例

图 5-1 给出了二孩晚育软着陆及现行政策不变两个方案的 65+ 岁老人及 80+ 岁高龄老人占总人口比例的比较。现行政策不变方案在 2030 年、2050 年与 2080 年的 65+ 岁老人占总人口比例比二孩晚育软着陆方案分别高出 5.6%、15.6% 与 38.4%；80+ 岁高龄老人占总人口的比例则比后者分别高出 5.3%、15.6% 与 47.8%。在现行政策不变方案下，中国 65+ 岁老人占总人口比例在 2050 年与 2080 年高达 27.8% 与 38.6%，最需要照料的高龄老人占总人口比例高达 9.1% 与 17.6%。如此之高的老年人口与高龄老人比例是社会难以承受的。

图 5-2 给出了现行政策不变方案与二孩晚育软着陆方案下独居老人占总人口比例的对比。无论现行政策还是二孩晚育软着陆方案，中国独居老人占总人口的比例都将大幅度增加。中国 2030 年、2050 年、2080 年 65+ 岁独居老人占总人口比例分别等于 2000 年的 2.4 倍、4.1 倍与 6.7 倍（现行政策方案）以及 2.2

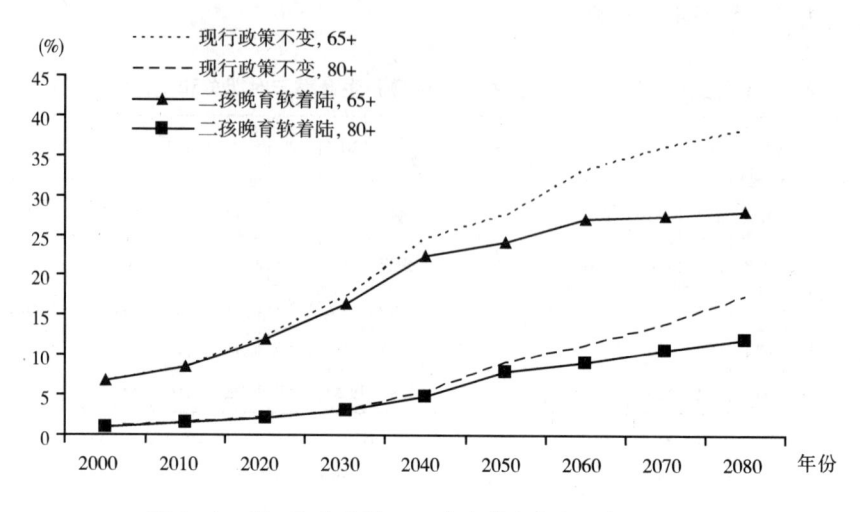

图 5-1　65+岁老人及 80+岁高龄老人占总人口百分比

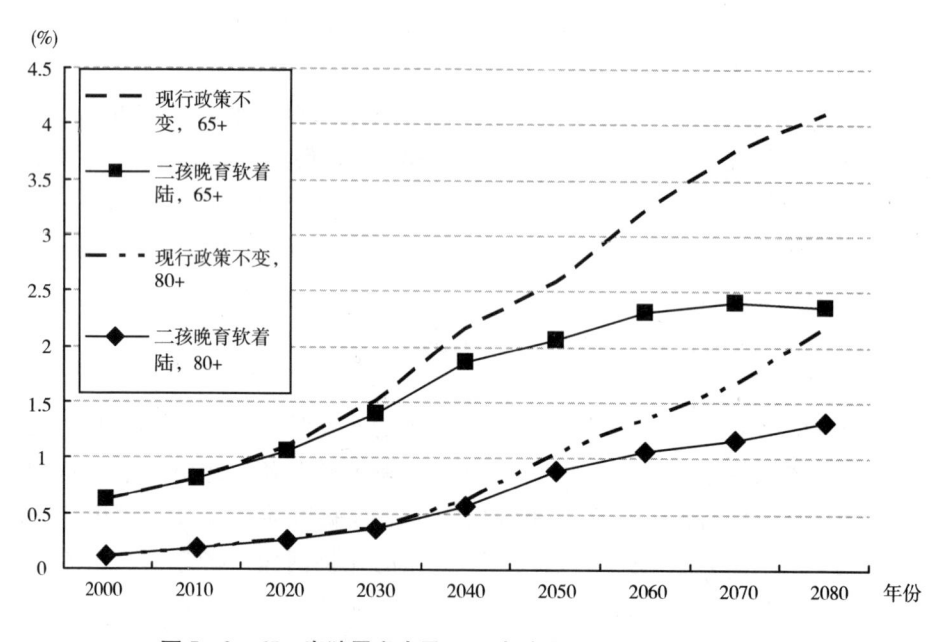

图 5-2　65+岁独居老人及 80+岁独居老人占总人口百分比

倍、3.3 倍与 3.7 倍（二孩晚育软着陆方案）；80+岁高龄老人独居比例则分别等于 2000 年的 3.5 倍、9.5 倍与 20.2 倍（现行政策方案）以及 3.3 倍、8.0 倍与 12.0 倍（二孩晚育软着陆方案）。现行政策不变方案的独居老人比例增幅大大高于二孩晚育软着陆方案。例如，现行政策不变方案的 2030 年、2050 年与

2080 年 65 + 岁独居老人比例分别比二孩晚育软着陆方案高 8.6%、25.7% 与 83.5%；这三个相对差异百分比对于 80 + 岁高龄独居老人来说是 5.6%、19.3% 与 68.2%。由于二孩晚育软着陆与现行政策不变两个方案关于因工作、迁移、观念变化等造成的子女不与老年父母一起居住比例以及其他人口要素的假定完全相同，图所反映的两个方案在独居老人比例上的较大差异，完全是由生育水平即子女数的差异造成的。这些模拟预测结果从老人家庭照料的角度，充分说明中国应尽快平稳向二孩晚育政策过渡。

三、老年抚养比与总扶养比

现行政策不变方案的老年抚养比（老年人数与劳动年龄人数之比）在 2030 年、2050 年与 2080 年比二孩晚育软着陆方案分别高出 3.8%、11.9% 与 46.2%。现行政策不变方案由于生育率低，其未加权的总抚养比（老人加上少儿数之和与劳动年龄人数之比）在 2060 年前稍低于二孩晚育软着陆方案，但 2060 年后由于老年抚养比的大幅度升高，其未加权的总抚养比高于二孩晚育软着陆方案，到 2080 年时高出 11.6%。未加权的传统的总抚养比，等于少儿抚养比与老年抚养比之和。这实际上等同于假定抚养少儿与供养老人的人均支出相同。这一假定显然不合实际，尤其是不符合未来老年人均期望寿命不断显著延长的现实。刘铮、于学军与世界银行根据抽样调查数据计算的中国老人人均供养费用与少儿人均抚养费用之比分别为 1:0.40，1:0.53 与 1:0.55。这些估计值与国际上的估计值亦较吻合。我们不妨取刘铮、于学军与世界银行三家估计的中国老人人均供养费用与少儿人均抚养费用之比的均值（1:0.50），来计算更加符合实际的加权总抚养比。现行生育政策不变与二孩晚育软着陆方案下的更加符合实际的加权总抚养比，两条曲线于 2050 年交叉，在交叉前二孩晚育软着陆方案的加权总抚养比与现行政策总抚养比的差异很小。2060 年、2070 年、2080 年现行政策不变方案下的加权总抚养比比二孩晚育软着陆方案分别高出 7.5%、17.8% 与 24.6%。

四、劳动力资源

图 5-3 表明，现行政策不变方案下的劳动力资源在 2025 年以后开始快速萎缩。2030~2080 年间 15~64 岁劳动年龄人口每 10 年减少 1 亿左右；从 2030 年的 9.59 亿快速萎缩到 2050 年的 7.77 亿，减少 19.0%；到 2080 年时只有 4.74 亿劳动年龄人口，比 2030 年减少一半多。另外，现行政策不变方案下将面临短

缺的劳动力资源本身的老化现象将十分严重：55~64岁"老劳动者"占15~64岁劳动年龄人口的比例将由2000年的10.1%迅速攀升到2020年、2050年与2080年的17.1%、26.7%与27.6%。二孩晚育软着陆方案的劳动年龄人口在2030年后平缓减少，比现行政策不变方案在2030年、2050年、2080年分别多出0.26亿、1.0亿和2.74亿。二孩晚育软着陆方案下的劳动力资源本身的老化程度亦比现行政策不变方案低得多。这对经济发展无疑具有积极作用。如本章第二节所讨论，经济学界公认日本与亚洲四小龙的经济发展奇迹与其当时的劳动力资源丰富密切相关。在1970~1995年期间，东亚超出常规的高速经济增长中，劳动年龄人口比重高这一有利人口因素的贡献比率高达1/3~1/2（蔡昉，2006）。西方经济史表明，新大陆的人均国内生产总值增长率比旧大陆高出的部分，大约90%~100%可以归结为新大陆在人口结构方面的优势（蔡昉，2006）。中国尤其是东部沿海省市1980年以来的经济腾飞，在很大程度上也是劳动力资源丰富，并充分发挥劳动力密集型产业发展的比较优势而形成的（舒元，1996）。蔡昉与王德文（1999）的研究表明，1982~2000年期间劳动年龄人口比重高与总抚养比下降，对人均GDP增长贡献达到了27%。世界银行也得出过类似的统计结果。然而，现行政策不变将使中国在2025年后劳动力资源快速萎缩，经济发展的比较优势丧失殆尽。

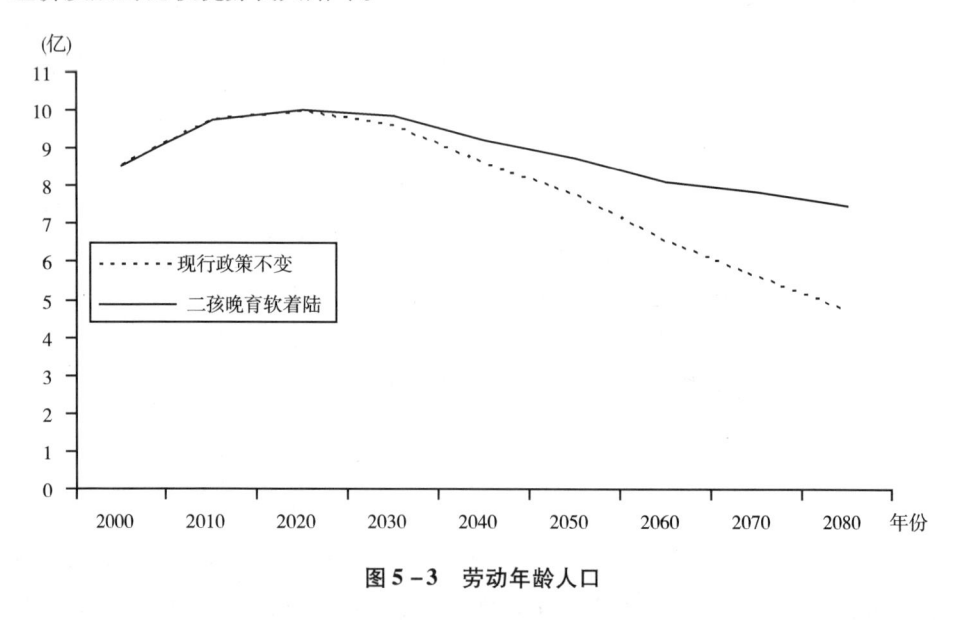

图5-3 劳动年龄人口

西欧发达国家由于较长时期以来生育率偏低，已经吃够了劳动力资源不足的苦头，它们不得不通过移民从发展中国家引进劳动力。美国的生育率十分接近更替水平，比中国现行政策下的当前生育水平还高出大约10%～15%左右。其人口老化与劳力不足问题虽没有西欧那么严重，但也不得不从墨西哥等南美国家以及亚洲、非洲引入大量劳动力。而外籍移民不是解决中国现行政策长期不变带来的劳力资源快速萎缩的办法，向二孩晚育软着陆政策过渡才是可行且宜尽快平稳实施的良策。

五、未来人口年龄结构分布与退休金缺口

根据不同生育政策方案预测的未来退休年龄人口与劳动年龄人口之比，预测的缴费率（在职职工养老保险的企事业单位与个人缴费占当年工资总额的比例）与替代率（退休职工平均退休金与当年在职职工平均工资之比），以及笔者推导并应用的简易方法（曾毅，2005），即可估算未来年份的退休金缺口率，即当年退休金缺口金额与职工工资总额之比。按劳动和社会保障部公布的数据，算得2000年的缴费率为0.1821%，替代率为0.8789%，退休金缺口率为6.9%；2005年11月国务院文件设立了未来将逐步达到的目标：单位与职工负担的退休金缴费目标应在工资的20%与8%，合计28%。根据这一国家发展计划目标，我们假定我国缴费率由2000年的0.1821逐步线性上升到2040年的0.28，然后保持不变。与发达国家替代率一般在0.60左右相比，并考虑到我国工资水平增长速度不慢，我国2000年替代率（0.8789）确实偏高。因此，我们假定替代率由2000年的观测值0.8789线性下降到2040年的0.60，然后保持不变。

在上述退休金主要参数数据与假定条件下，曾毅（2006）在估算现行生育政策不变与二孩晚育软着陆两个方案未来年份的退休金缺口率时做了两套预测。第一套预测假定现行退休年龄（男60岁，女55岁）恒定不变（以下简称"现行退休年龄不变预测"）。第二套预测假定从现在起，男女退休年龄每年增加0.114岁与0.227岁，至2050年时男、女退休年龄相同，均为65岁（与当前美欧水平相当），然后保持不变（以下简称"退休年龄增加预测"）。两套预测的未来年份的替代率与缴费率等参数假定完全相同。

退休年龄不变预测结果表明，现行生育政策不变方案下，退休金缺口金额占职工工资总额的比例将由2000年的6.9%增至2030年、2040年、2050年与2080年的17.5%、24.5%、36.2%与69.9%；比退休年龄不变的二孩晚育软着陆方案分别高出大约6%、18%、34%与100%。退休年龄逐步增加预测结果表明，现行政策不变方案在2030年、2040年、2050年与2080年的退休金缺口金额占职工工资总额的比例分别为3.1%、6.3%、3.9%与28.7%，2030年、2040年、

2080年分别比二孩晚育软着陆方案高出25.2%、57.3%与257.7%，而退休年龄逐步增加的二孩晚育软着陆方案在2050年退休金略有盈余。

诚然，这里给出的退休金缺口率的预测值本身很可能不准确，因为退休年龄、缴费率、替代率等参数假定可能不准确。但在相同的退休年龄、缴费率、替代率等假定条件下，模拟预测不同生育政策方案下未来年份因人口年龄结构变化造成的退休金缺口率相对差异百分比却是可信的。结论十分明确：其一，现行生育政策不变方案下退休金缺口比二孩晚育软着陆方案严重得多（曾毅，2006）。其二，如果保持现行的低退休年龄长期恒定不变，无论哪种生育政策方案下，退休金缺口问题将日趋严重。如果实行退休年龄的逐步增加，加上二孩晚育软着陆的中生育率假定、缴费率的适当上升与替代率的适当下降，我国本世纪上半叶包括城镇农村的退休金缺口问题是可以得到解决的，认为我国未来城镇退休金缺口十分严重而难以顾及发展和普及农村养老保险制度的观点是错误的。

六、未来婚龄男女性别结构与人口社会经济均衡发展

如前面第2.2节所述，在全国大多数农村地区实行的只允许独女户生二孩的一孩半政策客观上助长了出生性别比的大幅超常偏高；而山西翼城县，甘肃酒泉地区与河北承德地区都是汉族为主地区，从20世纪80年代中起实施"晚育加间隔"政策二十多年的实践证明，这些地区生育水平得到有效控制，其出生性别比很接近正常水平，比其周边实施更加严格的农村一孩半政策、社会经济水平并不比它们差的汉族地区以及山西、甘肃与河北全省平均水平低得多。因此，如果我们平稳过渡，逐步实现二孩晚育软着陆，女孩价值不如男孩的"心理暗示导向作用"的一孩半政策副作用与结构性出生性别比例失调将得到有效遏制而较快恢复正常。

而且，二孩晚育软着陆有利于缓解过去和今后恢复正常前出生性别比偏高将造成的大龄男性找妻难的压力。我们知道，婚龄男性比相同或相近年龄女性"多"出的男子可以到比他年轻较多的未婚女性中找妻子。基于这一基本社会现实和家庭人口预测两性平衡模型分析表明：现行生育政策不变与出生性别比不变方案下，2040年、2050年、2080年的45~49岁男子因婚龄女性短缺而找不到妻子的比例分别为7%、10.6%和9.9%，分别比即使也假定出生性别比保持不变的二孩方案高出72.7%、84.4%与118.4%（曾毅，2009）。我们仔细思考一下即可理解这些预测结果。当现行生育政策长期不变导致生育水平很低且持续很长时间，更年轻的年龄组人数显著少于年长年龄组，比相同或相近年龄女性"多"出的年长男子到更年轻的女子中找妻子的概率大大下降。相反，二孩政策

下更年轻的年龄组人数与年长年龄组人数大致相同,"多"出的年长男子到更年轻的女子中找妻子的概率大大提高。于是,即使在完全相同的未来出生性别比保持不变的最糟糕假定条件下,二孩晚育软着陆方案下中年男子因婚龄女性短缺而找不到妻子的问题比生育政策不变方案要缓解很多。

七、未来人口增长及其对经济社会可持续发展的可能影响

表5-3给出的现行政策不变与二孩晚育软着陆两个不同方案的总人口变动趋势表明,现行生育政策不变方案下,我国2030年、2050年与2080年总人口将比二孩晚育软着陆政策方案减少5.3%、13.4%与32.1%。这一组数字也许会被一些同仁用来支持长期保持现行生育政策不变的主张。而对以下问题的冷静分析和思考,可以帮助我们理解尽快向二孩晚育软着陆方案平稳过渡的必要性及长期保持现行生育政策不变的弊端。

表5-3列出的两个方案人口总数差异的年龄分布数据表明,现行政策不变方案比二孩晚育软着陆方案减少的人口数中,2020年以前绝大部分为儿童,而2030年时1/3、2040~2050年接近与超过1/2,到2080年时2/3为劳动年龄人口;2070年以前减少人口数的100%是劳动力资源或潜在的劳动力资源。长期保持现行政策不变方案势必造成劳动力短缺,社会保障与退休基金因劳动人口速减和老年人口比例大增而入不敷出,经济萎缩,社会服务设施难以适应等一系列严重问题,是极不可取的。

表5-3 二孩晚育软着陆与现行政策不变方案人口总数差异的年龄分布

年 份	2010	2020	2030	2040	2050	2060	2070	2080
现行政策不变人口总数(亿)	13.44	13.97	13.99	13.53	12.68	11.54	10.3	9.04
二孩晚育软着陆人口总数(亿)	13.56	14.4	14.77	14.8	14.58	14.1	13.58	13.08
两个方案人口总数差异(亿)	0.12	0.43	0.78	1.3	1.96	2.67	3.45	4.2
0~14岁儿童人数差异(亿)	0.12	0.41	0.52	0.70	0.96	1.05	1.16	1.24
15~64岁劳动年龄人数差异(亿)	0	0.02	0.26	0.60	1.00	1.62	2.27	2.73
65+岁老人人数差异(亿)	0	0.00	0.00	0.00	0.00	0.00	0.02	0.24
两个方案人口总数差异的年龄分布(%)								
0~14岁	100	94.7	66.5	54	49.2	39.4	33.6	29.6
15~64岁	0	5.3	33.5	46	50.8	60.6	65.9	65.1
65+岁	0	0	0	0	0	0	0.5	5.7
合计	100	100	100	100	100	100	100	100

与现行生育政策不变比较，二孩晚育软着陆政策方案下人口总数的相对多一些是否会造成资源的紧缺和环境保护的失控？我们的答案是"否"。关于人口承载力与人口经济发展历史研究综述表明，人口资源环境承载力的高低与生活标准、科学技术发展、投资水平、贸易体制、环境资源保护措施等众多因素相关，是一个动态的概念。在经济发展与资源环境开发保护过程中，人口本身并不是决定性因素，过分夸大或一味地强调人口的适度增长对资源环境的负面影响是不科学的（翟振武、陈卫，2010）。

图5-4与图5-5给出的我国1949～2080年人均水资源与人均耕地数据表明，2008年我国人均水资源与人均耕地分别比1949年下降62.2%与49.6%，分别比1979年下降30.0%与34.3%。同时，我国经济与社会发展起了翻天覆地的巨大变化，这当然是改革开放的伟大成果，也包括计划生育控制人口过速增长的伟大贡献。在二孩晚育软着陆方案下，我国人均水资源与人均耕地在人口峰值2038年达到最低值，分别只比2008年下降1.8%与6.0%，而2039年及以后我国人均水资源与人均耕地将因人口总数平缓下降而逐渐上升。再加上科学技术发展以及政府关于环境保护与可再生能源开发等强有力政策的实施，完全没有必要担心二孩政策平稳过渡会造成资源的紧缺和环境保护的失控。相反，长期保持现行政策不变势必造成以劳动力短缺和社会保障与退休基金入不敷出为特征的经济萎缩，从而大大削弱开发保护资源环境的经济实力。

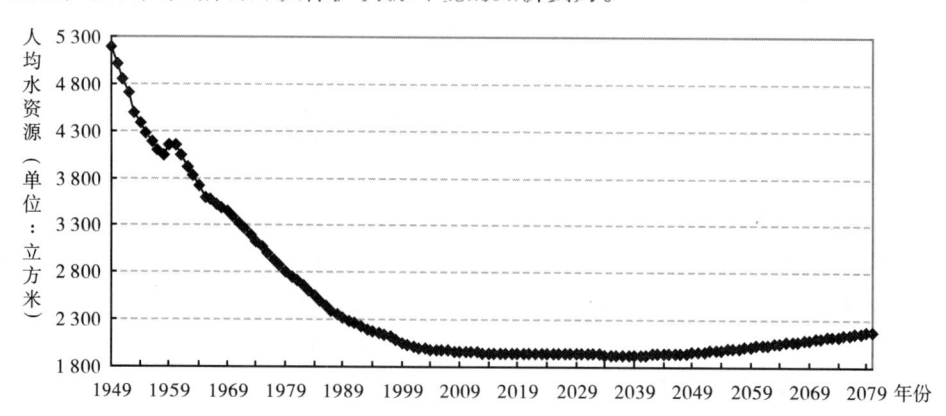

图5-4 中国人均水资源：1949～2080年

资料来源：1949～2033年人均水资源数据取自《国家人口发展战略研究总报告》（第61页）。由于该总报告未给出2033年以后的人均资源与总人口数据，我们假定2033年以后水资源总量保持在2033年水平不变，于是2034～2080年人均水资源＝水资源总量/当年总人数，而2034～2080年每年总人数取自二孩晚育软着陆方案的预测结果。

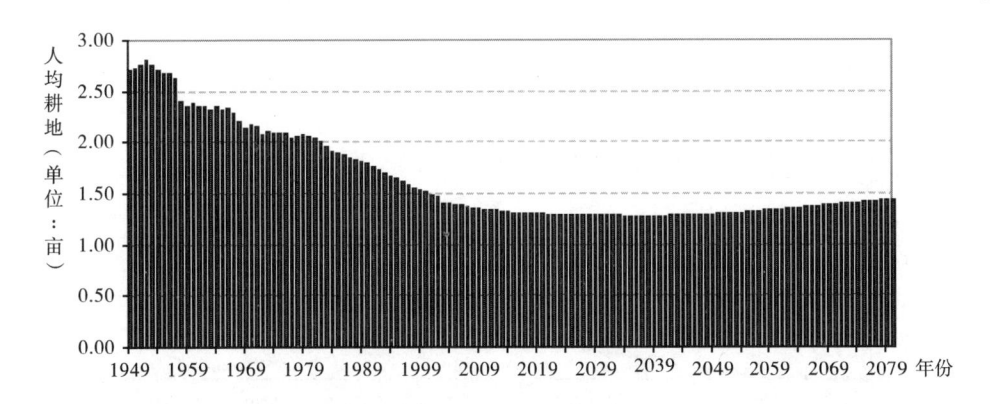

第五章 人口数量及结构变化对中国经济社会的影响

271

图 5-5 中国人均耕地

资料来源：1949~2033 年人均耕地数据取自《国家人口发展战略研究总报告》（第 61 页）。由于该总报告未给出 2033 年以后的人均耕地与总人口数据，我们假定 2033 年以后耕地总量保持在 2033 年水平不变，于是 2034~2080 年人均耕地＝耕地总量/当年总人数，而 2034~2080 年每年总人数取自二孩晚育软着陆方案的预测结果。

八、相关管理成本

如果现行生育政策长期不变，已在全国农村实行的独生子女与双女计生户年满 60 周岁领取养老奖励扶助金的人数将越来越多。2003 年计生户老人每人每年补助 600 元，随着人民生活水平提高，这一标准肯定要提高；假定这一人均补助标准在本世纪上半叶第一个 10 年按 1990~2006 年农村家庭人均纯收入（统计局根据初始年份物价统一标准估算）年均增长率增加，以后每 10 年年均增长率下降 10%，并根据国家人口计生委课题组预测的"2003~2050 年全国农村 60 岁以上独生子女和双女户父母人数"估计，在现行生育政策不变方案下，政府的这一专项财政支出将从 2003 年的 9.3 亿元迅速增加到 2030 年与 2050 年的 539 亿元与 1 433 亿元；而在二孩政策方案下，政府的这一专项财政支出在 2023 年达到 157 亿元的峰值，然后迅速下降到 2050 年的 0.3 亿元（见图 5-6）；2003~2050 年期间现行生育政策不变方案下合计支出 2.52 万亿元，等于二孩方案的 6.3 倍，多支出 2.12 万亿元。显然，长期保持现行生育政策不变是很不明智的，因为它的管理成本如此昂贵，而换取的却是不久的将来因劳力资源严重短缺和人口老化加剧而阻碍社会经济可持续发展，以及出生性别比居高不下等严重后果。

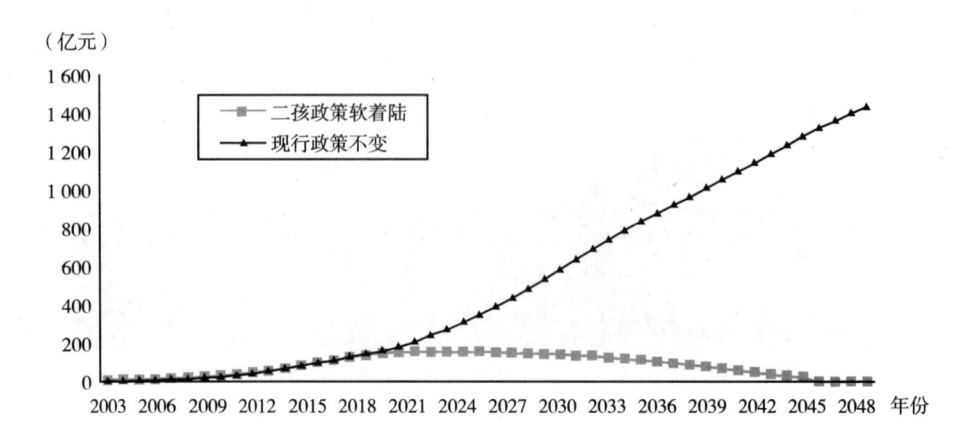

图 5-6　政府用于农村计生户年满 60 周岁的养老奖励扶助金财政支出估计

九、人口素质及其"相对逆淘汰"问题

深入分析表明（王金营，2004），我国有 7 个省排除漏报后的当前实际总和生育率略超过 2，3 个省显著超过[②]，而这 10 个省的政策总和生育率[①]全部在 1.5 左右，即存在大量从小遭受因"非法生育"而带来心灵创伤的孩子，其中很多孩子因其父母躲避罚款而未被登记，而被视为"黑孩子"。因此，二孩政策平稳过渡在这 10 个省实际上将使屡禁不止的大量"非法"二孩生育合法化，将使很多孩子彻底摘除"黑孩子"帽子，从而有效提高他们的心理素质。这不正是民众基本权利的回归，执政为民、以人为本科学发展观的体现吗？如第四节将要讨论，更加合情合理的二孩晚育政策将大大有利于遏制多胎生育，将使这 10 个省的生育水平保持在现有水平，或最多略有回升。在现今社会经济条件下绝不会出现"允许生两个，实际普遍生三四个"的现象。

东中部较发达的 15 个省（市）当前排除漏报后的总和生育率大部分低于 1.6，其中北京、上海显著低于 1.0，天津略高于 1.0。实现二孩政策平稳过渡后，这些发达地区（尤其是城镇）的很低生育水平将有适度相对回升。而较发达地区生育水平的适度回升正可以改变我们多年来心中有数，但在公开场合避而

---

① 政策总和生育率指如果该地区的现行计划生育政策能够 100% 得到执行，所对应的平均每对夫妇终生生育子女数。

不谈的人口素质"相对逆淘汰"趋势①。如前面所讨论，现行生育政策不变方案下农村生育水平比城镇高65%，而二孩晚育软着陆方案下农村生育水平只比城镇高26%。在完全相同的人口城镇化水平假定条件下，2010~2050年间，现行生育政策不变方案下农村出生人数占总出生数比例比二孩晚育软着陆方案下高6.4个百分点。基于农村文化教育水平低于城镇的客观现实，我们完全有理由假定未来城乡教育水平将同步增长，但城乡相对差异保持不变。例如，我们不妨假定不同生育政策方案下，未来农村、城镇初中及以下文化程度比例都下降10~20个百分点，而高中及以上文化程度比例都上升10~20个百分点。于是，现行生育政策不变方案下农村生育率比城镇高得多的"相对逆淘汰"，将使我国未来全体劳动年龄（18~59岁）人口中文盲与小学文化比例分别比二孩方案高大约9%~18%与8%~11%，初中文化比例基本相同，而高中与大学文化比例分别比二孩方案低大约3%~4%与6%~7%。毫无疑问，现行生育政策长期不变不利于我国实现由人口大国向人力资源强国转换的战略目标。

十、农村人口老化程度将显著高于城镇

其他同仁们以及我们的前期研究（曾毅，2006；曾毅和王正联，2010）都表明，虽然我国农村生育水平大大高于城镇，但是，由于市场经济造成大量人口由农村向城镇迁移，这些迁移人口中绝大多数是年轻人。年轻人的大量流失将导致本世纪上半叶农村老人比例显著高于城镇。预测分析表明，无论哪种生育政策方案下，若假定农村向城镇迁移年龄结构分布与2000年相同，本世纪中叶全国农村65岁及以上老人比例占总人口百分比等于城镇的1.62~1.69倍。然而，中、东部本世纪中叶农村65岁及以上老人比例等于城镇的2.04倍，而西部本世纪中叶农村65岁及以上老人比例等于城镇的1.26倍。65+岁空巢和独居老人占总人口百分比的城乡预测结果也说明：中、东部农村人口家庭老化程度大大高于城镇的城乡差异远比西部和全国平均值大得多（详见曾毅和王正联，2010，表5、表6、表7）。其原因主要在于东、中部人口城镇化水平远比西部高，到2050年时，东、中部的农村人口分别只占总人口的16%和26%，而所剩不多的农村人口中2/5左右为"留守"的老人。

---

① 这里所说的人口素质"相对逆淘汰"定义是：限制城镇绝大多数夫妇只生一孩的现行生育政策加上城乡在社会经济水平方面的巨大差异，造成了农村生育率水平大大高于城镇。但是，农村文化教育水平却大大低于城镇，由此造成城乡合一整体人口文化教育水平的下降，而这种下降是与二孩政策下城乡生育水平相差不太悬殊相对而言的一种客观的人口统计现象。它与希特勒的"优生论"没有任何联系。

第四节 实现人口与经济社会持续均衡发展的对策建议

基于多年的研究探讨，着眼于实现我国本世纪人口与经济社会持续均衡发展的目标，笔者提出以下对策建议，以求教于学界和政界同仁们。

一、尽快启动与平稳实施二孩晚育软着陆

建议因地制宜，研究确定一个各地不同的二孩政策放宽起始年龄（例如，34~35岁或33~35岁）。然后，每隔一年普遍允许生二孩的低限年龄下降一岁，至2015年前后在城乡实现年满28岁妇女都允许生二孩的软着陆。对女方35岁以上、为避免难产等不宜再生育的独生子女夫妇作为"奉献一代"，国家继续补助奖励。对35岁以下模范执行适当间隔生二孩者予以表扬奖励，对未满间隔怀孕二胎者予以批评教育，但不视为违法，不予罚款，不但允许而且要求其生下二孩，不得做非医学原因的人工流产，以防产前性别鉴定和流女保男。建议大力宣传适当晚育间隔有利于婴母健康与降低婴儿死亡率的、早已经大量调查研究数据分析证实的客观规律。建议加大青少年（尤其是女性）接受中高等教育、先立业后成家的宣传、引导、资助与贷款扶持力度。

除了前面第三节讨论的二孩晚育软着陆方案在宏观人口经济社会持续均衡发展方面显著优于长期保持现行生育政策不变外，在微观家庭层面上，二孩晚育软着陆将避免现行生育政策不变继续产生大量独生子女"高风险家庭"的许多弊端，包括独生子女家庭应对天灾人祸突发事件能力脆弱（例如，中老年人的独生子女一旦意外死亡，即成为无后老人）；将使独生子女在家庭中的"唯一性"及其导致的家长们的紧张心理不复存在，迁就、娇惯子女的做法将大大减少，孩子们从小学会谦让、合作，家庭成长环境得到显著改善；将从根本上改变我国军人中独生子女比例不断升高而严重危及军人心理素质、家属支持配合程度与国防实力的不利趋向，等等。

用5~8年时间平稳过渡到适当晚育间隔前提下允许城乡所有夫妇自愿选择生二孩（或只生一孩）是否可行？我们的答案是"是"。全国各地51篇生育意愿调查报告的综述分析，1997年、2001年、2006年全国生殖健康大规模调查的数据分析以及其他研究均表明，中国城市育龄妇女的理想子女数为1个与2个孩子的比例分别为55%与43%左右，农村育龄妇女理想子女数为2个孩子的比例略超过70%（风笑天、张青松，2002）；即使在生育意愿最高的西部农村地区，

有多子女偏好的群众只占13%左右（郑真真，2004）。毫无疑问，虽然无间隔条件放开二孩政策将造成生育堆积的较大风险依然存在，但是由于人民生育观念显著变化，有利于稳定低生育率与生育政策平稳过渡的社会经济环境已经形成。

从1980年年初以来一直实行二孩加间隔政策的我国西、中、东部的甘肃省酒泉市、山西省翼城县、湖北省恩施州与河北省承德市（合计840万人口）的实践证明，二孩加间隔政策十分成功。20多年来，这些地区年均人口增长率与时期总和生育率比其周边实施一孩半政策、社会经济水平并不比他们差的地区低或至少差不多，出生性别比多年来一直保持在正常或接近正常范围，并大大低于其周边一孩半政策地区。20多年前这些农村地区开始实施二孩加间隔政策时，其社会经济水平与生育观念远比当今全国实行一孩政策（绝大部分为城镇）以及一孩半政策农村地区的平均水平低。既然四个试点地区840万人口20多年的二孩加间隔政策能够不约而同地获得成功，并全部持续发展至今，我们确实没有必要担心在经济起飞之后，生儿育女成本大增的今日中国会出现"允许生二个，则将生三、四个"的计划生育失控，完全没有理由怀疑在低生育水平下的今天在全国城乡逐步实行二孩加间隔政策的可行性。

不少同志主张实行城乡"双单独"夫妇（即双方或一方为独生子女）允许生二孩加上早已实行的农村独女户允许生育二孩的方案，以下简称为"双单独方案"。笔者认为，双单独方案只能作为生育政策调整方案尚未确定之前的一种暂时过渡，但因其以下几方面的弊端，而决不能作为长期政策主体方案。其一，双单独方案将使大部分农村地区一孩半政策助长出生性别比超常偏高的副作用继续存在。如前人研究和本章第二节所述，作为双单独方案组成部分之一的现行多数农村执行的一孩半政策客观上助长了重男轻女与产前性别鉴定导致的出生性别比严重偏离正常水平。而我国占总人口52.9%的执行一孩半政策农村地区现在和未来的双单独青年比例很低，双单独方案下这些地区一孩半政策仍将占主导地位，其助长出生性别比超常偏高的副作用仍将严重阻碍我国政府和人民力图扭转出生性别比过高危险倾向的努力。其二，双单独方案将继续产生大量政策导致的独生子女高风险家庭。只允许双单独夫妇生二孩的政策方案要求城镇所有非双单独夫妇和农村非双单独且一孩为男孩的夫妇不得生二孩，从而继续产生大量新的应对天灾人祸突发事件能力十分脆弱的独生子女高风险家庭，将使独生子女在家庭中的"唯一性"导致家长们的紧张心理以及迁就、娇惯子女的做法继续存在而不利于孩子们健康成长，将因我国军人中独生子女比例不断升高而严重危及军人心理素质、家属支持配合程度与国防实力，等等。这实在是事与愿违，得不偿失。其三，双单独方案将产生双单独夫妇老少抚养远比非双单独夫妇高的新的社会不公问题。如果只允许双单独夫妇生育二孩，而非双单独夫妇只让生一孩，将导致双独夫妇抚养4个老人与2个小孩，老少抚养比（即家庭中老人小孩人数之和与中间一代人数之比）为3∶1；单独夫妇抚养3个老年父母与2个小孩，老少抚养比为2.5∶1；而非双单独夫妇抚养2个老年父母，1个小孩，老少抚养比为1.5∶1。如果双单独夫妇群起质问政府：当国家需要控制人口过速增长时，我们的父母只生一孩，是奉献的一代；现在国家因劳力与兵力资源的需要而放宽生育政策，我们这些奉献一代的子女的老少抚养负担等于那些父母没为国家奉献的非双单独夫妇的2倍（=3/1.5）或1.67倍（=2.5/1.5），这对我们与我们的父母都是很不公平的。因此，政府必须予以补偿。政府如何回答？韩国、新加坡、我国台湾、欧洲、北美、日本、俄罗斯等国家和地区在生育水平降至显著低于替代水平以下之后，早已实行奖励政策鼓励人们生育，视生儿育女为对国家做奉献。而我们为何在生育水平已显著低于替代水平之后，仍然非要抱住允许生育二孩是一种优惠的观念不放呢？其四，双单独方案将引发其他新的社会问题。例如，一位非独生子女爱上了另一位青梅竹马或萍水相逢的非独生子女，但他们一旦结婚，不能生育二孩；于是双方很想抱两个孙子女的父母极力反对，也许酿成现代梁山伯与祝英台的悲剧。

二、继续全力推进新型农村社会养老保险

2009年9月，国务院发布了《关于开展新型农村社会养老保险试点指导意见》，要求探索建立"个人缴费、集体补助、政府补贴相结合的新农保制度，2009年试点覆盖面为全国10%的县，随后逐步扩大试点，在全国普遍实施，2020年之前基本实现对所有农村适龄居民的全覆盖"。这是我国应对人口老化严峻挑战迈出的十分重要的一步，建议将其作为民生工程和国家发展战略的重中之重之一，继续予以全力推进。农民求子心切、不惜违法进行产前性别鉴定，流产女婴保胎男婴的最主要原因之一是养儿防老。而新型农村社会养老保险制度的建立既解除农民养老后顾之忧，促进多子多福生育观念与重男轻女陋习的根本转变，扭转出生性别比不断上升的危险倾向，又有效应对我国未来几十年农村人口老龄化程度远比城镇严重的严峻挑战，确实是一举多得，功在千秋的伟业与利在当前的壮举。我认为，将继续全力推进新型农村养老保险比喻为应对人口老化严峻挑战而"构筑新的万里长城"[①]，一点也不夸张。

---

① 《社会保障导刊》曾于1995年以《构筑新的万里长城》为题发表过专访曾毅关于逐步建立农村社会养老保险的伟大现实意义的访谈录。

三、将我国目前过分偏低的平均退休年龄逐步提升到与国际接轨的水平

本章第三节所述，如果保持现行过分偏低退休年龄（男60岁，女55岁）长期恒定不变，无论哪种生育政策方案下，退休金缺口问题将日趋严重。如果实行退休年龄的逐步提升到与国际接轨的水平，例如，逐步增加至2050年时男、女退休年龄相同，均为65岁，加上二孩晚育软着陆的中生育率假定、缴费率的适当上升与替代率的适当下降，我国本世纪上半叶包括城镇农村的退休金缺口问题是可以得到解决的，认为我国未来城镇退休金缺口十分严重而难以顾及发展和普及农村养老保险制度的观点是错误的。当然，积极努力深化改革，使养老基金投资和管理效益不断改善，也是十分重要而必须实施的战略策略。同时，退休年龄的逐步提高亦将增大青年人就业的压力。因此，我们必须对此早有分析预测和合理规划，在今后20年左右，继续发挥劳力资源丰富的比较优势，积极发展劳力密集型产业，扩大就业，通过优惠贷款、提高国家与民间社会资助力度等方式大力鼓励年轻人在正式就业前适当延长受教育和职业培训时段，既提升人力资源水平，又缓解就业压力；积极鼓励与增加个人家庭消费（包括文化体育活动、休闲、旅游、二孩晚育软着陆带来的生殖和养育第二孩的消费等），从而通过促进生产来解决年轻人就业问题。

四、建议实行鼓励青壮年迁移者接、携老年父母迁往城镇定居的政策

如前人研究和本文第三节分析表明，我国21世纪人口家庭老化最为严重的"重灾区"在农村地区，其次是中、东部的农村地区，即中东部农村人口家庭老化程度大大高于城镇的城乡差异远比西部和全国平均值大得多。当然，这些数字只是基于当前中、西部向东部的迁移和农村向城镇的迁移绝大多数为年轻人的年龄分布的趋势外推预测；有可能不符合未来人口迁移变化后的年龄分布的实际情况。因此，这些数字并非准确预报，只是粗略估测。但是，其反映的"如果""那么"的定性结论是肯定的：如果迁移者绝大多数是年轻人的趋势长期不变，那么中部地区和各地区农村本世纪中的人口老化程度将过分偏高，而使社会难以承受。但是，造成这一"那么"前景的"如果"趋势（即迁移者绝大多数是年轻人）可否改变？答案是肯定的。虽然快速的社会经济发展和城镇化可能进一步加强人们偏好独立生活的倾向，中国社会几千年的"孝"文化传统在老年人

照料和家庭结构居住安排方面将继续扮演重要的角色。建议我国政府充分利用和弘扬这一传统文化背景,实行鼓励青壮年迁移者接、携老年父母迁往城镇定居的政策,以避免农村老年人比例太高的严重后果。建议政府在广泛深入调查研究的基础上,制定一系列优惠政策,鼓励支持与老人同居或紧邻居住的家庭。例如,促进双起居室、双厨房、双卫生间,可以相对独立的老人—子女紧邻居住的复式单元公寓房的发展。老人—子女紧邻居住既有利于相互照料,尤其是老人享受天伦之乐,在生病时得到日常照料,在不生病时向子女提供一些帮助,也有利于解决老人与子女、孙子女在饮食、起居、电视娱乐等偏好差异可能引发的代际矛盾,使老人晚年生活更加幸福愉快。

五、以"大人口"战略整合人口计生与老龄工作

如本章第三节与第二节所讨论,中国面临着危及社会和谐与长治久安两大互相关联的人口安全问题:(1)农村人口老化比城镇更严重,且缺乏基本的社会养老保障;(2)出生性别比大幅度偏高。而农民养儿防老的现实需求在很大程度上导致了出生性别比的不断上升。然而,目前这两大彼此密切相关的人口安全问题却由人口计生委与老龄协会分而治之,两个部门工作难以协调配合,难以提高效率。特别是老龄协会并非政府职能部门,工作难以在基层有效开展。因此,我们建议:采取"大人口"战略,尽快将老龄工作纳入人口计生委的职能,并将老龄协会系统并入人口计生委系统;整合后的人口计生委除了继续抓好计生工作以外,也将负责开展老龄工作,包括建立与健全包括农民在内的全民养老保障制度,不但有助于有效应对人口老龄化挑战,而且能够促进人们生育观念的转变,从而扭转出生性别比不断增高的危险倾向,一揽子解决两大互相关联的人口安全问题。建议今后在时机与条件成熟时,将国家人口计生委更名为国家人口委员会。

本章执笔人:曾毅

参考文献

[1] 蔡昉(2006),21世纪中国经济增长可持续性——人口和劳动力因素的作用。载曾毅,李玲,顾宝昌,林毅夫等著:《21世纪的中国人口与经济发展》。社会科学文献出版社,2006。

[2] 舒元(1996),中国的劳动力资源与经济增长,《浙江社会科学》,1996年第1期。

[3] 蔡昉、王德文（1999），中国经济增长可持续性与劳动贡献，《经济研究》，1999 年第 10 期。

[4] 风笑天、张青松（2002），二十年城乡居民生育意愿变迁研究，《市场与人口分析》，2002 年第 5 期，第 21 ~ 31 页。

[5] 郭志刚（2000），从近年来的时期生育行为看终身生育水平——中国生育数据去进度效应总和生育率的研究，《人口研究》，2000 年第 1 期。

[6] 林毅夫（2004），制定"十一五"计划应考虑的十个战略问题，《宏观经济研究》，第 1 期，第 11 ~ 15 页。

[7] 林毅夫（2010），经济发展战略、老龄化与人口政策。载曾毅等著：《老年人口家庭、健康与照料需求成本研究》，第十四章，科学出版社，2010 年。

[8] 刘铮：《人口理论问题》，中国社会科学出版社，1984 年。

[9] 世界银行：《中国：长期发展的问题和对策》，中国财政经济出版社，1985 年。

[10] 于学军（1992）：《家庭两费调查》数据，中国人口情报研究中心，1992 年。

[11] 王金营（2004），"中国省级 2000 年育龄妇女总和生育率评估"，《人口研究》，2004 年第 2 期，第 20 ~ 28 页。

[12] 翟振武与陈卫（2010），人口与经济发展关系的理论回顾，载曾毅、顾宝昌、郭志刚等著：《低生育水平下的中国人口与经济发展》，北京大学出版社，2010 年。

[13] 郑真真，中国育龄妇女的生育意愿研究，《中国人口科学》，2004 年第 5 期，第 73 ~ 78 页。

[14] 曾毅，邦戈茨—菲尼新方法的评述、检验与灵敏度分析，《中国人口科学》，2004 年第 1 期。

[15] 曾毅，中国人口老化，退休金缺口与农村养老保障，《经济学季刊》，2005 年第 3 期。

[16] 曾毅，论二孩晚育政策软着陆的必要性与可行性。《中国社会科学》，2006 年第 2 期。

[17] 曾毅，二孩晚育软着陆方案有利于解决我国出生性别比偏高问题。《社会科学》，2009 年第 8 期，第 54 ~ 59 页。

[18] 曾毅、王正联（2010），我国 21 世纪东、中、西部人口家庭老化预测和对策分析，《人口与经济》，2010 年第 2 期。

[19] Alexandratos, N. (2005), "Countries with Rapid Population Growth and Resource Constraints: Issues of Food, Agriculture, and Development", Population and Development Review, 2005, 31 (2), 237 – 258.

[20] Barlow R. (1994), "Population Growth and Economic Growth: Some More Correlations", Population and Development Review, 1994, 20 (1), 153 – 165.

[21] Chamon, M. and M. Kremer (2006), "Economic Transformation, Population Growth and the Long – Run World Income Distribution", NBER working paper, 2006, No. 12038.

[22] Boserup, E. . (1965). The Conditions of Agricultural Growth: The Economics of Agrarian Change under Population Pressure. Aldine Publishing Company, Chicago.

[23] Coale, A. J. and Hoover, E. M. (1958). Population Growth and Economic Development in Low – Income Countries. Princeton University Press, Princeton.

[24] Preston S. , R. Lee, and Greene (Working Group on Population Growth and Economic Development, Coordinated by Preston, Lee, and Greene) (1986) Population Growth and Economic Development: Policy Questions. Washington, D. C. : National Academy Press.

[25] Simon, J. L. (1981) The Ultimate Resource. Princeton University Press, Princeton.

第六章

中国资源供需状况及未来变化趋势

第一节 资源消耗与经济发展的一般规律

一、资源与经济发展关系理论回顾

关于资源与经济增长的关系，主要有两种观点。一种是认识到人口的持续增长及食品和工业产品消耗扩大与有限的土地和资源的矛盾，必然引起危机；另一种观点是只看到技术的进步，没有看到地球资源是有限的。前者以马尔萨斯（Thomas Robert Malthus）为代表，他早在1789年出版的《人口原理》一书中，就论述了人口生产与资源供给的关系，认为人口的增殖率快于生活资料的增长，固定有限的土地不能承受人口的持续增长；当现有的资源不能维持一个庞大的人口规模时，人口的进一步增长会被饥荒、疫病和战争所遏制。马尔萨斯的这种观点受到了广泛而激烈的批评，但同时其关于人口与资源、环境关系的论述引起了广泛的关注。此后，英国经济学家约翰·穆勒（John Stuart Mill）于1948年出版了《政治经济学原理》，美国学者福格特（Willian Vogt）于1949年出版了《生存之路》，美国生物学家莱切尔·卡尔逊（Rachel Louise Carson）于1962年出版了科普著作《寂静的春天》，美国经济学家鲍尔丁（Kenneth E. Boulding）于1966年发表了《来自地球宇宙飞船的经济学》，1968年保罗·艾里奇（Paul R. Ehrlich）发表了《人口爆炸》等著作，都不断地告诫人们，如果无限制地开发自然资源和破坏生存环境，人类社会将走向崩溃的边缘（Grossman & Krueger, 1993）。

1972年以丹尼斯·梅多斯（Dennis Meadows）为代表的罗马俱乐部发表了著

名的《增长的极限》，该报告第一次对资源环境约束下经济增长方式问题做了较为系统的论述，并大胆预测，在经济呈指数增长的压力下，将出现资源的短缺；预言到20世纪80年代中期以前原材料的缺乏致使现代工业经济不仅会停滞不前，而且将处于崩溃的边缘。《增长的极限》发表后，遭到西方经济学界的批评和责难，其中有代表性的是美国赫德森研究所的赫尔曼·卡恩（Herman Kahn），其先后出版了《今后二百年——美国和世界的一幅远景》、《世界经济的发展》、《即将来临的繁荣》等书，系统地阐述了他对未来社会经济发展的构想，他认为人类通过科技的进步、健全的管理和明智的政策，能够解决所面临的各种严重问题。

前述两种观点虽然在对待增长问题上有着截然不同的看法，但上述研究在有些方面是相同或相似的，他们都认为自然资源是有限的，环境是脆弱的，人类的发展应当建立在资源环境的承载能力之上。他们都只在宏观层面上研究了经济增长的方式问题，分歧点主要是如何在超越资源环境的约束下选择恰当的增长方式。这些研究的最主要贡献是使人们认识到了超越资源环境承载能力的经济增长可能给人类带来灾难。

既然资源和环境的承载能力是有限的，而且发展是不可避免的，那么一个可行的办法就是在经济增长的同时把资源的消耗和环境的污染控制在尽可能低的水平上，这就是末端治理理论的主要思想。其主要的理论流派有库兹涅茨曲线理论、庇古的外部效应内部化理论和科斯的产权理论。这三种理论在实践中得到了极其广泛的应用，并对资源有效利用和遏制环境恶化的迅速扩大发挥了历史性的作用，但其都具有自身局限性：库兹涅茨曲线只是一种经验观察的结果，虽然先行工业化国家走的是先污染后治理的模式，但工业化的后发国家，即发展中国家在现在的资源环境约束下能否实现经济的增长是一个值得怀疑的问题。庇古理论的实践运用是政府对企业征收的"庇古税"，但有些外部效应在实践中很难内部化。科斯产权理论有效性的前提是交易成本为零，当交易成本过大时，明确的产权也无助于问题的解决，而且有些问题的产权并不容易界定。

随着知识经济时代的到来和人类赖以生存的自然资源逐渐由稀缺趋向枯竭，人们开始重新考虑末端治理理论的局限性，循环经济理论应运而生。美国杜邦公司最早提出了循环经济的"3R"原则，即循环经济需要遵循减量化原则、再利用原则和资源化原则，其中，减量化原则具有循环经济第一法则的意义。减量化原则，要求用较少的原料和能源投入来达到既定的生产目的或消费目的，在经济活动的源头就注意节约资源和减少污染，在生产中，减量化原则常常表现为要求产品体积小型化和产品质量轻型化。此外，也要求产品的包装简化以及产品功能的增大化,以达到减少资源利用和废弃物排放量的目的。一般而言,物质减量包括绝对减量和相对减量。绝对减量是指经济系统所需的物质消耗总量的绝对下降。相对减量是指创造单位经济产出所需的物质消耗量的减少,即物质使用强度的下降或物质使用效率的上升。

二、资源消耗与经济发展的历史规律

人类从诞生至今已有几百万年,而从工业革命至今仅有200多年。在这短短的200多年中,人类创造了巨大的生产力,使经济社会取得了飞跃发展,与此同时,消耗的矿产资源也超过了之前几百万年的总和,其中包括大量不可再生的化石能源。因此,工业化过程实质是自然资源加速转化为社会财富的过程,进程中人均资源消费量成倍增加是普遍规律。

现有研究显示,经济发展阶段与资源(尤其是矿产资源)消费水平具有明显的对应关系。资源消费的种类、方式、数量、速度以及效率因子因不同国家或地区经济发展水平和资源禀赋的差异而各不相同(项安波,2008)。通过对工业化经济增长与资源(尤其是矿产资源)消费需求关系的分析,发现不同发展阶段的国家具有与之相适应的人均资源(尤其是矿产资源)消费水平,同一国家不同发展阶段的人均资源(尤其是矿产资源)消费呈规律性变化。

(一)人均资源(矿产资源)消费曲线呈现"S"形变化趋势

从历史上看,矿产资源消费和人类的经济社会发展水平之间存在着一般性的规律,大致呈"S"形趋势,图6-1反映了由工业化前期到工业化加速发展阶段再到后工业化时期资源消费的基本特征。由于金属各自性能与工业化过程中经济结构的演变有关,所以不同金属矿产资源的"S"形曲线的波长不同,该曲线的起点和顶点也因各国经济结构、资源禀赋、资源政策等不同而体现出了差异性(见表6-1),从起点到顶点资源消费的增长方式也各有差异(项安波,2008)。

从世界范围内看,一个国家的经济发展水平(体现在人均经济增长上)与其人均能源消费水平之间存在密切的关联。

首先,一般情况下,一国人均 GDP 水平的变化与其人均能源消费水平的变化,各国人均 GDP 水平的差距与各国人均能源消费水平的差距,均呈现明显的正相关关系。从有关研究对 1998~2002 年间 14 个主要国家的人均 GDP(PPP,1995 $)和人均能源消费水平所作的纵向比较和各国间的横向比较所示(见图 6-2):各国人均能源消费水平基于人均 GDP 的历史变化曲线基本呈现上升的趋势（正相关特征），而人均GDP高于1.5万美元的国家，其人均能源消费量都在4tec（约117GJ）以上，比人均GDP水平低于5 000美元的国家（中国、印度，人均能源消费量仅1tce上下）高3倍以上。

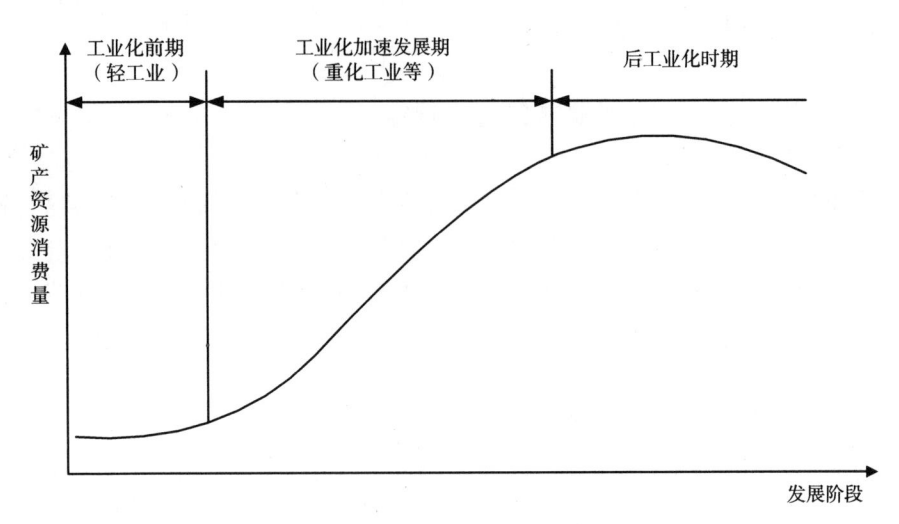

图6-1 不同发展阶段的资源消费趋势曲线

表6-1 各国/地区钢、铜、铝消费峰值与经济发展水平对应关系

资源	国家/地区	峰值参数		
		峰值年代	人均GDP（1990年GK美元）	峰值（kg/人）
钢	美国	1950年初	9 000~10 000	440
	英国	1970年初	9 000~10 000	680
	日本	1970年中	11 000左右	660
	韩国	1990年始	12 000左右	800
铜	美国	1942年	9 000左右	11
	英国	1964年	9 000左右	10
	日本	1990年	15 000左右	12
	中国台湾	1999年	16 000左右	29
铝	美国	1980年中	18 000~20 000	25
	英国	1990年末	17 000~18 000	12
	日本	1990年中	19 000~20 000	19
	中国台湾	2000年	17 000（接近顶点）	22

资料来源：王高尚，2002。

其次，当人均 GDP 达到很高水平时（一般高于 2 万美元），一国的人均能源消费有可能出现缓慢增长或负增长。如图 6-2 中美国、英国的历史变化曲线所示，近年来在两国人均 GDP 持续增长的情况下，其人均能源消费水平的增长极为缓慢，甚至出现下降趋势。Bernstam（1991）的研究揭示了这一现象背后隐含的内在规则：在发达国家的经济增长过程中，经济对能源的依赖程度普遍表现出先升后降的趋势。其中不仅有经济结构的因素（一国首先需要建设现代经济所需的大量基础设施，随后才会将更多的收入投入到服务业当中），也有技术不断创新、环保要求不断提高等因素。

再其次，由于各国幅员、地理、资源等"硬条件"不同的影响，以及各国在发展过程中形成了不同的经济结构、生活方式等"软条件"方面的因素影响，在相同的人均 GDP 水平上，各国人均能源消费的绝对值和变化程度可能会出现较大差距，而且人均 GDP 水平越高，该差距愈发明显。图 6-2 显示，同样是人均 GDP 2 万美元以上的国家，法国、日本的人均能源消费量只有美国的一半左右，而其中只有部分国家出现了人均能源消费水平下降的现象。图 6-2 中的虚线勾勒范围，则展示了随着人均 GDP 水平不断提高，各国在人均能源消费水平上的相互差距不断拉大。这一规律预示，各国，尤其是人均 GDP 水平还较低的发展中国家，今后人均能源消费水平随经济增长的变化，可能呈现多种不同的"路径"。

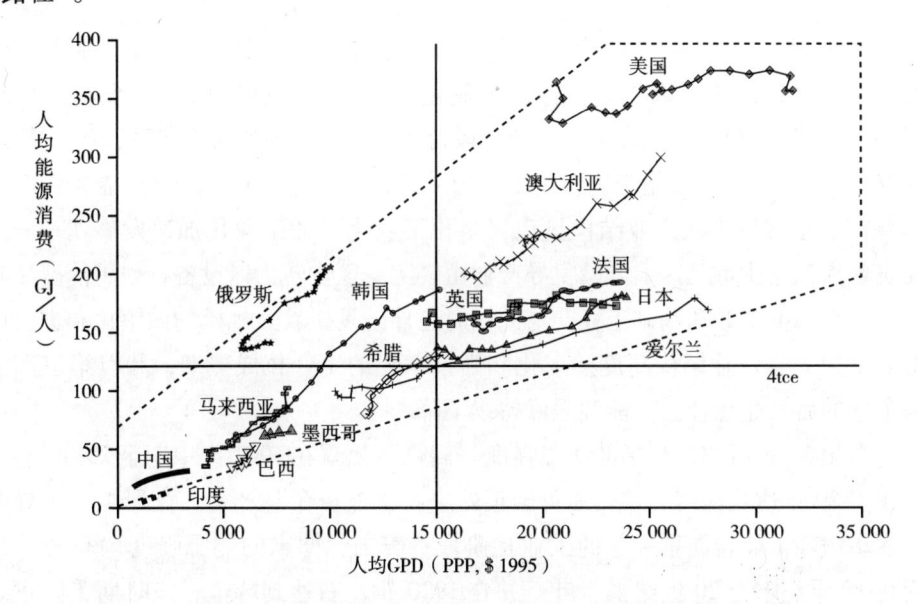

图 6-2 各国人均 GDP 与人均能源消费水平的变化情况（1980~2002 年）

(二) 资源消耗强度变化曲线呈 "倒 U 形" 趋势

资源经济学实证研究表明，单位 GDP 资源消耗量可被描述为人均收入的一个经验函数。该函数随国别和资源（矿产资源）种类有所变化，但它的一般形态都表现为一条 "倒 U 形" 曲线，由社会生产结构演进经济转型、资源替代和技术进步三种不同趋势叠加而成（见图 6-3）。

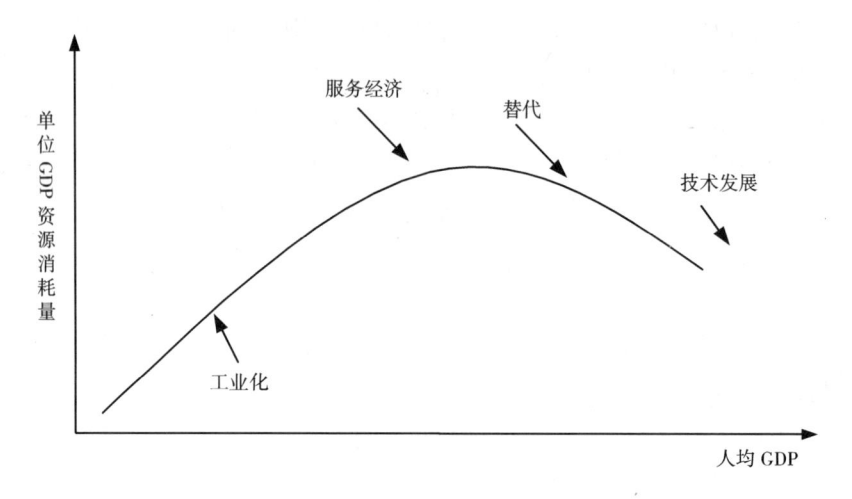

图 6-3 单位 GDP 资源消耗 "倒 U 形" 曲线

图 6-4 显示了英、美、德、日等先行工业化国家工业化过程中，能源强度变化的历史趋势。可以看出，各国工业化阶段的能源强度历史曲线基本呈现 "先升后降" 趋势，并与产业结构的阶段性演进呈现很强的对应关系：（1）能源强度的 "爬升"，一般始于以轻纺工业为主导的工业化起步期；（2）能源强度的 "高峰"，通常发生在产业结构呈现 "重化工业化" 的工业化加速发展期——主要表现为工业比重迅速上升，主导产业由轻工业逐步转为以设备、耐用消费品制造为中心的重工业和基础工业，与此同时还伴随发生着大规模的城镇化和进出口贸易；（3）在产业结构高度加工化和高技术化的工业化成熟期，和以第三产业为主导的后工业化社会，能源强度持续下降。

由图 6-4 可知，英国的能源强度 "高峰" 出现在 19 世纪中期至 20 世纪初，并在 1880 年达到峰值，该时期英国正处于 "工业革命" 产生广泛影响，主导产业逐步由轻工业转向重工业的工业化阶段；美国、德国的能源强度 "高峰" 出现在 19 世纪末至 20 世纪上半叶，并在 1920 年左右达到峰值，该时期美国正处于技术繁荣、重工业奠定主导产业地位的工业化阶段；日本的能源强度 "高峰"

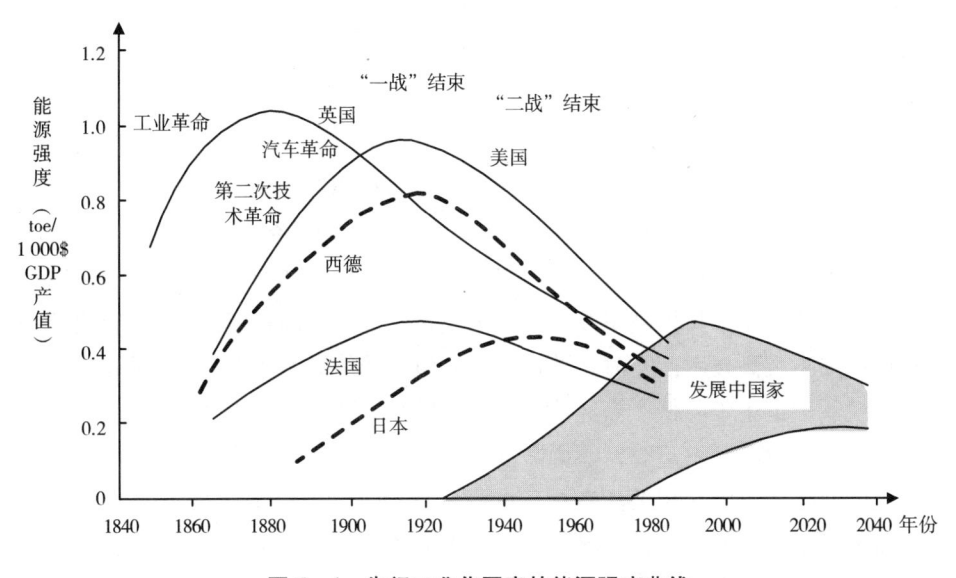

图 6-4 先行工业化国家的能源强度曲线

资料来源：Reddy and Goldberg（1990）；Auty（1997）.

出现在20世纪中叶，并在1950年左右达到峰值，该时期日本正处于工业化加速发展、全面"重化工业化"的发展阶段。而1950年之后，欧美各国全面完成了产业结构的"重化工业化"，开始进入工业化成熟期和进一步迈入后工业化社会。该时期各国工业结构趋向高加工业化和高技术化，以咨询业等高技术产业为中心的现代服务业开始迅速发展，第三产业高速发展并全面超过第二产业。1950～1997年间，美国、英国、法国的第三产业占GDP的比重分别上升了19.6%、19.7%和39.5%，1997年三国的第三产业比重分别高达72.6%、66%和70%。在此期间，各国能源强度均呈现持续下降的趋势。

此外，工业化相对较晚的国家，产业结构的"跨越式"演进趋势较为明显，而其能源强度达到峰值的时间一般较早（相对工业化阶段而言）、绝对值也相对较低。例如，英国的产业结构基本是遵循先轻工业后重工业的次序演进，而美国则表现为轻重工业相互交叉、共同高速发展，德国工业化起步期就快速转入了重工业为主导、轻重工业相互推动的阶段，而日本的工业化则是先大力扶持重工业发展。可见，虽然产业结构"重化工业化"、能源强度快速爬升的工业化阶段难以整体跨越，但三次产业结构、工业内部结构的依次演进却是可以跨越的，能源强度的峰值也可随之得到有效控制。目前大多数发展中国家，正处于能源强度上升时期，如图6-4右侧所示，迫切需要大力推进和消化吸收发达国家的先进技术，认真吸取历史经验教训，基于后发优势，实现走"低能耗"的工业化道路。

（三）能源弹性随经济发展和产业结构高级化过程呈降低趋势

能源弹性是从动态效果上来考察能源消费与经济发展之间的关系。它是指社会增长10%所相应的能源消费增长的百分数。一般的趋势是，在工业化的初级阶段，由于大量启用机械动力设备以提高人的生产效率，使商品性能源的需求量大增，因而能源需求弹性越来越高。当工业化发展到从高耗能的传统产业逐步过渡到精深加工及高技术产业时，单位产出所包括的能源资源含量逐步降低，因而能源弹性系数也逐步降低；当经济发展水平较高，产业结构中加工产业比重逐步降低，信息产业高度发达时，能源需求弹性系数更迅速地下降。所以，能源弹性系数与工业化进程密切相关。当然，也应该看到当产业结构短期不变的情况下，能源需求弹性系数的降低，意味着节能效果的改善。在这个意义上，能源需求弹性系数也可以作为节能技术进步的效果的量度。图6-5是国际能源组织（IEA）国家能源需求弹性指数的变化曲线，反映出这些国家随着经济发展和产业结构高级化过程而呈现的能源需求弹性降低的规律。

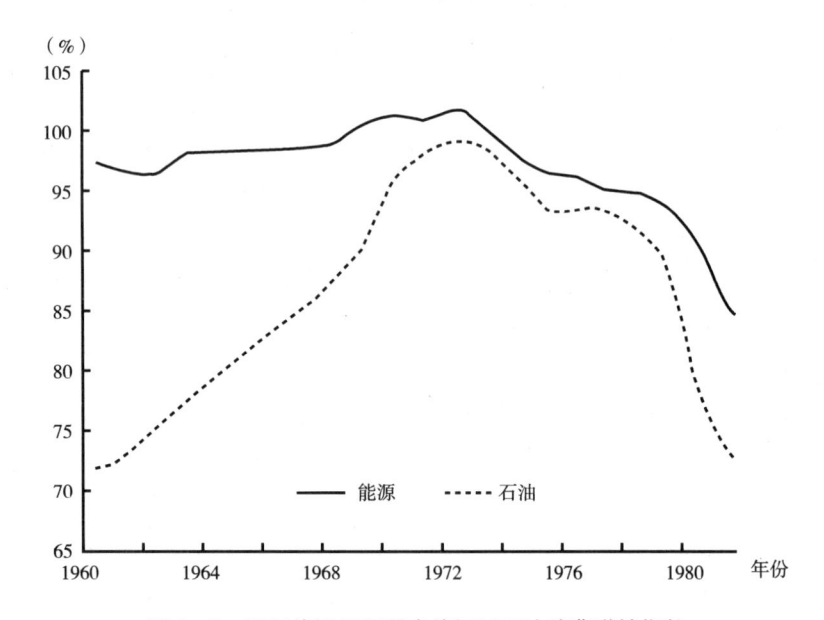

图6-5 国际能源组织国家能源及石油消费弹性指数

资料来源：《世界资源报告》（1986）。

(四) 能源消费结构与经济发展水平的关系

世界经济发展的实践表明，经济越发达，商品性能源的消耗就越多；反之，商品性能源的消耗就少。在美国等发达国家人均商品性能源的消费量为 7 000 千克当量，即人均每年消费相当于 7 吨石油的能源资源。而大多数低收入国家，人均商品性能源的消费都在 300 千克当量以下。北美国家占世界人口的比重不足 5%，但消耗了全世界近 30% 的商品性能源资源。

在低的发展水平之下，非商品性能源在能源消费中有较大的比重。在许多不发达国家，生物燃料仍是能源消费的主体。据典型调查：在发展中国家，薪柴是十分重要的能源。在收入较高的拉美国家，薪柴对能源消费的贡献在 10% 左右，但在最贫穷的拉美国家，这一贡献比例达到 90%。

在发达国家，其人均 GDP 达到 1 万美元左右的阶段，其能源结构的变化具有一定规律。发达国家在完成工业化的过程中，也同时完成了由以煤为主的能源结构向以油气为主的能源结构的转变。能源结构的优化是工业化不断推进的内在要求，反过来能源结构的优化又不断推动工业化向前发展，达到更高的水平。

第二节　全球资源供需格局与未来趋势

一、全球大宗资源供需格局与特点

(一) 世界矿产资源的地域分布存在不均匀性，资源全球化战略成为必然选择

矿产资源在地域分布上具有明显的不均匀性，而成矿的规律性又使许多矿产资源呈现出局部集中的现象。目前世界 40 种主要矿石中，有 13 种矿产 75% 以上的储量集中在 3 个国家，有 23 种矿产 75% 以上的储量集中在 5 个国家（项安波，2008）。如世界石油储量 57% 集中在中东地区（其中沙特石油储量约 2 618 亿桶，占中东储量的 25%；伊拉克约 1 125 亿桶，占 10.9%；阿联酋占 9.5%，科威特占 9.1%，伊朗占 8.7%）；天然气储量 72% 集中在中东（仅海湾地区就有 48 万亿立方米，约占全球的 33.4%）、东欧及苏联地区；煤探明可采储量 53% 集中在美国、中国和澳大利亚。在有色金属中，铜储量 56% 集中在南美的智利、秘鲁、墨西哥和北美的美国与加拿大；铅储量 57.5% 集中分布在澳大利

亚、中国、美国和哈萨克斯坦；锌储量48%分布在澳大利亚、中国和美国；铝土矿储量71%分布在几内亚、巴西、澳大利亚和牙买加。金储量51%集中在南非、美国、澳大利亚和俄罗斯；银储量54%集中在南美的秘鲁及北美的美国、加拿大和澳洲。在非金属中，世界钾盐储量更是高度集中，近75%的储量分布在加拿大和俄罗斯。

可见，大部分矿产的已知储量只在少数国家中出现，这使得世界上没有一个国家可以完全依靠自身资源满足经济发展的需要，有些资源特别贫乏的国家对进口矿产资源的依赖程度很高。正是由于矿产资源和能源地域分布的不均匀，使得全球化战略成为资源和能源消费大国的必然选择。

（二）世界矿产资源生产和消费不均衡格局下的供需"紧平衡"

全球矿产资源主要集中在巴西、澳大利亚、俄罗斯、印度等国，矿产资源需求则主要来自美、日、英、法、德等处于后工业时期的发达国家以及中、韩等新兴工业化国家。正是这样的资源生产和消费不均衡，大致决定了当今世界矿产资源的供需格局：矿产资源消费量大并有进口依赖的西欧；资源流向以出口为主的美洲四国（美国、加拿大、巴西和智利）；矿产资源消费在世界比重中日趋上升的亚洲四国（中国、印度、韩国和日本）；横跨欧亚、资源丰富的俄罗斯，资源以出口为主的大洋洲澳大利亚；综合矿产资源丰富的以南非为首的非洲诸国。以铁矿石为例，日本、韩国、英国、意大利等发达钢铁生产国家的铁矿石完全依赖进口；中国因钢铁生产规模超过自身铁矿资源支撑，需要大量进口；美国、俄罗斯国内铁矿石供求基本平衡；巴西、印度、澳大利亚的铁矿石不但能满足国内需求，还可以大量对外出口。世界铁矿石贸易形成了由澳大利亚、巴西、印度等国家向中国、日本、欧盟等国家和地区输送的格局。

在这种供需格局下，当前全球主要矿产资源供需大多处于"紧平衡"状态：根据1998~2008年世界石油生产和消费的统计数据，石油生产基本能满足需要、但略显紧张；全球天然气市场总体而言依然紧张；铁矿石因矿业巨头控制能力较强使得供应人为偏紧；全球铜精矿市场供应偏紧，有一定缺口；因发展生物质能源、气候变化导致自然灾害加剧、农资价格上涨等因素使世界粮食长期稳定供应的安全隐患将继续扩大。

（三）当前全球主要资源价格主要由谈判体系或期货市场决定

目前国际市场上主要资源价格的定价方式主要有两种：（1）由国际市场上的主要供需方进行商业谈判以确定价格；（2）以作为全球定价中心的国际期货

市场的期货合约价格为基准价格来确定国际贸易价格。

铁矿石价格主要由第一种定价机制确定：作为非常重要的金属矿产资源，铁矿石在价格操纵与反操纵反复博弈中，逐渐形成了相关企业价格谈判体系，但2008年，长达27年之久的铁矿石传统价格谈判机制的众多惯例被打破，新定价体系正在筹备。铁矿石以外的重要矿产资源产品如铜、铝、铅、锡等有色金属的价格则主要由第二种定价机制确定价格：铜、铝、锡、铅、镍等6种有色金属价格主要在伦敦金属交易所（LME）确定。LME形成的期货价格是国际贸易定价的基准价格；LME在国际铜市场确立了绝对定价权，上海期货交易所（SHEF）和纽约商品贸易交易所（NYMEX）在国际铜市场共同具有相对定价权；LME在铝、铅等其他主要有色金属的国际贸易中拥有绝对定价权，SHEF拥有全球铝市的相对定价权，但不及其在国际铜市的影响力；SHEF在国内铜市贸易中拥有绝对定价权，在国内铝市的定价权还不够明显。

石油定价略有不同：经过100多年的发展，国际石油市场已经形成了比较完整的现货市场和期货市场体系。目前主要的石油现货市场有五个：西北欧市场、地中海市场、加勒比海市场、新加坡市场、美国市场。主要的石油期货市场有纽约商品交易所、伦敦国际石油交易所以及最近两年兴起的东京工业品交易所。以五大现货市场和三大期货市场为主的国际石油市场的格局决定了其定价机制。

从影响因素的角度看定价方式，除受供求关系、世界经济、金融和外汇等因素的影响外，一些有很强影响力的市场参与者或某个市场掌握了矿产资源的定价权。而期货交易的金融特性决定了资源产品期货价格容易受政治、经济和投机因素的影响，如霸权主义和新干涉主义就是影响国际油价的敏感性因素。

（四）跨国矿业公司（尤其是大型跨国矿业公司）在全球矿产资源配置中占据支配地位

全球跨国矿业公司的大规模扩张，矿业资源集中度不断提高，大型跨国矿业公司对全球资源的控制力不断增强：全球范围内有超过4 000家金属矿业公司，其中的149家大型跨国公司处于金字塔塔尖，在非能源矿产采矿阶段中占据了约60%的产值，跨国矿业巨头凭借强大的实力主导了世界矿业市场。如国际80%的优质铁矿石资源集中在巴西CVRD、澳大利亚BHP和RIOTINTO三大巨头手中。2007年，它们控制了世界铁矿石海运量的72%。铜输出国政府间组织（CIPEC）19成员国的铜贸易量占世界的80%左右。必和必拓、Freeport、Anglo American和Codelco四家公司2007年控制了世界铜资源供应的60%以上。2007年，5大铝生产商控制了全球铝供给54%的份额，较一年前的43%进一步提升。

这样的集中度已经超过了"石油寡头"——OPEC12成员国对全球原油产量的控制（41%）。这种类似于卡特尔的生产国或输出国组织由于掌控了较大份额的资源，对资源市场的控制力很强。

在矿产开采公司、国际金融机构、交易机构、矿产主要消费组织和政府等因素的共同作用下，目前形成了以大型跨国矿业公司为主体在资源国勘探和开发矿产资源、在全球营销矿产品的全球矿业大格局。跨国矿业巨头凭借强大的综合实力主导了世界矿业市场。发达国家通过大型跨国矿业公司在全球矿产资源配置中占据了支配地位（见表6-2）。

表6-2　　　　　主要金属矿产的前五大生产商（2007年）

	1	2	3	4	5	CR5
铁矿石	淡水河谷	必和必拓	力拓	FMG		>80%
钢铁	安塞乐米塔尔	新日铁	日本钢铁工程控股公司	埔项制铁	宝钢集团	
铜	智利国有铜业公司		墨西哥集团			
铝	力拓	俄铝联合公司	美铝	中国铝业集团		>54%

（五）资源性产品价格波动加剧，且名义价格和实际价格差异拉大

资源性产品价格波动加剧：随着世界经济复苏增长步伐的加快，全球能源、重要原材料需求强劲增长，加之受政治因素和投机资金炒作的共同影响，带动了能源、原材料价格大幅度上涨。主要表现在：国际原油价格节节攀升；钢铁产能与消费均创历史新高；铝、铅、锡、镍等有色金属和黄金的国际市场价格普遍上涨。以欧佩克油价为例，自1999年下半年从低谷回升并很快贴近25美元/桶，掀起新世纪第一轮油价暴涨高潮后，2003年欧佩克油价在上一年普遍走高的基础上继续攀升。2004年，这种增长势头不减，10月21日，欧佩克单日油价达峰值每桶为46.61美元。进入2005年，世界石油市场的所有原油价格，包括各种原油的现货价格和期货价格，处于阵发性"高热"状态，频繁创下"历史纪录"。2007年9月12日，国际原油价格首次突破80美元/桶，随后，继续加速上场。2007年10月18日，国际原油价格在年底直逼100美元/桶。2008年5月5日，国际市场油价大幅上涨，首破120美元/桶，并于7月达147.27美元/桶。

资源性产品名义价格和实际价格的差距拉大：比如，根据欧佩克公布的数据，2005年9月份的原油名义价格为57.88美元/桶，但是如若扣除通货膨胀和

美元汇率因素，该油价的实际价格为 41.29 美元/桶，两种价格相差 16.59 美元，差率（差额/实际价的百分率）达到 40.18%。这种情况越来越严重，这主要是由于美元汇率下降和通货膨胀上升，资金大量从美国资金市场流出，而更多地投入期货交易所，利用"利多"，推动油价继续上扬。

（六）各国资源勘探投资力度加大，但勘探投资总体不足以及勘探开发成本快速上升，加大了资源价格风险

勘探开发投资不断扩大，推动资源产量快速增长：1991 年以来，世界原油价格经历了从低油价走向高油价一个完整周期，全球油气勘探开发投资也在经历着严峻考验。1991~2007 年，全球勘探开发投资从 500 亿美元增长到 2 994 亿美元，增幅为 499%（张立伟、杨宪一，2009），不过 2009 年全球石油勘探和生产支出约为 40 000 亿美元，同比下降 12%。1991~2009 年全球油气勘探开发投资随油价波动大致可以分为三个阶段：（1）缓慢增长阶段（1991~1998 年），主要由于油价上升幅度较小，全球勘探开发投资增长缓慢；（2）快速上升阶段（1999~2007 年），全球经济增长带动石油需求攀升，油价快速上涨，在高油价背景下，全球各大石油公司勘探开发投资在总投资中的比重从 20 世纪末的 60%~70% 增加到目前的 70%~80%；（3）增幅下降阶段（2007~2009 年），受金融危机影响，2008 年 9 月以来，全球油气勘探开发市场在闪速增长 4 年之后进入了下降期，尤其是 2009 年以来全球油气勘探开发投资下降更为明显。无论如何，高勘探开发支出反映了各石油公司在提高储量和产量方面的努力，也反映了劳动力、材料以及油田服务成本的上涨。尽管 1998~1999 年的亚洲金融风暴和 2008 年的全球金融危机都对油价产生重要的影响，但 20 世纪 90 年代以来持续不断的勘探开发投入，还是促使全球油气产量持续上升。

勘探投资的总体不足和勘探开发成本快速上升削弱了增储上产的基础：尽管勘探投资在量上有所增加，但其占上游投资的比例却持续下降，1999 年为 22.96%，2007 年下降到 16.00%，与此同时，由于开发力度加大，全球储量替换率从 2.06 下跌到 1.03，勘探投资的不足削弱了增储上产的基础（张立伟、杨宪一，2009）。造成全球开发投资快速增长的原因：一是当前全球油气产量的增加主要来自老油田的开发，在全球石油产量的构成比例中，生产期在 30 年左右的老油田的产量占 67%~72%，均处于高含水阶段，维持老油田的产量造成开发成本迅速上升。二是随着已开发油田老化，新增储量主要来自深水、极地等开采难度更大且远离消费需求的地区，同时由于勘探难度加大，常规油气更难以获得，石油公司开始加大油砂（以加拿大为代表）、致密砂岩气和页岩气（以美国

为代表）等非常规油气资源的开发力度，开采难度增大以及非常规油气资源开发力度的增加造成开发成本大大提高。三是高油价带动石油需求增加，由于开发工作量急剧上升，造成原材料、设备、人员短缺，油公司必须支付高额的原料和人工费用来维持油气产量。因此，造成大部分勘探开发投资为开发成本增加所吞噬（张立伟和杨宪一，2009）。资料显示，用2006年发现和开发单位成本计算，2007年必须投入2 800亿美元才能保持油气产量与2006年持平，也就是说，油气产量每增加1个百分点，就必须增加600亿美元开支。

勘探方式地区差异大导致地区能源储量接替率迥异，风险系数迥异：美国各油气公司勘探主要采用精耕细作的方式。虽然面临老油区接替难度大、探明程度较高、勘探领域转变和非常规资源增多等挑战，但其依然非常注重勘探，勘探投资占上游投资的比例稳中有升，6年内持续保持在20%以上，平均22.9%，同时该地区大量开展老区重新认识，并积极向非常规气藏、老区深层和墨西哥湾深水进军，此种策略确保了储量的持续增长。亚太地区盆地面积小，发现大规模油气藏的可能性远小于北美和中东等地区，要想获得大发现，就需要付出比别的地区更大的努力。近年来，亚太地区的勘探领域采取逐步从构造转向构造岩性并重、从浅层转向深层、从陆上和浅海转向深海的策略，同时该地区也比常年注重勘探投资，2002~2007年，勘探投资增幅67%，勘探投资占上游投资比例一直保持在20%以上，5年平均23.7%（见表6-3）（张立伟和杨宪一，2009）。欧洲、非洲和中东勘探投资占上游投资比例长期保持在15%以下，新区准备不足，北海等老区开发力度急剧增大，储量接替率较低。

表6-3　2002~2007年世界典型地区勘探投资与勘探开发投资比例情况对比

单位：百万美元

年份	美国			亚太地区			欧洲		
	勘探投资	上游投资	比例	勘探投资	上游投资	比例	勘探投资	上游投资	比例
2002	6 866	28 973	23.7	3 472	16 486	21.1	1 532	12 502	12.3
2003	7 180	31 064	23.1	4 588	18 381	25.1	1 666	15 222	10.9
2004	7 581	34 602	21.9	5 135	19 841	25.9	1 679	16 425	10.2
2005	10 184	46 129	22.1	6 510	27 349	23.8	2 300	20 447	11.3
2006	15 888	66 225	24.0	8 216	36 021	22.8	3 497	26 748	13.1
2007	17 249	70 481	24.5	10 684	47 401	22.5	4 980	28 612	22.5

资料来源：张立伟和杨宪一，2009。

二、全球大宗资源未来供求态势

(一) 全球能源需求将继续增长,发达国家能源消费将继续在高位徘徊,发展中国家能源需求将迅速增长,并成为全球能源需求增长的主要源泉

随着世界经济规模的不断增大,未来10~20年全球能源需求将继续增长,能源对人类经济社会发展的制约和对资源环境的影响也越来越明显。国际能源署(2007)对未来能源需求假定了三种情景:第一种是参考情景,即各国政府继续执行当前的政策,到2030年全球能源需求将相比2005年增加55%,平均年增长1.8%。能源需求将从2005年的114亿吨标准油,增长到2030年的177吨标准油;第二种是可选择政策情景,即现在政府就采取减少能源使用的措施。在这种情景中,到2030年全球一次能源的需求将达到157.83亿吨标准油,比参考情景中低19.37吨标准油,低11%,全球能源消费年平均将增长1.3%,比参考情景中的增长率低0.5个百分点;第三种是高经济增长情景,即假定中国和印度的国内生产总值增速更高。在这种情景中,由于中国和印度能源需求迅速增长,2030年全球一次能源需求将达到187.39亿吨标准油,2005~2030年全球能源消费年平均增长率将达到2%。联合国(2006)对未来全球能源消费预测设定了四种情景:第一,一切照常(Business as usual);第二,环境冲击(Env backlash);第三,高技术经济——技术突破极限(Technology);第四,政治骚乱(Political chaos)。其中,一切照常情景[①]中,预测从2005~2020年世界能源总消费量将增长36.2%。美国能源信息署预测(2007),假定预测期内法律和政策保持不变,在这种情景下,全球能源消费预计从2004~2030年增长57%,年均增长1.8%。全球能源总消耗量将从2004年的447千万亿Btu(英热单位)增至2015年的559千万亿Btu,2030年再增至702千万亿Btu。

---

① 一切照常(Business as usual)情景是假设全球能源在来源和消费模式上不发生大的改变。环境冲击情景是假设国际环境运动的作用越来越大,一些游说团体采取法律诉讼行动,制定新的法规条例,而其他团体则更为激进地攻击化石能源工业。高技术经济——技术突破极限情景是假设技术加速创新超出目前人们的想象,并对能源供应和消费产生了重要的影响,其影响程度不亚于20世纪90年代互联网的影响。政治骚乱情景是假设日益增加的地区冲突和战争,随着一些国家的失控,导致世界范围内移民的不断增加和政治局势的不稳定。

表6-4　　　　　　　世界主要机构对全球能源增长率的预测

预测机构	预测时间段	年平均增长率（%）	情景设定
IEA（2007）	2005~2030	1.8	参考情景
		1.3	可选择政策情景
		2	高经济增长情景
联合国（2006）	2005~2020	36.2①	一切照常情景
美国能源信息署（2007）	2004~2030	1.8	一切照常情景

注：①指从2005年至2020年全球能源消费总量增长幅度。

资料来源：国际能源署（IEA）:《世界能源展望2007》；美国能源信息署（EIA）: "International Energy Outlook 2008"；联合国（UN）: 2006年未来展望。

在未来全球能源消费保持稳定增长的同时，将呈现两大特点：

一是，未来发达国家能源消费将继续在高位徘徊，能源消费增长缓慢。目前，发达国家经过工业化和后工业化过程，已经形成了高消费的产业用能、交通用能和建筑物用能体系，2006年，OECD国家能源消费占世界能源消费总量的51%，人均能源消费量为4.74TOE，其中最高的美国达到7.84TOE。但是其能源消费已经处于缓慢增长期，1996~2006年，欧美26国能源消费年均增长率为0.62%（IEA，2007）。未来发达国家能源消费将继续总体保持稳定，能源消费增长率将比较缓慢。

二是，发展中国家能源需求将迅速增长，成为世界能源消费增长的主要贡献者。据统计，1996~2006年，发展中国家能源消费年均增长率为4.36%（IEA，2007）。未来10~20年，由于发展中国家的经济和人口增长速度将远远快于发达国家，从而使其能源消费量持续增长。

国际能源署（IEA）预测，在2005~2030年期间，发展中国家在全球一次性能源消费增量中约占74%（见图6-6），仅中国和印度就占能源消费增量的45%。经合组织（OECD）国家占1/5，转型经济国家占6%，其他发展中国家占其余的比例。预计中国在2010年之后不久便会超过美国成为世界上第一大能源消费国，而在2005年，美国的需求比中国的需求高出34%。总的来看，到2015年，发展中国家的能源需求占全球能源市场的47%，到2030年占一半以上，而目前仅占41%。经合组织（OECD）国家所占的比例将从目前的48%下降到2015年的43%，到2030年则下降到38%。从现在到2020年左右，转型经济国家所占的比例将一直保持在9%，然后下降到8%。

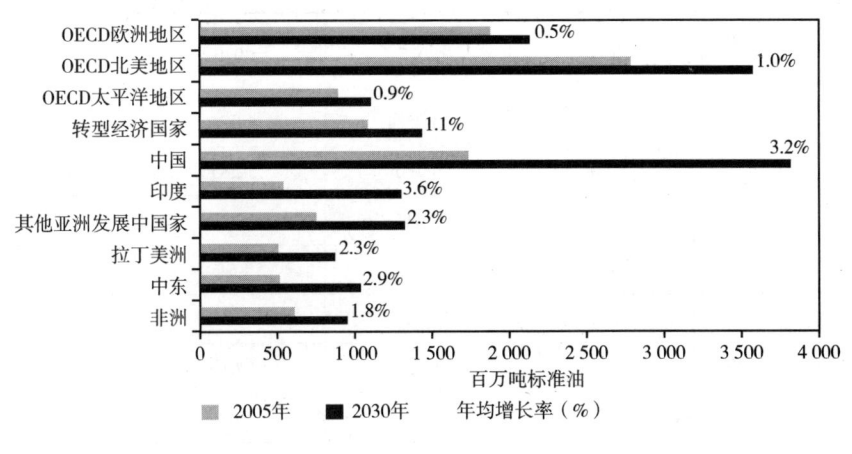

图 6-6 世界各地区一次能源需求变化

（二）全球能源消费结构将有所变化，能源消费将向多元化、清洁化、高效化方向发展，但是石油、天然气、煤炭等石化燃料仍将是主要能源

全球气候变化对人类生产生活产生了多种威胁，而全球气候变化的重要原因是石化能源的大量使用，导致大气中的二氧化碳和其他温室气体的浓度不断增加。根据英国石油公司（BP，2007）的统计，2006年全球能源消费中石油、煤炭和天然气等三大石化能源消费占了80%左右，其中，石油占35.8%，居第1位；煤炭占28.4%，居第2位；天然气占23.7%，居第3位。国际能源署（IEA，2007）统计，2005年世界一次性商品能源消费总量为11 429吨标准油，其中石油占35%，煤炭占25%，天然气占21%。因此，国际社会对努力限制或减少温室气体排放的呼声越来越高。气候变化问题已成为全球能源发展新的制约因素，低碳和无碳能源将成为热点。

未来，随着国际社会对温室气体减排重要性认识的不断深化，能源技术向低碳、无碳化方向发展的趋势将日益增强，全球能源消费结构将有所变化，能源消费将向多元化、清洁化、高效化方向发展，替代煤炭和石油的清洁能源将增长迅速。国际能源署（2007）估计2005~2030年期间，其他可再生能源的需求年平均增长率将达到6.7%（见表6-5）；而在可选择政策情景中估计2005~2030年期间，其他可再生能源的需求年平均增长率将达到8.2%（见表6-6）。

表6-5　　　　IEA 在参考情景中估计的世界能源一次性需求　　（百万吨标准油）

能源种类 \ 年份	2005	2015	2030	2005~2030
煤炭	2 892	3 988	4 994	2.2%
石油	4 000	4 720	5 585	1.3%
天然气	2 354	3 044	3 948	2.1%
核电	721	804	854	0.7%
水电	251	327	416	2.0%
生物质和废气物	1 149	1 334	1 615	1.4%
其他可再生能源	61	145	308	6.7%
总计	11 429	14 361	17 721	1.8%

资料来源：国际能源署（IEA），《世界能源展望（2007）》。

表6-6　　　　IEA 在可选择政策情景中估计的世界能源一次性需求　　（百万吨标准油）

煤炭	2 892	3 642	3 700	1.0%
石油	4 000	4 512	4 911	0.8%
天然气	2 354	2 938	3 447	1.5%
核电	721	850	1 080	1.6%
水电	251	352	465	2.5%
生物质和废气物	1 149	1 359	1 738	1.7%
其他可再生能源	61	165	444	8.2%
总计	11 429	13 818	15 783	1.3%

资料来源：IEA《世界能源展望（2007）》。

但是，核能、风能、太阳能和生物能的发展，除了受技术因素影响外，经济性也是一个制约因素，非石化能源大规模替代石化能源的路还很长。国际能源署（2007）估计到2015年，石油、煤炭和天然气三大石化能源仍将占世界一次性能源消费的82%，到2030年这三大石化能源占世界能源消费的比例还将基本保持不变（见图6-7）。即使是在国际能源署（2007）的可选择政策情景中，石油、煤炭和天然气三大石化能源仍将占世界一次性能源消费的80%，2030年将下降到76%（见图6-8）。因此，预计到2030年前，石油、煤炭和天然气等石化能源仍将是世界的主要能源。

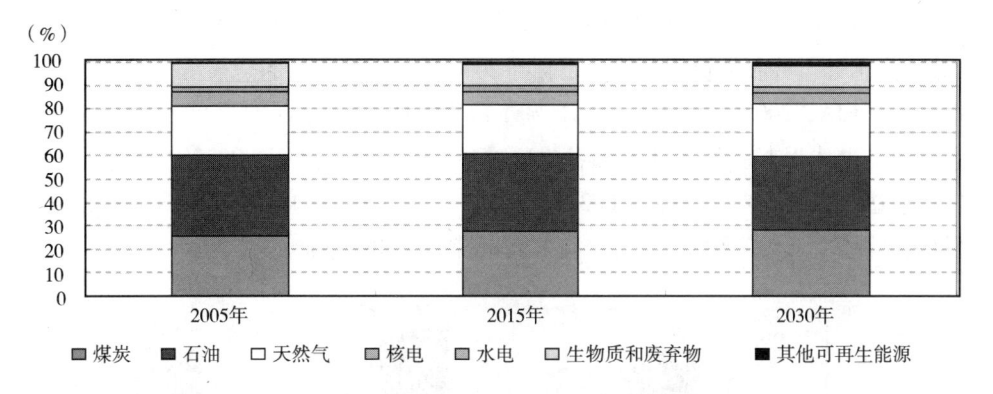

图 6-7　国际能源署在参考情景中估计的世界能源消费结构变化

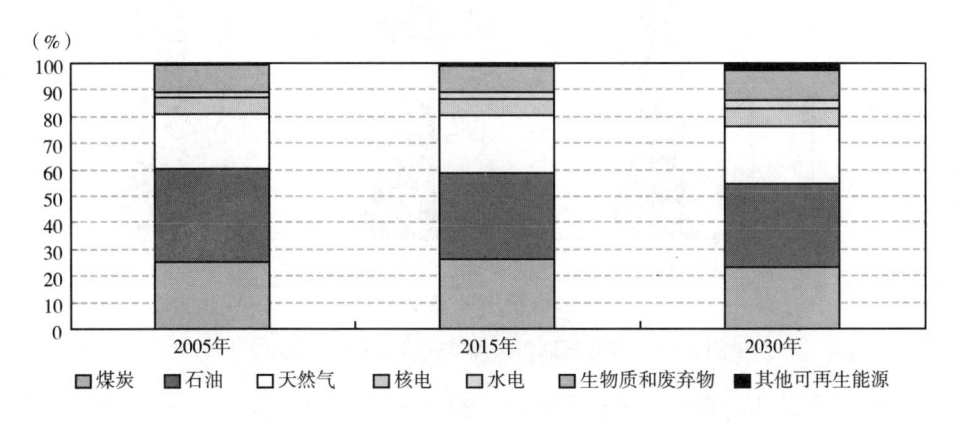

图 6-8　国际能源署在可选择政策情景中估计的世界能源消费结构变化

（三）未来 20 年全球世界能源供需将基本能保持平衡，但是由于世界能源储量分布的极不平衡，全球能源安全短期和长期内风险都将加大

截至 2006 年年底，世界煤炭探明剩余可采储量 9 091 亿吨[①]，按目前生产水平，可供采掘 147 年。与煤炭相比，世界常规石油和天然气资源相对较少，但是每年新增探明储量仍在持续增长。过去 20 多年来世界石油和天然气的采储量比（Reserve/Production Ratio，R/P，剩余可采储量与年采储量之比）并没有发生大的变化，始终分别保持在 40~60 年左右的水平（见图 6-9）。此外，世界非常规油气

---

① 《BP（British Petroleum，英国石油公司）世界能源统计回顾》是目前定期发布并相对完整的世界商品能源统计之一。BP Statistical Review of World Energy, various editions 1979-2007。

资源，如重油、油砂油、页岩油等十分丰富，开发利用的潜力很大。国际能源署（2007）估计世界石油资源足以满足直到 2030 年这期间预计的需求增长。美国能源信息署（EIA，2007）根据美国地质调查局（USGS）2000 年对世界石油资源预测的结果，也认为未来 20 年世界石油供应充足，供需基本平衡。2025 年世界石油总资源量达 29 348 亿桶（折合 4 003.1 亿吨），其中已探明的剩余可采储量为 12 658 亿桶，储量增长约 7 300.5 亿桶，待发现资源约 9 389 亿桶。

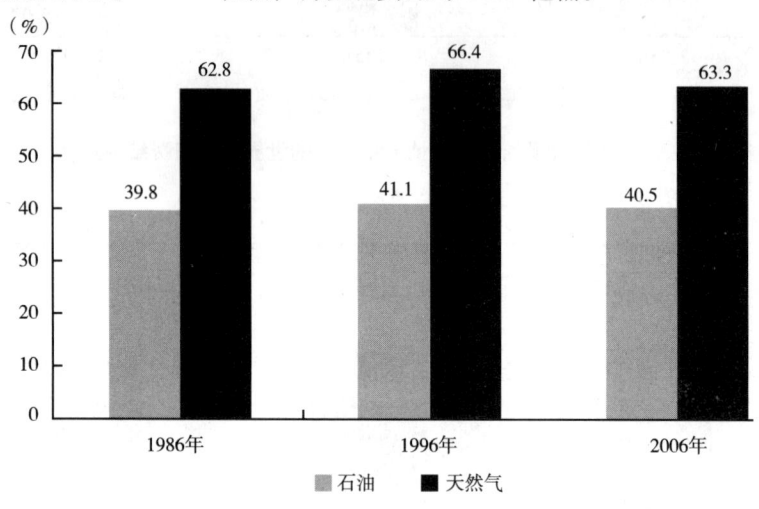

图 6-9 世界石油、天然气资源储采比变化状况

因此，未来 10~20 年全球有足够的已探明原油、天然气和煤炭储备，能够满足全球未来几十年的需求（BP，2009）。虽然从总量上看，未来 10~20 年世界能源供给需求总体将保持平衡，但是世界上已发现的能源资源分布极不平衡。煤炭资源主要分布在美国、俄罗斯、中国、印度、澳大利亚等国家。石油资源主要集中在中东地区及其他少数国家。石油输出国组织（OPEC）国家探明石油剩余可采储量占世界总量的 75.7%，其中中东地区国家占 60% 以上。天然气资源主要集中在中东、俄罗斯和中亚地区，其中俄罗斯、伊朗、卡塔尔 3 国天然气占世界总量的 55.7%。

表 6-7　　　　　　　　　世界主要经济体石油产量　　　　　　　　单位：百万桶/日

年　份	2006	2010	2015	2030	2006~2030
非 OPEC 国家	47.0	48.6	50.3	53.2	0.5%
OECD 国家	19.7	18.7	18.3	18.2	-0.3%
北美	13.9	13.8	14.1	15.2	0.4%
美国	7.1	7.1	6.7	6.3	-0.5%
欧洲	5.2	4.1	3.4	2.5	3.0%

续表

年 份	2006	2010	2015	2030	2006~2030
太平洋地区	0.6	0.8	0.7	0.5	-0.6%
转型经济国家	12.4	14.0	14.9	17.2	1.4%
俄罗斯	9.7	10.6	10.8	11.2	0.6%
发展中国家	14.9	15.8	17.1	17.8	0.7%
中国	3.7	3.9	4.0	3.4	-0.3%
印度	0.8	0.9	0.7	0.5	-1.8%
其他亚洲国家	1.9	2.0	2.0	1.6	-0.7%
拉丁美洲	4.1	4.6	5.5	7.1	2.3%
巴西	1.8	2.4	3.0	3.8	3.2%
非洲	2.6	2.8	3.3	3.6	1.3%
中东	1.7	1.6	1.6	1.6	-0.3%
OPEC 国家	35.8	40.6	46.6	60.6	2.2%
中东	24.1	27.5	31.8	45.0	2.6%
沙特阿拉伯	10.5	12.0	13.2	17.5	2.2%
非中东地区	11.8	13.1	14.4	15.6	1.2%
OPEC 国家市场份额	425	45%	47%	52%	0.9%
世界	84.6	91.1	98.5	116.3	1.3%

资料来源：国际能源署，《世界能源展望（2007）》。

全球能源的这种极不平衡分布状况，特别是随着能源消费国越来越依赖从少数几个能源生产国进口石油和天然气，将导致短期和长期内全球能源安全的风险加大，也导致全球能源争夺的加剧。这主要因为，一方面，石油和天然气生产集中在少数几个国家导致区域能源供应的多元化减少了，而对脆弱的供应通道的依赖性逐渐增加，加大了全球能源供应的风险；另一方面，随着全球剩余的石油储量越来越集中在一小部分国家中（主要是中东的欧佩克成员国和俄罗斯），它们在市场中的主导地位将增强，它们可能寻求从出口中获取更高的经济收益，并且在较长时间内通过延迟投资和限制产量来维持较高价格。较高的价格将给石油消费国带来沉重的经济负担[1]。

---

[1] 国际能源署（IEA），《世界能源展望（2007）》。

表 6-8　　　　　　　世界主要经济体原油需求量　　　　　　单位：百万桶/日

年份	2006	2010	2015	2030	2006~2030
OECD 国家	47.3	49	50.8	52.9	0.50%
北美	24.9	26.2	27.7	30	0.80%
欧洲	14.3	14.5	14.7	14.7	0.10%
太平洋地区	8.1	8.3	8.3	8.1	0.00%
转型经济国家	4.5	4.7	5.1	5.6	0.90%
俄罗斯	2.6	2.8	3	3.3	0.90%
发展中国家	28.8	33.7	38.7	53.3	2.60%
中国	7.1	9	11.1	16.5	3.60%
印度	2.6	3.1	3.7	6.5	3.90%
其他亚洲国家	5.5	6.2	6.9	8.9	2.00%
中东	6	7	7.9	9.5	1.90%
非洲	2.8	3.1	3.4	4.8	2.20%
拉丁美洲	4.8	5.2	5.6	7.1	1.60%
国际海运加油和库存变化	4.1	3.7	3.9	4.5	—
世界	84.7	91.1	98.5	116.3	1.30%

资料来源：国际能源署《世界能源展望（2007）》。

第三节　全球格局下的中国资源约束问题及未来趋势

一、中国资源（矿产资源）特点与供需现状

（一）中国资源（矿产资源）基本特点

1. 矿产资源总量较为丰富，但人均占有量少。目前我国已发现171种矿产，查明有资源/储量的矿产159种。稀土、钨、锡等金属矿产和许多非金属矿产储量位居世界前列。根据《各国矿产储量潜在总值》的估算，我国矿产资源储量潜在总值为16.56万亿美元，居世界第三位，但人均矿产储量潜在总值1.51万美元，只有世界平均水平的58%，排世界第53位，而且人均资源数量和资源生态质量仍在继续下降和恶化，如35种重要矿产资源人均占有量只有世界人均占有量的60%，其中石油、铁矿、铝土矿分别只有世界人均占有量的11%、44%、10%。

2. 资源结构性矛盾突出,大宗矿产资源相对不足。能源矿产结构性矛盾突出。2009年我国一次能源消费结构中,煤炭占70%,石油占18%,天然气占4%,水电占8%。煤炭消费所占比例过大,能源效率低,煤炭燃烧还带来严重的环境问题。我国非能源矿产资源品种齐全,但存在着严重的结构性短缺,铁、锰、铜、铝等大宗矿产可采资源后备储量不足,铬、钾盐严重短缺;钨、锑、锡、稀土等优势矿产,富矿多,质量好,储量丰富,但存在生产及出口过量、不少矿产品出口价格偏低、储量消耗速度过快、资源利用效率不高等问题,资源优势正在下降。

3. 部分资源质量相对较差。多数矿产资源贫矿多而富矿少,共生矿多,单一矿少,中小型矿多,大型矿少,开发利用难。在铁矿的保有储量中含铁量大于30%的富矿只占总储量的7.1%,90%以上为贫矿。在能源中,优质能源石油、天然气只占探明能源储量的28%。中国有的矿种虽储量大,但矿石品位低,劣质矿多,产地分散,开发难度大。计算储量的标准偏低,如中国的铁矿石是以矿石中平均含铁量30%以上计算,而在西方国家含铁量50%以上才算铁矿石,因此与国外相比,实际储量更低,开发难度更大。

4. 经济可利用的资源储量少。储量套改结果表明,我国大多数矿产按照原分类标准属于可利用的储量,套改后相当一部分已不再是经济可利用的。一些资源储量较少的矿产,如铬、铜、铂族金属、钾盐等,套改后属于经济可利用的资源储量比例很低,可供量更是明显不足。相当一部分大宗矿产如煤、铁、锰、铝土矿、磷、硫铁矿等,经济可利用性差的部分比例更高。

5. 分布不均衡,能矿资源分布与经济重心错位。由于地质成矿条件不同,导致我国部分重要矿产分布特别集中。90%的煤炭查明资源储量集中于华北、西北和西南,这些地区的工业产值占全国工业总产值不到30%,而东北、华东和中南地区的煤炭资源仅占全国10%左右,其工业产值却占全国的70%多;70%的磷矿查明资源储量集中于云、贵、川、鄂四省;铁矿主要集中在辽、冀、川、晋等省。天然气资源主要分布在西部地区,而消费市场主要在东部地区,其中又以长江三角洲为全国天然气需求量最大的地区。北煤南调、西煤东运、西电东送和南磷北调的局面将长期存在。

(二) 中国资源(矿产资源)总体供需现状

1. 矿业生产取得很大成就,我国已成为世界矿产品生产大国。新中国成立以来,特别是改革开放以后,我国矿业获得了长足发展。截至2007年年底,全国共有各类矿山企业12.5万个。矿产品与相关能源和原材料产量多数都有较大幅度的增长。同年,我国钢、煤炭、10种有色金属、水泥、化肥等产品的产量居世界第一位,磷的产量居世界第二位,原油居第五位,矿产开发总规模居世界第三位。

2. 经济高速发展导致需求剧增,现已成为矿产品第二消费大国。我国正处于工业化中期阶段,经济高速发展,需要大量的矿产品及相关的能源与原材料加工制品。近年来,每年消耗的矿石量达50多亿吨,位居世界前列。1990年原油消费量1.16亿吨,到2005年已增到3.17亿吨,增长173.3%,年均递增率为6.93%,消费量超过日本,仅次于美国,居世界第二位。而原煤2005年的消费量21.44亿吨,焦炭消费量2.3亿吨,均居世界第一位。铁矿石消费量为9.7亿吨(折合原矿),铜消费量368万吨,锌消费量285万吨,均是世界上最大的消费国;铝消费量704万吨,铅消费量197万吨,均居世界第二位。

3. 供需矛盾日趋紧张,成为矿产品净进口大国。我国矿产品(含相关能源、原材料加工制品)进出口贸易总额在1990年为227.25亿美元,2008年达2 977.91亿美元,年均增长15.4%;矿产品进出口贸易总额占全国所有商品进出口贸易总额的11.6%,矿产品贸易逆差持续扩大,特别是近几年,贸易逆差扩大的速度加快。1990年以来,随着经济的持续高速稳定发展,我国石油、铁、锰、铬、铜、钾盐等大宗短缺矿产供需缺口加大,对外依赖程度也迅速上升。

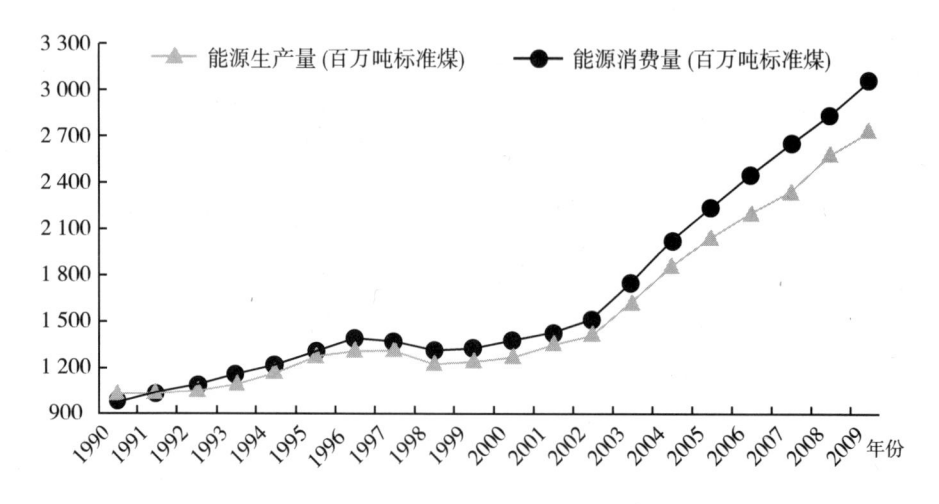

图6-10 1990~2009年中国能源供需缺口

资料来源:《新中国60年统计资料汇编》、《中国统计摘要(2010)》。

能源供需缺口情况表明,1992年我国能源生产总量首次低于国内能源消费需要，2000年以后能源生产和消费差额越来越大，到2009年，我国能源消费缺口达3.16亿吨标准煤（见图6-10）。

能源对外依存度不断提高。从1993年我国成为石油净进口国以后，石油进口量逐年增加，尤其是近年来，我国原油产量增长持续低于消费增长，对外依存度日益扩大，从2000年的26.9%增加到2009年的52%。煤炭消费量在过去7年内平均每年增加1.8亿吨，尤其是2008年增加了2.5亿吨以上。近10年煤炭贸易"多进少出"的特点越来越明显，特别是国际金融危机爆发以来，国际市场煤炭供求格局发生重大转变，我国由煤炭净出口国迅速转变为净进口国，2009年净进口量迅速突破亿吨（见图6-11）。

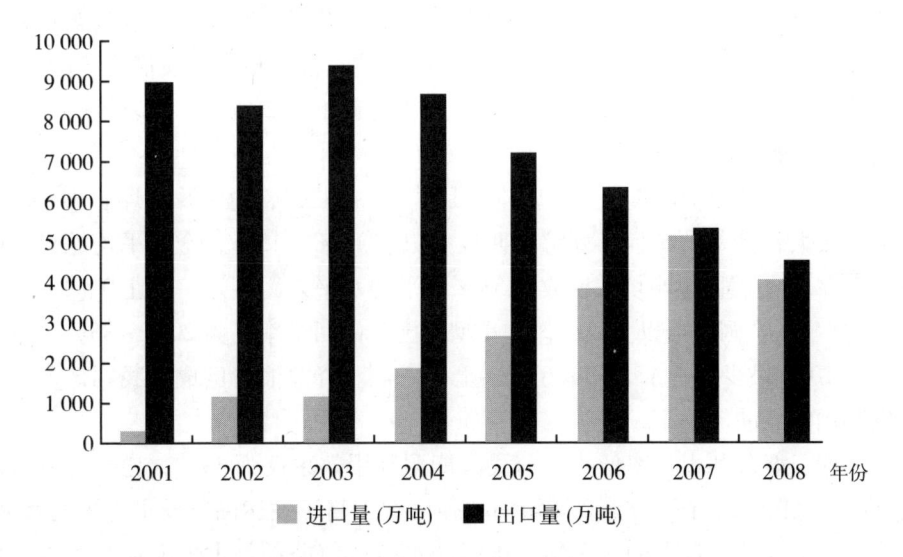

图6-11 2001~2008年中国煤炭进出口变化情况
资料来源：2009年我国煤炭进出口年度报告。

未来10~20年内，我国经济发展仍将以国内矿产资源供应为主，但部分大宗支柱性矿产的保障能力不容乐观，矿产资源对国民经济发展的制约性矛盾加剧。石油可供储量缺口进一步扩大已成定局，大量进口石油面临的不仅是资源和经济问题，而将影响世界政治、军事、外交格局。煤炭资源虽然丰富，但资源利用率不高，浪费现象严重，可供储量耗竭过快，尚未利用矿区的勘查程度偏低，可供建设的新矿井、矿区不足。可供储量短缺的大宗金属非金属矿产的资源储量增长缓慢，与需求的快速增长反差明显。

二、中国经济发展面临的资源瓶颈问题

第一,重要的矿产资源储量不足,保障程度低。我国铁、铜、铝等主要矿产资源储量低,分别为世界平均水平的1/6、1/6和1/9。铜、铅、锌等矿产现有储量的动态保障程度只有十几年。铝土矿保障程度不足20年,铁矿保障程度仅30年。资源储量不足严重威胁我国矿业的发展和国民经济的健康发展。

第二,产能消失速度过快,后备资源不足。国内资源增长缓慢,客观要求增加海外资源开发利用的比例。现探明储量大部分已被动用,可持续增产的后备基地严重不足。东部大量矿产陆续开始进入资源枯竭期,劳动力就业问题日益突出。我国铜矿后备可以开发的储量只有250万吨,仅仅相当于我们4年的产量,不足我们国家2003年1年的消费量。如果没有新的勘查突破,国家资源安全将会面临严峻挑战。

第三,资源浪费严重。煤矿基本上是"采一丢二",由于我国煤矿小矿山所占比例较大,乱采滥挖,资源综合回收率只有10%~15%,全国平均综合回收率仅30%,与美国煤炭坑采回收率58%的平均水平差距甚远。铝土矿"采一丢一",产量占全国一半以上的个体和小型铝土矿山回采率仅为20%~35%,保守估计近10年最少浪费了2500万吨铝土矿资源。资源浪费已成为我国矿产资源开发利用的软肋。

第四,能源利用效率低。目前我国能源利用效率仅为33%,比发达国家落后20年,相差10个百分点。能源消费强度大大高于发达国家及世界平均水平,约为美国的3倍,日本的7.2倍。中国的单位产值能耗是世界上最高的国家之一,每千克标准煤产出的国内生产总值仅为0.36美元,而日本为5.58美元,世界平均值为1.86美元。电力、钢铁、有色金属、石化、建材、化工、轻工和纺织等8个行业主要产品的单位能耗平均比国际先进水平高40%,而这8个行业的能源消费占工业部门能源消费总量的73%左右。此外,能源利用中间环节损失量大、浪费严重。无论是横向与国外先进水平比,还是从自身纵向发展看,我国主要耗能行业节能潜力巨大,但这并不意味着我国短期内可以将这些潜力全部挖掘出来。主要由于:我国目前处于工业化、城市化快速推进阶段,对能源依赖程度较高;我国以煤为主的能源消费结构短期内难以转变成为以油气为主的高效能源消费结构,能源品质间在能源效率方面的差异,将使单耗水平、系统效率水平间的差距难以缩小。此外,高耗能行业扩展迅速,高耗能产品大量出口以及工业技术设备较落后,节能技术进步缓慢等,都加剧了资源约束问题。

第五，全球矿产资源和矿产品市场的垄断格局已经形成，"走出去"开发利用境外资源举步维艰。世界前8家跨国矿业公司拥有全球矿业资本市场75%份额，控制着世界大部分的铁矿和铝土矿资源。全球排名前5~10位的跨国公司，占有全球铁、铜、铝、锌50%以上的储量和产量。巴西、澳大利亚、印度3个国家铁矿石占世界产量的60%，占世界贸易量的90%。智利、秘鲁、印度尼西亚占世界铜产量52%，贸易量90%。我国境外重要矿产资源高度集中，一旦出现问题，涉及经济安全的资源安全供应面临严峻挑战。

第六，资源运输能力不足，运输通道缺乏安全的保障。我国矿产品进口总量70%的石油、50%的铁矿、20%的铜、50%~60%的氧化铝和90%的铬都要经过马六甲海峡、望加锡海峡和南中国海输入中国，稍有问题，我国的石油等重要矿产品进口就会受到影响，经济发展本身也会遇到问题。运输能力也面临同样问题，2003年3亿吨的物料和矿产品是国外运输进来的，2020年我们矿产品进口总量是5亿吨，大部分都走海运。如果按照10万吨的货轮计算每天需要12个轮次，相当于有一条拥有700多条船的团队不停运转，而我国10万吨的泊位不足。

三、中国经济发展资源约束的基本判断

（一）中国资源条件的基本判断：采用资源全球化战略才能保证可持续发展

资源约束并不是一个新问题，在经济学的视野里，资源约束所导致的稀缺资源最优配置问题无处不在。在人类历史发展的长河中，资源约束与经济发展的关系有着不同的表现形式，但绝大多数场合中，资源约束是以"流量约束"的形式表现出来的，其主要特征是资源受到技术经济条件的制约，无法全面地由潜在资源向现实资源转化，在这种情况下，人们担心的是资源获取的速度，而不是资源存不存在。相应地，当资源尤其是不可再生资源存量接近枯竭的时候，资源约束就转化成另一种约束形式——"存量约束"，在这种情况下，人们不得不开始考虑资源供给的可持续性问题。

中国是一个人口众多，人均资源相对较少的国家，经过多年的发展，中国在经济建设方面取得了巨大成就，但也消耗了大量的资源，资源流量与经济总量之间的矛盾越来越突出。可以说，在短短几十年间，中国的资源约束已经从流量约束状态迅速逼近存量约束状态。如"十一五"后，我国矿产资源供需矛盾更为突出，45种主要矿产的现有储量，可以保证或基本可以保证需求的只有26种，

不能保证的有19种；特别是石油、铁、锰、铅、钾盐等大宗矿产，后备储量严重不足，已无法满足我国国民经济快速发展的需要，供需缺口将持续加大。2010年，我国45种主要矿产资源只有11种能依靠国内保障供应；到2020年，这一数字将减少到9种；到2030年，将只有2~3种。而铁矿石、氧化铝等关系国家经济安全的重要矿产资源将长期短缺。主要资源的开采寿命和保证程度都较低（见表6-9）。

表6-9 我国15种重要矿产资源的开采寿命及其经济建设的保证程度预测　　单位：亿t

矿类	矿种	目前储量开采寿命/年	预计产量	2010年预计需求量	保障程度	预计产量	2020年预计需求量	保证程度
能源	煤（原煤）	200	19.0	18.5	充分保证	24.4	22.5	充分保证
	石油（原油）	15	1.8	2.8	难以保证	2.1	3.5	难以保证
	天然气/亿m³	40	800	900	难以保证	1 500	2 000	难以保证
黑色及有色和贵金属	铁（矿石）	81	3.29	3.99	难以保证	5.0	4.5	充分保证
	锰（矿石）	16	472	750	难以保证	407	890	难以保证
	铬（矿石）	14	28	140	难以保证	29	196	难以保证
	铝土（矿石）	141	805	1 120	难以保证	1 456	1 655	难以保证
	铜（金属）	29	90	170	难以保证	115	210	难以保证
	铅（金属）	16	—	45	可以保证	—	55	可以保证
	锌（金属）	19	—	120	可以保证	—	152	可以保证
	金（金属）/t	35	320	—	缺口较大	640	—	缺口较大
	银（金属）/t	17	2 200	2 300	难以保证	4 245	3 400	充分保证
非金属	硫（标矿）/万t	67	2 175	3 809	难以保证	2 692	4 510	难以保证
	磷（标矿）/万t	216	5 285	4 400	可以保证	7 046	5 285	充分保证
	钾盐（KCl）（标矿）/万t	—	100	640	难以保证	125	802	难以保证

资料来源：(1) 中国21世纪全球资源战略研究课题组：中国21世纪全球资源战略研究总报告；(2) 熊树民：突围资源约束，人民政协报，2004年1月9日。

由于中国现阶段的资源约束问题有着强烈的需求拉动背景，也就是说，在经济结构升级的过程中，中国对资源的需求是以"超额累进"的方式不断加速增长的。与此同时，资源使用方面的效率损失也是加速中国资源约束风险的加速器：据有关统计资料显示，2003年我国GDP总量约为1.4万亿美元，约占世界的4%，但为此消耗的各类国内资源和进口资源占世界消费量的比重却远高于

4%。其中原油为7.4%，原煤为31%，铁矿石为30%，钢材为27%，水泥为40%。显然，中国的经济成果与资源投入并不匹配。进一步统计发现：改革开放30年来，为支持国民经济翻两番，中国电力、石油、钢铁、煤炭的消费和货运周转总量分别翻了1.6番、1.2番、2.6番、1番和2.8番。如果按同一的，即使是折半的系数计算，要实现2020年中国GDP再翻两番的目标，中国现有的资源存量也是难以承受的。

在上述现状下，采用资源全球化战略才能保证中国的可持续发展。为此，要加快推进资源外交战略，加快建立战略性资源储备制度，实施"走出去"开发境外资源战略的步伐，建立境外资源基地，组建跨国矿业集团，积极参与国际资源分配，为满足中国长远的资源需求做好国内外环境准备。

（二）战略性资源短缺引发国家资源安全问题凸显

资源安全是由资源短缺演变的产物。资源短缺是一个与社会经济发展水平，与人类对自然、环境和客观世界的认识及利用相关的经济范畴。在一定时空范围和一定技术经济条件下，因资源需求量大、供给量小而产生明显的资源供需缺口。随着人口的急剧增加和经济社会的快速发展，资源供给已越来越不能满足日益增长的资源需求。资源安全首先表现为石油危机。20世纪70年代初，国际上发生的石油危机，把整个资源安全问题推向政治关注的前沿，特别是非再生资源的短缺被看做是经济发展的最主要威胁。未来资源市场的下游产品加工和技术尖端领域的竞争日趋复杂，已成为各国能源竞争的焦点。除了少数资源禀赋"特别优越"的国家（如中东石油国家），可以依靠出卖资源致富外，其他任何国家都不能摆脱这种竞争的现实。而中国现在有优势的初级资源产品在人均占有量方面却已十分稀少，在世界资源产业上下游一体化的角逐中，表现出资源生产能力庞大、需求弹性小、资源附加值低的窘境。

从中国近30年来资源的供需态势可以看出，中国的资源安全问题不仅表现为数量上的缺口，更主要的是反映在资源质量和资源开发技术方面的不足，尤其是战略性资源的安全表现更不容乐观。如中国的石油进口主要集中在中东、非洲，2004年从中东和非洲的石油进口量分别占总进口量的46%和29%，有90%的进口原油经海上运输，而中东和非洲却是目前国际政治经济局势动荡的主要地区，中国进口石油运输通道受到严峻的威胁。能源技术相对落后，表现在可再生能源、清洁能源、替代能源等技术的开发相对滞后；节能降耗、污染治理等技术的应用还不广泛；一些重大能源技术装备自主设计制造水平还不高。中国依然没有走出高增长、高消耗、高污染，粗放型扩展和以外延为主的经济增长方式。巨大的人口压力和工业化、城市化进程以及多变的国际能源市场更加剧了国家资源安全隐患。

四、中国经济发展资源约束的未来趋势

（一）中国大宗资源需求依然高涨，资源约束问题将继续存在

虽然目前中国经济增长速度略有放缓，但依然保持在8%~9%的水平上，且不少机构预计2011年能达到9%以上。在此背景下，经济增长速度仍足以支撑中国对大宗资源的高涨需求。首先，中国制造业仍将维持快速增长：以制造业为主仍将是中国出口结构的重要特点，出口将更多地从劳动密集型产品为主转变为以资本密集和技术密集为主，在某些领域，如中国家电企业在过去几十年中，自上到下建立起了完整的产业链、甚至产业集群，在国际竞争中有竞争力、产品议价能力和抗风险能力，这能够使得中国制造企业的优势在未来5~10年内仍然存在。其次，由于财富积累、城市化进程加快和贸易结构优化等经济社会发展因素，全国范围房屋建筑、港口码头道路等基础设施建设仍将是一派方兴未艾的景象。基础设施建设投资带来的对原材料和能源的大量需求仍将长期存在。另外，传统的能源消费方式和低下的能源利用效率，都将使我国未来的能源需求量进一步加大，供不应求的形势更加凸显。同时，随着石油对外依存度的提高，煤炭、天然气等能源进口数量的增加，我国的能源供应安全将更加受到国际能源环境的制约，其不确定性和危险性将进一步加大。在这样的背景下，中国未来资源约束问题将继续存在，甚至可能更加严峻。

国内外一些研究机构对中国未来能源需求进行了预测：中国科学院预测结果显示，到2020年，中国能源需求总量为25.5亿~34.8亿吨标准煤，原油需求总量为4.9亿~6.7亿吨；国际能源署通过对中国一些基本面的假定，预测2030年中国的一次能源需求量将达到38.19亿吨。在中国的能源构成中，煤炭仍然是居主导地位的燃料[1]。2008年《中国能源发展报告》预计，2010年和2020年中国石油消费量将达到4 107亿吨和5 163亿吨，分别比2006年提高17.42%和62.47%。到2020年，中国的一次能源总需求量为40亿吨标准煤，即使在大力实施节约能源的政策措施后，仍至少需要32亿吨标准煤的能源，能源缺口为5亿~6亿吨标准煤，而且有可能达不到8亿吨标准煤的节能指标。2012~2014

---

[1] 煤炭消费量的增速有望在近年达到高峰，这将推动煤炭在一次能源需求总量中的比重到2010年左右增加3%，达到66%的高峰。这一比重随后将开始回落，到2030年将降至63%。

年，我国将迎来214亿~216亿吨铁的年消费高峰，21世纪头20年我国铁的供给缺口为30亿吨；2019~2023年我国将迎来530万~680万吨铜的年消费高峰，21世纪前20年铜供给缺口将达5 000万~6 000万吨；2022~2028年，我国将迎来1 033万吨铝的年消费高峰，21世纪前20年铝的供给缺口将达1亿吨。

（二）全球大宗资源供给"瓶颈"仍将继续存在，中国资源约束风险将更加明显

第一，全球大宗资源储量有限，供给弹性较低。根据加拿大采矿协会的统计，世界铜矿、铁矿石及煤矿等主要矿产资源的勘探在20世纪60年代达到高峰，共发现了139个较大规模的矿床；此后这种大规模的勘探收获就越来越少了，到90年代，大规模矿床的发现数量降低到了55个。IMF估计目前全球原油储量仅够开采40年，而原油探明储量的增长速度也并不高（朱民、马欣，2006）。根据OPEC统计，OPEC以外国家石油探明储量从1969年到2004年间平均每年只有2.3%的增长速度，同期OPEC国家探明储量平均每年也只有3.7%的增长速度。

第二，过去对资源开发的投资不足也限制了当下供应的增长速度。由于90年代原材料价格低迷，导致全球范围内的投资和开工不足，供应增长有所滞后，因此许多工业原材料的供需缺口依然存在。例如，2003年以前，有色金属价格长期低迷，导致矿业投资减少，2002年全球采矿业投资预算仅为19亿美元。虽然随着全球经济增长的复苏，对能源和原材料需求迅速上升，价格也大幅上涨，投资开始增加，但由于资源储量有限且新项目从建设到投产都有一定周期，所以供给增长速度仍滞后于需求的增长幅度。原油产能的增长同样受到类似因素的影响。主要石油生产国家基于对维持油价的考虑，在油田开采上的投资十分有限。原油储量集中在中东地区，而这些国家大多政治动荡或恐怖袭击多发，限制了对原油开采投资的增加；并且，原油开采行业具有投资周期长、见效慢的特点，2004年以来的高油价所吸引的投资尚未带来实际的产出增加的效果。

第三，目前全球矿产资源的供应主要依靠对已探明矿区的开发和开采，导致矿产的产能利用率一直维持在较高水平，供给增长的余地较小。以铜矿为例，根据目前的统计，世界铜探明储量为4.75亿吨，仅够开采40多年，因此主要铜矿产能利用率在2005年以前一直维持在90%以上，2006年以后才微微回落；而精炼铜产能利用率一直维持在80%以上。作为头号产铜大国的智利年产量达550万吨，目前铜矿开采已达极限，而蒙古和刚果两个尚未开采的大型铜矿区的铜矿开发遇到水资源严重不足的瓶颈，难以在短时间内开发利用。

第四，冶炼能力不足导致一些下游产品的供应能力受到限制。以原油为例，在过去20年中，除了亚太地区炼油能力增长速度稍快以外，世界其他主要地区的炼油能力普遍呈现出增长缓慢的现象，远远滞后于石油需求的增长速度。在2003~2004年全球石油需求分别增长2.4%和3.2%情况下，世界炼油能力仅分别增长0.4%和0.3%。另据英国石油公司BP的统计，1993~2003年间全球采油和炼油增长率之间存在着14个百分点的缺口。因此，世界主要炼油设施基本都在满负荷运转，美国国内炼油厂的运转率目前高达90%以上。根据IEA估计，全球原油开采和加工能力在2009年之前不会出现大的改善，由此导致的供应受限的局面将在较长时期内存在。

第五，地缘政治的不确定性使得一些资源存在潜在的供给危机，在原油上表现得特别突出。例如，伊拉克自战争爆发以来，其石油日产量一直维持在较低水平，2005年12月，伊拉克的石油出口量曾降至每日110万桶，大大低于战前约260万桶的水平。伊朗紧张局势及南美其他一些石油生产国的动荡政局也使得这些产油大国的供应存在潜在的不稳定因素。作为头号产铜大国的智利，其铜的生产常常受到罢工等事件的影响而出现短暂的供应危机。可见，在供求结构脆弱的情况下，目前国际原油市场剩余产能水平较低的背景下，一旦任何主要生产和输出国家因为政局动荡或恐怖袭击而大幅降低产量和出口量，由此带来的国际市场上的供给缺口很难在短时间内得到弥补，必然会引发其价格在短时间内迅速冲高。商品期货市场上潜在的投机力量也会加大这些商品价格波动的幅度。

上述全球大宗资源供给瓶颈在短时间内无法根本改变，在未来将进一步加剧中国经济社会发展的资源约束风险。

五、缓解中国资源约束的建议与对策

（一）立足国内矿产资源，开源与节流并举

针对我国资源现状，立足国内矿产资源，实现开源和节流。所谓开源就是大力增加我国矿产资源储备量与资源量，开拓新的矿产资源及后备资源基地。当前最为迫切的是国家应加大矿产勘查的投入，加强探矿技术和大型探矿设备研发，找矿增储。在开源的同时，节流同样十分重要。我国矿山普遍具有"多、小、散、经营粗放、技术和管理落后、采富弃贫"等现象，再加上资源保护执法不力，造成我国矿产资源利用水平低下，浪费十分严重。2007年国家发改委披露，我国矿产资源总回收率和共伴生资源综合利用率平均仅分别为30%和35%，比

国际先进水平低。同时，由于技术落后，选矿回收率和共伴生组分的综合利用率也偏低。可见，我国的矿产资源利用还有很大的改进空间。如果总回收率能够提高15%，相当于增加了50%的资源储量。因此，需要从革新采矿和选矿技术、整改矿山企业、加大法律监管力度等方面实现节流，提高矿产资源的回收率。

（二）投资开发与贸易并重，加强国际资源合作

第一，进一步强化资源外交的核心地位，将其作为中国外交工作的核心内容来实现。未来资源外交的重点应围绕中东、非洲、拉丁美洲等资源丰富而又潜力巨大的地区和邻近的中亚和俄罗斯等。

第二，进一步完善国家资源安全保障体系，确保足够量的资源储备，尤其是做好石油、天然气和战略矿产品的储备工作，积极应对国际资源市场中的不确定因素，保障国家经济发展的可持续增长。

第三，建立更加多元化的资源贸易伙伴关系，提高自身应变目前进口集中度较高带来较大供应风险的能力。据国际资源市场供需现状，俄罗斯和中亚的油气，印度的铁矿和铬铁矿，蒙古的铜矿，俄罗斯和泰国的钾盐，东南亚的农、林产品等，都是中国与周边国家合作开发的主要对象。

第四，进一步发挥大型资源跨国公司参与国际资源市场竞争的主体作用。政府应出台鼓励资源跨国公司发展的相关政策，包括提供贷款、税收优惠和提供保险等手段，尤其是要有鼓励"走出去"开拓国外资源市场的政策导向，加速中国资源型企业市场化改革的步伐，提高其在国际资源市场中的竞争力。

第五，进一步加强与其他能源消费国在节能、清洁能源和可再生能源开发技术方面的合作。

（三）建立落实节约资源战略的长效机制

中国目前正处于工业化加速发展时期，资源高消耗的特征非常明显，也正是资源效率改善的关键时期。进一步加强技术创新，加大节能降耗力度，开发新能源新材料，大力提高资源利用效率，是中国社会当前一项艰巨而迫切的时代任务。同时，应大力推进经济结构的调整，进一步加大第三产业特别是现代服务业的发展力度，采取有力措施促进高科技成果的产业化，推动高附加值、高科技、资源节约型产业的发展，降低资源压力。此外，政府应制定并切实实施科学合理的贸易战略，利用各种经济政策促进进出口产品结构调整，如对企业征收资源消费税和环境保护税，以遏制企业的资源浪费行为，推动循环经济发展，同时从进

出口补贴、税收等政策方面鼓励资源密集型初级产品的进口与高科技、高附加值产品的出口。

本章执笔人：董锁成、王腊芳、李雪

参考文献

[1] Grossman, G. M. and Krueger, A.. Environmental ImPacts of a North Ameriean Free Trade Agreement, in P. Garber, ed., TheU. S-Mexico Free Trade Agreement [M], Cambridg MA: M IT Press, 1993: 13 – 56.

[2] 白永秀主编. 中国经济改革 30 年：资源环境卷 [M]. 重庆：重庆大学出版社, 2008.

[3] 国家自然科学基金委员会, 中国科学院. 2011～2020 年我国能源科学学科发展战略报告. 2010.

[4] 江泽民. 中国能源问题研究 [M]. 上海：上海交通大学出版社, 2008 年.

[5] 李政, 等. 产业发展与能源的协调问题研究——国际经验及对我国的启示 [J]. 中国能源, 2006, 28 (10): 5 – 11.

[6] 尚杰, 田治业主编. 资源经济学　资源的合理开发与利用. 哈尔滨市：哈尔滨出版社, 1997.

[7] 徐匡迪. 合理利用资源, 走新型工业化道路 [J]. 中国计量, 2005, (5): 5 – 7.

[8] 张文秀主编. 资源经济学 [M]. 成都：四川大学出版社, 2001.

[9] 张仲. 欧盟资源消耗与经济发展关系的研究 [D]. 复旦大学, 2008.

第七章

中国国民收入分配格局及展望

近年来，收入分配已成为我国政策讨论和学术研究的热点问题。需要指出的是，收入分配问题实际上包含两类：一是国民收入分配格局，即企业、居民和政府如何分享经济发展的成果；二是居民内部收入分配不均的状况，即收入差距问题。两种收入分配状况相互影响，但不能混同。本文主要关注国民收入分配状况。

展望中国未来20年的发展，国民收入分配格局已经成为涉及经济可持续发展，构建和谐社会的重大战略问题。在新近公布的《中共中央关于制定国民经济和社会发展第十二个五年规划的建议》中，对于调整国民收入分配格局的重要性也高度强调。

首先，调整国民收入分配格局与转变经济发展方式密切相关，是贯彻落实科学发展观的重要支撑点。中国经济长期以来具有高储蓄、高投资与高增长的特点，近年来出现高度依赖外需的特征。其中，高储蓄率是高投资率以及对外依存度上升的基础，也是我国经济发展方式的典型表现。我国经济快速发展过程中的高储蓄率，与日、韩等东亚经济体高速增长时期类似；但像我国这样的国民储蓄率超过50%的现象，在其他大国的经济发展历史上还未曾出现。与储蓄率不断攀高相对应，我国的消费占GDP比重已经从20世纪90年代的60%以上，下降到2008年的48.6%，其中居民消费占GDP的比重更是下降到35.3%，从而导致经济增长严重依赖投资和出口。Kuijs（2005）、李扬等（2007）等学者的研究发现：中国的高储蓄率，是国民收入分配中政府与企业的可支配收入份额不断攀高，由此导致企业与政府储蓄率不断攀高的结果。在2007年以来的全球金融危机之后，中国社会各界已经认识到，经济增长的动力需要加快转变到以消费为主体的内需基础上。实现这一目标的基础，应是当前的国民收入分配格局有所改变。

其次，我国的居民收入差距逐渐扩大，与国民收入初次分配中劳动份额下降，再分配环节财政收支未能有效缓解密切相关。居民收入差距过大，既不利于经济的持续增长，也可能带来一系列的经济社会问题，不利于社会稳定和和谐社会的构建。由于物质资本的集中度远高于人力资本的集中度，因此国民收入分配中的劳动收入份额对于居民收入分配影响很大。收入再分配，是财政的中心职能之一。缓解收入分配差距，需要在初次分配中提高劳动份额，在再分配中加强财政收支的公平性。归根结底，在我国的现实国情下，缓解居民收入差距与国民收入格局的合理化密切相关。

从中国未来20年可持续发展的角度来看，清楚判断国民收入分配格局的演变趋势在政策上非常重要。做出这一判断，需要建立在透彻理解影响国民收入分配格局的各种因素，客观认识当前我国国民收入分配格局的现状的基础上。为此，本文首先基于国际经验和学术文献，归纳国民收入分配格局演变可能存在的客观规律；其次利用统计数据，简要分析我国国民收入分配格局的当前现状；最后，展望未来中国国民收入分配格局的演变趋势。

第一节 国民收入分配格局的演变规律

一、国民收入分配格局的分析框架

关于国民收入分配格局的研究，主要是在国民经济核算的基础上，将社会主体分为企业、政府与居民三个部门，考察社会生产成果在三个部门间的分配状况。在中国，常用资金流量表（实物交易）总结社会生产成果在三个部门之间分配的流程和结果。如表7-1所列举的中国资金流量表简表（实物交易）所示，在收入分配过程中，居民部门的主要收入来源项包括初次分配中增加值（农户以及个体经营户）、劳动者报酬、财产收入，生产税是其运用项；在再分配过程中社会保险福利和社会补助是居民部门主要的收入来源项，收入税及社会保险缴费是其主要运用项。企业部门的增加值是其主要的收入来源项，而劳动者报酬、财产收入（主要体现为企业分红）、各项税收等是其主要的使用项。政府部门在初次分配中主要通过生产税获取财政收入；在再分配阶段通过财政收入（所得税、社会保障缴费等）与财政支出（以社会保障为主体的转移性支出）两个维度，影响三个部门之间的最终可支配收入。总体上看，由于生产税一般被认为是中性税，因此初次分配主要体现为以资本与劳动为主体的各生产要素之间

第七章　中国国民收入分配格局及展望

的分配关系，政府的影响不大①；而再分配阶段则与政府的行为息息相关。

表 7－1　　　　中国资金流量表简表（实物交易，忽略国外部门）

项目	企业部门	政府部门	居民部门
初始值	增加值	增加值	增加值
劳动者报酬	出（－）	出（－）	进（＋）
生产税	出（－）	进（＋）	出（－）
财产收入	有进有出（净额为出）	有进有出	有进有出（净额为进）
初次分配结果	初次分配收入	初次分配收入	初次分配收入
收入税	出（－）	进（＋）	出（－）
社会保险缴费	无	进（＋）	出（－）
社会保险福利和社会补助	出（－）	出（－）	进（＋）
其他项	—未统筹企业支付的离退休费和医疗费 —国内保险赔款和给付	—未统筹机关单位支付的离退休费和医疗费 —国内保险赔款和给付	—未统筹离退休职工的离退休费和医疗费 —国内保险赔款和给付
再分配结果	企业可支配收入	政府可支配收入	居民可支配收入
消费	无	有	有
储蓄	企业可支配收入	政府可支配收入－政府消费	居民可支配收入－居民消费

资料来源：根据国家统计局出版的《中国经济普查年度资金流量表编制方法》（国家统计局国民经济核算司，2007）整理。

　　结合表 7－1，如果将焦点放在居民部门的可支配收入上，则可以看出初次分配中主要体现为居民与企业之间的分配关系，即劳动者报酬的份额问题；② 在再分配过程中，政府财政收支两方面的行为都将会影响到居民部门的可支配收入。学术界也基本上按照这一脉络来考察国民收入分配状况的演变规律。

---

① 这也与各国税制有关系。在以间接税为主体的国家中，政府在初次分配中即获取了较大份额的收入，从而导致企业和居民部门收入分配降低。这一提示在进行国际比较时需要关注各国的税制，或者直接计算资本和劳动两者之间的分配份额更为准确。
② 当然，由于一般说来财产收入也是居民部门的重要收入来源。

二、初次分配——劳动收入份额

初次分配主要关注不同生产要素之间的分配问题，其核心是资本和劳动之间的分配。自亚当·斯密以来，众多古典经济学家对此都高度关注。进入20世纪，随着可用数据的逐步积累，Clark（1932）、Kuznets（1937）、凯恩斯等著名学者对英、美等国要素分配实际状况进行了测算。Keynes（1939）总结这些测算的结果认为，"在英美两国的国民收入中，劳动收入份额一直保持稳定水平，这是一个既令人吃惊、又确切存在的事实"。其后，如Johnson（1954）对美国1850~1952年的要素分配份额进行测算，也发现这100年里美国国民收入的要素分配份额基本保持常数。基于这些研究，Kaldor（1961）在总结经济增长的几大典型事实时，"要素收入是稳定的"就是其中之一（罗长远，2008）。在此之后，资本和劳动力要素在国民收入中的分配份额在长期内为常数，这一观点成为经济学界的主流认识。要素分配份额为常数的假设，在经济增长理论、增长核算等领域被普遍采用。

当然，一些文献也对这种共识提出了质疑。如Solow（1958）就发现美国的总体要素分配份额并不稳定。还有些研究者指出部门要素分配份额总是在不断变化，如Gujarati（1969）、Lianos（1971）等发现劳动收入份额呈明显下降趋势。一些学者还开始研究要素分配份额的周期变化，如Modesto等（1993）都发现劳动收入份额与通货膨胀率反方向运动，在经济扩张期，劳动收入份额降低。其中，学者们也对于在统计上计算劳动收入份额的口径展开了讨论，如哪些人算是工人？哪些收入计入劳动报酬？公司管理者的股权计入劳动收入吗？等等。不同国家的统计口径不同，也会影响研究的结论。

理论上，罗宾逊夫人（1933）引入要素替代弹性概念，为学术界进一步分析要素分配份额的变化规律奠定了基础。Berndt（1976）利用美国数据估计了美国总体经济的要素替代弹性，得到其可能为1的结论。按照新古典要素分配理论，要素替代弹性为1，表明无论要素比和效率如何变化，要素分配份额均为常数。这类研究进一步支持了要素分配份额长期不变的结论。总体上看，虽然存在一定的争议，但在1980年以前，整个经济学界较为接受要素分配份额长期不变的结论。

但从1980年以来，很多发达国家出现劳动份额有所下降的现实。如图7-1所示，OECD国家自1980年开始出现了劳动收入份额明显的下降趋势。这一新情况重新激起了学术界对于这一问题的研究兴趣。Blanchard（1997）和Poterba

(1997)都发现，包括西班牙、意大利、法国和德国等欧洲大陆国家的劳动收入份额，在20世纪80年代到90年代间处于下降趋势，但英、美和加拿大却无明显的趋势。Bentolila等（2003）也有同样的发现，他们同时指出各国劳动收入份额之间还存在较大的差异：例如芬兰、瑞典等国的劳动份额约为72%，而法国、德国和意大利则约为62%。Gollin（2002）收集了联合国国民经济收入分配的数据，把自营收入（自我雇佣的个体劳动者）纳入劳动所得，认为劳动份额的变化是由于自营收入没有被统计，如进行调整后则劳动份额在长期内仍是保持不变。这些研究一方面总结了劳动收入份额逐步下降的新典型事实，另一方面也指出了各国的差异性及研究上可能存在的问题。

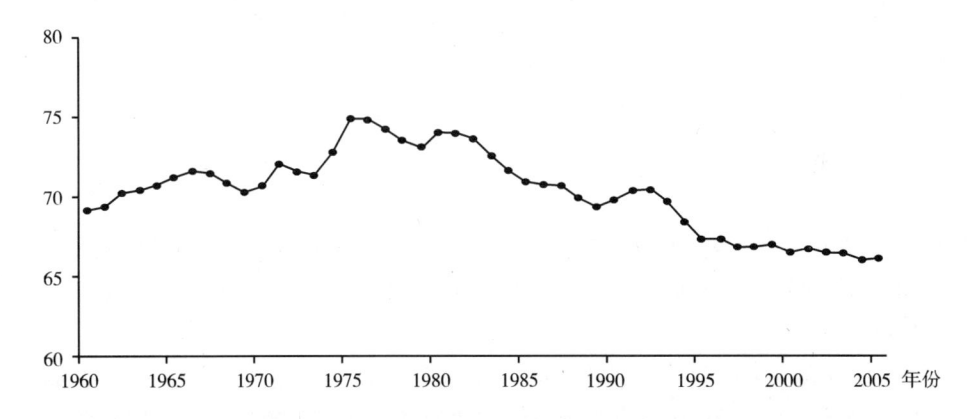

图7-1　1960~2005年17个OECD组织国家劳动收入份额演变状况

资料来源：Glyn（2007）利用OECD经济展望数据库计算所得。

一些学者还开始关注要素分配份额及其变化趋势在发展中国家的特征。一些文献认为其与发达国家差异并不显著（Bernanke et al.，2002），而另一些文献则认为劳动收入份额在发展中国家比较低，发达的工业化国家较高（Harrison，2002；Rodríguez et al.，2006）。Hofman（2001）发现20世纪50~90年代，拉丁美洲国家劳动份额在50年间呈下降趋势。Shastri等（2005）研究发现印度工业中工资份额1973~1997年间下降了19个百分点，并指出这主要是产业技术变迁和低工资产业比重增加共同作用的结果。Harrison（2002）则发现，在这30多年间，劳动份额在穷国下降，在富国上升。这些新的文献，进一步丰富了全球范围内要素分配份额的典型事实。

在对事实进行梳理的基础上，研究者开始关心导致各国要素分配份额存在差异及发生变化的原因是什么？总结来看，大量理论和实证文献指出：经济发展阶段、产业结构、要素投入的差异、全球化及有偏的技术进步、劳动力市场的制度，可能是影响各国的要素分配份额及其变化趋势的重要因素（罗长远，2008；白重恩等，2009）。不过，仔细梳理相关文献可以发现，这些因素可能并非是相互独立的变量，而是相互交叉在一起发挥作用，难以绝对分开。

1. 经济发展阶段。Lee 等（2005）、Jayadev（2007）对劳动收入份额的研究包括了人均 GDP 的一次项，发现在大多数时候人均 GDP 同劳动收入份额正相关。Harrison（2002）以本国相对于外国的人均收入水平为解释变量，发现它与劳动收入份额显著负相关。Diwan（2000）在劳动收入份额的决定方程中放入人均 GDP 的一次项和二次项，结果发现前者的系数为正，后者系数为负，表明劳动收入份额与经济发展水平之间的关系呈倒 U 形。然而，李稻葵等（2009）利用跨国数据进行的回归分析却发现，两者之间的关系呈 U 形，即劳动份额先下降后上升。

2. 产业结构。Kongsamut 等（2001）指出，劳动收入份额在产业间存在很大差异，而一国产业结构的演变，必然会影响其总量上的劳动收入份额。Serres 等（2002）对欧美六国的分析表明，制造业向金融业转型导致这些国家劳动收入份额下降；Morel（2005）对加拿大的分析表明，尽管制造业向服务业转型使总体劳动收入份额降低，但制造业的劳动收入份额降低是推动加拿大整体劳动收入份额降低的主力。

3. 要素投入的差异。要素投入的差异即生产中劳动与资本的比例。Harrison（2002）利用 1960～1997 年 100 多个国家的数据，发现劳动与资本比例越高，劳动收入份额越小。他对此的解释是，随着劳动力的增加，资本回报相对上升，劳动收入份额下降。Poterba（1997）对美国的研究也得到相似的结论。然而，Bentolina 等（2003）利用 1972～1993 年 OECD 国家的数据进行的研究发现，资本产出比对劳动收入份额的影响显著为负。不过他同时指出，除要素投入的差异之外，有偏的技术进步，劳动力市场的不完全竞争是影响劳动收入份额下降的主要原因。Diwan（2000）运用 1975～1995 年世界 135 个国家的数据，发现资本积累对劳动收入份额的影响在富裕国家和贫穷国家是不一样的：在富裕国家，资本积累越多，劳动收入份额越高，这种结果可能与资本存量越高，劳动力讨价还价能力越强有关，这一结论与 Bentolina 等（2003）不同；而在贫穷国家，资本积累与劳动收入份额负相关，可能意味着在资本存量较低的时候，劳动力只能够在收入中要求一个很小的份额，才可以吸引资本的流入。Diwan（2000）还考察了人力资本存量对于劳动收入份额的影响，发现：富裕国家人力资本积累越多，劳动收入份额越高；而贫穷国家人力资本积累越多，劳动收入份额越小。

4. 全球化与技术进步。在近几十年来，无论是发达国家、还是发展中国家，劳动收入份额都呈现出下降的趋势。近期大量文献都将这一现象与全球化和技术进步联系在一起，其研究结论社会反响也较大。新古典贸易理论指出，发达国家与发展中国家之间的贸易，可能会降低前者的劳动收入份额。而全球化引致的各国为吸引资本进行的竞争，可能会弱化工人的谈判地位，使得劳动收入份额降低。这些理论上的推论也陆续为相关实证文献所证实。Harrison（2002）的研究发现自20世纪70年代以来劳动收入份额有所下降，不仅与要素投入变化有关，也与全球化有关。Guscina（2006）对18个工业化国家的计量分析，也表明全球化对劳动收入份额的降低有明显影响。Ortega等（2002）发现在开放程度和一国的资本收入份额之间存在一定的正相关，并且指出一个可能的解释是全球化削弱了劳动者的讨价还价能力。Diwan（2001）用100多个国家的劳动收入份额和金融危机的数据，发现金融危机后多数伴随劳动收入份额降低，从而金融危机的社会损失更多地由劳动者承担，由此他认为，全球化，特别是放松资本管制，可能通过金融危机对劳动收入份额产生负面影响，给劳动者带来永久的创伤。

从逻辑上看，由于资本的流动性较强，全球化将会导致倾向于资本的技术进步。Bentolina等（2003）用全要素生产率（TFP）表示技术进步，发现这一指标对OECD国家劳动收入份额的影响显著为负，他们把这一结果归于技术进步的资本增强属性。Guscina（2006）也有类似的结论。Jaumotte等（2007）综合考虑全球化与技术进步的影响，认为有偏的技术进步影响更大。IMF（2007）总结各国的典型事实认为，全球化使得高技能劳动者的谈判地位上升，进而其劳动收入份额上升，而低技能却恰恰相反。这也是当前发达国家出现居民收入分配差距加大的重要原因。其背后也同样存在有偏的技术进步因素的影响。

5. 劳动力市场制度。劳动力市场的制度对劳动收入份额的影响主要体现在对工人的保护程度，其最终影响体现在两个渠道，一是工资，二是就业，且两者的影响方向可能相反。Blanchard等（2003）指出解除劳动力市场的管制，是20世纪80年代中期到90年代之间德国、法国、意大利和西班牙等四国的劳动收入份额下降的原因，其潜在的含义是就业保护有助于提高劳动收入份额。Guscina（2006）用工人参加工会的比例衡量对劳动力的保护强度，发现20世纪80年代中期以后，工业化国家工会力量弱化和就业保护强度下降是劳动收入份额下降的原因之一。然而，Bentolina等（2003）考察了罢工次数对劳动收入份额的影响，发现它对劳动收入份额影响为负，但并不显著。这一发现的政策含义与前者有所差异。

总结相关文献来看，虽然各国存在差异，近年来全球均出现劳动收入份额下降的趋势似乎已经得到承认。然而对其影响因素的分析，结论较为含糊。存在共识的是，全球化以及倾向于资本的技术进步，是近几十年来发达国家劳动收入份额下降的重要原因。而在其他方面，许多文献研究的结论甚至方向相反。如在产业结构方面，Serres 等（2002）发现从制造业向服务业转型降低劳动收入份额，而 Morel（2005）则认为产业结构转型不重要。其他的如经济发展阶段、要素投入差异、劳动力保护程度等方面的研究都有类似问题。如果透视文献中分析的基本逻辑则可以发现，无论是关注哪类外在原因，劳动者基于供求形势在市场中的谈判地位（而非外加的谈判地位），是影响劳动收入份额的关键因素。

略有遗憾的是，文献中对于发展中国家的关注较少，需要注意以发达国家为背景的研究，其结论并不一定适用于发展中国家。同样以产业结构为例，以上两篇文献主要关注从制造业转向服务业对于劳动收入份额的影响，这与发展中国家主要是从农业部门转向其他两个部门的背景不同。① 近期，李稻葵等（2009）、Maarek（2010）等文献主要以发展中国家的产业结构转型为研究对象，分析了劳动收入份额的演变规律。两篇文献的差异在于，李稻葵等（2009）的模型中分析劳动力从农业部门转向工业部门，而 Maarek（2010）分析劳动力从非正式部门（同样是以农业部门为主）转向工业部门。实质上看模型分析的背景差异不大。两者的结论类似，都认为两个部门的生产率有差异，而劳动力在部门间的转移速度低于资本的转移速度，由此会导致劳动收入份额在经济发展早期处于下行的态势，到某个阶段之后才会上升。Daudey 等（2007）发现，劳动收入份额越高，收入差距（基尼系数）越小，与这一结论也较为吻合。

三、再分配——政府规模与财政支出结构

在再分配领域，最为突出的问题是政府规模与财政支出结构问题，即政府利用其公权力，从国民收入中获得多少收入支配权；同时，政府又如何安排财政支出的方向。这两个方面都将影响企业、居民与政府三个部门最终的可支配收入。政府财政收支规模的扩大，反映了政府干预国民收入分配的力度增强。

从发达国家的经验事实来看，如表 7-2 所示，在过去的一个多世纪中，政府支出占 GDP 的比重从不足 10%，上升到目前的超过 45%。对于这一现象，有很多的理论试图加以解释。如有名的瓦格纳法则指出，政府的规模与人均 GDP

---

① 有趣的是，基于发达国家文献的研究，发现从制造业转向服务业，或强或弱会导致劳动收入份额下降。而目前中国有关提高劳动收入份额的政策建议中，往往会认为大力发展服务业是重要政策措施。这或许提醒我们，应当关注何种服务行业才能有效提升劳动收入份额。

正相关,其理由是诸如教育等政府支出是一种奢侈品。Baumol(1967)提出"成本病"假说,认为由于政府的生产效率要低于工业部门,因此随着经济发展,政府部门支出占 GDP 的比重将越来越高。很多学者(如 Oxley,1994;Easterly 等,1993)或者用时间序列数据,或者用横截面数据,实证检验表明随着经济发展水平的提高,政府规模将更大。

表 7-2　　1870 年以来若干发达国家政府总支出的增长(占 GDP 的百分比,%)

年份 国家	1870 年前后	1913	1920	1937	1960	1980	1990	1996
澳大利亚	18.3	16.5	19.3	14.8	21.2	34.1	34.9	35.9
加拿大			16.7	25.0	28.6	38.8	46.0	44.7
法国	12.6	17.0	27.6	29.0	34.6	46.1	49.8	55.0
德国	10.0	14.8	25.0	34.1	32.4	47.9	45.1	49.1
日本	8.8	8.3	14.8	25.4	17.5	32.0	31.3	35.9
挪威	5.9	9.3	16.0	11.8	29.9	43.8	54.9	49.2
瑞典	5.7	10.4	10.9	16.5	31.0	60.1	59.1	64.2
荷兰	9.1	9.0	13.5	19.0	33.7	55.8	54.1	49.3
英国	9.4	12.7	26.2	30.0	32.2	43.0	39.9	43.0
美国	7.3	7.5	12.1	19.7	27.0	31.4	32.8	32.4
平均	9.7	11.7	18.2	22.5	28.8	43.3	44.8	45.9

资料来源:坦齐和舒克内希特著,《20 世纪的公共支出:全球视野》,商务印书馆,2005 年版。

事实上,数据变化背后反映的是人们对政府职能的认识发生了很大变化。坦齐等(2005)的著作《20 世纪的公共支出:全球视野》,系统回顾了发达国家和新兴国家 1870 年之后政府支出规模扩张的历史,并探讨其背后的原因。他们得出的结论认为,在政府规模扩张以及近期相对收缩的背后,反映的是人们对于"政府应当干什么"的认识在发生变化。如凯恩斯就说,"对政府而言,重要的事情是去做那些目前根本没有做的事情"。人们思想意识的变化,使得赋予政府的职能大大拓展。而为了行使这些职能,就需要政府在再分配过程中获取更多的份额。

坦齐等(2005)的著作同时也指出一个事实:发达国家政府规模的扩张与财政支出结构的调整是同步的。他们基于历史数据的分析发现,在发达国家政府规模扩张的过程中,政府的实际支出(一般指政府工资和薪金支出、政府物资和设备采购支出的总和)虽略有增长,但并非是政府规模扩张的主要原因。如

表 7-3 所示，政府规模扩张的主要方面还是公共补贴和转移支付的大幅度上升。其中最为重要的，是反映出发达国家的社会福利活动扩展，导致社会性支出的增加。总体上看政府规模的扩张，反映出的是政府大幅度承担了很多过去很少承担的职能，比如为了促进社会公平、降低社会风险方面的支出，典型的如医疗、养老等方面的支出。当然，另外还有一些过去虽然也是政府的支出范围，但近些年来大幅增加的政府职能，典型的如教育。

表 7-3　1870 年以来以上十国政府支出项目的结构变化（占 GDP 百分比的平均值，%）

支出项目	1870 年前后	1913~1920	1930 年前	1960	1980	1990
医疗	0.3	0.4	0.5	2.4	5.8	6.5
养老	0.6	1.1	0.8	4.3	7.8	8.4
教育	0.6	1.7	1.9	3.8	6.4	6.3
三项合计	1.6	3.1	3.3	10.5	20.0	21.2
公共投资	2.0	3.2	4.1	3.4	3.3	2.8

资料来源：同上，根据该书资料整理。

一些文献还专门分析了政府承担这些支出背后的理论和现实原因。Poterba（1994）探讨了政府为什么要承担医疗和教育部门的支出问题，认为这两个部门虽然都部分具备公共产品或外部性的特性，需要政府加以一定程度的干预，但从历史事实来看，政府干预这两个部门主要基于促进社会公平的考虑。Culter 等（2002）利用养老保险和医疗保险制度产生以及支出增长作为研究素材，收集整理了多国数据实证研究了究竟是什么因素影响各国采用并加大养老和医疗保险的支出。他们研究的结果表明，社会保险类项目的启动，甚至与人均收入水平有一定的负相关；天主教国家更容易启动养老保险。至于其他各种对于社会性支出的理论解释，如是民主国家还是独裁国家，种族多样性等因素，难以从数据中得以体现。这一研究结果表明，诸如养老和医疗类福利支出，其产生和扩张在政治上有多种理由，难以用单一的因素加以解释。一些文献将各国的国情与政府规模联系在一起，解释为什么不同国家的政府规模和财政支出结构有所差异，也获得类似结论。Cameron（1978）利用 18 个 OECD 国家的资料，发现这些国家 1960 年的贸易开放度，是其随后政府规模扩大的很好的预测指标。Rodrik（1998）将样本量扩大到所有收入水平的国家，同样发现这一现象。他们给出的解释是，经济更为开放的国家，其居民所面临的各种风险更大，因此需要政府加大社会支出，以缓解风险带来的影响。Easterly 等（1997）关注人群异质性，如种族或民族的多样性对于政府规模的影响。他们发现，非洲国家种族多样性与公共产品（电信、交通、教育等）的供给负相关，其原因可能在于异质人群难以形成对公共产品的共同偏好；Alesina 等（1999，2003）基于其他国家或地区的研究也有类似的发现。Meltzer 等（1983）关注居民收入不平等对于政府规模的影响，他们认为在收入分配不公平的情况下，多数民主制下会有更多的收入再分配。

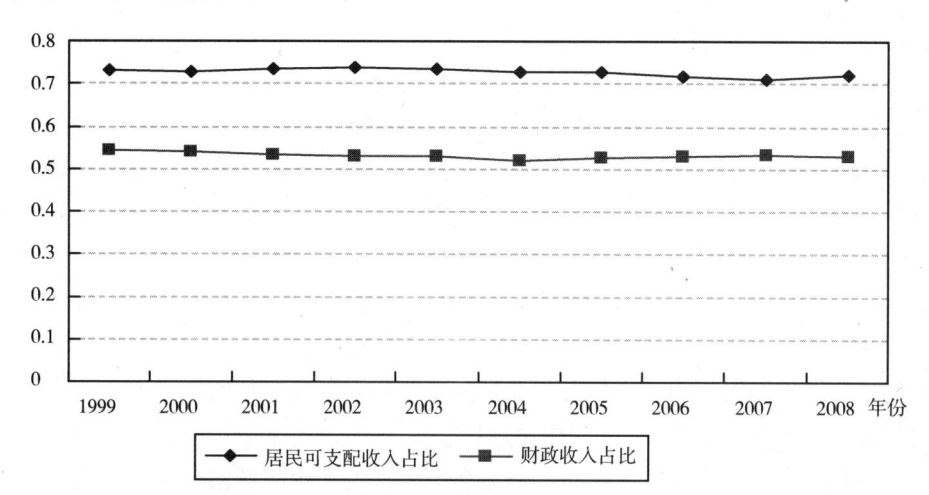

图 7-2　欧元区国家财政收入占 GDP 比重与居民可支配收入占比（1999~2008）

资料来源：OECD（2009）。

结合国民收入分配的分析框架，如果我们关注的重心是居民部门的最终可支配收入，则政府规模的扩大的影响较为复杂，其作用方向与一国财政支出结构以及现实国情密切相关。如果像发达国家历史上那样，一国政府规模的扩大，主要是因为养老、医疗等社会事业的发展，则由于这些支出是转移性支出，将转化为居民部门的可支配收入，因此政府规模的扩大并不意味着居民部门的可支配收入比重降低。这一点在欧洲福利国家体现得较为明显。如图 7-2 所示，以 1999~2008 年欧元区国家的数据来看，其财政收入占 GNP 的比重超过 50%，但其居民收入比重也超过了 70%。从变动趋势来看，10 年间两者共同出现略有下降的趋势，而非体现出相反的变化方向。

总结再分配方面的国际经验来看，随着经济发展水平的提升，发达国家政府规模均有较大水平的提升，反映政府干预国民收入分配的力度大大增强。然而由于政府的干预主要体现在转移性支出的增加，政府规模的扩大并不意味着居民可支配收入比重的降低。

第二节 中国国民收入分配格局的现状

一、基于资金流量表核算的中国国民收入分配格局

在改革开放之初，政策部门与学术界也曾对于收入分配问题展开了一场大讨论。在政策导向上，主流的观点认为应"初次分配关注效率、再分配侧重公平"。这一观点也被官方接受，但有一些学者持反对意见。在经济现象方面，当时的主要问题是企业可支配收入比重下降。一些学者基于对宏观上及各行业的工资的制定方式进行分析之后，发现生产成本中工资含量上升，导致经济效益难以提高，于是得出了"工资侵蚀利润"的结论。而唐宗焜（1995）利用微观数据进行统计分析发现，资本所得的减少并非由于工资侵蚀了利润，而是由于利息份额的上升。他同时指出，在国有企业借入资金依赖国家银行的情况下，利息份额的上升就是国家在初次分配中份额的加大。

在三十余年的高速发展之后，社会各界关注的突出问题已转变为居民部门收入比重过低。如图7-3所示，自1992年以来，在国民收入初次支配中，居民部门的收入比重逐年下降，已经从当初的66%下降到2007年的58%。其中，居民收入的主体，劳动者报酬从1992年的55%，下降到2007年的48%。与之对应，企业部门以及政府部门的可支配收入，在整体上均有所上升。其中，企业部门的可支配收入占比波动较大，从1992年的11%左右上涨到2007年的18%；政府部门的可支配收入比重从1992年的20%上涨到2007年的24%。

对于这种结构变化的原因，学术界同样主要依赖资金流量表进行结构分析。李扬等（2007）对1992~2003年我国居民、政府、企业三个部门的收入分配状况进行比较，发现居民可支配收入在国民收入初次分配中的份额持续下降，主要是由劳动报酬和财产收入比重的双下降所致。其中，居民劳动报酬的相对减少，主要由于企业部门支付的劳动报酬相对下降；并且居民财产收入的下降和从企业获得的劳动报酬的相对减少，表明居民收入中的一个不可忽略的部分被转移为企业部门的利润和政府的收入。白重恩等（2008）利用微观数据进行的研究认为，工业部门要素分配份额变化的主要原因，是产品市场垄断增加和国有部门改制引起劳动力市场环境改变。白重恩等（2009）对1993~2004年劳动收入份额下降的分解表明，如表7-4所示，约有50%的因素应归之于2003~2004年之间统计方法的改变，而在剩下的50%之中，产业结构转型起到了很大的作用。

第七章 中国国民收入分配格局及展望

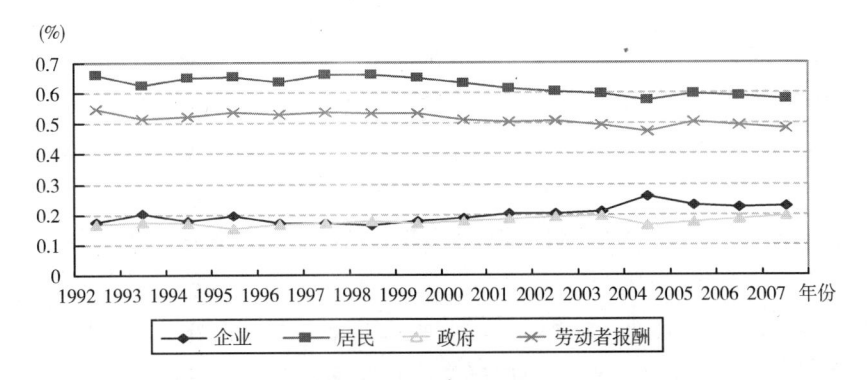

图 7-3 国民收入分配格局变化情况（1992~2007）

资料来源：作者根据 CEIC 提供的 1992~2007 年中国资金流量表计算。

表 7-4　　　　　　　　　　劳动收入份额下降的原因分解

	百分点	贡献率，N2（%）			
1995~2004 年期间劳动收入份额降幅	-10.73	100			
1995~2003 年劳动收入份额降幅	-5.48	51.1	100		
其中：（1）结构转型带来的影响	-3.36		61.31		
（2）产业部门劳动收入份额变化的影响	-2.12		38.69	100	
其中：（2.1）工业部门的影响	-1.65			77.83	100
其中：国有企业改制	-1.00				60
垄断程度增强	-0.49				30
其他因素	-0.16				10
（2.2）农业、建筑业和第三产业的影响	-0.47			22.17	
2003~2004 年劳动收入份额降幅	-5.25	48.9	100		
其中：（1）统计方法改变的影响	-6.29		120	100	
其中：（1.1）个体业主收入改计为营业盈余的影响	-7.09			113	
（1.2）国有和集体农场不计营业盈余的影响	0.81			-12.9	
（2）结构转型带来的影响	0.28		-5.33		
（3）产业部门劳动收入份额变化带来的影响	0.77		-14.7	100	
其中：（3.1）农业部门	0.11			14.29	
（3.2）工业部门	-0.81			-105	
（3.3）建筑业部门	-0.32			-41.6	
（3.4）第三产业	1.79			232	

资料来源：白重恩、钱震杰（2009）。

从理论上看，初次分配中居民部门份额不断降低的局面，还可以通过再分配过程得以调整。在再分配过程中，政府部门将从企业和居民部门手中获得所得税以及社保缴费，同时通过转移支出，将政府收入转移给居民部门。表7-5显示的是各个部门收入在再分配过程中的变化，相对于其初次可支配收入的比重。从表中可见，在2000年之前，再分配过程使得居民部门的收入增长均在3个百分点以上，而在此之后，居民部门通过再分配过程所获得的收入增加比重逐年大幅降低，到2007年仅为0.45个百分点。与之对应的，企业部门经过再分配过程所减少的收入比重下降，政府部门增加的收入比重上升。这说明在2000年之后，通过再分配过程增加居民收入的作用反而下降了，再分配过程更有利于企业和政府。

表7-5　　　　　　再分配过程对各个部门可支配收入的影响　　　　　单位：%

年　份	企业	居民	政府
1992	-32.49	3.70	20.77
1993	-21.58	3.41	13.86
1994	-18.08	3.03	8.64
1995	-16.78	3.25	8.93
1996	-18.80	7.83	7.80
1997	-22.04	4.47	7.72
1998	-16.58	4.00	2.65
1999	-17.06	3.79	6.05
2000	-11.96	1.81	9.35
2001	-12.77	1.79	11.52
2002	-10.60	1.67	10.69
2003	-12.11	1.25	14.81
2004	-9.40	1.46	17.07
2005	-11.64	0.83	18.90
2006	-16.37	0.59	23.74
2007	-17.45	0.45	24.68

资料来源：作者根据CEIC提供的1992~2007年中国资金流量表计算所得。

这一问题也可以通过对财政数据的分析得以说明。按照白重恩等（2010）的估算，如果将中国的情况与若干OECD成员国进行比较，在财政支出结构方面较为突出的差异在于中国的经济建设事务（包括农林水、交通、城乡建设、工商金融等项目）支出比重异常高，远超除韩国之外的其他 OECD 诸国。在仅考虑一般预算支出的情况下，我国的经济建设事务支出占一般预算支出的比重超过 23%，而在 OECD 诸成员国（韩国除外）中，均在 10% 左右。即使是与中国类似从计划经济向市场经济转型的匈牙利、捷克、波兰三国，这一比重也仅为 11%。如将大量政府性基金（包含土地出让金）、预算外支出、社会保障收支数据计算考虑在内，我国的经济建设支出（经济事务和城乡社区事务）比重大约在 40% 左右，与其他国家的差距更为明显。财政数据的分析表明，中国财政支出中经济建设色彩浓重，而以提升居民收入为导向的转移支付性支出则略显薄弱。这应是我国居民收入比重近年来一直下降的原因之一。

这些分析表明，即使考虑到统计方法改变的影响之后，初次分配中劳动报酬以及其他类居民收入份额不断下降，再分配调节过程中增加居民收入份额的功能不断弱化，是居民最终可支配收入份额不断下降的基本原因。在这种国民收入分配格局之下，居民可支配收入份额下降直接导致居民消费占 GDP 份额下降；企业和政府可支配收入份额的上升，带动企业部门储蓄和政府部门储蓄率不断上升。国民储蓄率不断攀高，奠定了中国高储蓄、高投资、高度依赖出口拉动的经济发展模式。

二、基于资金流量表核算结果存在的若干问题

在 2010 年之前，基于资金流量表分析的结论，是关于中国国民收入分配格局的主流认识。然而需要注意到，资金流量的编制是基于常规或普查统计数据，且国家统计局在资金流量核算时，采取了如基于基础数据的原则，即缺乏基础数据则不进行核算。由此在基础数据暂时不可得，或者基础数据存在较大误差时，资金流量表数据所显示的国民收入分配格局就可能存在一定的误差。近期，随着关于政府全口径财政收入以及居民灰色收入研究的进展，有必要对资金流量表核算结果存在的问题略作探讨。[①]

1. 政府财政收入核算不全的影响。资金流量表核算政府可支配收入时，对于政府收入采用了"预算内收入 + 财政预算外收入 + 社会保障基金收入 + 中央政府基金收入"的定义，在表中分拆到生产税、收入税、社会保障缴款三项

---

① 事实上，由于经济普查后对于收入税和生产税的界定发生变化，国家统计局为统一口径，对以前年份数据进行调整时发生了一些操作上的错误，也导致资金流量表上的数据存在若干错误。由于影响较小，本文略过。

（国家统计局国民经济核算司，2007）。然而如汪德华（2010）所指出的，基于IMF等国际组织提供的国际标准与中国实际，我国的政府收入应当包括一般预算收入、政府性基金收入、预算外收入、土地有偿使用收入、社保缴费收入五大项。① 简单对照，对于政府收入，资金流量表的核算遗漏了土地有偿使用收入与地方政府基金收入两项。

表7-6将汪德华（2010）对全口径财政收入核算的结果，与资金流量表计算的政府收入进行对照。从表中可见，中国全口径财政收入从1998年的17 254亿元，到2007年已达83 788亿元。而按照资金流量表的核算，其财政收入数据各年均低于全口径财政收入，差距逐年扩大，到2007年已超过15 000亿元。由于在可支配收入核算过程中，关于财政支出的部分并没有遗漏，因此这些遗漏部分应全部加到政府部门的可支配收入之中。以土地有偿使用收入的主体，住宅类土地有偿使用收入为例，这部分资金的实际流转是居民部门通过购房支付到房地产开发企业，房地产开发企业通过购买土地支付给政府部门。在资金流量表的核算中，这部分资金以城镇居民购买住宅支出的形式，包含在居民部门的资本形成总额里（国家统计局国民经济核算司，2007）。从财政角度看，土地有偿使用收入类似于发达国家的物业税（或称房产税），是财产税的一种。因此，在将政府部门可支配收入加上这部分资金的同时，应在居民部门支付的直接税中加上这部分资金。地方政府性基金，其收入来源是企业部门支付的生产税，其支出又主要用到企业部门中。因此，对应的调整应在生产税这一环节减去企业部门的可支配收入，又通过资本转移这一环节成为企业进行固定资本形成的资金来源之一。由此可见，资金流量表对政府部门的核算是减少了其可支配收入，相应增加了居民和企业部门的可支配收入。

表7-6 两种概念核算的财政收入的对照：1998~2007年　　　　单位：10亿元

年份	一般预算收入①	政府性基金收入	预算外收入	土地有偿使用收入	社保缴费收入	全口径财政收入	资金流量表核算财政收入	两者之差
1998	1 020.9	185.4	308.2	50.7	160.2	1 725.4	1 660.6	64.8
1999	1 173.4	211.2	338.5	52.2	204.2	1 979.5	1 807.6	171.9
2000	1 367.4	221.4	382.6	62.6	234.6	2 268.6	2 077.8	190.8

① 按现行规定，土地有偿使用收入应包含在政府性基金中。本章以下表格以及全文表述中，政府性基金收入均未包含土地有偿使用收入，这与现行管理规定有所差异。

续表

年份	一般预算收入①	政府性基金收入	预算外收入	土地有偿使用收入	社保缴费收入	全口径财政收入	资金流量表核算财政收入	两者之差
2001	1 668.6	186.5	430	131.8	275.9	2 692.8	2 468.8	224
2002	1 916.3	189.6	447.9	245.4	353.1	3 152.4	2 810.6	341.8
2003	2 194.2	213.9	456.7	542.1	435.3	3 842.1	3 241.6	600.5
2004	2 661.4	251.2	469.9	641.2	516.6	4 540.4	3 452.5	1 087.9
2005	3 184.3	293.6	554.4	588.4	632.4	5 253.1	4 318.8	934.3
2006	3 894	349.6	640.8	767.7	767.2	6 419.4	5 381.1	1038.3
2007	5 159.9	368.1	682	1 215	953.7	8 378.8	6 838.9	1 539.9

注：资金流量表核算财政收入由"生产税+收入税+社会保障缴款"三项加总所得，数据来自于CEIC提供的1998~2007年中国资金流量表。全口径财政收入及其各个细项来自于汪德华（2010）。

① 此处将"企业亏损补贴"加回到一般预算收入之中。因此，此表中的"一般预算收入"要高于《中国财政年鉴》中的公布数。

2. 居民部门灰色收入的影响。王小鲁（2010）近期的研究指出，我国居民收入的核算也存在较大的遗漏。按照他估计，资金流量表核算的居民部门收入在2008年应为17.9万亿元，而他采用社会学调查方法进行推算的居民部门收入大约23.2万亿元。两者相比较，居民部门2008年大约存在5.4万亿元的灰色收入，2005年大约存在2.6万亿元的灰色收入。在考虑这部分收入的基础上，王小鲁（2010）指出基于资金流量表核算的国民收入分配格局应当进行调整。假定60%的灰色收入是统计中遗漏的国民总收入，则调整的结果是，居民部门可支配收入占比在2005年由调整前的60.1%调高到68.6%，2008年由调整前的56.5%调高到66.7%。

3. 综合判断。由于基础数据的不完善，基于统计部门提供的资金流量表核算的国民收入分配格局并不能准确反映当前现状，其突出表现体现在政府财政收入核算不全与遗漏居民部门灰色收入部分两大问题。为真实反映中国国民收入分配的现状，应当进行相应的调整，结果见表7-7，具体假设和过程如下文。

表 7-7　　对 2005 年、2008 年国民收入分配格局的调整　　单位：万亿元

	资金流量表核算		王小鲁的调整		本书的调整	
	2005	2008	2005	2008	2005	2008
居民部门（占比）	11.06	17.87	13.73	23.24	13.23	22.34
	60%	57%	69%	67%	66%	64%
企业（含金融）部门（占比）	3.73	5.61	3.20	4.74	4.31	4.14
	20%	18%	16%	14%	14%	12%
政府部门（占比）	3.83	8.20	3.29	6.92	4.22	8.42
	21%	26%	16%	20%	21%	24%
国民总收入	18.41	31.62	20.01	34.84	20.01	34.84

资料来源：根据 CEIC 资金流量表数据、汪德华（2010）与王小鲁（2010）提供的数据进行核算所得。计算比重时，以当年国民总收入为 100%。

我们假定 2008 年资金流量表核算财政收入与全口径财政收入之间的差距维持 15 000 亿元，其中应计入居民部门支付的收入税部分为 9 000 亿元，应计入企业部门生产税的部分为 6 000 亿元。① 2005 年两者之差为 9 343 亿元，我们假定其中 5 000 亿元计入居民部门支付的收入税，而剩下的 4 343 亿元归至于企业部门支付的生产税。则如果综合考虑财政收入核算不全和居民灰色收入两方面的影响，按照王小鲁（2010）推算的国民总收入以及各细项收入，可将国民收入分配格局的调整重新核算。从表 7-7 中可见，考虑两个因素之后，王小鲁（2010）关于居民部门和政府部门可支配收入占比的结论有所弱化，即本文调整的结果在王小鲁（2010）的调整结果与资金流量表核算结果之间。在企业部门收入占比方面，本文调整结果进一步强化了王小鲁（2010）的结论，即相对于资金流量表核算的 2005 年 20%、2008 年 18% 相比，调整后的比重仅分别为 14%、12%。

第三节　中国国民收入分配格局的展望

展望至 2030 年的中国国民收入分配格局，主要关注点应落在企业、政府与居民部门的可支配收入上。从加快转变发展方式的角度出发，重点在于能否提高

---

① 做出这种假定的基础是 2008 年土地有偿使用收入较 2007 年下降了 1 775 亿元。在 OECD 出版的各国国民账户统计中，类似于中国资金流量表中的"收入税"一栏，称之为"收入与财产税"。

居民部门的可支配收入上。结合以上分析，这一问题涉及初次分配中劳动收入份额，以及再分配环节政府的财政收支行为上。

一、初次收入分配中劳动收入份额的展望

以上文分析结果来看，即使排除了统计方法改变的影响之外，当前我国劳动收入份额依然较 20 世纪 90 年代初期下降了 5 个百分点以上。因此大致可以确认的是，近年来中国劳动收入份额下降的趋势是存在的。结合前文所总结的影响劳动收入份额的因素，经济发展阶段，中国快速融入全球化，由农业到制造业的结构改变，劳动力供给结构以及劳动者谈判力量薄弱，劳动者保护制度的不足等因素，应是出现这一趋势的重要原因。

展望未来 20 年，全球化的发展依然迅猛，可能对我国劳动收入份额的增长继续产生压力。不过，经济发展水平将进一步提升，服务业比重将明显提高，对劳动者的保护以及政策上对于提高劳动报酬的关注等因素，都将有利于中国劳动收入份额提升。需要指出，在经济发展水平、产业结构等因素的背后，更为重要的应是劳动力供给形势对于劳资双方谈判地位的影响。在劳动力供给非常充足，以致资本的谈判力量非常强的时候，劳动收入份额难以提升；在劳动力供给略显紧张时，劳动者的谈判地位将会上升，由此劳动收入份额的提升就是必然。从日本 1960~1980 年、韩国 1970~1990 年的经验来看，随着劳动力供给增速的下降，其劳动者收入份额分别在 1969~1975 年，1976~1990 年间得以大幅提升。[1] 这些经验表明，劳动力供给形势确实影响着劳动收入的份额。

由此，展望未来 20 年中国劳动收入份额的变化趋势，应当首先考察劳动力的供给形势。近年来，由于"民工荒"现象的出现，有关中国"刘易斯拐点"是否到来已成为学术界关注的热点。较为公认的看法是，在现有城乡分割的制度下，从农业部门能转移到二产、三产的劳动力已所剩无几，但如果能够改变城乡二元结构，则劳动力的转移尚有一定空间。无论如何，如果将时间放宽到 20 年的视野，我国劳动力供给增速下降已是定局。如图 7-4 所示，自 2000 年以来，我国以 16~18 岁平均人数扣减当年大学招生人数和 50 岁退休人数来度量的新增劳动力，其增速已经开始下降，到 2015 年乃至之后的年份，这一指标甚至变为负。

---

[1] 有关日本经验参见安信证券 2010 年 3 月 15 日策略主题报告："潮流正在转变——从人口结构看未来资本市场行业投资机会"。值得指出的是，目前我国舆论热炒的日本《国民收入倍增计划》，其实施期间（1960~1967）日本的劳动收入份额虽有所上升，但并不明显。

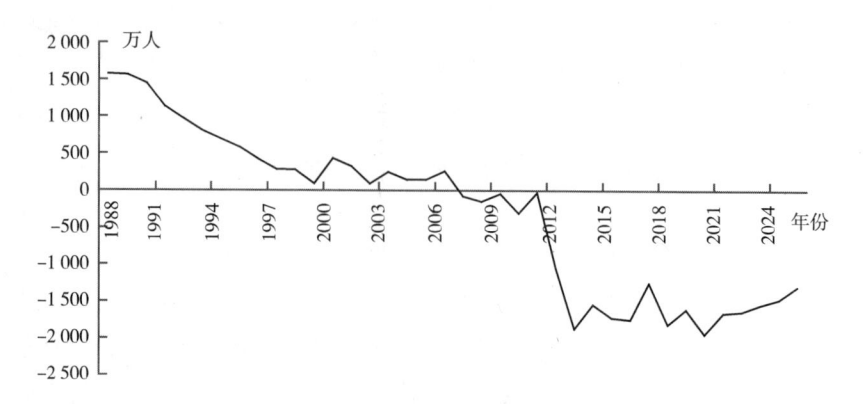

图7-4　16~18岁平均人数扣减当年大学招生人数和50岁退休人数

资料来源：由安信证券根据1%人口抽样调查以及人口普查数据（1990~2005）、《中国教育统计年鉴》（1980~2008）核算所得。

在这样的劳动力供给形势之下，意味着劳动者的市场地位上升，加上产业结构的变化，劳动收入份额的上升应是必然现象。也就是说，即使政策上不加以干预，单凭市场自身的力量，未来20年中国劳动收入份额也必然会上升。当然，当前政府各项政策对于劳动者保护的日益重视，也将有助于劳动收入份额的上升。不过，在我国当前经济发展阶段下，初次分配结果的改善应主要来自于人口形势和劳动力供给条件变化的自发结果。政府如果过多干预初次分配，既可能有碍劳动力市场的发挥自发调节作用，还可能实现不了政策目标。例如，过度提高最低工资，虽然有助于提升低收入就业者的工资水平，但也可能促进企业以资本替代劳动，从而减少就业，进而无助于劳动报酬份额的提升。

二、再分配环节政府规模与财政支出结构的展望：趋势与政策

在再分配环节，政府规模的大小以及财政支出结构的差异，都将最终影响企业、居民与政府之间的收入分配关系。而政府规模与财政支出结构，不仅仅有其自身的演变趋势，同时也在很大程度上受政策调整的影响。

我们首先假定财政收入相关政策没有大的改变的背景下，讨论中国财政收入规模在2011~2030年之间的演变趋势。对于财政收入的主体——税收，自"十五"以来长期存在增长速度远超GDP增长速度的现象。这种趋势是否还将继续下去？是展望未来首先需做出判断的一个问题。

作出这一判断的前提是理解税收高速增长的原因。高培勇（2006）在区分

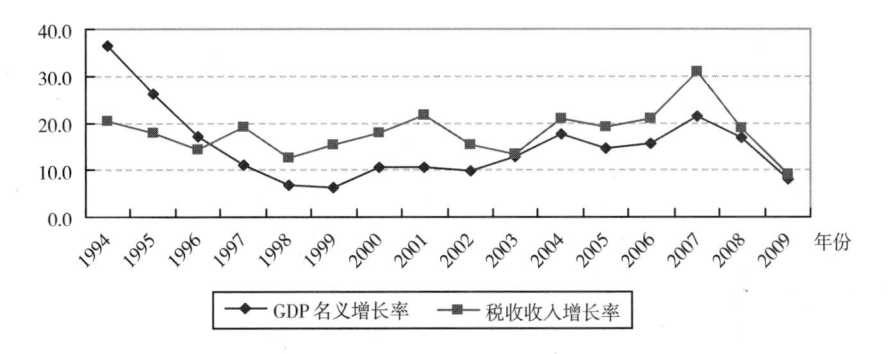

图 7-5　中国名义 GDP 与税收收入增长率之间关系（1994～2009）

资料来源：《中国统计年鉴（2009）》。2009 年数据来自于统计局和税务总局的报告。

法定税负与实征税负的基础上指出，1994 年税制改革在税制设计时预留出很大的"征管空间"，也就是说事先建构了一个法定税负较高的税制架子。由此随着税收征管水平的上升，使得中国税收走上持续高速增长的轨道。这一解释的一个推论是，未来随着征管空间越来越小，税收增速与 GDP 的名义增速之间的差距将越来越小。以现实数据来看，如图 7-5 所示，中国税收增速的变动与名义 GDP 增速的变动基本保持一致的趋势，税收增速与 GDP 的名义增速之间的差距也确实越来越小。值得注意的是，1997 年中国开始遭遇亚洲金融危机，但此后一直到 2002 年税收增速都高于名义 GDP 增速。这段时间内，税收增速年均达到 16.9%，高出 GDP 年均增速约 7.7%，并且两者之差在 2001 年高达 11.1%。这背后的原因一是随着新税制的不断完善，征管的力度越来越大；二是在亚洲金融危机期间，中国政府提出了增加税收的目标。自 2003 年开始，新一轮高速增长期间税收增速同样远高于名义 GDP 增速。但延续到 2008 年、2009 年，税收增速与 GDP 增速的差异越来越小。同样经历过高速增长的日本、韩国的历史经验也可以为我们展望未来提供很好的借鉴。在日本、韩国高速增长时期，同样存在税收增速长期高于名义 GDP 增速的现象。但在其经济增速趋缓之后，其税收增速也逐渐平缓，且与 GDP 增速逐渐接近。由此看来，如果我国的经济增速逐渐趋缓，则税收增速远超 GDP 增速的现象也可能逐渐消失。

基于对中国过去税收高速增长背后原因的分析，以及日、韩的历史经验，一个基本判断是：随着"征管空间"越来越小，经济增长速度逐渐放缓，未来中国税收增速继续远高于名义 GDP 增速的现象不会持续下去。财政收入中预算外资金以及政府性基金（不包括土地出让金）两项，自 1998 年以来占财政收入的比重已经大幅下降，其主要原因是越来越多的资金被纳入一般预算管理，且在政策上有逐渐将其减少的意向，因此预计随着改革的深化，这部分财政资金的规模将越来越小。至于土地有偿使用收入，由于中国至少在未来10年尚处于城镇化建设的高峰期，因此在维持目前体制的前提下，依然会不断增长，其占全口径财政收入的比重也有望进一步提升。不过，土地有偿使用收入受房地产市场的形势影响较大，因此波动性会较大。到城镇化建设高峰期之后，来自于土地有偿使用收入的财政收入将会有所下降，但如果针对房地产保有环节的物业税得以开征，则此类性质的收入将维持稳定的规模。在1998～2009年间，社保缴费占全口径财政收入的比重已稳步从9%上升到13%。当前，大力发展社会保障事业，已经成为社会各界的共识。以发达国家历史经验来看，随着社保缴费覆盖人群越来越广，中国未来20年社保缴费占全口径财政收入的比重将会稳步上升。

综合以上分析，可以预计在未来20年中：虽然全口径财政收入的结构会发生改变，但其占GDP的比重的变化趋势，将会受土地出让金变化趋势的较大影响，难以准确判断。如果土地市场继续升温或者维持现有趋势，加上社保缴费的稳步增长，则全口径财政收入占GDP比重有可能突破35%。在城镇化建设以及社会保险事业的高峰期之后，我国的全口径财政收入占GDP比重将会相对稳定下来。

在既定的财政收入规模下，不同的财政支出结构对于居民、企业和政府的可支配收入份额影响较大。如果财政支出像欧洲发达国家一样，侧重于直接向居民部门转移支付的民生福利性支出，则居民部门的可支配收入份额不会因为财政收支规模过大而下降，而是通过再分配环节得以较大提升。以白重恩等（2010）基于2008年全口径财政支出数据（未包含地方融资平台债务资金）进行的估算来看，我国教育、医疗、养老等民生福利性支出的比重近35%，交通运输、城乡基础设施、农业等产业方面的城乡建设与经济事务支出的比重近40%。与发达国家民生福利性支出的比重一般超过60%，城乡建设与经济事务方面的支出比重一般在10%左右的情况相比，中国的特点是城乡建设与经济事务方面的支出比重高，而民生性支出比重低。也就是说，我国财政向直接居民部门的转移支付比重较发达国家过低。这是当前居民收入难以有效提升的重要原因。

应当承认，考虑到改革开放之后中国赶超式的经济发展，快速的经济增长、人民生活的改善，对于基础设施的需求非常巨大，当前有限的财力偏向于经济建设也有一定的合理性。如展望未来20年的发展趋势，中国基础设施建设的高峰期应当已经完成，其相应的资金需求将会大幅下降。而社会保障事业的发展目前已经成为政府政策的重点，未来 20 年必将得到较大发展。当前我国财政支出的重点方向，是基础设施建设支出与民生福利性支出双碰头的基本格局，这是我国与老牌发达国家历史道路完全不同的现实国情。但在未来 20 年中，我国必将完成走向以民生福利性支出为中心的财政支出结构转型。从国民收入分配格局的角度看，这意味着在未来 20 年内，再分配环节对于提升居民部门可支配收入的作用将得以较大提升。

结合初次分配环节劳动收入份额与再分配环节的讨论，展望 2011～2033 年中国国民收入分配格局的演变，可以判断必将出现居民部门可支配收入的份额得以较大提升，而政府部门的可支配收入份额有所下降的局面。在其背后，劳动力供给形势的转变与财政支出结构的调整，是基本的动力。

三、小结

本章基于国际经验的总结和中国现状的分析，展望了 2011～2030 年中国国民收入分配格局的演变趋势。结论可概括如下：

1. 在要素分配环节，最初以卡尔多"特征事实"为代表的观点认为要素分配份额是稳定的，但近 30 余年的现实却发现各国劳动收入份额出现普遍的下降趋势。对这一现象影响因素的分析，结论较为含糊。较为取得共识的观点是，全球化的发展以及倾向于资本的技术进步是出现这一现象的重要影响因素。究其根本，劳动力的供求形势，劳动者的市场地位是影响劳动收入份额的关键因素。

2. 在再分配环节，政府规模的快速扩张是近一个世纪以来发达国家的典型事实。在其背后主要是民生福利性支出大大增加。由此对于国民收入分配格局来说，政府规模的扩张并非意味着居民部门可支配收入比重的下降，两者可以相辅相成。

3. 以资金流量表为基础分析中国国民收入分配格局，劳动收入份额在 1992～2007 年间存在下降的趋势，再分配环节未能有效缓解这一问题，由此使得居民部门可支配收入比重也出现较大降幅。如果考虑资金流量表对财政收支核算不全以及遗漏居民部门灰色收入问题并对其进行调整，则与资金流量表的核算结果相比，2008 年我国居民部门的可支配收入份额将提高 7 个百分点，达 64%，而企业部门的收入份额则调低 6 个百分点，达 12%。

4. 展望 2011～2033 年中国国民收入分配格局的演变，可以判断必将出现居民部门可支配收入的份额得以较大提升，而政府部门的可支配收入份额有所下降的局面。究其原因,劳动力供给形势的转变与财政支出结构的调整,是国民收入分配格局发生变化的基本动力。

本章执笔人:汪德华、白重恩

参考文献

[1] Baumol (1967). "Macroeconomics of Unbalanced Growth: The Anatomy of Urban Crisis", American Economic Review, 57: 415 –426.

[2] Bentolila, S. and G. Saint-Paul (2003). "Explaining Movements in the Labor Share." Contributions to Macroeconomics 3 (1): 1103.

[3] Bernanke, B. S. and R. S. Gürkaynak (2002). Is Growth Exogenous? Taking Mankiw, Romer, and Weil Seriously. NBER Macroeconomics Annual. B. S. Bernanke and K. S. Rogoff. Cambridge, MA: MIT Press. 16: 11 – 57.

[4] Berndt, E. R. (1976). "Reconciling Alternative Estimates of the Elasticity of Substitution." The Review of Economics and Statistics 58 (1): 59 – 68.

[5] Blanchard, O. and F. Giavazzi (2003). "Macroeconomic Effects of Regulation and Deregulation in Goods And Labor Markets." The Quarterly Journal of Economics 118 (3): 879 – 907.

[6] Blanchard, O. J. (1997). "The Medium Run." Brookings Papers on Economic Activity 1997 (2): 89 – 158.

[7] Brown, E. H. P. and P. E. Hart (1952). "The Share of Wages in National Income." The Economic Journal 62 (246): 253 – 277.

[8] Cameron, David (1978). The expansion of the public economy: a comparative analysis. American Political Science Review 72 (4), 1243 – 1261.

[9] Clark, C. (1932). The National Income, 1924 – 1931. London, Macmillan.

[10] Cutler and Richard Johnson, "The Birth and Growth of the Social Insurance State: Explaining Old Age and Medical Insurance Across Countries", Public Choice, 120 (1 – 2), 2004.

[11] Diwan (2000), "Labor Shares and Globalization." World Bank working paper, November 2000, Washington.

[12] Diwan (2001), "Debt as Sweat: Labor, Financial Crises, and the Globalization of Capital." World Bank working paper, July, 2001, Washington.

[13] Gallaway, L. E. (1964). "The Theory of Relative Shares." The Quarterly Journal of Economics 78 (4): 574 – 591.

[14] Glyn, A. (2007). "Explaining labor's declining share of national income", www.g24.org/phno4.pdf.

[15] Gollin, D. (2002). "Getting Income Shares Right." Journal of Political Economy 110

(2): 458 – 474.

[16] Gomme, P. and P. C. Rupert (2004). Measuring Labor's Share of Income, Federal Reserve Bank of Cleveland.

[17] Gujarati, D. (1969). "Labor's Share in Manufacturing Industries, 1949 – 1964." Industrial and Labor Relations Review 23 (1): 65 – 77.

[18] Guscina, A. (2006). Effects of Globalization on Labor's Share in National Income. IMF Working Paper No. 06294.

[19] Hahn, F. H. (1951). "THE SHARE OF WAGES IN THE NATIONAL INCOME." Oxf. Econ. Pap. 3 (2): 147 – 157.

[20] Harrison, A. E. (2002). Has Globalization Eroded Labor's Share? Some Cross-Country Evidence, UC Berkeley, Mimeo: 46.

[21] Hofman, A. A. (2001). Economic Growth, Factor Shares and Income Distribution in Latin American in the Twentieth Century.

[22] Kaldor, N. (1961). Capital Accumulation and Economic Growth, MacMillan.

[23] Kalleberg, A. L., M. Wallace and L. E. Raffalovich (1984), Accounting for Labor's Share: Class and Income Distribution in the Printing Industry, Industrial and Labor Relations Review 37 (3): 386 – 402.

[24] Keynes, J. M. (1939). "Relative Movements of Real Wages and Output." The Economic Journal 49 (193): 34 – 51.

[25] Krueger, A. B. (1999). "Measuring Labor's Share." The American Economic Review 89 (2): 45 – 51.

[26] Kuijs, 2005, "Investment and Saving in China", World Bank Working Paper, WPS3633.

[27] Kuznets, S. S. (1937). National Income and Capital Formation, 1919 – 1935: A Preliminary Report, National Bureau of Economic Research, Incorporated.

[28] Maarek (2010), Labor share, Informal sector and Development, www.idep-fr.org/IMG/pdf/Maarek.pdf.

[29] Meltzer, Allan, Richard, Scott (1983), Tests of a rational theory of the size of government. Public Choice 41 (3), 403 – 418.

[30] OECD (2009), National Accounts of OECD Countries 2009, DETAILED TABLES.

[31] Poterba, J (1994), Government intervention in the markets for education and health care: How. and why?, NBER Working Paper No. 4916.

[32] Poterba, J. (1997), The rate of return to corporate capital and factor shares: New estimates using revised national income accounts and capital stock data, NBER Working Paper 6263: 9 – 22.

[33] Rodríguez, F. and D. Ortega (2006). Are capital shares higher in poor countries? Evidence from Industrial Surveys.

[34] Serres, A. D., S. Scarpetta and C. D. L. Maisonneuve (2002), Sectoral Shifts in Europe and the United States: How They Affect Aggregate Labour Shares and the Properties of Wage Equations, OECD.

[35] Shastri, R. A. and R. Murthy (2005), Declining Share of Wages in Organised Indian Industry (1973~1997): A Kaleckian Perspective: 16.

[36] Solow, R. M. (1958), A Skeptical Note on the Constancy of Relative Shares, The American Economic Review 48 (4): 618–631.

[37] Takeuchi, F. (2005), Causes of Decline in Labor's Share in Japan, JCER Researcher Report No. 53, Japan Center for Economic Research.

[38] Young, A. T. (2004), Labor's share fluctuations, biased technical change, and the business cycle, Review of Economic Dynamics 7 (4): 916–931.

[39] 白重恩、钱震杰，国民收入要素分配问题研究：历史和现状，工作论文。

[40] 白重恩、钱震杰（2009），谁在挤占居民的收入——中国国民收入分配格局分析，《中国社会科学》第5期。

[41] 白重恩、汪德华、钱震杰（2010），公共财政促进结构转变的若干问题，《比较》第48辑。

[42] 高培勇（2006），中国税收持续高速增长之谜，《经济研究》第12期。

[43] 李稻葵、刘霖林、王红领（2009），GDP中劳动份额演变的U形规律，《经济研究》第1期。

[44] 李扬、殷剑峰（2007），中国高储蓄率问题探究，《经济研究》第6期。

[45] 罗长远（2008），卡尔多"特征事实"再思考：对劳动收入份额的分析，《世界经济》第11期。

[46] 琼．罗宾逊（1961），《不完全竞争经济学》，商务印书馆。

[47] 坦齐和舒克内希特（2005），《20世纪的公共支出：全球视野》，商务印书馆。

[48] 唐宗焜（1995），利润转移和企业再生产能力，载董辅礽、唐宗焜、杜海燕主编《中国国有企业制度变革研究》（第21章），人民出版社。

[49] 汪德华（2010），中国财政收入规模的演变与展望，工作论文。

[50] 王小鲁（2010），灰色收入与国民收入分配，《比较》第48辑。

第八章

外贸对中国经济发展的影响

外贸作为全球化的重要内容和驱动力量，不仅对世界经济一体化有重要影响，而且对各国经济社会发展也有很大作用。从出口来看，外贸可以增加国内产品的销售渠道，进入国际市场；可以创造就业机会，提高居民的收入水平，产生良好的社会效益；有利于积累外汇储备，从而提升对外援助、战略购买、维护汇率稳定的能力；使得国内企业面临更多的竞争者，更复杂多变的市场环境，从而提高生产率和竞争力。从进口来看，进口资本设备可以提高国内的生产率；进口的先进资本品，可以通过"干中学"不断积累和提升一国的人力资本；进口中间品，可以增加一国产品的多样性和改善产品质量，提高产品的国际竞争力；进口能源、矿产品等资源，可以有效缓解国内资源的供应瓶颈，促进一国经济社会的可持续发展。

改革开放以来，中国的对外贸易发展迅速，至2009年中国进出口总额上升至世界第二位，出口总额则超过德国跃居世界第一位。为了更好揭示外贸对中国经济发展的影响，本章在总结国际贸易发展一般规律的基础上，采用需求乘数模型、非竞争型投入产出模型和可计算一般均衡（CGE）模型等多种方法进行定量分析。

第一节 外贸发展的一般规律与趋势

此节主要分析国际贸易发展的一般规律。具体来说，将从国际贸易的总量、结构（货物贸易和服务贸易；中间品贸易和最终品贸易；农产品、矿产品和制造品贸易）、国家（发达国家、发展中国家以及新兴市场国家等）、治理（两维和三维）、对象（北北贸易和南南贸易）、区域一体化（整体或局部）、分布（集中或分散）和壁垒（关税和非关税）等方面分析第二次世界大战之后国际贸易发展的一般规律，总结和提炼最近几十年国际贸易领域演变的十大趋势。

第一，全球贸易总量占 GDP 比重不断增加，贸易一体化程度不断加深。从全球贸易的总量来看，世界货物进出口总额从 1970 年的 6 464.96 亿美元增加到 2007 年的 278 896.24 亿美元，在 38 年内增加了 42 倍。世界货物进出口总额占世界 GDP 的比重自 1970 年的 19.7% 上升到 1990 年的 31.9%，再上升到 2007 年的 51.4%。如果将世界服务贸易包括进来，则世界货物和服务进出口总额从 1980 年 49 364.46 亿美元增加到 2007 年的 343 300.38 亿美元，在短短的 28 年增加了 6 倍。世界货物和服务进出口总额占世界 GDP 的比重则更高，从 1980 年的 41.4% 上升到 1995 年的 43.4%，再上升到 2007 年的 63.2%（如图 8-1 所示）。这说明，全球贸易已经成为全球化的重要内容和驱动力量，世界各国通过全球贸易变得更加开放，联系更加紧密。

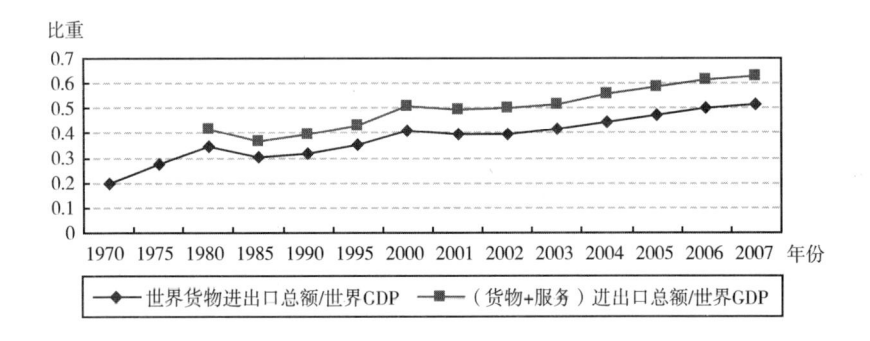

图 8-1　全球贸易总量的演变

注：数据来自 www.unctad.org。

第二，服务贸易迅速发展，而服务外包的兴起对发展中国家意味着新的发展机遇。在全球贸易总量迅速增长的过程中，国际服务贸易迅速发展。国际服务贸易总额从 1980 年的 8 306.59 亿美元增加到 2007 年的 64 404.14 亿美元，期间增加了 7 倍。国际服务贸易总额占世界 GDP 的比重也由 1980 年的 7.0% 上升到 2007 年的 11.9%。尽管国际货物贸易总额在 1980~2007 年增加了 6 倍，但是国际服务贸易在同期却增加了 7 倍。这导致国际服务贸易总额占世界贸易总额（货物贸易与服务贸易）的比重不断上升，从 1980 年的 16.8% 上升到 2007 年的 18.8%。随着科学技术的进步、发达国家工资成本的上升和国际服务外包的发展等，国际服务贸易将会在全球贸易中所占比重不断上升，成为推动全球化的主导力量之一。特别需要强调的是，服务外包的迅速崛起对发展中国家意味着新的发展机遇。服务外包尽管是附加值相对较高的环节，但是其承接方大多为发展中国

第八章　外贸对中国经济发展的影响

家。作为世界最大的软件外包国家和仅次于美国的第二大计算机软件出口大国的印度，自1997年以来，整个国民经济的年均增长率在6%左右，服务业的年均增长率为8.7%，其中以软件为首的信息通讯技术的平均增速超过10%。2005年，印度软件及相关服务业产值达215.3亿美元，占GDP比重上升到4%左右，其中外包与出口172亿美元，同比增长34.4%，到2010年，印度软件和服务外包出口预计将达到600亿美元，年增长率将达到25%[①]。印度通过承接国际服务外包，不仅培养了一批具有国际竞争力的跨国外包企业，促进了本国出口与经济的增长；而且提升了产业结构，形成了外包、就业、收入之间的良性循环（见图8-2）。

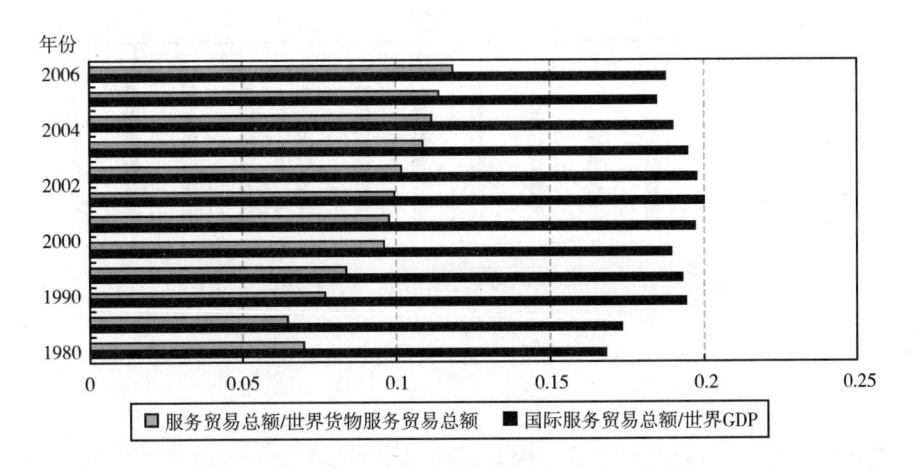

图8-2　服务贸易的发展

注：数据来自 www.unctad.org。

第三，发展中国家，特别是以中国为首的"金砖四国"的全球贸易迅速发展。从国别来看，从20世纪70年代开始，发展中国家的全球贸易迅速发展。1970年发展中国家国际货物贸易的总额为1 216.38亿美元，到2007年发展中国家的国际货物贸易总额则上升为98 223.81亿美元，增加了80倍。与此形成鲜明对比的是，同期世界国际货物贸易总额只增加了42倍，发达国家国际货物贸易总额只增加了33倍。发展中国家全球贸易的迅速发展使得发展中国家货物贸易总额占世界的比重，相应的由1970年的18.8%上升到2007年的35.2%，几乎翻了一番。从新兴工业化国家的角度看，1970年新兴工业化国家的国际货物贸易的总额为246.93亿美元，2007年则上升为34 048.33亿美元，增加了137

---

① 《服务外包主要承接国比较与借鉴》，http://www.catis.org.cn/E_ReadNews.asp?NewsID=1244。

倍。新兴工业化国家全球贸易的迅速发展使得它们的货物贸易总额占世界的比重，相应的由1970年的3.8%上升到2007年的12.2%。最后，再来分析以中国、巴西、印度和俄罗斯组成的"金砖四国"全球贸易的发展状况。1970年"金砖四国"的货物贸易总额只有101.74亿美元，2007年则增加到34 227.90亿美元；"金砖四国"的货物贸易总额占世界的比重也由1970年的1.6%，上升到2007年的12.3%。发展中国家全球贸易的迅速发展使得南北贸易重新成为全球贸易的重要组成部分，改变了全球贸易的基本格局。特别是，以中国为首的"金砖四国"已经成为全球贸易领域举足轻重的力量（见图8-3）。

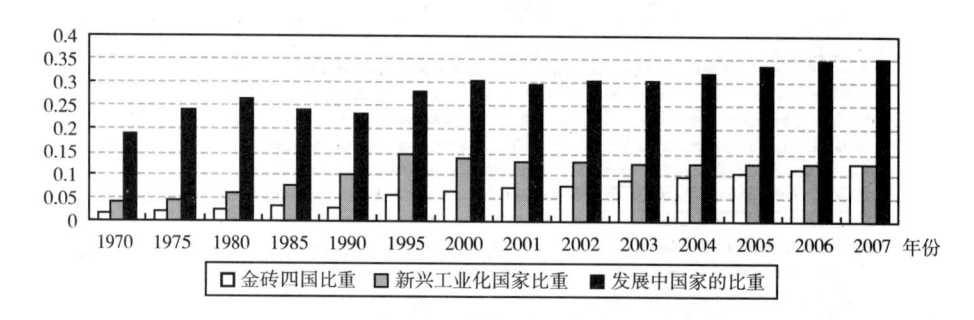

图8-3 发展中国家全球贸易的发展

注：数据来自 www.unctad.org。

第四，科技进步和规模经济等因素，使得中间品贸易兴起。科学技术的飞速进步和规模经济等因素，推动了中间品贸易的迅速发展。科学技术的进步至少从以下两方面推动了中间品贸易：一方面，科学技术的进步改变了产品的自然物理属性，使得产品的可分性得到提高，使得越来越多的产品可以进行中间品贸易。另一方面，交通运输技术的改善使得远洋、航空、铁路和高速公路等的运输成本大幅下降，运输时间大为节省；电报、广播、移动电话和互联网等信息传递工具的发明、推广和普及使得信息交流成本大幅下降。从规模经济来看，同一产品不同环节的最佳生产规模往往是不同的。当产品内分工变得可行时，企业就可以依据不同环节相应的最佳规模进行生产，从而可以节省成本和改善资源配置的效率。在规模经济成为主要产业特征和竞争优势的全球化时代，依据不同区位的要素禀赋在世界范围内布局生产过程，以充分发挥不同环节规模经济的行为，势必会引起大量的中间品贸易。可见，随着同一产品不同环节的生产流程在全球的空间分散，使得其在组装成为最终品之前，会引致不同国家之间的进出口贸易，从而使得中间品贸易（或者零部件贸易）在全球贸易的比重越来越大，全球贸易呈现出产业间贸易、产业内贸易和产品内贸易的三元结构。在1970~1990年期间，垂直专业化对出口增长的贡献率达到了30%，中间品贸易占全球贸易的比重越来越大（Hummels et al.，2001）。在1990~2000年间，全球贸易的年均增长速度高达为6.5%，而中间品贸易的年均增速高达9.1%（Jones et al.，2005）。

第五，全球贸易的分布在"二战"之后始终集中在少数的国家或地区。自第二次世界大战以来，全球贸易的分布始终保持着很高的集中化趋势。不管是从货物贸易来看（如图8-4所示），还是从服务贸易来看（如图8-5所示），全球贸易最发达的10个国家占据了全球贸易的60%左右，其余的40%则来自其他100多个国家或地区；全球贸易最发达的40个国家或地区更是占据了全球贸易的90%左右。全球贸易的集中化趋势说明，尽管全球贸易的总量迅速增加，占世界GDP的比重不断上升，但全球贸易活动始终集中在少数的国家或地区。这意味着进入世界市场的壁垒始终较高。

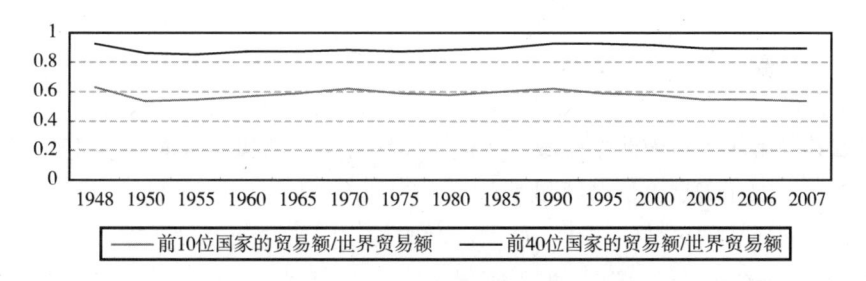

图8-4　国际货物贸易的集中化

注：数据来自 www.unctad.org。

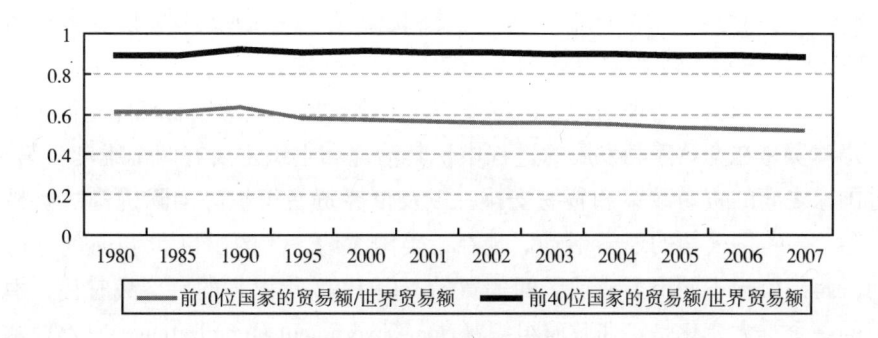

图8-5　国际服务贸易的集中化

注：数据来自 www.unctad.org。

第六，由于多边自由贸易谈判困难重重，区域一体化逐渐兴起。20世纪三四十年代，世界贸易保护主义盛行，全球贸易的相互限制是造成世界经济萧条的一个重要原因。第二次世界大战结束后，为了推动全球贸易的发展，构建了一个政府间缔结的有关关税和贸易规则的多边国际协定，简称关贸总协定。它的宗旨是通过削减关税和其他贸易壁垒，削除全球贸易中的差别待遇，促进全球贸易自由化，以充分利用世界资源，扩大商品的生产与流通。关贸总协定主持的多边贸易谈判尽管成效显著，但由于每次谈判涉及的国家和内容很多，这就使得达成协议困难重重。譬如2001年11月在卡塔尔首都多哈举行的世贸组织第四次部长级会议启动的"多哈回合"。谈判内容就包括农业、非农产品市场准入、与贸易有关的知识产权、争端解决、贸易与发展等议题；而"多哈回合"按计划应在2005年1月1日前结束，但因涉及各方利益的进退取舍，"多哈回合"启动以来，谈判进程一波三折，至今未达成协议。于是，在地理位置接近和自然条件相同的国家或地区之间，就通过区域一体化来实现对外贸易的发展。

区域一体化（Regional Integration，RI）作为全球贸易中的一种制度安排或协定，是一国参与全球贸易的重要渠道和方式，对全球贸易发挥着越来越重要的影响。全球贸易进程中的区域一体化，从国家的经济发展水平的角度看，可以分为南南型区域一体化，即发展中国家之间形成的区域一体化，如东南亚国家联盟和南方共同市场等；南北型区域一体化，即发展中国家和发达国家之间形成的区域一体化，如北美自由贸易区和亚太经济合作组织等；北北型区域一体化，即发达国家之间形成的区域一体化，如欧洲联盟等。国家之间通过区域一体化安排，通常会促进本国全球贸易的迅速增长。在图8-6中，东南亚国家联盟（ASEAN）1999年货物贸易总额为6 631.82亿美元，2007年就增加为16 380.03亿美元。北美自由贸易区（NAFTA）1999年货物贸易总额为16 662.47亿美元，到2007年上升为45 523.36亿美元。欧洲联盟（EU）1999年货物贸易总额为30 671.35亿美元，到2007年上升为107 152.80亿美元。

第七，全球贸易治理结构从两维逐渐向三维发展，全球贸易环境变得更加复杂。全球贸易在全球蓬勃发展的进程中，其治理和组织主要有两个维度：第一、通过国家之间的贸易政策和贸易安排，以及世界贸易组织等国际机构的贸易规则；第二、跨国公司的经营活动。现在，美国大约1/3的出口和42%的进口都是同一跨国公司不同国家或地区间的贸易。但1992年以来的后冷战时代，国际领域的一个重大变化是：非政府组织（Non-Government Organization，NGO）和全球公民社会（Global Civil Society，GCS）开始兴起，并对国际事务的各个方面产生越来越大的影响。具体到全球贸易领域，各国形形色色的NGO和GCS，开始介入过去被国际组织、政府和跨国公司主导的贸易治理中来，它们就各自最关心的利益、话题或理念，进而发言、参与或抗衡。譬如保护环境的积极分子要求环境标准成为贸易协议的一部分，人权主义者要求通过童工标准保护儿童权益等

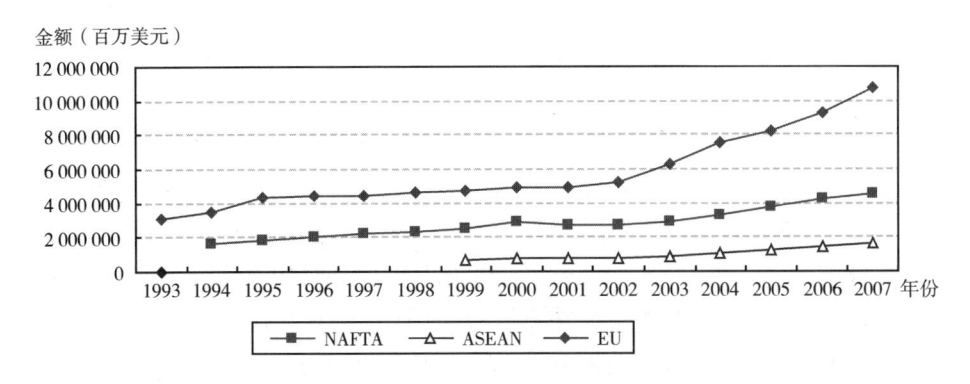

图 8-6　区域一体化组织的货物贸易

注：数据来自 www.unctad.org。

等。NGO 和 GCS 的兴起，使得全球贸易的治理结构开始从两维向三维演进，全球贸易环境变得更加复杂。

第八，尽管发展中国家之间的贸易迅速发展，但发达国家之间的贸易仍占主导地位。第二次世界大战之后，尽管发展中国家通过南南合作，促进了它们之间全球贸易（一般地，将发展中国家之间的全球贸易称为南南贸易）的迅速发展，并且南南贸易占全球贸易的比重也由 1950 年的 4.5%，上升到 2006 年的 16.9%，但发达国家之间的全球贸易（一般地，将发达国家之间的全球贸易称为北北贸易）始终是全球贸易的主要部分，长期保持在 50% 左右。这说明，北北合作仍然是全球贸易中的主导力量（图 8-7）。

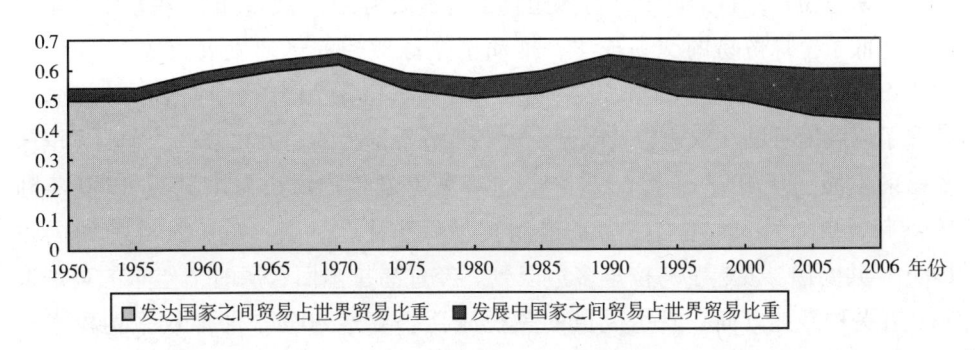

图 8-7　北北贸易和南南贸易

注：数据来自 www.unctad.org。

第九，制造品贸易取代农产品和矿产品贸易成为主要的贸易商品。制造品（Manufactures）贸易增长速度远远超过农产品（Agricultural products）和矿产品

(Mining products)贸易的增长速度,在1950~2007年,制造品出口贸易的年均增长速度为7.5%,农产品出口贸易的年均增长速度只有3.5%,矿产品出口贸易的年均增长速度为4.0%,这使得制造品贸易构成了全球贸易的主要部分。以2003年为例,制造品贸易的占比已经达到61%,而农产品只有8%,矿产品占11%,服务贸易占20%。这种由出口非技术密集型产品向出口技术密集型产品转型的趋势,不管是对发达国家还是发展中国家都不例外。2005年,制造业产品占到美国出口总量的81%以及进口总量的71.5%,其中超过半数集中在机械和运输设备产品上。对发展中国家来说,1960年这些国家的出口中58%为农产品,只有12%为制造品;而到了2001年,65%的出口为制造品,只有10%为农产品(见图8-8)。

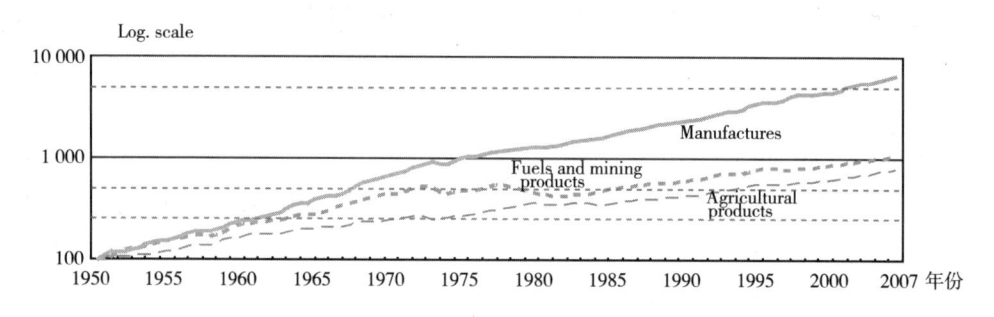

图8-8 依据主要产品大类国际货物出口贸易的发展速度,1950~2007

注:图8-8来自www.wto.org,其中Volume indices,1950=100。

第十,关税壁垒大幅减少,非关税壁垒却日益泛滥。"二战"之后,通过关税和贸易总协定主持的前七回合多边自由贸易谈判,全球贸易的关税水平大幅下降,降低了全球贸易的交易成本,推动了全球贸易的迅速发展,从1950年到1973年间,世界贸易量平均增长率达到7.2%。但在70年代中期后,许多国家采取了以政府补贴、双边数量限制、市场瓜分等形式的非关税壁垒,影响了全球贸易的发展,从1973年到1979年,世界贸易量年均增长为4.5%,1980年到1985年,更降为3%左右。为了遏制贸易保护主义,美、欧、日等缔约国在1986年共同倡导发起了乌拉圭多边谈判。经过乌拉圭回合历时7年半的艰难谈判,在关税减让方面,发达成员的关税减让幅度达40%,即加权平均税率从6.3%减为3.8%;发展中成员的关税减让导致其加权平均税率由15.3%减为12.3%。从关税约束水平方面分析,发达成员承诺关税约束的税目由78%上升为99%,涉及的税额由94%增长为99%。从约束关税范围上分析,发展中成员税目约束比例由21%上升为71%,涉及的税额由13%增长为61%。20世纪90年代以来,在WTO组织不懈地努力及各个国家通过双边和多边贸易谈判下,传统的非关税壁垒如配额、进口许可证等已大为减少，遗憾的是非关税壁垒领域却呈现了新的发展趋势，如反倾销措施不断增强、贸易技术壁垒（TBT）迅速发展、数量保障实施使用频繁、绿色壁垒名目激增、灰色区域措施的使用和劳工标准以及动物福利的兴起等，使得非关税壁垒降低了关税削减所带来的自由贸易效应，仍然是阻碍全球贸易发展的重要因素。

第二节 净出口对中国经济增长的影响分析

在分析外贸对经济增长的影响时，许多学者经常使用支出法 GDP 中的净出口对经济增长的贡献进行分析。但是，净出口是否可以反映对外贸易对中国经济增长的影响呢？

我们认为，根据净出口及其增量指标来评判外贸对经济增长贡献有其不足之处：一是净出口是出口和进口之间的差额，不能用净出口或其增量来判断外贸对经济增长的拉动作用，净出口增量对 GDP 增长贡献的计算方法反映的是一种事后的核算，净进口增量对 GDP 增长贡献为负并不能说明出口或者外贸对经济增长的贡献减弱。同样数量的净出口，既有可能是大进大出的结果，也有可能是小进小出的结果，从净出口贡献率来看对 GDP 的拉动作用都一样，但这就无法区分大进大出与小进小出对 GDP 的不同拉动作用。二是在评价外贸进出口对经济增长的拉动作用时，不能局限于净出口的指标，而应该考虑出口和进口的对经济的拉动作用。事实上，即使净出口为零，净出口对 GDP 增长的贡献为零，也不意味着出口对 GDP 也没有贡献；净出口为负（出口小于进口），净出口对 GDP 增长的贡献也为负，也不意味着出口就对经济不起拉动作用而起阻碍作用。而且直接用消费、投资、净出口中的任何一个需求占 GDP 的比例作为该需求对经济的拉动作用都存在问题。国民经济核算体系中将净出口作为最终需求与出口需求在现实经济中的作用有着本质上的区别。三是国民收入核算恒等式右侧的各个变量之间并不独立，例如投资和消费的扩张可能导致进口的增加从而净出口的减少，同样，出口的增长也可能影响到进口、投资和消费的变化。以净出口在国民收入恒等式中的比重来衡量外贸对我国经济增长的贡献，没有考虑出口通过影响消费和投资来对经济增长造成的间接影响，所以得到的结果低估了外贸对经济增长的贡献。

本节接下来的内容安排如下：从理论方面说明 GDP 增长率的常用分解，并在一个简单的需求乘数模型框架下，阐述影响 GDP 增长率和净出口增长率的因素；第二部分将讨论中国 1978~2008 年 GDP 增长率及其贸易分量增长率之间的经验关系；最后是本节的结论部分。

一、需求乘数模型

(一) GDP 增长率的一个常用分解

通常，分析各变量因素对 GDP 增长的贡献基于以下恒等式：

$$Y = I + C + NE \qquad (8-1)$$

其中，Y 表示 GDP，I 表示投资，C 表示消费，NE 表示净出口，即：

$$NE = E - M \qquad (8-2)$$

其中 E 表示出口，M 表示进口。由于 Y 的增量可表示成其各组成部分的增量之和，即

$$\Delta Y = \Delta I + \Delta C + \Delta NE \qquad (8-3)$$

将上式两边同除以 Y，即得到：

$$\frac{\Delta Y}{Y} = \frac{I}{Y} \cdot \frac{\Delta I}{I} + \frac{C}{Y} \cdot \frac{\Delta C}{C} + \frac{NE}{Y} \cdot \frac{\Delta NE}{NE} \qquad (8-4a)$$

即 GDP 的增长率可以分解为三部分：投资的贡献、消费的贡献，以及净出口的贡献。各部分的贡献等于其增长率乘以它在 Y 中所占的比重。

净出口的变化又可表示为：

$$\Delta NE = \Delta EX - \Delta IM \qquad (8-4b)$$

其中，EX 表示出口，IM 表示进口。

以上分解可以使我们澄清 GDP 不同组成部分对 GDP 增长的作用，但应该明确净出口本身不是一个需求变量，它是出口与进口之差，出口反映外部需求对经济增长的拉动作用，而进口则是由国内消费、投资和进口倾向所决定的。由 (8-4a)式和 (8-4b) 式可以得到 GDP 与贸易分量之间的关系（见表 8-1）。因此，如果试图仅仅通过以上分解来讨论不同因素（尤其是外贸）对经济增长的贡献，以及由此所能得出的政策含义是有限的。由上述分解可以看出，国内生产总值、出口、进口以及净出口的增长之间并不存在一个完全确定的正向或反向关系，常用的核算方法所计算的净出口增长对 GDP 增长率的贡献只是体现了经济总量多种因素作用的最后结果，而不能看出各类因素之间相互作用关系以及出口和进口所具有的结构调整和产业变化的实质经济含义。

表 8-1　GDP 及其对外贸易分量之间的增长关系一览表

出口增量	进口增量	净出口增量	GDP 增长	情形
+	+	+	+	①
			-	②
		-	+	③
			-	④
	-	+	+	⑤
			-	⑥
-	+	-	+	⑦
			-	⑧
	-	+	+	⑨
			-	⑩
		-	+	⑪
			-	⑫

（二）一个简单的需求乘数模型

GDP 只反映一个地区的总产品或总收入，并全面不反映总需求。总需求 (X) 可定义为：

$$X = I + C + E \qquad (8-5)$$

其中，C 为消费，I 为投资，E 为出口，而进口则是由消费、投资和进口倾向所决定的。可以用一个简单的需求乘数模型更清楚地揭示它们之间的关系。将 (8-1) 式代入 (8-5) 式，可得：

$$X = Y + M \qquad (8-6)$$

对以上两式稍加变换，可得到：

$$E = (Y - C) + M = S + M \qquad (8-7)$$

其中 S 为储蓄。上式左边反映需求的"注入"，右边反映需求的"漏出"。在一个宏观经济平衡时，总注入和总漏出必须相等。

由于进口量取决于投资、消费和出口，储蓄取决于总收入，我们可以假设：

$$s = S/Y \qquad (8-8)$$

$$m = M/Y \qquad (8-9)$$

即 s 和 m 分别为储蓄率和进口倾向。

这样我们就得到了一个典型的凯恩斯乘数函数：

$$Y = \frac{1}{s+m}(I+E) \tag{8-10}$$

其中，$1/(s+m)$ 即为凯恩斯乘数。由于总的产出水平 Y 取决于投资需求 I 和出口需求 E，这两类需求通常称为有效需求。

（三）需求因素对 GDP 和净出口的影响方向分析

为清楚地说明（8-4）式所给出的净出口变化背后所反映的经济意义，把净出口表述为出口（E）、投资（I）的函数。由（8-7）式可推出：

$$NE = E - M = S - I \tag{8-11}$$

将（8-8）式和（8-9）式代入（8-11）式有：

$$NE = \frac{s}{s+m} \cdot E - \frac{m}{s+m} \cdot I \tag{8-12}$$

比较（8-10）式和（8-12）式可以看到，影响 GDP 和净出口的因素是一致的，它们的变动都取决于投资 I、出口 E 以及储蓄倾向 s 和进口倾向 m 的变化，但这些因素的影响方向是不是一致的呢？

首先讨论各因素对 GDP 的影响，对（8-10）式作微分，可以得出增长方程：

$$\frac{\Delta Y}{Y} = \frac{I}{I+E} \cdot \frac{\Delta I}{I} + \frac{E}{I+E} \cdot \frac{\Delta E}{E} - \frac{s}{s+m} \cdot \frac{\Delta s}{s} - \frac{m}{s+m} \cdot \frac{\Delta m}{m} \tag{8-13}$$

由（8-13）式可知，GDP 增长取决于投资 I 和出口 E 的增长，以及储蓄倾向 s 和进口倾向 m 的变化。一方面，投资和出口需求的增长可以带动经济增长，另一方面，储蓄倾向和进口倾向的提高则会抑制经济增长。

然后分析各因素对净出口的影响，对（8-12）式作微分，可得出：

$$\frac{\Delta NE}{NE} = \frac{(I+E)}{(sE-mI)}\left(\frac{m\Delta s}{s+m} - \frac{s\Delta m}{s+m}\right) + \frac{sE}{sE-mI} \cdot \frac{\Delta E}{E} - \frac{mI}{sE-mI} \cdot \frac{\Delta I}{I}$$

$$= \left(\frac{M}{NE}\frac{s}{s+m}\right) \cdot \frac{\Delta s}{s} - \left(\frac{S}{NE}\frac{m}{s+m}\right) \cdot \frac{\Delta m}{m} + \left(\frac{S}{NE}\frac{E}{I+E}\right) \cdot \frac{\Delta E}{E} - \left(\frac{M}{NE}\frac{I}{I+E}\right) \cdot \frac{\Delta I}{I} \tag{8-14}$$

（8-13）式和（8-14）式说明决定净出口变化与决定 GDP 变化的因素相同，同样取决于投资 I、出口 E、储蓄倾向 s 和进口倾向 m 这四个因素的变化。但与 GDP 增长不同的是，投资增长会导致净出口的增量为负，储蓄倾向增加则导致净出口的增量为正，投资和储蓄倾向这两个因素对于经济增长和净出口增长所起的作用是相反的，投资增长和消费增长将导致净出口的增量为负。总之，国民收入核算恒等式右侧的各个变量之间并不独立，净出口也是各个变量互相作用的结果。

（8-13）式和（8-14）式的经济含义是非常明显的：由于进口决定于国内消费、投资、出口和进口倾向，不能把净出口看做一个反映外部需求强弱的独立的指标，也不能将其看做外贸对经济增长拉动作用的指标，相反，它反映在这些因素共同作用下的经济运行的结果。同此，我们用（8-4）式分析GDP各部分对GDP增长的贡献时，必须明确，净出口的变化是其他因素共同作用的结果，它本身不是一个政策变量或反映外部环境变化的变量，不能准确反映外贸对经济增长的拉动作用。国民收入核算恒等式右侧的各个变量之间是互相作用的，以净出口在国民收入恒等式中的比重来衡量外贸对我国经济增长的贡献，没有考虑出口通过影响消费和投资来对经济增长造成的间接影响，所以得到的结果低估了外贸对经济增长的贡献。

二、统计分析与计量检验

（一）中国GDP增长与对外贸易分量之间的相关性讨论

中国经济的实际运行情况也支持理论部分中的讨论。根据表8-1中GDP与其贸易分量之间的理论关系，中国1979~2008年国内生产总值与对外贸易增长之间的关系的实际情形见表8-2。

由表8-2可见，中国净出口增量与GDP增长率的变化方向并不完全一致。在1979~2008年的30个年份中，只有16个年份是一致的，净出口增量的减少不一定引起GDP增长率的下降。这表明，国民收入核算恒等式右侧的各个变量之间并不独立，例如投资和消费的扩张可能导致进口的增加从而净出口的减少，同样，出口的增长也可能影响到进口、投资和消费的变化。很明显，以净出口在国民收入恒等式中的比重来衡量外贸对我国经济增长的贡献，存在着缺陷。

既然没有一个确定性关系，自然的想法就是能否确认GDP增长与对外贸易分量有没有统计上的相关关系存在。表8-3列示了采用不同的价格指数调整情况下，GDP与各分量增量之间的相关系数，一个有趣的现象是GDP增量与出口增量之间的相关系数大于GDP增量与净出口增量之间的相关系数。这直观地说明了对于GDP增长而言，出口的增长比净出口的增长来得更为重要。而且，表8-3的结果也说明相关系数对于价格调整指数的选择是不敏感的，选择不同的价格指数，各相关系数的相对大小并未发生变化。

表 8-2　　　1979~2008 年中国 GDP 与外贸分量增长关系的实际情形

年份	出口增量	进口增量	净出口增量	消费增量	投资增量	GDP增量	GDP增长率（%）	GDP增长率的变化	情形
1979	39.9	47.9	-7.9	328.9	67.4	388.4	8.8	-1.5	④
1980	43.3	37.7	5.6	184.6	25.3	215.5	7.3	-2.2	②
1981	81.2	57.3	23.9	236.3	-42.6	217.6	5.1	7.1	②
1982	34.8	-35.8	70.5	235.7	132.2	438.5	12.2	-2.8	⑥
1983	16.0	52.4	-36.4	286.5	190.7	440.8	9.4	2.2	④
1984	110.4	153.6	-43.3	476.9	346.1	779.8	11.6	-1.6	③
1985	138.4	426.0	-287.6	519.5	546.7	778.6	10.1	-0.3	④
1986	165.5	67.0	98.5	311.3	189.2	599.0	9.8	0.3	②
1987	212.1	16.7	195.4	296.3	134.0	625.7	10.1	-0.1	②
1988	14.3	109.3	-94.9	307.3	216.3	428.7	10.0	-7.4	④
1989	-61.6	-57.9	-3.7	-231.0	-185.9	-420.6	2.6	2.5	⑪
1990	476.2	139.2	337.0	282.7	106.4	726.2	5.1	3.1	①
1991	353.3	310.0	43.3	679.2	414.8	1 137.3	8.2	3.3	①
1992	285.4	452.0	-166.7	931.0	760.8	1 525.1	11.5	3.0	③
1993	-3.4	385.5	-388.9	833.4	1 604.6	2 049.1	14.5	-3.9	⑦
1994	1 286.3	815.3	471.0	720.3	325.0	1 516.3	10.6	-1.2	②
1995	136.9	60.9	76.0	806.8	495.9	1 378.6	9.4	0.3	②
1996	-168.0	-273.9	105.8	1 142.6	405.9	1 645.3	9.7	-1.0	⑨
1997	652.1	288.1	364.0	854.8	361.1	1 579.9	8.6	0.8	②
1998	125.4	53.0	72.4	1 067.4	722.0	1 861.8	9.5	-3.7	①
1999	384.9	582.6	-197.6	1 298.1	281.3	1 381.7	5.7	2.8	④
2000	1 331.1	1 361.2	-30.2	1 665.1	925.7	2 560.6	8.5	-2.2	③
2001	460.8	504.9	-44.1	1 523.4	1 399.6	2 904.4	8.3	0.8	③
2002	1 574.0	1 400.3	173.7	1 387.0	1 670.2	3 278.9	9.1	0.9	①
2003	2 858.7	3 024.2	-165.5	1 659.5	2 996.5	4 624.9	10.0	0.1	③
2004	3 965.0	3 826.7	138.3	2 692.0	3 709.4	6 708.3	10.1	0.3	①
2005	4 026.6	2 429.9	1 596.6	3 005.5	3 197.2	7 914.1	10.4	1.2	①
2006	4 456.9	2 832.8	1 624.2	3 518.6	3 789.4	9 079.1	11.6	1.4	①
2007	4 726.3	3 114.2	1 612.1	4 827.2	4 381.7	10 992.7	13.0	-4.0	②
2008	1 974.8	1 853.7	121.1	5 092.4	5 687.4	10 968.9	9.0		

注：金额单位为亿元（1978 年不变价，按社会商品零售价格指数调整）；增长率根据支出法国内生产总值计算。

表 8-3　　　　　　　　GDP 增量与各分量增量间的相关系数

		出口增量	净出口增量	消费增量	投资增量
居民消费价格	相关系数	0.5783	0.2450	0.9078	0.8972
	显著性水平	0.0034	0.0761	0.0072	0.0000
平减指数	相关系数	0.6974	0.3248	0.9671	0.9324
	显著性水平	0.0001	0.1207	0.0000	0.0021
社会商品零售价格	相关系数	0.7787	0.6828	0.9844	0.9739
	显著性水平	0.0000	0.0000	0.0000	0.0000

（二）GDP 需求结构和净出口增量的影响因素的讨论

中国经济在 80 年代初主要是由于居民消费倾向的提高而带动经济增长，这一时期表现为消费需求扩张并带动投资迅速增长，其后居民消费基本稳定，但是在 2000 年之后，居民消费比重出现了明显的下降趋势，从 2000 年的 62.3% 下降到 2008 年的 48.6%。由于中国作为一个大国，外贸变化对经济增长的影响一般情况下并不大。因此，投资需求的增长成为拉动经济增长的主导因素。长期以来，中国的投资率与 GDP 增长率呈同样的波动趋势，而净出口占 GDP 的比重则与它们的波动趋势不相一致。这表明投资的高速增长会带动国内需求的扩张，并推动经济的增长；而当国内需求弱的时候，净出口则往往上升，它对经济增长表现为一定的拉动作用，但并不说明是净出口拉动了经济增长。

90 年代以来，有个别年份如 1990 年、1994 年、2005 年、2006 年和 2007 年，贸易顺差大量增加，净出口增长对 GDP 增长的贡献都比较大。这种净出口的迅速增加都有其特殊的历史条件：1990 年和 1994 年人民币都有较大幅度的贬值，导致出口需求增加和进口倾向降低；而更为重要的是，在这两年投资都被大幅度地压缩，导致进口下降和出口上升；而在经济增长速度较高的年份，由于国内消费和投资旺盛，净出口增长往往较小甚至出现下降。因此，净出口的变化往往是国内经济增长快慢的结果，而非原因，体现在国民收入核算恒等式方面，就是恒等式右侧的各个变量之间并不独立。2000 年之后，由于中国加入 WTO，对外贸易有了迅猛的增长，净出口占 GDP 的比重不断加大，2004 年达到 5.4%，2007 年更是高达 8.9%，为改革开放以来的最高值，即使在遭受国际金融危机冲击的 2008 年也达到了 7.9%。但需要指出的是，净出口只是出口扩张的结果，净出口本身并不是拉动经济增长的因素。在评价外贸对经济增长的贡献时，一定要区分净出口和出口。净出口只是出口和进口之间的差额，是统计上的事后核算；而出口才是经济增长的"三驾马车"之一，才是拉动国内经济的重要引擎。

(三) 模型设定和计量检验

现在讨论对理论部分（8-13）式和（8-14）式的经验检验问题，上述两式实际上说明的是各因素增长率之间的关系，本小节将利用我国 1978~2008 年的统计数据（GDP 增长率按平减指数、各分量按社会商品零售价格指数计算）来检验。

宏观变量的非平稳特征是普遍的现象，所以我们首先对变量进行平稳性检验，如果数据是非平稳的，则进一步检验变量之间是否存在长期稳定的关系可以避免实证过程中产生伪回归。在单位根检验中同时使用 ADF 和 PP 检验两种方法，以保证结果的稳健。单位根检验的结果如表 8-4 所示。经过检验发现，GDP 增长率、投资增长率、出口增长率和净出口增加量都是平稳的，而消费增加量和投资增加量是非平稳的，它们的一阶差分值都是平稳的。为了避免"伪回归"，消费增加量和投资增加量都以它们的一阶差分进入回归方程。

表 8-4　　　　　　　各变量的单位根检验结果

变量	水平值 ADF 检验	水平值 PP 检验	一阶差分 ADF 检验
GDP%	-3.63**	-3.41**	-3.63**
I%	-3.23**	-3.26**	-3.23**
X%	-5.86***	-6.46***	-5.86***
M%	-4.51***	-5.89***	-6.03**
DNE	-2.68*	-3.01*	-2.68*
DC	0.42	0.80	0.42
DI	-0.11	0.14	-0.11

注：表中的数值表示 t 统计值，"*"、"**"和"***"分别表示在 10%、5% 和 1% 的显著性水平下拒绝原假设。

与（8-13）式对 GDP 增长率、投资增长率、出口增长率之间的正向关系相符，检验结果如下：

$$RGDP = 8.18 + 0.203 REXP + 0.315 RINV - 0.293 RIM$$
$$(11.34)\ (5.46)\ \ \ \ \ \ (4.63)\ \ \ \ \ \ \ \ (1.52)$$
$$FValue = 12.38 \quad Prob > F = 0.0000$$
$$R^2 = 0.81 \quad 调整\ R^2 = 0.67$$

式中 RGDP、REXP、RINV 和 RIM 分别表示 GDP、投资、出口和进口的增长率（上年为 100，当年价，括号内为 t - 统计量）。上式的回归结果印证了 (8-13) 式的关系。出口增长率与 GDP 增长率之间的回归系数为 0.203，并且通过了 1% 的显著性水平检验；而投资增长率与 GDP 增长率之间的回归系数更是高达 0.315，并且也通过了 1% 的显著性检验。这表明投资和出口都对 GDP 的增长起到了拉动作用。其政策含义是投资增加可能导致净出口的增加，但这正好不能否认出口对经济增长的拉动作用。可见，净出口往往是投资等因素变动的结果，是国民收入核算恒等式右侧各个变量之间互相作用的结果，对经济增长的推动作用还需要依据出口来判定。

关于净出口增长与国内消费和投资增长之间的关系的检验如下：

$$DNEX = 119.93 - 0.361 DINV + 0.886 DCON$$
$$(1.32) \quad (-2.12) \quad (3.62)$$
$$FValue = 6.785 \quad Prob > F = 0.0042$$
$$R^2 = 0.3429 \quad 调整 R^2 = 0.2924$$

式中 DNEX、DINV 和 DCON 分别表示净出口、投资和消费的增量（1978 年不变价，括号内为 t - 统计量），但是投资和消费的增加量我们用的是一阶差分值。投资增长和消费增长都通过了 5% 的显著性水平检验。投资增量与净出口增量之间的回归系数为 -0.361，投资因素的影响方向与 (8-14) 式的一致，部分地验证了本文的理论预见，即净出口增长是国内投资需求增长的负函数。消费的增量和净出口增量之间的回归系数为 0.886，并且通过了 10% 的显著性水平检验，这表明国内消费需求的增加会导致净出口增加。这表明净出口增加只是结果，不是原因，国民收入核算恒等式右侧的各个变量之间并不独立。分析外贸对经济增长的拉动作用时，出口才是经济增长的"三驾马车"之一，净出口的变动只是事后国民经济的核算。

三、小结

外贸是经济增长和社会进步的重要推动力量。我们在评价外贸对经济增长的贡献时，一定要区分净出口和出口。净出口只是出口和进口之间的差额，而出口才是拉动经济增长的"三驾马车"之一。

第一，在讨论事后核算的 GDP 各构成因素对 GDP 增长的贡献时，应区分净出口的贡献与外贸（出口与进口）对经济增长的贡献，不应仅仅将净出口的增长视为反映一国国际贸易对经济活动的影响的唯一指标，净出口的贡献并不能完全说明对外贸易的贡献。净出口增量对 GDP 增长贡献的计算方法反映的是一种事后的核算,净进口对 GDP 增长贡献为负并不能说明出口或者外贸对经济增长的贡献减弱。本研究说明,即使净出口的增长可能为负,对外贸易对经济增长的贡献也可能很大。本文依据 1978~2008 年的数据的实证分析显示,出口增长率与 GDP 增长率之间的回归系数为正显著,这表明出口对经济增长有明显的拉动作用。

第二,净出口的变化反映消费、投资和进口等多种因素,不能将其看做反映外部需求强弱的指标。净出口的下降既可能是由于出口减少,也可能是由于国内消费和投资的上升而提高了进口量。事实上,净出口的变动是国民收入核算恒等式右侧的各个变量之间相互作用的结果。1999 年、2000 年、2001 年和 2003 年的情况均是后者,而且从中国 1978~2008 年的经验数据来看,出口增长与 GDP 增长的相关性更为显著,因此当我们讨论外贸对经济增长的拉动作用时,应该更为看重出口,而非净出口。即使净出口为负(出口小于进口),净出口对 GDP 的贡献也为负,也不意味着出口就对经济不起拉动作用而起阻碍作用。

第三,国民收入核算恒等式右侧的各个变量之间并不独立,例如投资和消费的扩张可能导致进口的增加从而净出口的减少,同样,出口的增长也可能影响到进口、投资和消费的变化。很明显,以净出口在国民收入恒等式中的比重来衡量外贸对我国经济增长的贡献,没有考虑出口通过影响消费和投资来对经济增长造成的间接影响,没有考虑出口对国民经济间接的技术经济联系,所以得到的结果可能低估了外贸对经济增长的贡献。

第三节 外贸对中国经济增长与就业的影响分析

前文分析表明,净出口只是出口和进口之间的差额,而出口才是经济增长的拉动力量之一,以净出口在国民收入恒等式中的比重来衡量外贸对经济增长的贡献没有考虑出口对国民经济直接和间接的经济联系,因此,得到的结果往往会低估了外贸对经济发展的贡献。外贸对经济增长的作用究竟应该如何衡量呢?

事实上,目前经常用的一种度量指标是外贸依存度。但是外贸依存度是进出口总额与 GDP 的比值,它在很大程度上反映了一个国家或地区经济外向程度和开放程度,不能作为判定一国经济对外贸的依存程度大小和影响程度的指标。另一方面,在外贸依存度指标的计算中,进出口额是一种总产值,而 GDP 是增加值,二者的统计口径不同。为了更清楚地反映对外贸易在经济中的地位,进出口与经济总量需要用统一的口径来计算，一种方法是剔除进出口的中间投入，统一以增加值口径计算外贸依存度，或者是以 GDP 加上中间投入，统一以总产值的口径计算外贸依存度。以 2007 年为例，常用的出口依存度为 35.9%，而出口总额与社会总产出的比为 11.7%，出口增加值与 GDP 的比为 10%。[①] 统一以增加值口径或者统一按总产值口径计算的外贸依存度，大大低于常用的外贸依存度。

本节为了全面考察外贸在中国经济社会发展中的作用，特别是对中国经济增长与就业的影响，将利用投入产出模型和 CGE 模型进行分析。

投入产出模型是全面反映国民经济各部门在生产过程中互相依存、互相制约的经济技术联系的分析工具。之所以采用投入产出模型分析外贸对中国经济发展的影响，主要是因为产品生产过程要用到其他投入品和中间产品，因此，国民经济各部门存在着关联关系。进出口可以通过国民经济的生产活动和相互关系对经济增长和社会进步产生循环累计效应，进而发挥直接和间接的影响。

之所以采用 CGE 模型分析外贸对经济发展的影响，主要是考虑到，在现实经济中，外贸不仅通过生产过程对 GDP 增长和就业发挥作用，而且可以通过消费和投资等渠道对经济产生综合的和全面的影响。同时，外贸也可以帮助一国利用全球资源和市场，优化生产要素的配置效率，推动经济结构的调整。例如，外贸可以帮助一国的劳动力从农村进入城市，从农业部门转向非农业部门，从低技术部门进入高技术部门，通过劳动力的转移提高要素的回报率。而 CGE 模型是被广泛使用的一个政策分析工具，它所能揭示的经济联系比计量经济模型更广泛，它将瓦尔拉斯一般均衡理论从一个抽象理论转化成对现实经济的形象描述，从而可以运用一般均衡的理论框架来对现实问题进行数值分析，并进一步评估各种外生冲击对经济的全面和综合影响。因此，我们可以通过采用 CGE 模型综合分析外贸对中国经济社会发展的作用。具体我们所采用的分析模型是由国务院发展研究中心开发的动态递推中国经济可计算一般均衡模型（DRC‒CGE）。

[①] 90 年代初期以来，加工贸易在整个贸易中的比重一直较高，同时许多学者（刘遵义（2007）、王直（2008）等）指出加工贸易出口的增加值率要明显低于一般贸易出口，因此在计算出口创造的增加值占全部生产活动创造的增加值的比重时，我们区分了一般贸易和加工贸易，同时参考了刘遵义（2007）的研究成果。其研究指出一般贸易出口的增加值率大约相当于加工贸易的 1.5 倍。考虑一般贸易出口和销往国内市场的产品的生产结构j基本一致，因此假设两者的增加值率一致。近年来加工贸易所占的比重基本在 50% 左右，因此可以推算销往国内市场的产品的增加值率相当于整体出口产品增加值率的 1.2 倍；同时根据投入产出表可知 2002 年和 2007 年全部出口占总产出的比重分别是 10% 和 11.6%。据此可以简单推算出 2002 年和 2007 年出口创造的直接增加值占全部增加值的比重分别为 8% 和 10%。

一、外贸对中国经济增长与就业的投入产出分析

考虑到,一般的投入产出模型不能区分出口和进口的不同影响,只能计算净出口的贡献,因此,我们利用的是非竞争型投入产出模型分析外贸对我国经济增长和社会就业的贡献(具体测算方法见本章附录)。由此所计算得到的出口对经济的贡献中既包括了其直接贡献(出口了多少产品以及在这个生产部门的就业人数),也包括了全部间接贡献(与出口产品生产过程相关的所有其他产业的产值和就业机会)。

(一)外贸对 GDP 的贡献

根据 1987 年、1990 年、1992 年、1995 年、1997 年、2000 年、2002 年、2005 年、2007 年中国投入产出表以及相应的海关外贸数据,我们可以测算得到进出口对 GDP 总量与 GDP 增长的贡献,结果如表 8-5 所示。

在 1987~2007 年间,随着我国进出口量的不断增加,我国进出口对 GDP 总量的贡献基本上保持上升的趋势(如图 8-9 所示)。其中,出口贡献率从 1987 年的 11.6% 上升至 2007 年的 27.4%;进口贡献率从 1987 年的 7.7% 上升至 2007 年的 14.6%。在这 20 年期间里,出口与进口对 GDP 总量的平均贡献分别达到 19.3% 与 11.4%。

表 8-5　　　　不同年份(1987~2007)中国外贸对 GDP 的贡献

年份	1987	1990	1992	1995	1997	2000	2002	2005	2007
GDP 总量(亿元)	12 059	18 668	26 924	60 794	78 973	99 215	120 333	183 868	257 306
出口总量(亿元)	1 470	2 986	4 676	12 451	15 161	20 634	26 948	62 648	93 456
进口总量(亿元)	1 614	2 574	4 443	11 048	11 807	18 639	24 430	54 274	73 285
出口依存度(%)	12.2	16.0	17.4	20.5	19.2	20.8	22.4	34.1	36.3
进口依存度(%)	13.4	13.8	16.5	18.2	15.0	18.8	20.3	29.5	28.5
出口对 GDP 总量的贡献(%)	11.6	15.6	14.9	17.1	18.5	20.6	20.5	27.3	27.4
进口对 GDP 总量的贡献(%)	7.7	6.7	9.9	11.3	10.6	13.5	11.9	16.6	14.6
出口贡献系数	0.95	0.97	0.86	0.84	0.96	0.99	0.92	0.80	0.75
进口贡献系数	0.58	0.48	0.60	0.62	0.71	0.72	0.58	0.56	0.51

续表

年份	1987	1990	1992	1995	1997	2000	2002	2005	2007
GDP 增长率（％）	11.6	3.8	14.2	10.9	9.3	8.4	9.1	10.4	13.0
出口增长率（％）	35.8	52.6	22.2	19.5	20.5	27.7	22.4	27.6	20.4
进口增长率（％）	7.7	17.0	30.7	10.9	2.2	35.7	21.2	16.9	15.6
出口对 GDP 增长的贡献（％）		50.1	12.6	23.9	26.0	28.7	20.2	49.0	27.7
进口对 GDP 增长的贡献（％）		2.1	21.3	15.7	6.7	24.8	3.2	31.9	6.8
出口对 GDP 增长贡献的百分点		1.9	1.8	2.6	2.4	2.4	1.8	5.1	3.6
进口对 GDP 增长贡献的百分点		0.1	3.0	1.7	0.6	2.1	0.3	3.3	0.9

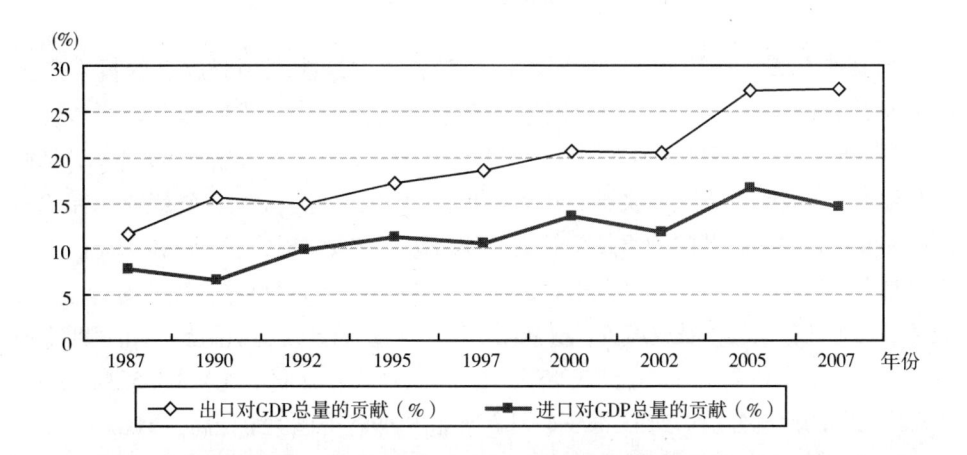

图 8－9　1987～2007 年进出口对 GDP 总量的贡献

随着出口依存度和进口依存度的逐年增加，进出口对 GDP 增长的贡献也逐渐提高。如图 8-9 所示，出口对 GDP 增长率的贡献波动较大，1992 年出口对 GDP 增长的贡献仅为 1.8 个百分点，而 2005 年为 5.1 个百分点。类似地，进口对 GDP 增长率的贡献波动也较大，1990 年进口对 GDP 增长的贡献仅为 0.1 个百分点，而 2005 年为 3.3 个百分点。上述进出口对 GDP 增长贡献的波动情况与各年份的经济发展状况密切相关。比如，在 20 世纪 90 年代初期，我国经济发展速度相对较为缓慢，而在 2005 年我国的进出口量的增加则非常迅猛。在这 20 年期间里，出口与进口对 GDP 增长率的平均贡献分别为 2.7 个百分点与 1.5 个百分点。我们还可以看到，出口贡献系数与进口贡献系数近年来均呈现出下降的趋势，即单位出口（进口）所产生的增加值在逐年下降。

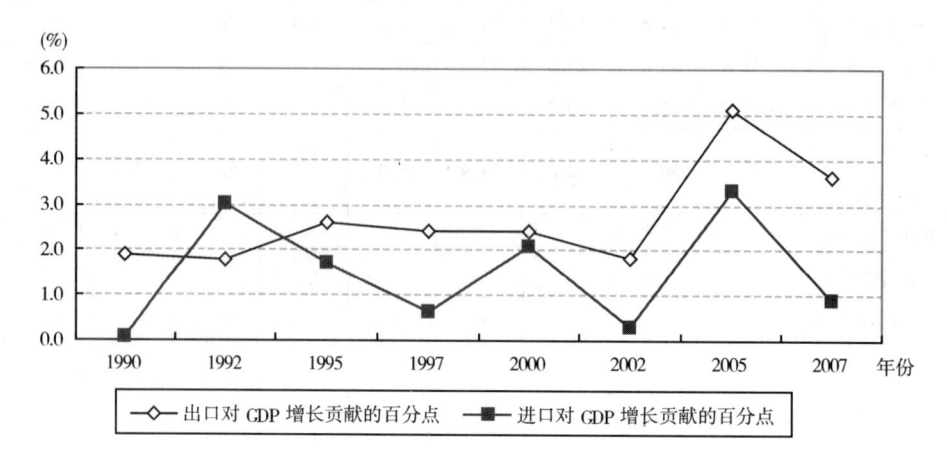

图 8-10　1990~2007 年进出口对 GDP 增长的贡献

与其他方法（如计量方法）所不同的是，我们还能利用分解后的投入产出表分别计算进出口对各部门增加值的贡献率（具体计算公式见附录公式 A8-4 和公式 A8-5）。以 2007 年为例，如表 8-10 所示，出口对"通信设备、计算机及其他电子设备制造业"、"仪器仪表及文化办公用机械制造业"、"纺织业"和"金属制品业"等制造业部门的贡献率较高，分别达到 89%、81%、72% 和 47%。上述结果与我国的出口产品结构紧密相关，比如，2007 年我国"机器、机械器具、电气设备及其零件；录音机及放声机、电视图像"、"纺织原料及纺织制品"和"贱金属及其制品"的出口金额分别达到 5 288.15 亿美元、1 658.02 亿美元和 1 155.3 亿美元，占总出口额的比例分别达到 43.42%、13.62% 和 9.49%（国家统计局，2008）。

表 8-6　　　　　　　商品出口对各部门增加值的贡献率　　　　　　单位：%

部　门	出口贡献率	部　门	出口贡献率
农林牧渔业	18.38	电力、热力的生产和供应业	32.48
煤炭开采和洗选业	34.92		
石油和天然气开采业	36.83	燃气生产和供应业	22.70
金属矿采选业	39.80	水的生产和供应业	23.67
非金属矿及其他矿采选业	26.71	建筑业	0.98
食品制造及烟草加工业	14.91	交通运输及仓储业	32.60

续表

部门	出口贡献率	部门	出口贡献率
纺织业	71.57	邮政业	26.21
纺织服装鞋帽皮革羽绒及其制品业	43.63	信息传输、计算机服务和软件业	17.99
木材加工及家具制造业	40.95	批发和零售业	30.52
造纸印刷及文教体育用品制造业	43.57	住宿和餐饮业	18.48
石油加工、炼焦及核燃料加工业	35.37	金融业	24.48
化学工业	43.89	房地产业	7.17
非金属矿物制品业	19.12	租赁和商务服务业	45.53
金属冶炼及压延加工业	40.16	研究与试验发展业	29.42
金属制品业	46.92	综合技术服务业	20.00
通用、专用设备制造业	33.21	水利、环境和公共设施管理业	8.92
交通运输设备制造业	23.46	居民服务和其他服务业	15.30
电气机械及器材制造业	44.37	教育	1.63
通信设备、计算机及其他电子设备制造业	88.80	卫生、社会保障和社会福利业	3.21
仪器仪表及文化办公用机械制造业	81.47	文化、体育和娱乐业	20.26
工艺品及其他制造业	34.25	公共管理和社会组织	0.50

我们利用其他年份的数据也能得到类似的结果。在 1987～2007 年间，纺织业、电子及通信设备制造业等部门均排出口贡献率的前五位，这也反映出我国出口产品的结构，即以纺织服装以及电子产品制造等加工贸易为主体的出口产品结构在此期间并未得到根本的改观。

采用类似的做法，我们也可以得到商品进口对各部门增加值的贡献率。以 2007 年为例，如表 8-7 所示。进口对"通信设备、计算机及其他电子设备制造业"、"仪器仪表及文化办公用机械制造业"和"石油加工、炼焦及核燃料加工业"等部门的贡献率较高，分别达到 37.97%、33.06% 和 30.93%。与上述结果相对应，2007 年我国"机器、机械器具、电气设备及其零件；录音机及放声机、电视图像"和"矿产品"的进口金额分别达到 3 810.03 亿美元和 1 620.82 亿美元，占总进口额的比例分别达到 39.86% 和 16.96%，两者之和超过总进口额的一半（国家统计局，2008）。

表8-7　　　　　　　从商品进口对各部门增加值的贡献率　　　　　　　单位：%

部　门	进口贡献率	部　门	进口贡献率
农林牧渔业	8.12	电力、热力的生产和供应业	13.57
煤炭开采和洗选业	11.32	燃气生产和供应业	28.58
石油和天然气开采业	10.48	水的生产和供应业	9.48
金属矿采选业	18.16	建筑业	17.61
非金属矿及其他矿采选业	14.63	交通运输及仓储业	13.66
食品制造及烟草加工业	12.70	邮政业	10.92
纺织业	17.00	信息传输、计算机服务和软件业	11.58
纺织服装鞋帽皮革羽绒及其制品业	16.95	批发和零售业	8.21
木材加工及家具制造业	15.33	住宿和餐饮业	10.87
造纸印刷及文教体育用品制造业	18.74	金融业	5.55
石油加工、炼焦及核燃料加工业	30.93	房地产业	3.75
化学工业	23.26	租赁和商务服务业	18.40
非金属矿物制品业	15.44	研究与试验发展业	17.34
金属冶炼及压延加工业	25.13	综合技术服务业	13.26
金属制品业	21.00	水利、环境和公共设施管理业	11.50
通用、专用设备制造业	21.96	居民服务和其他服务业	14.03
交通运输设备制造业	23.59	教育	9.81
电气机械及器材制造业	25.85	卫生、社会保障和社会福利业	18.23
通信设备、计算机及其他电子设备制造业	37.97	文化、体育和娱乐业	12.22
仪器仪表及文化办公用机械制造业	33.06	公共管理和社会组织	9.13
工艺品及其他制造业	17.23		

我们利用其他年份的数据也能得到类似的结果。在1987~2007年间，电子及通信设备制造业、仪器仪表及文化办公用机械制造业、电气机械及器材制造业、交通运输设备制造业等部门均排出口贡献率的前五位。这表明，通过高端设备和精密仪器等产品的进口，可以提高国内生产效率和技术水平，为增强国际竞争力打下良好的基础。同时，我们还注意到，随着我国经济的不断发展，特别是在2000年以后，我国对石油与天然气等能源产品的进口不断增大，这些进口的能源产品在各类进口产品对GDP的贡献率中位居前列，在促进我国经济持续快速发展的进程中扮演着越来越重要的角色。从国外的相关经济增长经验来看，一个国家由经济起飞到工业化完成需要经过相当长的高速增长时期。而我国正处于经济快速发展的阶段，决定了需要扩大相关稀缺性资源产品的进口，在全球范围内实现资源的优化配置，大量进口资源产品，对弥补国内资源不足和优化产业结

构至关重要。

（二）外贸对就业的贡献

我们注意到，统计年鉴中的"分行业就业人数"数据的行业分类较粗，尤其是制造业没有进一步的细分部门；而且该数据仅在2002年之前的统计年鉴中才可以查到，2003年之后只有按照城镇单位的部门分类就业数据。因此，1987~2007年中国投入产出表所对应细分部门的就业数据就无法直接获得。不过，1990年人口普查、2000年人口普查以及2005年全国1%人口抽样调查中均含有较为细分的分行业就业数据。为了简单起见，我们分别假设1987年、1990年、1992年与1995年各部门的就业人数比例与1990年人口普查中的就业比例相同；1997年、2000年与2002年各部门的就业人数比例与2000年人口普查中的就业比例相同；2005年与2007年各部门的就业人数比例与2005年全国1%人口抽样调查中的就业比例相同。因此，我们可以利用1990年人口普查、2000年人口普查以及2005年全国1%人口抽样调查来推算1987~2007年分行业的就业数量，然后在此基础上计算各部门相应的劳动产出比。最后，我们分别利用附录公式A8-10和公式A8-11以及前面所得到的关于进出口对GDP的贡献的计算结果，来测算进出口对就业的贡献。最终结果如表8-8所示。

表8-8 不同年份（1987~2007）外贸对就业的贡献

年 份	1987	1990	1992	1995	1997	2000	2002	2005	2007
GDP总量（亿元）	12 059	18 668	26 924	60 794	78 973	99 215	120 333	183 868	257 306
出口总量（亿元）	1 470	2 986	4 676	12 451	15 161	20 634	26 948	62 648	93 456
进口总量（亿元）	1 614	2 574	4 443	11 048	11 807	18 639	24 430	54 274	73 285
出口对GDP总量的贡献（%）	11.6	15.6	14.9	17.1	18.5	20.6	20.5	27.3	27.4
进口对GDP总量的贡献（%）	7.7	6.7	9.9	11.3	10.6	13.5	11.9	16.6	14.6
就业人口（万人）	52 784	64 749	66 152	68 065	69 819	72 085	73 740	75 825	76 990
出口所带动的就业人数（万人）	3 338	5 244	4 726	5 109	4 643	5 013	5 389	8 035	7 563
进口所带动的就业人数（万人）	1 671	1 733	2 523	3 080	2 703	3 385	3 194	4 264	3 772
外贸所带动的就业人数（万人）	5 008	6 977	7 249	8 190	7 346	8 399	8 583	12 299	11 335
外贸带动就业占总就业人数的比例（%）	9.5	10.8	11.0	12.0	10.5	11.7	11.6	16.2	14.7

我们可以看出，在 1990～2002 年期间，外贸对就业的贡献程度较为稳定，外贸带动就业占总就业人数的比例基本保持在 10% 左右。而在 2005 年和 2007 年，外贸对就业的贡献增长较快，外贸带动就业占总就业人数的比例分别为 16.2% 和 14.7%。上述外贸对就业的贡献与各年份进出口对 GDP 的贡献密切相关，其中，2005 年和 2007 年是进出口对 GDP 贡献最大的年份。在 1987～2007 年期间，外贸所带动的就业人数年平均为 8 376 万人，其中，出口与进口的贡献分别为 5 451 万人与 2 925 万人。

如图 8-11 所示，在 1987～2007 年期间，随着我国外贸规模的不断扩大，外贸所带动的就业人数也不断增加。1987 年我国外贸所带动的就业人数为 5 008 万人，其中出口与进口所带动的就业人数分别为 3 338 万人与 1 671 万人。在 20 世纪 90 年代至 21 世纪初（1990～2002），我国外贸所带动的就业人数基本保持稳定，大致介于 7 000 万～8 500 万人之间。而在 2005 年与 2007 年，随着我国进出口规模的急剧增加，外贸所带动的就业规模突破 1 亿人，分别达到 12 299 万人和 11 335 万人。其中，出口对就业的贡献分别为 8 035 万人和 7 563 万人，进口对就业的贡献分别为 4 264 万人和 3 772 万人。自改革开放以来，在我国面临经济体制转型、产业结构调整以及大量农村富余劳动力亟待转移等诸多问题的背景下，外贸为将富余劳动力转化成"人口红利"以及缓解就业压力做出了极大的贡献。

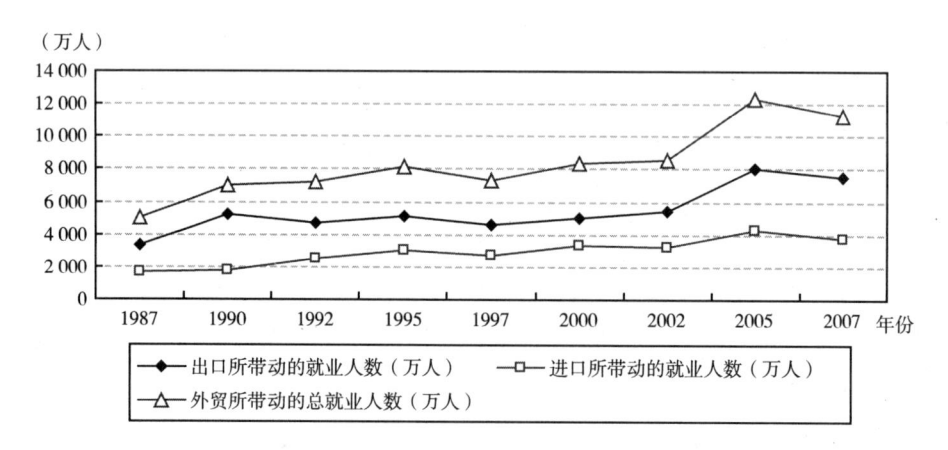

图 8-11　1987～2007 年进出口对就业的贡献

以下我们以 2007 年投入产出表为例来具体说明计算过程。由于 2007 年投入产出表和 2005 年 1% 人口抽样中的部门分类并不完全一致，为了与就业数据相匹配，我们按照 2005 年全国 1% 人口抽查的部门分类说明，对投入产出表的部门进行归并，形成了新的部门分类，共得到19个部门（以2005年1%人口抽样中的20个部门为基础，并将其中的"公共管理和社会组织"和"国际组织"合并为"公共管理和社会组织"）。

根据合并后的部门分类，我们对就业数据也做了相应的合并。我们利用2007年三大产业的就业数据，以及2005年1%全国人口抽样中第二产业、第三产业的细分部门就业比例，就可以推算出19个部门的就业数据。具体方法是：先利用2005年1%人口抽样中各部门就业人数计算其占第二产业和第三产业的就业比例；然后，利用年鉴中的统计数据对其进行分解，最终得到19个部门的就业数据。与19个部门相对应，我们将2007年投入产出表中的42个部门的进出口与总产出转换为19个部门的进出口与总产出，并在此基础上计算得到19个部门的劳动产出比，从而得到19个部门劳动产出比的对角矩阵L。

如表8-9所示，在19个部门中，"电力、燃气及水的生产和供应业"、"房地产业"和"制造业"的劳动产出比最低，即这些部门的劳动效率最高；而"批发零售业"和"农、林、牧、渔业"的劳动产出比最高，即这些部门的劳动效率最低。

表8-9　　　　　　　　　2007年各部门的劳动产出比　　　　　　　单位：人/万元

部门	劳动产出比	部门	劳动产出比
农、林、牧、渔业	0.64	房地产业	0.03
采矿业	0.04	租赁和商务服务业	0.04
制造业	0.03	科学研究、技术服务和地质勘查业	0.05
电力、燃气及水的生产和供应业	0.02	水利、环境和公共设施管理业	0.17
建筑业	0.06	居民服务和其他服务业	0.24
交通运输、仓储和邮政业	0.11	教育	0.19
信息传输、计算机服务和软件业	0.04	卫生、社会保障和社会福利业	0.11
批发和零售业	0.26	文化、体育和娱乐业	0.13
住宿和餐饮业	0.14	公共管理和社会组织	0.17
金融业	0.03		

如表8-10所示，2007年外贸所带动的就业总数量为11 335万人，其中，出口和进口的就业拉动作用分别为7 563万人和3 772万人。当比较不同部门的出口的就业拉动作用时，我们发现，虽然"制造业"的劳动产出比较低，但其对GDP增长的贡献较大，因此，出口对"制造业"的就业拉动作用较大，达到1 123万人。而对于农业部门和"批发零售业"来说，虽然其出口对GDP增长的

贡献相对较小，但其劳动产出比最高，因此出口对此两部门的就业拉动作用也较大，分别为 3 388 万人和 1 278 万人。在当前全球金融危机的冲击下，虽然我国的进出口增长状况近期有所好转，但 2009 年前三个季度的出口额仍同比下降 21.3%，进口额仍同比下降 20.4%。尽管农业部门在出口减少的情况下就业也会受到影响，但由于农业部门在就业中一般扮演着"蓄水池"的作用，因而在就业方面受到的影响可能并不明显。而中国目前是全球的"制造业工厂"，2007年中国制造业有 172 类产品产量居世界第一位，在全范围对外开放的背景下，全球金融危机冲击会对中国的就业，尤其是对制造业的就业会产生显著的影响。当比较不同部门的进口的就业拉动作用时，我们发现，在非农部门中，仍然是"制造业"和"批发零售业"所受到的就业拉动作用最大，分别达到 676 万人和 370 万人。

表 8-10　　　　2007 年分部门的外贸对就业的贡献　　　　单位：万人

部　门	出口的就业拉动作用	进口的就业拉动作用
农、林、牧、渔业	3 388.45	1 496.57
采矿业	216.53	75.52
制造业	1 278.02	675.92
电力、燃气及水的生产和供应业	71.03	30.62
建筑业	8.73	157.67
交通运输、仓储和邮政业	541.95	227.16
信息传输、计算机服务和软件业	47.64	30.66
批发和零售业	1 375.92	370.16
住宿和餐饮业	147.45	86.78
金融业	110.04	24.94
房地产业	22.22	11.62
租赁和商务服务业	75.13	30.36
科学研究、技术服务和地质勘查业	33.64	21.63
水利、环境和公共设施管理业	16.75	21.59
居民服务和其他服务业	144.73	132.71
教育	23.13	139.09
卫生、社会保障和社会福利业	13.64	77.43
文化、体育和娱乐业	40.27	24.29
公共管理和社会组织	7.45	137.42
合　计	7 562.73	3 772.12

二、外贸对中国经济影响的可计算一般均衡分析

(一) 模型介绍及情景设定

DRC-CGE 模型是递推动态的,它通过求解一系列的静态均衡来模拟经济发展的动态特性,模型主要由生产模块、消费模块、贸易模块、政府模块、要素供给模块等部分构成,分别从生产和消费、贸易以及收入分配等方面刻画了中国经济的特征。具体,包括 41 个生产部门、12 组居民和 5 种生产要素。模型的基准年份为 2005 年,数据主要源自基于 2005 年中国投入产出表编制的 2005 年社会核算矩阵(Social Accounting Matrix,SAM),模型的模拟时间段为 2009~2030 年。

为具体分析进出口对中国经济社会发展的影响,我们设计了一个中国经济社会发展的基准情景,在基准情景下,我们预期中国经济将继续过去的发展趋势,但也考虑了一些最可能的变化,例如人口和劳动力、全要素生产率及出口增长速度的下降(与 2000~2007 年相比较)等。基准情景反映了经济发展可能趋势,也提供了与其他情景比较的参照系。

在基准情景中,我们假定随着世界经济逐步从金融危机中恢复过来,中国对外出口增长速度也逐渐加快和恢复,到"十二五"末期,出口增长速度要略高于 GDP 增长速度。

为分析对外贸易对中国经济的贡献,我们设计了出口增长速度加快的情景,在出口增长加快情景中,假定由于多种因素影响,例如政府加大对出口企业技术创新的支持,出口产品结构升级,劳动者素质进一步提高,或者世界经济环境更好等,这样使得中国出口增长速度比基准情景大约提高 2~3 个百分点。其他所有设定与基准情景相同,表 8-11 给出了两种情景下的具体设定:

表 8-11　　　　　　　　CGE 模型的情景设定

情景类别	情景设定
	所有情景共同的基本设定: 1) 人口总量变化趋势外生给定,直接采用中国社科院人口所的中方案预测数据 2) 劳动力总量的增长外生,农业用地的供给变化外生 3) 各种政府税率保持不变

续表

情景类别	情 景 设 定
基准情景（A）	1）TFP增长率外生，2006~2008年采用实际增长率数据，2009~2030年保持在2.5%~2.0% 2）2007~2008年城市化速度按实际数据，2009~2030年间城市化率每年提高0.95~0.5个百分点（逐渐降低），到2030年城市化率达62% 3）到2030年国际收支达到基本平衡
出口增长速度加快情景（B）	1）政府通过税收优惠、提高劳动者素质等多种方式，促进出口企业进一步提高产品质量，增强竞争优势，从而使出口增长速度比基准情景每年提高1~2个百分点 2）净出口基本保持不变

（二）模拟结果分析

根据 CGE 模型的设定，以 2005 年数据为基础，CGE 模型可以模拟出各年经济增长、就业和产业结构等方面的情况。由于两种情景的差别仅在于出口增长速度的不同，因此，我们可以通过对两种情景下的结果进行比较，从而分析出口增长对中国经济发展的全面作用。

第一，出口增长对 GDP 增长的影响。出口增长将显著地促进中国经济增长。表 8-11 显示了出口增长加快情景相对基准情景 GDP 增长速度的变化。模拟结果显示，在"十二五"期间，GDP 增长速度在出口增长加快情景下相比基准情景提高了 0.15 个百分点，"十三五"期间提高了 0.33 个百分点，到 2026~2030 年，仍旧提高了 0.33 个百分点。

出口增长之所以将显著地促进经济增长，主要因为出口速度降低将通过以下几个途径对经济增长产生影响：一是短期内，当出口需求下降时，企业不能很方便地用所生产的商品替代进口商品，或都转作国内供给，因此，企业的生产效率会有所降低。这种情况特别是发生在出口增长速度有大幅度降低的情况下尤为明显，因为当出口降幅较小时，国内市场有较大的空间可以容纳那部分减少的外部需求；但当外需降幅过大时，国内市场很难吸收这一部分需求，从而导致外向型企业开工不足，生产降低。二是出口增长速度放缓会降低出口部门的工资，从而减少了劳动力的转移，降低了城市化速度，并对经济产生影响。例如在本模型中，2011 年由于出口增长速度下降了 0.4 个百分点，导致当年新增转移劳动力降低了约5万人，城市人口也有所减少。最后一个途径是出口影响全要素生产率的增长。许多研究发现出口有利于促进企业技术进步和劳动生产率的提高，因此出口放缓很可能会降低全要素生产率，不过在本模型中，全要素生产率是外生变量，但由于缺乏准确的出口下降与全要素生产率下降的关系，我们并没有对TFP进行外生改变。

第二，出口增长对产业结构的影响。出口增长对中国产业结构会产生一定影响。表8-12显示了两种情景下的GDP结构，与基准情景相比较可见，出口加快时，第三产业比重有所提高：从2011~2030年，第三产业比重提高幅度在0.1~0.5个百分点。出口增长对产业结构升级的影响体现在以下几个方面：一是出口增长加快了经济增长速度，促进了居民收入水平提高，而居民收入水平提高有助于消费结构的升级，从而促进服务业发展；二是出口贸易中，如果服务贸易发展较快，可以直接促进第三产业发展；三是出口增长有助于促进社会分工和专业化发展，在各产业发展中对服务业的投入也有所增加。在这些因素的综合作用之下，出口增长会对产业结构产生一定的影响。

表8-12　　出口对中国经济影响的可计算一般均衡分析模拟结果

（出口增长速度加快情景与基准情景的比较）

年　份		2006~2010	2011~2015	2016~2020	2021~2025	2026~2030
GDP		0.00	0.15	0.29	0.35	0.33
产业结构	第一产业	0.00	0	-0.1	-0.1	-0.1
	第二产业	0.00	-0.1	-0.3	-0.4	-0.4
	第三产业	0.00	0.1	0.4	0.5	0.5

注：表中数据位出口增速加快情境下与基准情景下的差额。

资料来源：模型计算结果。

第三，出口增长对劳动力转移的影响。出口增长速度加快对中国劳动力转移有着显著的影响。由于中国的许多出口产品为劳动密集型产品，对带动就业的作用较大，当出口增长速度提高时，对农业劳动力起到显著的吸纳作用，因此，加快了劳动力转移。表8-13显示了在出口增长情景下的劳动力转移数量，与基准情景相比较可见，"十二五"期间，在出口增长速度提高1~2个百分点的情况下，转移劳动力一般增加约20万~40万人。

表 8–13　　出口增长速度加快情景下的劳动力转移情况　　单位：万人

年份	2011	2012	2013	2014	2015	2020
基准情景	938.8	902.9	937.8	918.3	910.8	712.4
出口加快情景下增减	12.5	20	28.1	33.6	38.4	35.2

资料来源：模型计算结果。

三、小结

本节我们首先利用非竞争型投入产出模型测算了外贸对中国经济增长与就业的贡献。我们的测算结果表明，在1987~2007年期间，中国外贸对GDP总量的贡献基本上保持上升的趋势。在不同的细分行业中，1987~2007年间纺织业、电子及通信设备制造业等部门均排在出口贡献率的前五位，这也反映出我国出口产品的结构，即以纺织服装以及电子产品制造等加工贸易为主体的出口产品结构仍未得到改观。另外，电子及通信设备制造业、仪器仪表及文化办公用机械制造业、电气机械及器材制造业、交通运输设备制造业等部门均排名进口贡献率的前五位。这表明，通过高端设备和精密仪器等产品的进口，可以提高国内生产效率和技术水平，从而为增强我国产品的国际竞争力打下良好的基础。同时，我们还注意到，随着我国经济的不断发展，特别是在2000年以后，我国对石油与天然气等能源产品的进口不断增大，这些进口的能源产品在各类进口产品对GDP的贡献率中位居前列，在促进我国经济持续快速发展的进程中扮演着越来越重要的角色。

我国外贸对就业的贡献的测算结果表明，在1987~2007年期间，在我国面临经济体制转型、产业结构调整以及大量农村富余劳动力亟待转移等诸多问题的背景下，外贸为将富余劳动力转化成"人口红利"以及缓解我国就业压力做出了巨大的贡献。随着我国外贸规模的不断扩大，外贸所带动的就业人数也不断增加。在1987~2007年期间，外贸所带动的就业人数年平均为8376万人。

不过，不同部门的进出口对就业的拉动作用并不相同。以2007年为例，在非农部门中，外贸对"制造业"和"批发零售业"的就业拉动作用最大。虽然"制造业"进出口的劳动产出比低，但由于对GDP增长的贡献较大，因此该部门的进出口对就业的拉动作用较大。而虽然"批发零售业"的进出口对GDP增长的贡献相对较小，但由于其劳动产出比高，因此该部门的进出口对就业的拉动作用仍然较大。

因此，在制定相关外贸政策时，需要注意通过政策引导来改善进出口结构，比如提高那些进口或出口贡献率大的产品在进口总额或出口总额中的份额,使得外贸为 GDP 增长做出尽可能大的贡献。同时,还要注意保持进出口结构与劳动力就业之间的相对平衡,因为即使是那些外贸对经济增长贡献较低的部门,也可能具有较强的吸纳劳动力就业的作用。

其次,我们采用 CGE 模型分析了外贸对中国经济的综合影响。我们发现出口增长对经济增长、产业结构升级和劳动力转移都有显著的正面影响。从出口增长对经济增长的影响来看,通过模拟发现,如果出口增长速度提高 10 个百分点,经济增长速度约提高 0.8~1.5 个百分点;从出口增长三次产业结构的影响来看,出口增长有助于服务业的发展,通过模拟我们发现,在出口增长加快 1~2 个百分点的情况下,2011~2030 年期间第三产业的比重提高幅度在 0.1~0.5 个百分点;出口增长对劳动力转移的影响来看,出口增长对劳动力转移具有显著的促进作用,在出口增长速度提高 1~2 个百分点的情况下,转移劳动力一般每年增加约 20 万~40 万人。

总之,通过改革开放以来 30 年的发展,中国和世界的经济联系已经非常密切,对外贸易对中国的经济增长、产业结构和就业都有重要的影响,而中国的发展也对世界经济复苏有重要拉动作用。因此,从全球来看,我们应该促进世界各国减少贸易保护主义,为国内产品出口造良好的外部环境。从国内来看,一方面要扩大内需,另一方面也要进一步提高出口产品质量和竞争力,提升产品附加值,拓宽贸易范围,降低外贸风险,促进经济平稳较快复苏和增长。

附录 利用投入产出模型分析外贸对经济发展影响的方法

自改革开放以来,中国的对外贸易取得了快速的发展,对外贸易在国民经济运行中的地位越来越重要。不过,随着全球金融危机的爆发,中国的外贸增长受到严重的负面影响,并进而对国内经济增长与就业带来了前所未有的冲击。那么,外贸对 GDP 及其增长的贡献到底有多大?外贸对就业的拉动作用到底有多大?在当前全球经济尚未复苏的背景下,对上述问题的理解具有非常重要的政策意义。

许多学者已使用了不同的分析方法来对上述问题进行测算,比如,以外贸乘数作为分析的基础,利用国民经济核算恒等式来测算外贸对 GDP 增长的贡献率,利用经济计量模型来分析外贸与 GDP 增长的相关性等等(陈锡康,2002;焦俊会、任桂仙,2002;林毅夫、李永军,2003;吴振宇、沈利生,2004)。正如前面第三章中所提到的,大多数相关研究都利用支出法来测算外贸或净出口对GDP增长的贡献,但采用这种算法通常认为进口纯粹是对国内需求的抵消,将进口完全当作对经济增长的副作用,从而忽略了进口对GDP形成和增长的贡献,会造成对外贸贡献的低估。而在实际经济运行中,进口产品既不是对国内可供产品的完全替代,也不全部是国内供给不足的补充,而是介于这两者之间。进口产品对经济增长具有巨大的促进作用,尤其对于中国这样一个发展中大国而言。进口对经济增长的作用主要表现为:进口某些稀缺资源产品可以实现资源的优化配置,对弥补国内资源不足和优化产业结构至关重要;通过进口先进设备等投资品,则可以将资本转化为生产能力,提高国内生产效率和技术水平;而进口消费品则可以产生消费的示范效应,并传导到生产环节,从而促进生产的发展。

因此,要判断外贸对经济增长和就业的影响,需要将进出口产品放到整个国民经济系统中来考察,根据各种进出口产品在生产过程中与国内产品的联系和作用,来分析其对经济的影响。针对上述研究中的不足,接下来我们采用与吴振宇、沈利生(2004)以及陈锡康(2002)类似的方法,并将进口产品分解为资本品、消费品和中间产品,进而利用历年中国投入产出表(1987年、1990年、1992年、1995年、1997年、2000年、2002年、2005年以及2007年中国投入产出表)以及非竞争型投入产出模型来分析进出口对GDP的贡献。然后,在上述测算结果的基础上来估计外贸对就业的拉动作用大小。

我们所采用的测算方法的主要思路为:(1)分别考虑出口、进口对经济系统的不同作用,即出口从需求方面拉动经济,进口从供给方面推动经济。(2)根据广义经济分类(BEC),将进口产品分为资本品、消费品和中间产品,然后在此基础上构建非竞争型投入产出模型。(3)从组成外贸的各种产品出发,由各种产品对GDP与就业的影响加总,得到出口、进口总量对GDP与就业的影响,同时也就包含了外贸结构变化对GDP与就业的影响。因此,由此所计算得到的进出口对经济增长与就业的贡献中既包括了其直接贡献,也包括了全部间接贡献。

一、外贸对GDP的贡献

投入产出表是全面反映国民经济各部门投入产出关系的重要资料。投入产出表的列显示了各部门产品的投入结构,行则显示了各部门产品的使用结构,包括各种产品有多少用于中间使用,有多少用于居民消费、投资和出口等,根据投入和产出相等的原则,投入产出表的行和(即总投入 X_j)和列和(即总使用 X_i)是相等的。由于进口产品不仅提供中间使用,也提供最终使用,因此,为了详细反映进出口商品在国民经济中的作用以及对 GDP 的贡献，我们将对原投入产出表的第Ⅰ象限与第Ⅱ象限进行拆分，第Ⅲ象限保持不变。

表 8-14　　　　　　　　　　　拆分后的投入产出表

		中间使用			最终使用				进口	总使用
		农业	……	公共组织	消费	投资	出口	合计		
国内中间投入	农业									
	……	x_{ij}^D			C_i^D	IN_i^D	EX_i^D	Y_i^D		X_i
	……									
	公共组织									
进口中间投入	农业									
	……	x_{ij}^M			C_i^M	IN_i^M	EX_i^M	Y_i^M	M_i	
	……									
	公共组织									
增加值		v_{ij}								
总投入合计		X_j								

在上述表 8-14 中，元素上标为 D 的是国内产品，元素上标为 M 的是进口产品。拆分后的投入产出表中的元素与拆分之前的表存在以下一一对应的关系：

$$\begin{cases} x_{ij}^D + x_{ij}^M = x_{ij} \\ C_i^D + C_i^M = C_i \\ IN_i^D + IN_i^M = IN_i \\ EX_i^D + EX_i^M = EX_i \\ Y_i^D + Y_i^M = Y_i \\ \sum_{j=1}^n x_{ij}^M + Y_i^M = M_i \end{cases}$$

其中：

$$Y_i^M = M_i \frac{Y_i}{\sum_{j=1}^n x_{ij} + Y_i}, \quad C_i^M = \frac{C_i}{Y_i} Y_i^M, \quad IN_i^M = \frac{IN_i}{Y_i} Y_i^M, \quad EX_i^M = \frac{EX_i}{Y_i} Y_i^M,$$

$$Y_i^M = C_i^M + IN_i^M + EX_i^M, \quad Y_i^D = C_i^D + IN_i^D + EX_i^D$$

由于缺乏关于建筑业与服务进口用于中间投入、最终消费和投资的比例数据，因此，对于建筑业和服务业的进口数据，我们根据一致性假设将进口产品进行拆分，即假设进口产品与国内产品具有同质性，各部门使用进口产品与使用国内产品一视同仁。那么，进口产品在各部门之间的分配就与国内产品在部门之间的分配比例完全相同。然后，我们采用按比例分配的办法继续将其拆分为各种进口产品用于各部门的中间投入。其他部门（包括农业和除建筑业之外的工业部门）的进口产品分配则根据海关进口数据的 HS 编码与联合国相应的商品 BEC（Broad Economic Categories）编码来得到。因此，最终我们可以得到：

$$x_{ij}^M = \left(M_i \frac{\sum_{j=1}^n x^{ij}}{\sum_{j=1}^n x_{ij} + Y_i} \right) \frac{x_{ij}}{\sum_{j=1}^n x_{ij}} = M_i \frac{x_{ij}}{\sum_{j=1}^n x_{ij} + Y_i}$$

上述拆分后的投入产出表仍然满足行和列的平衡关系。比如：
① 国内产品的行平衡关系式：

$$\sum_{j=1}^n a_{ij}^D X_j + Y_i^D = X_i \qquad (8-15)$$

② 进口产品的行平衡关系式：

$$\sum_{j=1}^n a_{ij}^M X_j + Y_i^M = M_i \qquad (8-16)$$

③ 列向平衡关系式：

$$\sum_{i=1}^n x_{ij}^D + \sum_{i=1}^n x_{ij}^M + v_j = X_j \qquad (8-17)$$

根据上述国内产品的行平衡关系（8-15）式，我们可以得到：

$$A^D X + Y^D = X \Rightarrow X = (I - A^D)^{-1} Y^D = (I - A^D)^{-1} (C^D + IN^D + EX^D)$$

于是，我们可以得到排除转口贸易的出口所带来的总产出 X^{EX}：

$$X^{EX} = (I - A^D)^{-1} EX^D = (I - A^D)^{-1} (EX - EX^M)$$

令 $\hat{A}_v$ 为增加值对角矩阵，即对角线元素为各部门增加值占该部门总投入（即总产出）的比例：

第八章 外贸对中国经济发展的影响

$$\hat{A}_v = \begin{bmatrix} 1 - \sum_{i=1}^{n} a_{i1} & 0 & \wedge & 0 \\ 0 & 1 - \sum_{i=1}^{n} a_{i2} & \wedge & 0 \\ M & M & O & M \\ 0 & 0 & \wedge & 1 - \sum_{i=1}^{n} a_{in} \end{bmatrix}$$

因此,在开放经济条件下,我们可以得到排除转口贸易的出口对 GDP 总量的贡献率为:

$$\eta_{EX} = \frac{\sum V^{EX}}{\sum_{j=1}^{n} v_j} = \frac{\sum (\hat{A}_v X^{EX})}{\sum_{j=1}^{n} v_j} = \frac{\sum [\hat{A}_v (I - A^D)^{-1} (EX - EX^M)]}{\sum_{j=1}^{n} v_j}$$

(8-18)

接下来,我们在进口被拆分后的开放经济投入产出表(见表 8-14)的基础上分析进口对 GDP 的贡献。根据附表 8-1 中各元素的相应含义,我们定义供给系数或分配系数为:$d_{ij} = \frac{x_{ij}^D}{X_i}$,$e_{ij} = \frac{x_{ij}^M}{M_i}$,即 $x_{ij}^D = d_{ij} X_i$,$x_{ij}^M = e_{ij} M_i$。

将上述供给系数代入列向平衡关系(A8-3)式中,我们可以得到:

$$\sum_{i=1}^{n} d_{ij} X_i + \sum_{i=1}^{n} e_{ij} M_i + v_j = X_j, 即 D^T X + E^T M + V = X。$$

于是,我们可以得到:$X = (I - D^T)^{-1} E^T M + (I - D^T)^{-1} V = X^M + X^V$。

其中,进口产品用于投入时所引起的总投入为:

$$X^M = (I - D^T)^{-1} E^T M$$

类似地,我们可以得到进口对 GDP 总量的贡献率为:

$$\eta_M = \frac{\sum V^M}{\sum_{j=1}^{n} v_j} = \frac{\sum (\hat{A}_v X^M)}{\sum_{j=1}^{n} v_j} = \frac{\sum [\hat{A}_v (I - D^T)^{-1} E^T M]}{\sum_{j=1}^{n} v_j}$$

(8-19)

如果能够得到相邻两年出口所产生的增加值(GDP_t^{EX})或进口所产生的增加值(GDP_t^M),就可以计算出口或进口增长对 GDP 增长的贡献。其中,出口增长对 GDP 增长的贡献为:

$$\mu^{EX} = \frac{GDP_t^{EX} - GDP_{t-1}^{EX}}{GDP_t - GDP_{t-1}} = \frac{\eta_t^{EX} GDP_t - \eta_{t-1}^{EX} GDP_{t-1}}{GDP_t - GDP_{t-1}} = \frac{\eta_t^{EX}(1+g_t) - \eta_{t-1}^{EX}}{g_t}$$

(8-20)

进口增长对 GDP 增长的贡献为：

$$\mu^M = \frac{GDP_t^M - GDP_{t-1}^M}{GDP_t - GDP_{t-1}} = \frac{\eta_t^M GDP_t - \eta_{t-1}^M GDP_{t-1}}{GDP_t - GDP_{t-1}} = \frac{\eta_t^M(1+g_t) - \eta_{t-1}^M}{g_t}$$

(8-21)

上述公式中：η_t^{EX} 与 η_t^M 分别为进口与出口对 GDP 的贡献率；g_t 为 GDP 的增长率。

由于国家统计局每隔五年编制一张投入产出表，编表后的第三年编制投入产出延长表（即逢二、七年份编制投入产出表，逢零、五年份编制投入产出延长表），不是每年都会编制投入产出表，因此，我们在后面的具体测算中将利用线性平滑后所得到的贡献率和增长率来得到相应的结果。比如，我们想要测算 2007 年进出口的增长对 GDP 增长的贡献。由于没有 2006 年的投入产出表，我们分别利用 2005 年和 2007 年进出口对 GDP 总量的贡献的平均值来估计 2006 年进出口对 GDP 总量的贡献（η_{t-1}^{EX} 和 η_{t-1}^M）。

一般来说，由出口或进口所产生的增加值（X^{EX} 或 X^M）不等于出口总额或进口总额。于是，我们进一步定义出口贡献系数（δ^{EX}，单位出口所产生的增加值）与进口贡献系数（δ^M，单位进口所产生的增加值）：

$$\delta^{EX} = \frac{\text{出口产生增加值}}{\text{出口总额}} = \frac{\text{出口产生增加值}/GDP}{\text{出口总额}/GDP} = \frac{\text{出口对 } GDP \text{ 的贡献率}}{\text{出口占 } GDP \text{ 比例}} \quad (8-22)$$

$$\delta^M = \frac{\text{出口产生增加值}}{\text{进口总额}} = \frac{\text{出口产生增加值}/GDP}{\text{进口总额}/GDP} = \frac{\text{出口对 } GDP \text{ 的贡献率}}{\text{进口占 } GDP \text{ 比例}} \quad (8-23)$$

二、外贸对就业的贡献

类似于蔡昉等（2009）和陈锡康（2002）的做法，我们用 L_i 表示 i 部门的就业人数，l_i 表示 i 部门的劳动产出比，那么，$l_i = L_i/X_i$。

令 $\hat{l}$ 表示各部门劳动产出比的对角矩阵，我们将上式写成矩阵的形式，即：$L = \hat{l} \cdot X$。

因此，在上述计算进出口对 GDP 的贡献的基础上，我们可以得到排除转口贸易的出口对就业的贡献：

$$L^{EX} = \hat{l} \cdot X^{EX} = \hat{l}(I - A^D)^{-1}(EX - EX^M) \quad (8-24)$$

类似地，我们也可以得到进口对就业的贡献：

$$L^M = \hat{l} \cdot X^M = \hat{l}\ (I - D^T)^{-1} E^T M \quad\quad\quad (8-25)$$

本章执笔人：李善同、刘云中、胡枫、许召元、何建武、张少军

参考文献

［1］Coe, D, Helpman, E, and Hoffmaister A (1997): North-South Spillovers, Economic Journal, 107: 134 - 149.

［2］Hendricks, Lutz. (2000) Equipment Investment and Growth in Developing Countries, Journal of Development Economics, Vol. 61: 335 - 364.

［3］Hallward-Driemeier, M, Iarossi, G, and Sokoloff, K L (2002): Export and Manufacturing Productivity in East Asia: a Comparative Analysis with Firm-level Data, NBER Working Paper, No. 8894, 1 - 63.

［4］Kevin Honglin Zhang, Shun Feng-Song (2000): "Promoting Exports: The Role of Inward FDI in China", China Economic Review, pp. 385 - 396.

［5］Lee, Jong-Wha. (1995): Capital Goods Imports and Long Run Growth, Journal of Development Economics 48, 91 - 110.

［6］The World Bank (1993): The East Asian Miracle, New York: Oxford University Press.

［7］蔡昉、王德文、张华初（2009）：《中国经济刺激方案的就业效应》，中国社会科学院人口与劳动经济研究所工作论文，No. 77。

［8］陈锡康（2002）：《中国1995年对外贸易投入产出表及其应用》，《2001年中国投入产出理论与实践》，北京：中国统计出版社。

［9］国家统计局（2008）：《中国统计年鉴2008》，北京：中国统计出版社。

［10］国家统计局（2009）：《2007年中国投入产出表》，北京：中国统计出版社。

［11］林毅夫、蔡昉、李周（1999）：《中国的奇迹：发展战略与经济改革（增订版）》，上海三联书店。

［12］林毅夫、李永军（2003）：《出口与中国的经济增长：需求导向的分析》，载于《经济学季刊》，第2卷，第4期。

［13］刘遵义、陈锡康、杨翠红、Leonard K. Cheng、K. C. Fung；、Yun-Wing Sung；、祝坤福、裴建锁、唐志鹏：《非竞争型投入占用产出模型及其应用——中美贸易顺差透视》，载于《中国社会科学》，2007年第5期。

［14］沈利生、吴振宇：《外贸对经济增长贡献的定量分析》，载于《吉林大学社会科学学报》，2004年第4期。

［15］沈利生（2009）：《三驾马车的拉动作用评估》，中国社会科学院数量经济与技术经济研究所工作论文。

后　　记

　　1987年，小平同志指出了"三步走"的战略目标，即到本世纪中叶，中国将达到中等发达国家水平，人民生活比较富裕，基本实现现代化。从现在到作为其中间节点的2030年是实现这个战略的重要时期，在此期间，影响中国经济发展的许多重要变量都将发生显著的变化，如中国的工业化将基本完成，中国的城市化将进入后期阶段，中国人口总量将接近峰值，中国经济也将步入更为成熟的阶段。因此，如何认识这一时期对中国经济发展的战略意义，是我们一直以来希望能深入研究的问题。

　　机缘凑巧，2008年8月份我们在参加时任中央政策研究室副主任郑新立教授主持的课题研究中，他委托我们进行了"2030年中国经济增长前景展望"的课题研究；2009年5月我们又受国家发展和改革委员会与亚洲开发银行（ADB）的联合委托，进行了"全球经济的变化趋势及对中国经济的影响"的中国"十二五"规划前期课题研究。

　　在上述课题研究中，国务院发展研究中心李善同教授一直担任课题组组长，负责课题的组织领导、理论指导、框架设计、子课题选题分工、主要观点审定，以及研究报告的审阅、修改和最后定稿等工作。国务院发展研究中心刘云中研究员、许召元博士、何建武博士、祝丹涛博士，南京大学高传胜副教授，北京科技大学胡枫副教授，南京财经大学高春亮副教授，清华大学吴三忙博士后、张少军博士后、刘明博士后、王腊芳博士后、李雪博士后，中国银行战略发展部副总经理宗良博士，中国社会科学院汪德华副研究员、北京大学蔡莉博士以及中央财经大学的祝维龙等参加了课题研究工作。在课题研究过程中，首先由各子课题执笔人根据课题设计完成了报告初稿，在此基础上，参与课题的全体成员围绕报告初稿，多次组织讨论会，展开思想碰撞，逐步理清了研究思路、澄清了认识误区，明晰了主要观点，进一步修改完善了报告内容，最终完成了课题研究任务。清华大学的吴三忙博士后在课题的组织协调和全书的编辑、整理方面做了大量的工作。

　　在此基础上，我们又非常荣幸地邀请到了北京大学曾毅教授、清华大学白重恩教授以及中国科学院地理所董锁成教授进行有关中国人口、国民收入分配和资源环境等相关研究内容的撰写。本书便是这一系列研究成果的结晶，现将其进行整理、出版，以飨读者。

在此书即将付梓之即，我们也要特别感谢中央政策研究室、国家发展和改革委员会与亚洲开发银行等单位对课题研究以及本书完成过程中给予的大力支持；感谢国务院发展研究中心王慧炯教授，北京航空航天大学任若恩教授，国家发展和改革委员会规划司田锦尘副司长，国家信息中心祝宝良研究员，国家发展和改革委员会规划司司劲松副处长、吴萨博士，中央政策研究室李裕研究员，清华大学曹静副教授，国家发展和改革委员会能源所白泉研究员等对课题研究以及本书的定位和总体思路提出的重要指导意见，也要感谢他们在百忙中抽出时间参加课题的讨论会，提出了许多真知灼见。我们尤其要感谢中央政策研究室原副主任郑新立教授，他主持的课题研究不仅为我们提供了一个研究的入手点，还欣然为本书作序，表达了他对中国经济总量回到世界第一的期许。

如人类大多数新知都是已有知识基础上的重新组合和提炼一样，本书也不例外。在书稿的撰写过程中，我们参考了诸多学者的前期相关研究成果，由于篇幅所限，无法一一列出，谨此表示感谢。正如英国著名历史学家汤因比所言，历史是架构现在和未来的桥梁，因此，在前后两年多的研究过程中，我们力求对已有经济发展规律与特征事实进行全面归纳总结，在此基础上运用科学的分析方法，对中国未来经济发展给出科学的图景，但是由于各种原因所致，书中难免有值得商榷的地方，恳请读者批评指正！

最后，感谢经济科学出版社的领导和编辑为本书的出版提供的巨大帮助，在此，向他们表示诚挚的谢意！

李善同、刘云中
2010 年 12 月